Friedrich Heinrich Geffcken, Karl August Mühlhäusser

Zeitfragen des christlichen Volkslebens

Friedrich Heinrich Geffcken, Karl August Mühlhäusser
Zeitfragen des christlichen Volkslebens
ISBN/EAN: 9783741166235
Hergestellt in Europa, USA, Kanada, Australien, Japan
Cover: Foto ©Lupo / pixelio.de

Manufactured and distributed by brebook publishing software (www.brebook.com)

Friedrich Heinrich Geffcken, Karl August Mühlhäusser

Zeitfragen des christlichen Volkslebens

Zeitfragen

des

christlichen Volkslebens.

Herausgegeben

von

E. Frhr. v. Ungern-Sternberg und **Pastor H. Dietz,**
in Berlin. in Meffel.

Siebzehnter Band.

Stuttgart.
Druck und Verlag der Chr. Belserschen Verlagshandlung.
1892.

Zeitfragen des christlichen Volkslebens.

Inhalt des siebzehnten Bandes.

		Seite
Heft 1.	Deutsches Klosterleben im 13. Jahrhundert nach Cäsarius von Heisterbach. Von Prof. Dr. Ludwig Schäbel . .	1—52
„ 2 u. 3.	Gustav Schlosser. Ein Lebensbild. Von Otto Kraus	53—172
„ 4.	Evangelische Arbeitervereine. Von Dr. phil. Otto Härter	173—208
„ 5.	Die Frau und das Universitätsstudium. Von H. Kersten	209—252
„ 6.	Ist eine Schulbibel notwendig, und wie muß sie beschaffen sein? Von Alfred Sähnisch	253—288
„ 7.	Zur Judenfrage. Von E. Frhr. v. Ungern-Sternberg	289—332
„ 8.	Über unsere alte Losung: „Mit Gott für König und Vaterland" im Blick auf Frankreich und Rußland. Eine historisch-politische Studie für die Gegenwart von Dr. Heinrich Rocholl	333—384

Zeitfragen des christlichen Volkslebens.

Band XVII. Heft 1.

Deutsches Klosterleben

im 13. Jahrhundert

nach

Cäsarius von Heisterbach.

Von

Prof. Dr. Ludwig Schädel.

Stuttgart.
Druck und Verlag der Chr. Belser'schen Verlagshandlung.
1892.

> Plus currit in certamine
> confessor into sanitatem,
> quam martyr letam sufferens,
> macrone fundens sanguinem.
> Im heitern Streite rang der Mönch,
> Der täglich neu mit Satan stritt,
> Als je ein Glaubensmärtyrer,
> Der triumphiert, sobald er litt.

Niemand erfreut sich mehr an den Zerrbildern des Klosterlebens, wie sie das Jahrhundert der „Aufklärung" mit Vorliebe ausmalte. Die Einsiedler und Mönche des jungen Lessing oder Goethe, wie des alten Nicolai haben nur soviel historischen Wert wie die Trojaner Shakespeares. Insofern bedarf das Mönchtum keiner Zurechtstellung seiner Gestalt; auch der „Freigeist" läßt ihm jetzt seinen großartigen subjektiven Wert. Aber man wird dem Klostergedanken damit allein noch nicht gerecht — und vielleicht auch uns selbst nicht: das Mönchtum als ein großartiger Versuch, die Frage der Nachfolge Christi zu lösen, bedarf immer noch weiterer Würdigung. Wenn es das nicht leistete, was es wollte, hat es nicht darum doch vielleicht geleistet, was heute ungethan bleibt? Mit der Verdienstlichkeit wollte man ihm unbesehens auch die Nützlichkeit absprechen. Darf man die Frage nicht aufwerfen: sagt uns das echte, wahre Mönchtum nichts Erhebendes, war nicht doch ein Segen darin? Könnten nicht Vereine zusammenlebender Junggesellen und wieder Jungfrauen — aktiver wie die friedlichen, evangelischen Stiftseinwohnerinnen, ohne doch gleich Diakonen oder Diakonissen zu sein — von tausendfachem Segen sein? Insofern betrachten wir die Darstellung von Verhältnissen, die zwanzig Menschenalter hinter uns liegen, doch wieder als „Zeitfrage".

Dem Mittelalter brachte das Mönchtum außer seiner religiösen Aufgabe noch viel anderen Segen. Mit der Erziehung, dem Bodenbau, der Krankenpflege (in vielen Klöstern wohnten auch Landärzte), vereinte es in sich die Leistungen unsrer Banken, Renten und Lebensversicherungsanstalten, wie das jedes einigermaßen vollständige Klosterarchiv beweist. Aber alles das sind zufällige und Nebenleistungen, von denen wir hier absehen. Wir wollen vor allem betrachten, wie das reine Mönchtum des 13. Jahrhunderts, die Lichtgestalt des Mönchtums, wie es Ab. Harnack einmal nannte, sozusagen von innen aussah; wie diese fremde, für uns romanische Pflanze im deutschen Boden heimischen Charakter annahm. Es kann sich dabei nicht handeln um die Bettelorden der **Franziskaner** und **Dominikaner** oder gar um den **Jesuitenorden**; die haben praktische Zwecke, wollen Volk oder Kirche erneuern und treten ins Leben, schaffen aber dabei nirgends neue Ideale des inneren Lebens. Wir behandeln vielmehr den uralten Mutterorden der **Benediktiner**, aber in seiner geläutertsten Form, und das war der Orden der **Cisterzienser**. Es sind lediglich der Erbauung, der Seelenpflege gewidmete Klöster, auch ihre Arbeit war nie Zweck. Der lebendigen Seele, die zwischen den steinernen Wänden der cisterzienfischen Waldklöster rang und zagte, verzweifelte und siegte, wollen wir uns nähern; indem wir auf sie horchen und lauschen, behorchen wir füglich die Seele des deutschen Volks von damals in seiner Tiefe.

Der Schriftsteller, der uns dabei als Quelle dient, ist der vielgepriesene Cäsarius von Heisterbach, aber nur in seinem „Zwiegespräch von Wundern"; denn er war auch sonst ein überaus fruchtbarer Schriftsteller. Und mit sichtlicher Freude erzählt er von jenem Schreiber im Arnsburger Kloster, dessen fleißige Rechte noch nach zwanzig Jahren unversehrt gefunden ward. Von Cäsarius rühmt einer der belesensten evangelischen Kirchenhistoriker, er habe uns in diesem „Dialogus" ein überaus lebensfrisches und farbenreiches Sittengemälde geschenkt. Aber daß er deshalb auch entsprechend bekannt sei, kann man gewiß nicht sagen. Selbst den Namen seines Klosters kennen die Meisten vielleicht nur aus Wolfgang Müllers „Mönch von Heisterbach", der wohl niemals in Heisterbach gewandelt hat, sondern nur vom Dichter dahin lokalisiert ist. Auch der bedeutendsten Schrift über Cäsarius, von Alexander Kaufmann, um deren willen andre Kenner sogar von eigener Bearbeitung abgesehen haben, fehlt gerade das, was wir in den Vorbergrund stellen wollen: Glaube und Stimmung, Vorstellungen und innere Kämpfe jener frommen Brüder. Die katholische Kirche ihrerseits wünscht gar nicht, den „Dialog" besonders bekannt werden zu lassen. Sie hatte ebenso schon zu Lebzeiten des Verfassers, nach seinem eignen Zeugnis, kein ungetrübtes Wohlgefallen am „Dialogus". Man befürchtete, seine grotesken Wundergeschichten könnten das wahre Wunder verdächtigen. Darum wird eine neue Blumenlese von dieser frisch und fast wild blühenden Haide wohl wieder an der offenen Straße ausgeboten werden dürfen.

Im „Dialogus" finden wir das ganze klösterliche Dasein jenes Ordens, der, damals auf seiner Höhe und unmittelbar vor seinem Niedergange, in etwa 2000 Klöstern (mit 20—200 Insassen) Mitteleuropa von Burgund bis zur Oberlausitz durchsetzte und von dem sogar ein Königreich, Portugal, zu Lehen gieng. Erfüllt schien für manche Gegenden das kühne Wort des Kölner Erzbischofs Philipp, er wünsche in jedem Dorfe seines Sprengels ein Kloster dieser Männer, qui deum jugiter laudent, die Gott ohn' Aufhören lobten. Wie charakteristisch ist schon der volle Titel des Buches: dialogus miraculorum! In 12 Büchern hat Cäsarius einen ungeheuren Stoff von fast 800 erbaulichen Geschichten, von außerordentlich mannigfaltigem Inhalt vor uns ausgebreitet: aber alle Geschichten enthalten irgendwelche Wunder oder beleuchten sie doch. Das Unzulängliche — hier ist's Ereignis. So war die Stimmung jener Zeit, die nach Cäsarius wiederum das nahe Weltende erwartete — vom Zeitenbuche Gottes sei nur mehr ein Blatt übrig —, daß gerade die Besseren und Edleren im Wunder das Gewöhnliche sahen. Es ist eine tiefsinnige Auffassung, daß auch die Wunder des Evangeliums (und die in der Kirche sich fortsetzenden) den Menschen zur Vorausgewöhnung an eine jenseitige Welt erziehen sollen, wo keine Schranken, keine Hüllen das Verklärte umschreiben und trüben: das Wunder eine Vorprobe des himmlischen Daseins. Auf dem Feld, im Chor, beim dürftigen Essen, in der Versuchung, im Tode: überall ist der Cisterzienser von Wundern umgeben. Die Welt und ihre Lebensgesetze sind durchaus und allenthalben für das Göttliche, daß ich so sage, „porös und penetrabel": sie sind nur Schein und Schleier.

Die 12 Bücher nennt Cäsarius: Distinktionen, Teile. Mit den bescheidnen Worten: „sammelt die übrigen Brocken" führt er sie ein und begründet die ohnehin im größten litterarischen Ansehen stehende Zwölfzahl. Sie handeln: vom Eintritt ins Kloster: der Zerknirschung (contritio, ihre höchste Stufe compunctio); der Beichte; der Versuchung; den bösen Engeln; der Herzenseinfalt; der heiligen Jungfrau; von Visionen; dem Sakrament des Altars; von Wundern; vom Tode; und zwölftens — von der Vergeltung. Es ist bezeichnend, daß nur das Buch von der Versuchung die doppelte Stoffmasse der andern Bücher umfaßt. Cäsarius hat, wie die Hauptvorrede und die Vorreden zu den einzelnen „Distinktionen" zeigen, scharf und nicht ohne Erfolg über diese Anordnung nachgedacht. Er freut sich, wenn er zwischen der Ordnungsnummer des Buches und dem Inhalte eine Beziehung finden kann, und wäre sie so künstlich, wie zwischen Distinktio X (von Wundern) und den zehn wunderbaren Plagen Aegyptens. Da deren zehn gewesen, so gehörten die Wunder ins zehnte Buch. Innerhalb der einzelnen Distinktionen ist aber der Stoff im ganzen und großen wohlüberlegt geordnet, und eine gewisse Spannung durch Aufsteigen zum Erhabeneren ist in den meisten nicht zu verkennen. Freilich passen auch einzelne Geschichten nicht genau zu den Buchüberschriften; wir finden Erzählungen unter den „Visionen", worin eine solche gar nicht vorkommt, und andre bequemen sich überhaupt zu keiner seiner zwölf Überschriften.

Cäsarius ist nicht der erste noch der letzte, der seine Darstellung durch Zwiegespräch belebte: noch Meister Eckhart hat mit Schwester Kathrine die gleiche Wirkung gesucht, die Cäsarius durch Aufstellung seines Novizen beabsichtigt; eines Novizen, da er, der Novizenmeister von Heisterbach, sein Buch zunächst diesen Neulingen des Klosterlebens zudachte. Aber bei Cäsarius ist der Dialog keineswegs nur Darstellungsform, und der Novize ist nicht nur ein Treibmittel der Erzählung, um sie fortzuleiten und zu ergänzen, wie etwa dem modernen Ernst Renan in seinen Dialogen: es ist dem Cäsarius vielmehr mit der Einführung des zweiten Sprechers ein rechter Ernst. Bedenken und Fragen, die dem Leser aufstoßen mögen, legt er ihm in den Mund, oft so bestimmter, individueller Art, daß der anderweit uns überlieferte Name Apollonius gerne angenommen werden mag. Des Novizen kurze, selten 3, nie 5 Zeilen übersteigende Einwürfe ermöglichen immerhin eine Art Bild von ihm: ein gutartiger, optimistischer, aber mit offenem Kopfe und noch unvollkommener Ordenszucht ausgestatteter Jüngling. Daß Cäsarius wirklich einen bestimmten Schüler im Auge hatte, geht aus der Erinnerung des Jüngling an Erlebnisse, so an die Bekanntschaft mit Erzbischof Theoberich von Köln hervor, und daß er Oel von einem Bilde der hl. Jungfrau gesehen, das sich in Fleisch zu verwandeln begann; oder aus seiner größeren Liebhaberei an Fischen als an Fleisch; aus seinem Geständnis, daß er die Kniebeugungen nicht tief genug zu machen pflege. Auch erzählt der Novize, daß er vielfach sich versucht fühle (tentari) oder daß ihn manchmal im Chor ein auf den Satan zurückzuführender plötzlicher Schreck (horripilotia) erfasse; endlich beruft sich der Verfasser auf gemeinsame Erlebnisse aus dem letzten Jahre. Er rüstet den Jüngling übrigens mit einer gewissen theologischen Sicherheit und guter Belesenheit aus. Daß gute Werke außerhalb des Gnadenstandes nicht nützen können, wirft er mit einem Wahrheitssinne ein, der selbst einer vorgeblichen göttlichen Anordnung gegenüber ein: non liquet wagt. An Urteil fehlt es ihm auch sonst nicht, wenn er die Ähnlichkeit moderner mit biblischen Wundern erkennt, wenn er manche der erzählten selbst über das von Bileams „azina" stellt und seinen Meister darauf aufmerksam macht, daß der Kuß der heiligen Jungfrau, einem zum Ehebruch mit einer Standesgenossin versuchten Ritter gegeben, den Lesenden anstößig sein könne; und fast witzig ist seine Gegenüberstellung des Parallelwunders, da Maria jenen Mann mit einem Kusse, eine unzüchtige Nonne mittels einer Ohrfeige geheilt habe. Oft äußert er recht heikle Einwände, so, warum in einer Wundergeschichte die hl. Maria für einen ihrer besonderen Verehrer ins Turnier geritten sei und die schönsten Preise herausgestochen habe, da Turniere (torneamenta) doch (der Gefährlichkeit wegen) Todsünde seien. Er bekennt auch, Kloster-Visionen bisher nicht für so bedeutsam gehalten zu haben, er weiß offenbar, wie nahe sie den Träumen stehen. Sein Wissenstrieb und sein jasuistischer Eifer treiben ihn bis zu der Frage: ist's eine Sünde, Reliquien an sich tragend, natürliche Bedürfnisse zu befriedigen? Worauf Cäsarius die Notwendigkeit zum Entscheidungsmerkmale macht und den echt christlichen Gedanken beifügt: die Heiligen ekeln nicht vor dem natürlich Häßlichen, sondern vor der Häßlichkeit der Sünde. Das ist denn eine von den — übrigens zahlreichen Stellen —, welche Weizsäcker veranlassen zu urteilen, „die Moral des Cäsarius ist eine vielfach wahrhaft evangelische". Nur, daß ich das soeben gebrauchte Attribut „echt christlich" gerechter finde; denn auch bei Abälard (Epitome theologiae) finden wir den Satz: „also besteht jede Sünde allein im Willen, sowie jede verdienstliche That". Ganz verwandt äußerst Cäsarius: „was ohne Liebe und die andren Tugenden geschieht, ist tot".

Die Fragen des Novizen steigen manchmal in die dunklen Tiefen verschleierter Geheimnisse hinab: wie es Gottes Gnade zulassen könne, daß gerade seine Lieblinge, die Mönche so überaus unreine Versuchungen dulden müßten. Und dieser Wahrheitssinn führt ihn nahe an die Entdeckung damals verkannter Thatsachen: wie könnten, so fragt er, Ketzer, die an keinen Himmel glaubten, Märtyrer werden? Denn da lag der Schluß nahe genug, diese so siegesgewiß sterbenden verleumdeten Walbosier (Waldenser) sind eben wahre Christen. So kommt ihm auch der Gedanke Luthers: wenn doch alles an der inneren Frömmigkeit liege, warum sich äußerlich, mönchisch quälen? Daß endlich der Novize alle „Distinktionen" und Kapitel mit Zahl und Nummer kennt, das ist allerdings eine Naivetät der Darstellung; denn diese Fertigkeit kann nur der litterarischen, nicht der lebendigen Person zukommen, sie setzt eben das vollendete Buch voraus, das wieder den Novizen voraussetzt. Sonst aber hat Cäsarius nicht ohne schriftstellerische Kunst seinen Schemen von Novizen mit Lebensblut durchströmt, wie Homer seine Schatten in der Unterwelt, und ihm die hellen Farben persönlichen Daseins verliehen. Über seine eigne Person teilt Cäsarius mit mönchischer Bescheidenheit nur weniges mit. Wohl erwähnt er einmal seine conversio (Einkehr ins Kloster), die durch ein in Clairvaux geschehenes Wunder herbeigeführt ward, wo die heilige Mutter, die hl. Anna und Maria Magdalena ins Thal hinabstiegen, um den mähenden Mönchen den Schweiß abzutrocknen. Er trat in Heisterbach ein, wo er es zum Novizenmeister und zur höchsten Stelle nach der des Abtes, zum

Priorate brachte. Heisterbach liegt heute in Ruinen, eine Stunde östlich von Königswinter, im Siebengebirge. Als Cäsarius schrieb 1121 (s. u.) war es erst ¼ Jahrhundert alt, sein Wohlstand noch gering. Das Waldkloster, eine Tochter von Hammerrode in der Eifel, hatte nichts aufzuweisen als die Tugenden seiner Inwohner. Als man unsrem Cäsarius jenes Wunder erzählte, war er ein Scholar zu Köln; daß er dort auch geboren sei, ist durchaus nicht wahrscheinlich, der Beweis e silentio ist vier zu stark. Nur um des Wunders, nicht um seiner Person willen erzählte er folgendes liebenswürdige Begebnis aus seiner Kindheit: totkrank habe er bereits zweimal die heilige Ölung empfangen, da wurde eine Wickelung mit dem noch nassen Tauflaken empfohlen, in dem soeben eine 10jährige heidnische Sklavin (jedenfalls aus Wendenland) getauft worden war. „Sogleich brach Schweiß aus, und ich war gesund." Auch Zweifler werden dieses „Wunder" nicht zurückweisen, und der Novize fragt ganz spitzig, ob auch Wunder mit bloßem, nicht geweihtem Wasser vorkämen. Noch erzählt er, daß er entsetzt als Schüler zu Köln reulose Sünder aufs Rad geflochten gesehen habe. Und wieder eine persönliche Erinnerung mag darin liegen, daß sein lieber Lehrer, das Original Ensfried, seine Schüler einmal 3, 4 Tage lang nur mit Kirschen ernährt habe. Den von je in sich gekehrten Sinn des Schülers hat sonst das mächtige und üppige Leben Kölns, der damals ersten und reichsten Stadt Deutschlands, wenig berührt, nur mit Abscheu erinnert er sich, nackte Possenreißer (Karneval?) durch die Straßen taumeln gesehen zu haben. Selbst, daß Cäsarius Deutscher von Geburt ist, erfahren wir nur gelegentlich, wenn er von einem Bischof von Besancon ausdrücklich erklärt: „gebürtig war er aber aus unsrer Provinz". Auch seine Erfahrungen als Novizenmeister führt er mit großer „Diskretion" ein, aber man erkennt, welch unbegrenztes Vertrauen er bei Nonnen und Mönchen genoß. Der Name Cäsarius kommt damals im Rheinland und im Dialogus mehrfach vor. Eine Erzählung von einem Novizen, der sich der Mönchsschur, in altgermanischem Stolz auf seine caesaries Haarschopf, nicht unterziehen will, wird ausdrücklich von einem andern berichtet; auch ist die Ableitung von caesar wahrscheinlicher. Reisen zu Ordenszwecken hatten ihn im ganzen Unterrhein gebiet von Habamar bis Westfriesland umhergeführt. Dabei sammelte er seine „Wunder"; er war bekannt dafür, daß man ihn damit erfreuen konnte. Wunder heißen bei ihm geradezu „etwas zur Erbauung". Die berühmtesten Klöster hatten damals ihr Wunderbuch. Wie man jetzt etwa den Bestand einer Kloster- oder Universitätsbibliothek mit Stolz veröffentlicht, und die Bibliothekare ihre „Unica" vergleichen, so trugen sich damals die frommen Wanderer bei ihren Reisen von Kloster zu Kloster (die mannigfache Verwaltungszwecke veranlaßten) ihre neuen Wundermären vor. Nicht daß alles eigner Wuchs gewesen wäre; wohl wird manches Wunder berichtet, was eben in den vier Mauern dieses Pomoeriums (Hofraite) sich begeben habe, aber größere Bestände sind Gemeinbesitz des betreffenden Ordens, der Klosterwelt, ja der Christenheit überhaupt. So citiert Cäsarius das Wunderbuch von Clairveaux, und andre, die er nicht aufführt, benützt er, ebenso wie die Kirchenschriftsteller. Oft auch hat er ein Wunder seiner eigentümlichen Entstehungsumstände entkleidet und läßt es in neuem Gewande, an näherem Orte auftreten. Es konnte nicht fehlen, daß sich — und wäre es nur aus Neid gewesen — ein Rückschlag gegen diese Liebhaberei besonders der Klöster regte; aber wenn Gilbert von Nogent hundert Jahre vor Cäsarius gegen schwindelhaften Wunder- und Reliquienkram geschrieben hat, so will er das Prinzip damit nicht antasten. Die Wunder waren auch zu enge verknüpft mit dem Reliquienschatz der einzelnen Klöster, und diesen der Welt bekannt zu machen, war die erste Aufgabe der Mönchsfeder, wie der Mönchskanzel; denn er heilte und half, leiblich und seelisch.

Selbst bei unsrem überaus leichtgläubigen Cäsarius fehlt es nicht an einer Art Kritik der Wunder; es werden thunlichst Zeugen namhaft gemacht, und noch lebende erhalten den Vorzug. Er erzählt eine Geschichte, die er früher ungenau erzählt zu haben glaubt, in einem späteren Buche nach besseren Zeugenaussagen genauer; sagt auch, man dürfe Wunder nicht als moralische Beispiele benützen, sowie Wunderbücher seien nicht authentisch. So darf man denn einem seiner Bewunderer wohl zugeben, daß er mit subjektivem Wahrheitssinne geschrieben hat, mit der, wie er an mehreren Stellen betont, vor Gottes Angesicht gefaßten Absicht, seine

Unwahrheit aufzuzeichnen, lieber schöne Sachen wegzulassen, die
wahr seien, als Unsicheres weiterzugeben: aber zum Geschäfte der
Prüfung des ihm Zugetragenen ist er doch gänzlich außerstande.
So erzählt er, der Krystall, der einen Zahn des hl. Nikolaus
umschloß, sei bei den unverschämten Bettelpredigten seiner Verehrer
pecuniam emungero!, wunderbarerweise zersprungen; aber er
glaubt dies Wunder damit schon erhärtet zu haben, daß er den
Sprung gesehen hat, nicht das Springen. Von derartigen Schein-
prüfungen wimmelt es bei ihm. Auch seine geistige Bildung
stand nicht sehr hoch, am besten ist er als Dialektiker und als
Schriftkenner. Gestehen wir es nur, trotz des halben Dutzends Kirchenväter und der paar klassischen — man kann den von Kaufmann
genannten noch den Isidorus von Hispalis beifügen — ist seine
Belesenheit, auch wenn man sie nicht beispielsweise an der unge-
heuern des Meisters Eckhart mißt, sehr gering. Wie konnte auch
das junge und bescheidne Kloster schon Bücherschätze hegen? Vollends
die antike Litteratur oder die vor seiner Lebenszeit liegende Geschichte unsres Vaterlandes bildet keinen lebendigen Hintergrund seines
Bewußtseins. Nicht einmal die Polykratesgeschichte oder die Sage
vom Herkules am Scheideweg erkennt er wieder.

Am schwächsten natürlich ist seine Etymologie; es bereitet ihm
sichtliche Genugthuung, ursus von os, oris, Mund, weil dieser orsus
mit seinem Maule die Jungen belecke und formiere, mors von
morsus (dem Apfelbiß) abzuleiten. Aber geradezu bewundernswert
ist seine genaue Kenntnis der heiligen Schrift, die er in jener
willkürlichen, aber oft auch recht geistreichen Weise ausnützt, die
schon lange vor Origenes, aber am meisten durch ihn, an jede
Schriftstelle mit einer mehrfachen Auslegung herantrat. Bei solcher
Schriftkenntnis fällt es daher geradezu auf, daß er einmal meint,
die Krieger des Herodes seien es gewesen, die sich enthielten,
dem Heiland die Beine zu brechen. Seine Darstellung ist muster-
haft klar und anschaulich, sowie es sich um einfachen Bericht handelt — gerade Historiker haben hierin den Historiker anerkannt —
sie erhebt sich auch zu rhetorischer Schönschilderung bei betrachten-
den Stellen, Kraft und Wucht zeichnen den Stil aus und verraten
eine beträchtliche Schulung: auch ein ergreifendes Gebet flicht er
wohl da und dort ein. Aber wenn ihm von einem kenntnisreichen

Verehrer gar auch nachgerühmt wird, daß er eine gute lateinische Feder führe, so geht das zu weit. Es kommt auf den Maßstab an. Besser wie das Latein der viri obscuri ist es ja wohl; aber wie barbarisch, wenn man es an dem des älteren Zeitgenossen Saxo Grammaticus mißt, oder an früheren deutschen Gelehrten wie Otto von Freising und fast allen bekannteren Geschichtschreibern jener Zeit. Man thut also besser, des Cäsarius eigenen Worten von der inopia seiner Latinität zu trauen, was wir nicht für eine Bescheidenheitswendung halten dürfen, wie wir sie von Winfried Bonifatius an bis zum letzten Humanisten durch die Litteratur gehen sehen. Die Rechtschreibung ist durch griechische Schriftzeichen entstellt: dyadema, prothoplasma, cycatrix, cathena, themon (daemon), Epyphania, azinus, innergia, Ginnadius, lotania, gingnere, cerusia (cerisia). Die Syntax wimmelt von Germanismen: particula de eodem. Caro ex avibus. Sciatisquia (auch in der Vulg.); agere habebat, hatte zu thun dicere habeo; sub omni festinatione; extra se fieri (!). Missumest pro vino (nach Wein), pro visitatore. in exemplum esse, zum Beispiel dienen. Coronari in imperatorem. Man kann das Alter deutscher Redensarten aus seinem Latein bestimmen, schon heißt es molendinam admittere, die Mühle anlassen. So darf man auch nicht glauben, was Kaufmann rühmt, „Griechisch und Hebräisch seien ihm nicht ganz fremd geblieben". Denn seine hebräischen Etymologien hat er aus dem Großen Gregor und philargiria (sic) hält er für ein aliud nomen von avaritia, also für lateinisch. Dagegen beweist nichts, daß er weiß, cerasten heiße der Gehörnte, was er in jeder Predigt hören konnte; dabei meint er noch, es gebe ein griechisches Wort cerasson.

Natürlich wird man seinem lateinischen Stil keinen Fehler aus Barbarismen aufrechnen, die mit eigentümlichen Mönchsideen zusammenhingen. Sie gerade zeigen uns den goldenen Grund des innigsten Gefühlslebens der frommen Klosterleute. Was er da in üblem Latein ausdrückt, ist für die Geschichte der religiösen Empfindung von nicht geringem Werte. Reihen wir einige derselben zu einem kurzen Überblicke des Klosterlebens an einander. Äußerlich ist der Klosterbruder pannosus und selbst scabiosus, lumpig und krätzig, aber es glänzt sein inwendiges Leben, wohl ist er noch jung, doch siegt er mit Gott in den Versuchungsstürmen: pariens ova (neue Wand, Mauer = Novize) valide pulsus (stark angefochten). Ist er ein Mann bonae conversationis (reinem Wandel), ein vir bonus und timoratus (gottesfürchtig) und regulariter satisfaciens, so heißt er imberbis at mente canus (ein Greis dem Sinne nach) oder virgo corpore et mente: er wird firmus (fest, besonders auch wachbar beim nächtlichen Chorgesang), und seine Stimme ertönt den Heiligen zu Ehren: bene et fortiter laudare deum sanctiosque. Es ist kein geringes Lob: voci penitus non parcit, er setzt seine Stimme zu; aber er darf sich nicht hinreißen lassen zum azinaliter clamare (tierisch brüllen), denn das ist das vitium superbae vociferationis, die vocis exaltati, und erzeugt das vitium dissonantiae. Das Schreien, besonders beim Hallelujah, ist leider oft so stark, daß es Kopfweh hervorruft, und die Dämonen haben eine boshafte Freude daran, es zu schüren, daß auch der geläufigste Psalm zerrüttet wird und in Mißklang endet. Auch allzusüßer Gesang ist zu meiden: ein Mönch in Monte Casino, der im Wohlklange seiner Stimme schwelgte, wurde vom Altar entrückt. Für ein bewußtes Predigtmärlein möchte man halten, was ihm ein Abt erzählte, die Stimmen allzu grell singender Mönche habe ein Bruder vom Teufel in einen weiten Sack füllen sehen. Zeit und Ort nennt zwar Cäsarius nicht, aber er unterläßt das grundsätzlich bei Unvorteilhaftem. Denn die Mutter der Tugend ist die discretio, die Frau Maße, wie Walther von der Vogelweide sie weltlich mythologisierend nannte. Es ist nicht zu genug zu betonen, daß das Mönchtum, welches einen Weg zu Gott (ἐδελο θρησκεία) darstellt, dennoch jeden eigenen Weg besonders gesuchter Heiligkeit außer den Ordnungen schon durch Benedikts Mund selbst verurteilte: nimia abstinentia infrigidat stomachum, allzu weit getriebene Enthaltsamkeit erkältet den Magen, es ist geradezu ein technischer Ausdruck, den Abt mit der Bitte um größere Enthaltung plagen (importunus de licentia majoris abstinentiae), und ungemessene Askese führt zur accidia, zum Überdrusse, zur Todestraurigkeit. Denn accidia dum modum excedit, vertitur in crudelidatem; nimia pietas in dissolutionem; indiscretum zeli studium judicatur iracundie; nimia mansuetudo cognitia dicitur et accidia. Das Gebet ist eine starke Stütze zur rechten

Wanderung: pulsare (anklopfen), auch wenn Gott nicht balde erhört ((darum inveni: ich habe ihn hart gefunden!) Noch mehr vermag die Beichte, sofern man nicht durch falsche Scham (erubescentia, nimia verecundia) vorbehält; hier gilt es, conscientiam fodere (das Gewissen rühren), damit der Beichtende nicht mit einer cauteriata conscientia (Brandmal im Gewissen) hinweggehe. Nützlich ist auch die plaga virgarum (Rutenschläge), die man besonders gegen Novizen, die an Austritt denken, mit Vorteil anwendet. Standhaft verharrend wird der Fromme wohl von Gott sichtlich begnadet, mit Visionen, mit der gratia lacrimarum, daß ihm bei rührenden Gelegenheiten, auf den Höhen der Erbauung, die innige Ergriffenheit sich im Thränenstrom ausweint. Man beneidet den, der sie besitzt; Frauen bitten für andere um diese Gabe, allen zur Erbauung, Eitleren zum Neide. Ein solcher tritt wohl am kühnsten dem Teufel entgegen, der überall lauert im Kloster, an heiligster Stätte wie an der unsaubersten, bald in Kröten-, bald in Schlangen-, Affen- und Katzengestalt; der die Frommen subsannat und cachinnat (spöttisch verlacht) oder selbst colaphizat und mit seinem eklen Nasenschleime bewirft, aber endlich confusus (beschämt, widerlegt, besiegt) fliehen muß. Da kann der Standhafte rühmen, daß er bonam dei manum super se habere (Gottes Gnadenhand über ihm walte). In ihm glüht der fervor, der inbrünstige, rechte Feuereifer, dessen spöttliches Gegenbild der fervor indiscretus (Biereifer) und motus indisciplinatus (ungezügelte Regungen zum Guten, Maßlosigkeit) ist. Gestählt ist er jetzt gegen die sagittae ignitae des Teufels, die Feuerpfeile, die er nicht mehr fühlt — und was das höchste ist: in igne non arsit, wie der fabelhafte Salamander glüht er nicht im Feuer selbst; nescit taedere, er ist unverdrossen, vir fortis et fervens. Vielleicht gar fügt es Gott, daß er durch Zeichen glänzt (signis coruscare), indeß erklärt Cäsarius, die Wunderzeichen stünden keineswegs im geraden Verhältnisse zur Heiligkeit. Ebenso unbefangen urteilt er über den relativen Wert der Jungfräulichkeit, was Ruprecht von Deutz 80 Jahre früher viel zaghafter behandelt. (Unten Näheres.) Nur gewisse Gesichte zu sehen, behält er den Jungfräulichen vor als ausschließliches Vorrecht. Noch weniger nötig zur mönchischen Vollkommenheit ist, daß einer vir magnae litteraturae (Gelehrsamkeit) sei.

Und wie gestaltete sich das äußere Leben der Klosterbrüder
Tag für Tag? Als caminus pauportatis, als Feuerofen der Ent-
behrung umschreibt Cäjarius das ärmliche Klosterleben. Er war
freilich der letzte, darüber zu murren; er wußte, daß geregelte Ent-
behrung ein starkes Mittel gegen Versuchung und Anfechtung ist.
Unzweideutig geht aus seiner Darstellung hervor, wie hart das Leben
in Heisterbach war: dieselben Mönche aber, die nie einen Bissen
Fleisch essen, schlachteten in einer großen Hungersnot täglich einen
Ochsen, als das Volk hungernd um ihre Mauern ausharrte, so daß
Frauen auf dem Felde gebaren. Andere Klöster speisten damals
(nach einer Vorlage des Evangeliums) täglich 5000 Menschen. Von
jenem Reichtum, der in der zweiten Hälfte des Jahrhunderts die
Cistercienser umstrickte, ist noch keine Spur in den jüngeren deutschen
Klöstern, deren Entstehen in die zweite große Rodungsperiode in
Deutschland fällt. „Das Gewicht der Mönchskleider, die langen
Wachen und Schweigezeiten, Hitze im Sommer und winterliche
Kälte, das völlige Fasten und sonst die armselige Nahrung", das
seien die Beschwerlichkeiten der Klöster. Auch des Bettes Härte
ist eine ständige Klage der Schwachen. Doch haben die Mönche
Kopfkissen und gegenüber einem verbreiteten Vorurteil, als habe das
Mittelalter den Gebrauch des Hemdes zur Nacht nicht gekannt
(das übrigens an jedem mittelhochdeutschen Wörterbuche zu schanden
wird), sei bemerkt, daß Mönche wie Nonnen nachts camisias tragen,
letztere nach Ablegung der Kleider; während freilich ein reicher
Bauer nackt schläft (im Sommer?). Um jeden Riß der weißen,
bei der Arbeit grauen, Kutte zu bessern, hatte jeder ordnungsmäßig
Nähzeug bei sich zu führen. Derbe Stiefel (cothurni, bei der
Arbeit wohl Holzschuhe) schützten den Fuß draußen, im Kloster war
der Fuß mit Sandalen versehen. Der starke Lärm, den die Holzschuhe machten, wird einmal erwähnt. Bei vornehmen Ordens-
geistlichen kamen auch elegante Stiefel vor, und Philipp II.,
August von Frankreich, entgegnete einem solchen Zierling, der
über einen räuberischen Ritter Beschwerde führte: freilich, ich sehe,
er hat euch alles genommen, auch das Leder, sonst hättest du schwerlich so enge Stiefel au. Dies Witzwort wird aber von Cäjarius
auch unsrem König Philipp zugeschrieben. Die Unreinlichkeit, da
nirgends ein Wort von Bädern vorkommt, war bei der Wollkleidung

so groß, daß ein Ritter einzig nur der ‚Filz‘, Läuse wegen nicht eintreten will (pediculi, vermiculi). Aber auch bei den Damen jener Zeit war dies Leiden verbreitet. Ein englischer Klostergeistlicher heilt die unzüchtige Neigung einer Nonne durch den Anblick seines bloßen Körpers corpus vermibus corotum, und ein Kölner die Leidenschaft einer vornehmen Dame durch eine entsprechende mündliche Schilderung seiner Person, die einst in allen Turnieren ritterlich geglänzt hatte.

Fame cruciari, Hungerqual, ist die kurze Zusammenfassung der Nahrungsfrage: Erbsen, Linsen, grobes Schwarzbrot von Gerste ‹und Roggen?›. Höchstens Fische an Festtagen waren erlaubt, während die Benediktiner, einschließlich der Cluniacenser, sich an artocreas, Fleischpfannkuchen, labten. Das Köstlichste, was Heisterbach kannte, waren ora frixa, Rühreier, die pitantia hießen. Gar schön ist die Erzählung von den 3 Würzkörnern, welche jene faden Speisen schmackhafter machten, Pfefferkörnern gleich; das erste Pfefferkorn seien die frühen Vigilien, das zweite die Handarbeit, das dritte — desperatio fereuli: keine Aussicht, fettere Bissen zu bekommen. Eine lustige Geschichte teilt Cäsarius mit von einem vornehmen Kardinal, „der auch Cisterzienser" war und einst von einem als Original bekannten Laien-Bruder eine erbauliche Geschichte (aliquid boni dicere) verlangte. Der sprach: wenn wir tot sind, wird uns der hl. Benedikt entgegeneilen, und wie er unsre Kutten sieht, uns mit Freuden in den Himmel führen. Dann wird er zum Kardinal sprechen: und du? „Ich bin auch Cisterzienser." Wohlan, schneidet ihm den Leib auf, sind Gemüse, Bohnen, Erbsen, Linsen, Brei darin, gut, so mag er herein; sind aber feine Fische und Leckereien darin, so bleibe er braußen! Schlemmer finden im verbotenen Braten wohl eine Kröte, und ein Arnsburger Cisterzienser, ein inclusus (in eine Zelle besonders eingeschlossener = reclusus), sah sie — in Roßäpfel sich verwandeln. Aber die Speise ist, wenn auch rauh, nicht kärglich: „da unsre Speisen nicht sehr nährend sind, so muß man bis zur Sättigung nehmen", und dem Übereifrigen hatte es der Teufel eingegeben, der dem Abte hart anlag, nur noch ein halbes Brot essen zu dürfen, um sich mehr zu heiligen. Dem Frommen nehmen diese Speisen oft geradezu himmlischen Geschmack an; ein Bruder, der das rohe Brot nicht essen

mochte, sah es visionär in Christi Blut getaucht, und aß es mit
Wonne, das nun wie Honig schmeckte. Einmal, „in diesem Jahre",
kam anderswo bei der Austeilung von Rühreiern eine Nonne zu
kurz. Sie dankte Gott dafür, daß er sie entbehren lasse; aber der
höchste Abt, Gott, sandte ihr eine unsichtbare Mitantia, deren Wohl=
geschmack sie ganz durchbrang. Es war ein körperlicher Wohlge=
schmack so voll und herrlich, daß sie für seine Wiederholung nie
mehr im Leben Rühreier nehmen möchte. Der Abt hielt ein te
Deum am Platze. Cäsarius ist nicht kleinlich; auch in der Speisen=
frage nicht: wenn einer, ohne es zu wissen, auf Reisen etwa zu
Fleischspeisen komme, die er nicht erkenne (Ragouts, Pasteten 2c.),
so soll er's dankbar genießen und sich keine Skrupel machen. Man
sieht, er hat den Römerbrief mit Nutzen gelesen. Die Gierigen
lobt er freilich nicht: er freut sich, daß der Teufel einen gierig von
Fleisch Träumenden an die Steinwand des Chors den Kopf em=
pfindlich anstoßen, einen andern, der im Chor lüstern von Fleisch
träumte, ins Getäfel beißen läßt.

Von nicht geringer Bedeutung für die Zwecke des Kloster=
lebens war die Beschränkung des Schlafs: gerade durch sie wird
die mansuetudo (eigentlich Zahmheit) wesentlich gefördert. Der
Müde ist nicht übermütig. Aber der nächtliche Schlaf ist von dem
strengen Verbot zu sprechen umhegt. Der Teufel aber betreibt, um
die districtio ordinis (die Strenge der Klosterordnung) zu brechen,
in jeder Gestalt die Förderung des unerlaubten Schlafes, und Cä=
sarius gesteht: sie schlafen oft im Chor. Daher gehen der Abt,
der sonst sein stallum (Platz) zwischen den Novizen und Mönchen
hat, sowie der Prior, ja Christus selbst und die besondere Ordens=
heilige, die Jungfrau Maria, im Chore umher, die Schlafenden zu
wecken. Wie sehr bedürfen diese in einem eintönigen Dasein Ver=
dämmernden des Schlafs: der Glöckner schläft im Chor, in den
Minuten zwischen dem Glockenzeichen und dem Eintritt der Brüder.
Oft schlafen Brüder in der Haltung von Betenden. Vielfach ent=
steht durch Mangel an Schlaf Kopfweh, und der Arzt im Kloster
vermag weniger dagegen als die Wunder der Gottesmutter. Wenn
es an Demosthenes erinnert, daß ein Abt die schlafenden Mönche
in Heisterbach durch eine Geschichte vom Gralskönig Artus er=
weckte, so klingt es dagegen etwas frivol, daß ein die Fastenzeit im

Kloster verbüßender Ritter beim Abschiede den Abt um den Stein bittet als Schlafkissen, auf dem er im Chor die süßesten Schlummerstunden genossen hat. Mit großem Unrecht hat Kaufmann, dem dies anstößig ist, einen mythologischen Untergrund vermutet; eher hätte er einen heidnischen Schlafdorn (spina) versteckt im Dialogus VI, 10 finden dürfen! Sehr anstößig ward das unordentlich, aufgedeckt Liegen gefunden (inordinate, incomposite, impudice jacere) und immer, in zahlreichen Geschichten gerügt; zumal die heilige Jungfrau, „das kälteste Elfenbein der Jungfräulichkeit", wie Cäsarius sie etwas orientalisch nennt, bei etwaigen Rundgängen dadurch beleidigt wird. Auch naht dann der Teufel, etwa in Frauengestalt, und verübt den empörendsten Übermut.

Daß die müden und mangelhaft genährten Körper allen Krankheiten eher unterworfen sind, ist natürlich; Wassersucht, Magenleiden, Kopfweh und Zahnweh werden namentlich erwähnt; das infirmitorium, der Krankensaal, begegnet nicht selten. Von wissenschaftlicher Arbeit ist nicht die Rede. In Heisterbach ward außer dem Gottesdienst nur der Landbau gepflegt. Mögen die Sozialisten darin eine Lehre für ihren Zukunftsstaat finden! Erwähnt wird der Landbau nicht gerade häufig, etwa das Pflügen, Kohlpflanzen und Schweinehüten. Offenbar galt er den Mönchen neben ihren asketischen Übungen als ein feiles Werk; aber der Orden gab darin nicht nach: noch im Jenseits, belehrt uns eine Geschichte, hängt dem beim Landbau Trägen — es ist sogar ein Abt — ein Makel an. Ein höchst stimmungsvoller Vorgang aus dem Mutterkloster Hemmenrode sei hier mitgeteilt. Beim Kohlpflanzen sprach ein Mönch namens Thomas zu sich selbst: wärst du doch im Vaterhaus, die Magd würde sich weigern, ein so niedriges Geschäft zu thun. Entrüstet entfernte er sich von den Brüdern, indem ihn der Geist des Stolzes von dannen führte, ihn noch härter zu bedrängen. Als er so im Walde allein war, war auch der Versucher da, und hatte er ihn vorher nur mit Gedanken bestürmt, so griff er ihn nun sichtbar an. Denn er erschien ihm in Gestalt eines Weibes und redete ihn an. Aber jener legte den Finger auf den Mund: er dürfe (zu dieser Stunde) nicht reden. Satan entgegnete: warum nicht? der Prior gab mir Erlaubnis, mit dir zu reden. Er glaubte das und sprach nun. Da versicherte das Weib, die Eltern des

Mönchs hätten sie geschickt, er solle mit ihr heimgehen, um in Trier ein Pferd zu kaufen. Sie gieng voran, leicht durch alle Büsche und Hecken hinstreichend, er folgte mühselig. Endlich rief er erschöpft: im Namen des Vaters, wohin führst du mich? Da verschwand das Weib. Der helle Himmel wich einem wilden Sturme, und naß kehrte der Mönch ins Kloster zurück, mit dem Geständnis, während des Ganges mit dem Weibe starke fleischliche Reizungen empfunden zu haben. So wird, fügt Cäsarius bei, oft Sünde durch Sünde gestraft. Um das Leben mit den Haustieren schlingen sich anmutige Erzählungen, von plötzlich zahm gewordenen Ochsen (gratia mansuetudinis!), oder wie sie die heiligen Geräte mit Ehrfurcht anerkennen.

Auch reichliche Gastfreundschaft wird im Kloster geübt, und die Gäste haben ihren besonderen Stand im Gottesdienste bei der Kanzel. Der Küchendienst geht wochenweise um wie das Waschen (s. u.) Reisen sind zu vermeiden; sie bringen zu viel Versuchungen. Als ein schönes Mädchen unterwegs von einem Novizen beim Gegengruße allzu genau betrachtet war, sagte sein weiser Vorgesetzter: schade, daß sie einäugig ist. „O nein", entgegnete der Novize eifrig, „ich habe sie genau betrachtet, sie hat beide gesunde Augen." Ihm wurde die plaga virgarum zuteil. Ernster ist folgendes Erlebnis: ein Laienbruder führte für sein Kloster Wein nach Flandern, vermutlich aus Heisterbach; als er einst übernachtete, spreitete sich die Magd seines Herbergsvaters ihr Bett zu seinen Füßen. Nach dem Gebet gieng der Klosterbruder dunkel zu Bette. Als das Licht gelöscht war, kam auch die Magd, zog sich leise aus und berührte mit ihren bloßen Füßen die Sohlen des Mönchs. „Der Converse" erkannte diese Anfechtungen des Satans nicht, glaubte, ein andrer Mann liege da — als er aber die Stimme des Weibes hörte, sprang er auf, bekleidete sich vollständig und gieng zum Fenster und sprach, den Morgen erwartend, fromme Gebete. Leute, wie dieser fromme Bruder, hatten denn auch schließlich ein so triumphierendes Ende wie ein gewisser Pfau, zu dem der Abt sagte: du hast doch selbst auf dem Sterbelager ein ewig lächelndes Gesicht; und der sich selbst die Matte zurechtlegen ließ, auf die er sich zum letzten Seufzer streckte, und warmes Wasser bringen, um den gleich darauf entseelten Leib zu waschen (hominem deponere = sterben). Einige brachten ihr Leben trotz aller Entbehrungen auf fast hundert Jahre.

Aber wie weit behnte sich dem Cisterzienser der Weg vom Eintritte bis zu dem Tage, wo an die Tafel geklopft ward (tabula pulsatur, percutitur), um den Tod des Vollendeten zu verkünden! Bis man jene Höhe erstiegen, wo Cäsarius den letzten Klosterbruder dem höchsten Kardinale gleichstellt, den er in seiner mönchisch-demokratischen Anschauung ihm stets gleich achtete. Betrachten wir die Schwierigkeiten dieser Wanderung vom Beginne. Unwiderleglich zeigen zahlreiche Erzählungen des Cäsarius, daß damals ein gleichsam ansteckendes Drängen zum Klosterleben waltete. Königskinder und Bettler, Kanoniker — nicht gerne gesehen — und Studenten, alle strömten hinein. Priester verhehlten ihren Stand aus Demut, Unberechtigte erheuchelten ihn, so daß Innocenz III. sogar das Beichtgeheimnis vorgeblichen Priestern gegenüber aufhob, um sie zu entlarven. Man glaubte dem Himmelreich Gewalt anthun, es an sich reißen zu können. Die Bekehrungsfabeln sind ein Lieblingsthema des ganzen Dialoges, das erste Buch handelt eigens von ihnen. „Allein es ist nicht allen gegeben." Gerade früh eintretende Brüder, bekennt Cäsarius, — der selbst früh eintrat — werden selten serventes, Mönche von glühendem Eifer. Es war nicht immer ganz eigener Entschluß: wir hören oft, daß der Rat anderer, der sich etwa in eine Vision oder Offenbarung kleidete, die conversio, die Abkehr von der Welt, veranlaßte. Selbst der hl. Bernhard hat mehrere dahinzielende Visionen für andere gehabt. Aber der innige Drang, das Heil der Seele zu sichern, war in weitaus den meisten Fällen der treibende Grund. Viele freilich verzögerten, wie Cäsarius aus reicher, persönlicher Bekanntschaft erzählt, nach Ablegung des Gelübdes den wirklichen Eintritt aus Zaghaftigkeit; noch Kundigere vollzogen das Noviziat bei den Benediktinern, wobei sie sich das Gebot des Schweigens sparten, welches bei der cisterziensischen probatio, Prüfungszeit, eintrat. Und nicht etwa nur weltsatte und alte Menschen, sondern zur Verwunderung des Novizen (der demnach nicht jung gedacht sein sollte), Jünglinge und junge vornehme Frauen hält nichts vom Kloster zurück. Ergreifend ist die Geschichte von der kleinen Heliswinde, einer persönlichen Bekannten des Cäsarius, der Tochter des Bürgermeisters von Aachen. Täglich bat sie, in's Burtscheider Nonnenkloster eintreten zu dürfen. Einmal nun schlich sie sich durch's Küchenfenster in den Schlafsaal, zog die Kutte einer Nonne an und gieng mit den übrigen ins Chor. Der Mutter antwortete sie: ich bin eine Nonne, ich gehe nicht mehr mit dir. Mit Mühe weggelockt, schleicht sie ein zweitesmal sich hinein. Vater und Brüder erbrechen wütend das Klosterthor und wollen sie wegführen. Der Bischof von Lüttich aber schritt mit Exkommunikation gegen die männlichen Verwandten ein, und so wurde sie mit 9 Jahren Nonne und bald Äbtissin. Ein andres Mädchen, reicher Leute Kind, wurde damals von der Mutter, um sie von den Klostergedanken abzubringen, mit einem Purpuranzug beschenkt, aber sie antwortete: und wenn ihr mich vergoldet, ihr könnt meinen Sinn nicht ändern. Sie zog auch eine verwitwete Schwester und eine andere Verwandte nach sich, die, um der Hut ihrer Familie zu entgehen, in Männerkleidern heimlich das Haus verließ. Gleichfalls selbst erfahren hat unser Gewährsmann eine hübsche Klostergeschichte aus Yesse in Westfriesland von zwei Klosterschülerinnen. Die eine fürchtete, höchst lernbegierig, während einer Krankheit hinter ihrer Schwester im Lernen zurückzubleiben; sie rief darum die Priorin, die Studienmeisterin: Liebe Frau, wenn meine Mutter kommt, laß ich mir von ihr 6 Heller geben, die schenke ich euch, wenn ihr meine Schwester, bis ich gesund bin, nichts weiterlernen laßt.

Aber leider drängten sich auch manche, aber gewiß nur wenige im Verhältnis zur Gesamtzahl, aus unlauteren Zwecken ins Kloster. Es ist sicherlich kein Beweis gegen, sondern für die Bevölkerung der Cistercienserklöster, wenn aus einem hundertjährigen Zeitraum von beiläufig (im Jahr zuletzt) 20 000 Klosterleuten nur die wenigen bösen Beispiele sich berichten lassen. Daß sie gerade sorgsam gebucht sind, das dürfen wir bei dem mahnend-ernsten Charakter des Dialogs, der ja für die Frischeingetretenen bestimmt war, sicher annehmen. Wir Evangelische wollen nicht in den häßlichen Fehler verfallen, den die begiengen, die aus Luthers ehrlichen Bußworten eine Schandanklage bereiteten, als habe seine Lehre als solche die Leute sittlich verderbt. Aber allerdings erzählt Cäsarius einige schreckliche Beispiele menschlicher Bosheit beim Eintritt. Nicht etwa nur, daß die lustige Haut des Erzpoeten, der einst die Thaten des

Rotbarts vor Mailand besungen, — leider in Latein — sich winterlang in Heisterbach pflegte und dann fröhlich ausbrach, wie das Kalb in der Ecbasis captivi, sondern er nennt den Heinrich Fider aus Hemmenrode, der sich in ein Nonnenkloster einschlich in Frauenkleidern und mehrere Nonnen zur Unzucht verführte. Er hatte sich auch bei Prämonstratensern und Benediktinern versucht und war zuletzt Gaukler, fahrender Mann (histrio). In Hemmenrode hat ein frommer Bruder beim heiligen Gesang Weinkrüge vor dem Munde des Fider gesehen, und — was vielleicht wirklicher war — den Weinduft empfunden; nachts auch vor seinem Lager einen Bären gesehen, über ihn gebeugt — möge es denn nur ein Bär gewesen sein! Gerade die Elemente, die man ins Kloster als in eine Besserungsanstalt sandte, waren schwerlich die besten. Der hl. Bernhard hat einen zum Hängen Verurteilten statt an den Galgen ins Kloster geschickt.

Der Eingetretene mochte sich geborgen wähnen im Vorhofe des Himmels. Er war nun im ordo, eingegliedert in die heilige Ordnung, deren Wert das ganze Mittelalter so hoch erhob, die noch wir Neudeutsche durch die nur davon abgeleiteten Wörter: Ordnung, ordnen, ordentlich bis heute täglich, unbewußt, anerkennen. Man denke schon an die Haltung, durch eine gemeinsame Kleidung, die an sich ein so moderner, der antiken Welt, außer bei den Cirkus-Gesellschaften, fremder Gedanke ist: und nun ein Kleid über die ganze Erde! Christus selbst erscheint, nach den selbstbewußten Erzählungen des Dialogus, häufig in der weißen Kutte, und so auch die heilige Jungfrau. Alle Visionen des Jenseits zeigen den Herrn auf seinem Königsstuhl, vor allem von seinen Cisterziensern umgeben. Nicht daß man auf andre Orden gehässig niedergeblickt hätte. Man liest so viel vom Ordensneid und Ordenshaß — der zwischen Jesuiten und Dominikanern ist weltbekannt —: aber dem massenhaften Stoffe unsres Buches ist er fremd. Wenn er von den Benediktinern, und sonderlich ihrer letzten Auflage, den Cluniacensern, dem niger ordo, häufig Unvorteilhaftes erzählt, macht es doch nirgends den Eindruck der Tendenz; mit größerer Freude erzählt er auch Vorteilhaftes. Ja selbst die Beghinen, die bald von der Kirche so übel behandelt wurden, seit man in den weiblichen Bettelorden die strengere Organisation hatte und nützte, sind bei

Cäsarius noch in voller Gunst; und er erzählt viel Günstiges von ihnen, auch daß man Cistercienfernonnen joculariter, scherzend, Beghinen nenne. Hier ist mit unverkennbarem Anklang die neuerdings in Abrede gestellte Grundbedeutung: „Beterinnen" betont. Ja, auch von Streit, Haß und Neid innerhalb des Ordens sind fast wenig Spuren; auch da wird der Neid bald durch demütig dienende Liebe überwunden, oder ein andrer Neidischer wird durch die Beichte zu schanden. So wird auch durch einen sinnreichen Traum ein Prior geheilt von der Unverträglichkeit gegen seinen vorgesetzten Abt. Diese Seltenheit des Neides ist um so auffallender, als Berthold von Regensburg bald darauf den Nonnen verweisen muß, daß sie sprechen: „Herr, ich kann mich mit allen vertragen, aber die eine — ich kann ihr nichts recht machen, sie würde die Äbtissin selber meistern."

Und woher diese friedvolle Stimmung? Der Kampf im Innern lag zu hart auf ihnen: da war wirklich eine Gemeinschaft von Menschen, die Hand in Hand zum Himmelreich drangen, den Sieg gemeinsam genossen, die Niederlagen gemeinsam beklagten; es war wie eine Kette von Alpenhelden, die, ans Seil gebunden, den Berg von der steilsten Stelle nehmen: jeder Fehltritt zittert durch alle hindurch, sie können gemeinsam den Gestürzten aus dem Eisloch heben, aber auch ein leichtes Gleiten kann alle fällen. Tage behaglicher Ruhe bot Heisterbach dem Mönche nicht, dazu stand zu nahe und zu mächtig der Böse mit all seiner Macht der Versuchung ihm gegenüber. Und glücklich, wer den Teufel wirklich sieht, daß es ein Ringen ist, Auge in Auge mit dem Feind — nur Bevorzugten wird die Schau des Versteckten zu teil, man trachtet danach als nach einer Gnade, ja die Kirche bedient sich erfahrener Zauberer, um Teufel zu Stand und Sicht zu bringen; denn gegen den Satan gilt Kriegsrecht. Es ist eine Ansicht, wie sie Vilmar in der evangelischen Kirche der Neuzeit ohne Erfolg zu beleben suchte. Geistreich und in der Hoffnung, germanisch-mythologische Ergebnisse zu gewinnen, haben Kenner des Cäsarius die Dämonen vom Satanas als esbische, kobolbähnliche Wesen unterscheiden wollen. Allein Cäsarius steht in dem dabei vergessenen Zusammenhang mit der fein ausgebildeten gesamtchristlichen Dämonologie von Palästina bis Spanien. Des Cäsarius Dämonen sind einfach die Mehrzahl von satanas; die Namen sind in der Einzahl unter sich, so wie mit diabolus und tentator, völlig gleich. In Frage und Antwort kehren sie oft verwechselt wieder, und in der Einleitung zu dem Buche über die Dämonen ist es vollkommen klar, daß für das Bewußtsein des Cäsarius Dämon und Teufel ganz dasselbe ist. Der Teufel des Cäsarius ist freilich ein Allerlei von Kobold, Mephistopheles, Hausgeist und Teufel, so verschieden wie im Buch Hiob und der Offenbarung. In allem Unheil hat er seine Hand: wird ein leichter Psalm einmal schlecht ausgeführt vom Chor, dann gelingt es wohl dem Prior, die verwirrenden Dämonen mit Augen zu sehen; oder er erhitzt die Teile des Chors zu unerbaulichem Gegeneinandersingen und Überschreien; auch reizt er die jüngeren, den von den älteren Mönchen tief begonnenen Chorgesang keck in die Höhe zu schwingen (voces arroganter exaltatae!). Dem Satan sind alle Gestalten gerecht; kein heiligster Augenblick ist ihm unnahbar. Seine konstitutionelle Gewalt, die ihm Gott verliehen hat, findet selten eine Schranke: wer ganz in Gott bleibt, dem ist er wie ein an einen Pfahl gefesselter Leu: ja nicht in seinen Zirkel treten! So wird er doch z. B. vom Rücken her erkannt als das, was er ist, denn wie Walthers Frau Welt oder die Gestalt am Freiburger Münster hat er keinen Rücken. Auch kann er das Paternnser nicht sprechen, sondern nur entstellen: er macht darin saltus et barbarismos. Aber freilich fügt er nicht mit Unrecht spottend hinzu: ihr Laien sprecht ja das lateinische Paternoster auch nicht besser. Sein Haß gegen die Mönche, die gegen ihn auf der Vorwacht der Christenheit liegen, ist unermüdlich. Es ist ist ihm eine boshafte Freude, wenn er ihre Namen entstellen kann, so den Namen des rheingauischen Eberbach in Sn-Eberbach (Schweine-Eberbach) oder den hl. Bernhard beim Stiefelputzen verhöhnen: vach, qualis abbas, o welch ein Abt! Die Kirche nennt er Schwatzhaus, domus susurrii, die Beichte susurrium (Gewisper), die plaga virgarum, die Geißelung, die das lehnende Böse verlöscht, heißt er verächtlich: stimulus (Qualstachel), die hl. Jungfrau, wie sie sich bescheiden selbst nennt: „Weib von Nazareth": kurz, wie die Götter bei Homer, hat er seine eigene Sprache!

Bald erscheint er in der Nacht, im Sturm, — während bei Cäsarius stille, heitere Luft ein Zeichen göttlicher Nähe ist –

schwillt auf als Hund, wie Fausts Mephisto und wächst riesengroß
empor; bald auch, und darin mag man die verpflanzte Anschauung
des heißen Südens erkennen, erscheint er am einsamen Mittag und
in der grellsten Tageshitze, wie auch alttestamentliche Stellen dahin
gedeutet wurden, daher z. B. noch Tauler von einem daemonium
meridianum, Mittagsteufel, spricht. Kein Heiligtum, keine Kirche
hält ihn zurück: wo Sünde ist, da kann er auch sein — und wäre
es bei den Sakramenten. Immerhin sind die dunkleren Fluren im
Kloster, namentlich der Abtritt (zu Heisterbach im Oberstock gelegen)
sein Lieblingsjagdgrund. Dort erschreckt er den einsamen Mönch,
der sich in una sedium befindet, wie das nordische Gespenst
Thorkel den Jungen daselbst in die letzte Ecke scheucht. Ungeheuer und doch beschränkt ist die Zahl der Dämonen: Cäsarius
setzt sie, die gefallenen Engel, einem Zehntel der überhaupt erschaffenen Engel gleich, und hierfür müsse die Entwicklung der
Menschheit Ersatz schaffen.

Und trotz seiner Greulichkeit will dem Satan Cäsarius eine
gewisse diabolica bonitas nicht absprechen; hier ist ein reiches Feld
für das spaßhafte Geschichtchen (jocularitur narrare), das bei ihm
nicht die letzte Rolle spielt: ein Dämon dient einem Ritter in hingebender Lehenspflicht, ein andrer bewacht einen Weinberg in Laach
und ist offenbar nicht mit Ernst hinzunehmen, wie die Hauselben,
die man mit Breischüsseln ablohnt, sondern ein guter „kölscher Jong",
der sich einen Witz macht mit einem abergläubischen Winzer. Da
ist nichts von Elben und Wichteln. Denn Cäsarius hat sich wohl
auch vom Schulz in Königswinter manches vorerzählen lassen, aber
alle seine Lehrerzählungen sind durch den Filter kirchlicher Anschauung gegangen. Wie strenge die Kirche sich gegen alle heidnischen Erinnerungen abschloß, wie spürsinnig sie solche entdeckte,
das zeigen die Bußbücher am besten. In einem so wichtigen
Punkte wie die Lehre vom Satan würde man heidnischen Einfluß
in solcher Ausdehnung nie zugelassen haben. Wo der Satan milder
und hilfreich erscheint, ja selbst einmal ein gottselig Werk vollbringt,
oder auch seinen Fall und Unseligkeit beklagt, da ist die Anknüpfung an die kirchliche Lehre doch überall herzustellen, wie auch in
der poetischen Litteratur von den Schwänken des Mittelalters an
bis zu Klopstocks Abbadonna er vorhanden ist. Und dann —

wir kennen das Ende solcher Geschichten nicht, die als Anfänge aufzufassen sind. Der Teufel im Prolog des Faust ist auch noch voll „Bonhommie". Es sind friedliche Anfänge, denen vielleicht ein schrecklicher Schluß gefolgt wäre: es ist der „dumme Teufel", der beginnt, um von dem „Fürsten der Finsternis" abgelöst zu werden. Eigentümlich ist dem Cäsarius ein merkwürdiges Stück Zahlensymbolik; erdacht ist es trotzdem von ihm nicht. Wie die Zahl Sieben, als Zahl des Unfruchtbaren, der heiligen Jungfrau zukomme, so Fünf dem Satan. „Der Fünfer werde von Philosophen abtrünnig genannt, weil er mit andren ungeraden Zahlen verbunden (multipliziert) und dann mit sich selbst multipliziert, immer am Anfang oder am Ende selber hervorluge (d. h. die erste oder letzte Zahl enthält dann fünf). So trennt sich der Teufel von der geraden Vierzahl, verbindet sich mit den schlechten Menschen als mit ungeraden Zahlen, und immer zeigt sich seine Schändlichkeit im Anfang oder am Ende, in Thaten oder Worten."

Vor allem in der fleischlichen Natur des Menschen hat der Teufel seinen furchtbaren Angriffspunkt nach dem Dialog; wenn er auch einmal mit diabolischem Triumph äußert: jenen keuschen Mönch fürchte er gar nicht, weil er sich seiner Tugend stolz bewußt sei. Seltener setzt er anderswo ein. Doch wird uns mitgeteilt — aber die Erzählung macht freilich den Eindruck einer Lehrerzählung — irgendwo in Frankreich sei von einer Nonne der Dämon der fleischlichen Begierde auf anhaltendes Gebet gewichen, um einem Geist entsetzlicher Lästerung Raum zu geben. Sie begann an Gott und Glauben zu zweifeln. Aber sie blieb fest im Gebete. Als ein Engel ihr verkündete: ohne irgend eine Versuchung könne sie nicht vollendet werden und sie in die schreckliche Davidswahl zwischen die erste Qual, dem stimulus carnis, carnis incentiva, stellte und der Lästerung, wählte sie lieber die erste. Aber hierin liegt offenbar, daß selbst fleischliche Versuchung eher zu besiegen sei als die innere Zersetzung. Versuchungen jener Art werden oft von außen hereingetragen. Noch Berthold von Regensburg warnt die Nonnen vor dem tütteln da zur der pforten und zur den fenstern mit den mannen. Besuche, Briefe können sie vermitteln. Und jede Begegnung birgt Gefahr: corpus mulieris ignis est, das Weib ist wie ein verzehrendes Feuer. Besonders der Posten des Pförtners und der Pförtnerin, an den Grenzen der Außenwelt, ist zumeist gefährdet. Nicht jede Nonne fiel, wie jene, ohnmächtig zu Boden, wenn der Teufel in Mannesgestalt nahte. Selbst unbefangene Begegnung konnte schreckliche Stürme entfesseln. So hat ein frommer Mönch Unerträgliches durchgekämpft, weil eine ihm von der Welt her bekannte Nonne beim Wiedersehen ihren Arm um seinen Hals legte und ihn ansah. Am schlimmsten war, daß gerade die Kleriker, welche in den Nonnenklöstern allzufrei verkehren konnten, oder die seelsorgenden Mönche, zur Unzucht verführten. Nicht nur der Prior, auch dienende Brüder wohnten im Nonnenkloster; im Garten des Klosters konnten sie ungestört verkehren. Die Kanoniker von Bonn gehen zur Kurzweil ins Nonnenkloster Dietkirchen, dessen spätere strenge Äbtissin mit dem ganz anders gemeinten Sterbeseufzer: „o geliebtester Mann", o amantissime virorum! verschied. Mit abschreckender Deutlichkeit malt Cäsarius die Häufigkeit und Gewalt der Gefahren; er sagt auch, daß wälsche Laster in die Mönchsklöster sich eingeschlichen und den Verkehr von Beichtvater und Beichtkind vergiftet hätten. Gerade die Beichte, deren Zweck der reinste war, wird zur Vermittlerin der verderblichsten Geständnisse. Auch den Gedanken, den die Bußbücher des Mittelalters uns aufzwingen, daß sie fremde Laster ins deutsche Volk erst hineingefragt haben, sehen wir in Cäsarius bestätigt. „O Unheil auf dein Haupt," flucht eine Brabanter Beghine ihrem Beichtvater, der sie unbekannte Schändlichkeiten gefragt hatte. So kann denn von einem Kloster eine — vielleicht selbstgerechte — Nonne nicht ohne Schein behaupten, es sei im ganzen Kloster sonst keine Nonne hierin ohne Makel; worauf Cäsarius ihr entgegnete: „Demütige will Gott, nicht Reine!" Hat eine weltliche Frau, um die böse Lust zu dämpfen, sich in eiskaltes Wasser geworfen, so hat eine Nonne, als die Anfechtung unüberwindlich ward, sich lieber in einem Brunnen ertränkt. Man muß bei dieser Sache im Auge behalten, daß die Sittigung des deutschen Volkes damals noch in ihren Anfängen stand, ganz abgesehen davon, daß durch die Kreuzzüge neue verderbliche Gährungskeime übertragen wurden. Auch in der ersten Christenheit haben neben den Aposteln die Nikolaiten der Offenbarung, neben den Märtyrern der Sünder von Korinth gestanden. Man wähne nicht wie diese selbstgefällige Mär von der Tugendreinheit der Germanen, an Tacitus anlehnend, umgeht daß das deutsche Volk in die Ehe mit dem Christentum die Mitgift einer besonders reinen Sittlichkeit mitgebracht hätte. Die Geschichte und die Sagen der Völkerwanderung, die leges aller deutschen Stämme, die Rechtsgewohnheiten, die poetische Litteratur von Roswitha und dem Gedicht Ruotlieb an bis hinab ins 16. Jahrhundert, jede Stadtchronik (z. B. die von Frankfurt, Köln, Basel und Straßburg für unsre Rheingegend) zeigen uns das Gegenteil: eine wilde, ungebändigte Sinnlichkeit, auch nicht ohne Verfeinerung und besondere Entartungen. Aber nirgends in Europa stand es besser. Dieselben Kreuzfahrer, welche dem byzantinischen Kaiser ganze Bootsladungen voll Nasen und Daumen griechischer Christen zum Hohn übersandten, führten die schrecklichste Wirtschaft mit den Frauen des „erlösten" heiligen Landes. Cäsarius erzählt Abschreckendes von der Scheußlichkeit der Pullanen, der christlichen Kolonisten. Daß dieser Naturgrund glühender Wildheit auch in den Klosterleuten aufkochte und schäumend hervorbrach, wer dürfte sich darüber wundern? Lag es nicht gegeben in der verkehrten Aufnahme von Kindern und Jünglingen? Es fehlt ja auch Urteil und Verurteilung dafür bei Cäsarius nicht völlig, aber die grimmige Empörung, die man da wünschen möchte, ist freilich nicht zu spüren. Erinnern wir uns an die angebliche „kühle" Objektivität des alten Testaments, und daß, wenn er, ohne Zorn und ohne Wundern, von dem unsittlichen Treiben erzählt, nicht dies, sondern die erbauliche Schlußwendung Gegenstand seiner Erzählung ist. Wie schön und warm weiß er dann anderwärts die Jungfräulichkeit zu preisen. Und selten unterläßt er die Strafe zu erzählen.; meist folgt der Unthat die Verzweiflung und durch die Beichte Heilung.

Man kann sich übrigens dem Eindruck nicht verschließen, daß wenn die Beichte dem Schwachen Kraft und Hilfe bot, sie doch auch vielfach der Verkehrtheit, während freilich viel Schlimmes nur wieder durch sie bekannt und besiegbar ward. Die Auffassung des Cäsarius gerade von der Beichte ist übrigens das Untheologischste, ja Unchristlichste in seinem ganzen Buche. Der evangelische Christ wird eher noch all seine seltsamen Wundermärlein, seinen ganzen Heiligenkult und Reliquiendienst hinnehmen und selbst würdigen als eine Auffassung der Beichte, wonach die schenßlichste Sünde im

Augenblick, wo sie gebeichtet ist, als Thatsache nicht mehr vorhanden ist. Ein ganz junges Mädchen, ja Kind, war von einem Buben verführt, von einem Besessenen verraten worden: aber durch inzwischen abgelegte Beichte gelingt ihr eine richtige, vollwichtige Ableugnung und Cäsarius findet das in der Ordnung. Allerdings nur, weil die Absicht, nicht mehr zu sündigen, vorhanden war. Ebenso selbst bei den Ehebrüchen und Unthaten, die der Thäter im rechten Augenblick noch irgend einem Laien — wie merkwürdig unchristlich — gebeichtet hat. Er ist hier offenbar wie berauscht von der Herrlichkeit seiner Überschrift: um die Kraft der confessio zu erläutern, erzählt er Geschichten, die seinen inneren Beifall ungeteilt nicht haben konnten. Und wie soll man Vorgänge mit diesem Glauben an die Beichte vereinigen, wie was von jenem Priester erzählt wird: „wenn Sünden wirklich Sünden sind", sprach er zu einem Abt, „dann kann ich nicht selig werden, hab' die Nacht mit eines andern Ehefrau verbracht und heute schon drei Messen gelesen." Und, fügt Cäsarius hinzu, es war ein Sonntag, auf den noch ein Heiligentag fiel. Welche Verklärung!! So von der Nonne, die sich durch Incest mit ihrem Sohne einen diskreten Beichtvater erzeugt, dem sie ihr gräßliches Vergehen gestehen kann. Anderseits hat seine Theorie von der Beichte wieder Züge vollkommener Reinheit: ohne vera contritio helfe sie nicht, und wenn der Wille zur Umkehr nicht fest sei; er erinnert auch an das unendlich milde Wort des hl. Bernhard, daß schon die Reue über den Mangel wahrer Reue erretten könne; dann auch empfiehlt er, nicht ohne Beigabe von Predigtnärlein, eine Genugthuung, die nicht allzuschwer sei: satisfactio quae non sit onerosa. Letzteres Sätze, welche von den Jesuiten bekanntlich recht äußerlich gefaßt und ausgenützt wurden. Bemerkenswert ist, daß das Beichtgeheimnis nicht sehr strenge gehalten wird; eine Unzahl Geschichten beruhen ausdrücklich auf Mitteilung in der Beichte; darunter auch solche, bei denen der Wunsch der Veröffentlichung sicher auszuschließen ist.

Aber auch für andere Versuchungen des Bösen bot das Klosterleben ein weites Feld: Essen, Arbeit, Schlaf! Jedes Übermaß nach der einen oder andern Seite konnte verderben. Wer zu lange schlief, wich nicht weiter vom Wege, als wer sich den Schlaf versagte, dann in Melancholie, in acedia fiel. Wer sich unordentlich bedeckt zum Schlafe legte, bot der hl. Jungfrau, wenn sie, das speculum castitatis, nachts segnend durch die Säle schritt, einen beleidigenden Anblick dar. Wer zuviel aß oder nach Essen gierte, war dem Abgrund so nahe, als wer über die Ordensregel hinaus entbehrte. Ordinate, regulariter vivere, das war das einzige; und rätlich überdies, wenn es nicht auffiel, nicht zum Hochmut ward, unter dem Erlaubten zu bleiben, wie jener Fromme, der selbst den Bruderkuß, um jede Versuchung zu meiden, mehr in Form eines Schnanzenstoßes verabreichte. Das müssen Gottes Lieblinge sein, die gar Versuchungen herausfordern, wie jener fromme Ensfried, der Lehrer unsres Cäsarius, der leckere Speisen beroch, quo plus tentaretur, um mehr versucht zu werden, — und sie dann wegschenkte.

Wenn wir Evangelischen uns daher auch an der Unzahl von Fleischessünden, die Cäsarius von Klerus und Orden eingesteht, gewiß nicht selbstgefällig weiden werden, so können wir doch darin nur eine Vergeltung dafür erkennen, daß gerade die Cisterzienier mit größter Erbitterung die Priesterehe geschmäht und bekämpft haben. Cäsarius sagt, daß weitaus die meisten Priester verheiratet seien, wie er sich ausdrückt, im Concubinat lebten. Sie leben mit ihren Frauen und Kindern in freundlichem Familienleben; erst die Gewissensangst, welche die Mönche den Frauen erwecken und schüren, bringt Unfrieden, und ein armes Priesterweib wirft sich in der Verzweiflung in den glühenden Bäckerofen. Anlaß soll der Scherz eines Priesters gewesen sein. Aber eine weiße Taube erhub sich aus der Glut: Gott hatte den reinen Willen angenommen und ließ nachts Fackeln himmlischer Heerschaaren auf ihrem ungeweihten Wildgrabe scheinen. Diese Frauen erscheinen sonst nicht in ungünstigem Lichte; man denke an jene Aleidis; sie verkehren mit den heiligen Männern, und ein Ritter wagt sein Leben an die Verteidigung einer vom Teufel gehetzten Priestersfrau. Auch die Söhne dieser Ehen leben bereits unter einem Druck und vergrämen ihr Dasein. Noch schlimmer als diese Unglücklichen kommen bei Cäsarius die Ketzer weg, besonders die Albigenser und die Waldosier, die nach einem der Ihren sich nannten, wie er ausdrücklich bezeugt, im Gegensatz zur waldensischen Lieblingsbehauptung = Thalleute. Er sagt ihnen die schrecklichsten Ausschweifungen und den kümmerlichsten Aberglauben nach. Die Nachreden ihrer Gegner beweisen die ersteren so wenig, als die Lügen der Heiden über die ersten Christen, sind ihnen auch völlig nachgebildet. Wenn wir von der ergreifenden Aufopferung dieser Ketzer hören, ist es dann nicht, als hätte König Xerxes Recht mit seinem seltsamen Satze, daß die besten Herren die schlechtesten Diener, die schlechtesten Herren die besten Diener hätten? Gerade was der Dialog über Ketzer enthält, ist so widerspruchsvoll, daß seine eignen Märlein vollauf zur Widerlegung seiner Verunglimpfungen ausreichen. Einer ihrer Führer ruft auf dem Scheiterhaufen: heute noch werden wir bei Laurentius sein - was gar nicht unkirchlich klingt; und wenn er es ihrer Abendmahlslehre vorwirft, daß jeder bei jedem Essen das Sakrament gebrauche, so mochte er sich nur im 1. Korintherbrief umsehen. Daß ein schönes, junges Mädchen, dem man Leben und Heirat anbietet, lieber auf der Leiche des Ketzermeisters mit den andern stirbt, das ist gewiß ein starker Gegenbeweis gegen die vorgeblichen wilden und unterschiedslosen Ausschweifungen dieser Ketzer. Und dennoch behauptet Cäsarius, sie hätte ausgerufen: wo liegt jener Verführer (zur falschen Lehre). Wie naiv! Das Subjektiv des Fragesatzes hat ihr natürlich Cäsarius geliefert. Beachtenswert ist, daß nach ihm, dem wir die Aufbewahrung des berüchtigten „haut alle nieder, die Seinen kennt der Herr" (und kann sie auswählen) verdanken, die Kirche ihre Kronzeugen unter den Ketzern hielt. Leider zu wenige oder zu thörichte, sonst hätten sie die manichäischen und die schlicht christlichen Ketzer nicht durcheinander geworfen, wie auch Gregor IX. es thut, wenn er den Straßburger Dominikanern in der Inquisitionsbulle die Ketzer als erbauliche Reden führend beschreibt.

Die Sache des Menschen, besonders aber des Mönchs, mußte verzweifelt stehen gegen den Versucher, „dessen glühender Hauch den Rauhreif zum schmelzen bringt" (cujus anhelitus prunas ardere facit), wenn nicht alle himmlischen Mächte zum Beistand des Armen bereit wären. Es ist ein Gedanke nicht ohne Tiefe, daß diesen Vorkämpfern gegen den Satan besondere Helfer zur Seite stehen. Es ist insbesondere die hl. Jungfrau und die Schutzgeister, Apostel und Heilige. Der Cisterzienserorden hat sich durch den Einfluß des hl. Bernhard ganz besonders der hl. Jungfrau über-

geben, und in Bernhards ganzem Lehrsystem ist sie die Himmels-
herrin. Wer sich dem Teufel zuschwört, muß ihr bei Cäsarius noch
besonders entsagen. Bescheiden nennt sie sich selbst bei ihren Erscheinungen mulier de Nazareth, aber so hoch steht sie, die De-
müthige, im Kloster da, daß ein Mönch schon beleidigt wird, wenn
ein andrer nur an ihrer körperlichen Auffahrt zweifelt. Und
wie milde tritt die vergottete (allenthalben) Himmelskönigin den
kleinsten Übeln der Ihren entgegen: da gewährt sie ein Mittel gegen
Kopfkrätze — daher Maria einmal ein nomen medicinale genannt
wird; schon ihr Name ist heilkräftig — hilft dem schwachgeistigen
Priesterlein wieder zum Amte, das nur eine Marienmesse lesen
kann; singt für den müden Mönch die Horen, lehrt wie eine gute
Fee einer Nonne ihre Kniebeugungen vollkommener vollziehen,
ja — was mehr aus dem Herkömmlichen tritt — sie reitet für
einen sie verehrenden Ritter kämpfend und siegend in dessen Gestalt
in die Schranken. Manche dieser Marienwunder steht Cäsarius
selbst nicht an, als jocundissima, sehr ergötzlich, zu bezeichnen, ohne
darum ihrer Wahrheit zu nahe zu treten. So wenn sie eine aus
dem Kloster fliehende Nonne durch eine tüchtige Ohrfeige auf bessere
Gedanken bringt und dasselbe Heilmittel gegen andere anwendet,
die ihrer Visionen sich rühmten. Ihren Wundern besonders wie
den Erscheinungen des Teufels hat man einen heidnisch-germanischen
Hintergrund unterlegen wollen. So soll ihr Einreiten ins Turnier
sie als Walkyre kennzeichnen. Das Ganze wäre eine verwischte
Mythe; warum dann nicht auch der Kuß (s. o.) an jenen Ritter
nach der eddischen Erzählung von der im Kusse sieggebenden Walkyre. Sucht man mythologischen Untergrund in einer Geschichte,
wie der von der Pförtnerin, die, stark versucht, in die Welt floh
und 15 Jahre der Sünde diente, während in ihrer Gestalt solange
die hl. Jungfrau die Pforte hütete, — so heißt das, anstatt der
ganzen Erzählung, die man vorgeblich gleichsetzt, einen einzelnen,
oft den unrichtigsten Zug unterschieben: es ist nicht mythisch, sondern
marianisch-legendär. Bei andren Wundern wieder soll sie die Natur
von Hulda-Bertha zeigen. Diese Deutungen, an nebensächliche Züge
sich anklammernd, und mit dem sichtlichen Zwecke, der katholischen
Anschauung Anstößiges auf einen andren Tisch abzulegen, kommen
mir vor, wie die Versuche findiger Zollbeamten, überall Kisten mit

doppeltem Boden zu sehen, wo die Sache ganz einfach, d. h. wo die Marienmär festverbunden und geschwisterlich ähnlich mit hundert ähnlichen kirchlichen Legenden auftrüt.

Die besondre Hilfe der Apostel sich zu verschaffen, hatten die Frauen im Kölnischen einen sondren Gebrauch: ans 12 Kerzen, die je mit einem andren Apostelnamen bezeichnet waren, wählten sie blindlings aus, wobei dann nicht immer jede mit einem untergeordneteren Namen zufrieden war. Denn hier steht der hl. Thomas, Jakobus, Andreas, wie ein homerischer Poseidon auf der See von hoher Gewalt, und Johannes der Täufer allen voran. Selbst die manchmal schmutzige Herkunft ihrer Reliquien kann ihre Wunderkraft nicht beeinträchtigen. So wenn ein Arm des Täufers durch eine Hure ihrem Freunde, der ihn hütet, abgelockt und einem Kaufmann verkauft wird. Aber Cäsarius empfindet hier doch den grausen Hohn des Teufels. Gerade wo die Sache ins verkehrteste umzuschlagen scheint, zeigt sich einmal die Reinheit des Gedankens: bei einem unechten Pferdezaum des Thomas von Kanterbury begeben sich Zeichen und Wunder „Gott wollte den Glauben daran belohnen". Hier ist die Sache nichts, die Idee alles. Mehr in das Gebiet der jocundissimae narrationes gehört die Geschichte, wie ein unter die Gebeine der 11000 Jungfrauen verirrter Pferdeknochen sich durch einen Geruch verraten habe, den man bei den heiligen Mädchen nicht vermuten durfte: denn wie die Hände frommer Mönche einen besonderen Wohlgeruch annehmen, ja der Speichel, des, der oft das Ave Maria betet, wie Honig wird, so verkünden sich die Gebeine der Heiligen durch einen wohlthuenden Geruch (odor sanctitatis!). Auch fröhlich darf man das Wunder nennen, wie statt einer Leiche im Sarkophag noch eine weitere heilige Leiche gefunden wird, oder wie das Nönnchen Friderun einen zierlichen Kamm bei der Ausgrabung von Gebeinen zweier von den hl. 11000 Jungfrauen beiseite schafft, ihn aber, durch Offenbarungstraum verraten, herausgeben muß, da diese Heiligen, deren Überführung nach Thüringen im Werke war, ohne ihren Kamm nicht wandern wollten. Die Trennung zwischen den Bildern der Heiligen und ihnen selbst ist nicht sehr tief ins Bewußtsein übergegangen. Eine Heilige lehrt einer andachtlosen Magd den Rücken zu, die hl. Jungfrau straft eine Frau, die ihr Bild ein altes Gerümpel genannt hat, und als eine andere, der der Wolf das Kind geraubt hat, einem Marienstandbilde zum Pfand das Jesuskind wegnimmt, erhält sie ihr Kind unverletzt wieder.

Wir haben auch damit wieder mehrfach das Lieblingsgebiet des Cäsarius betreten, das der Wunder. Sein Buch heißt nach ihnen, dient ihnen; ihm war der große Sinn des hl. Bernhard fremd, dem alle Welt Wunder nachrühmte, und der doch selbst keines rühmend erwähnte, als daß es ihm gelungen war, Konrad III. zu jenem verhängnisvollen Kreuzzuge zu bewegen. Die Wunder bei Cäsarius sind allerdings von unendlich verschiedener Art. Bald sind es natürliche Begebenheiten, die nur durch ein glückliches Zusammentreffen der Umstände aus der gemeinen Reihe treten, wie wann den Priester Richwin ein plötzlicher Donnerschlag aus Räuberhand befreit; bald sind es Träume und Visionen, zwischen denen es bei ihm trotz theoretischer Bemühungen keine feste Grenze gibt: bald freilich sind es auch Wunder der allermassivsten, handfestesten Art. Endlich haben wir Ereignisse, und das ist besonders lehrreich, die wir auf dem Wege sozusagen ertappen, eben Wunder zu werden, und die es bei seinen Zuhörern oder doch bei deren Zuhörern gewiß sein werden: wenn z. B. der fromme Ensfried vom Pferde herab seine Schuhe einem Armen darreicht, ein andrer heiliger Martin, und sogleich ein paar neue Schuhe aus der Tasche hervorzieht. Bei Cäsarius noch waren sie schon vorher darin — aber wie lange noch? Für die wirklichen Wunder beruft sich Kaufmann auf die Geheimnisse der Psychologie und der höheren Mächte, die uns die philosophische Geheimlehre ahnen lassen. Aber ich glaube, es steht dem Historiker besser an, sich auf Historisches zu berufen. Wer wird doch die Geschichte der Jungfrau von Orleans materialistisch, ohne Annahme des Wunders erklären und auflösen können? Aber wir fragen doch 1) nach der Bezeugung, 2) nach dem einleuchtenden religiösen Zwecke, nach dem Zusammenhang mit den bekannten Wegen Gottes. Und mit diesem Maß gemessen, fallen freilich die meisten Wunder des Dialogs ins Komische. Man muß entschuldigend bemerken, daß viele von ihnen durch die Überlieferung bereits ins Groteske verzogen waren, aber man wird auch verstehen, daß der sogenannte Vorreformator Wessel, selbst ein Ordensbruder, diese frommen Schwänke aus der Tischlesung der Mönchsspeisesäle verbannt hat. Haben wir vorhin die Wunder des Dialogs nach dem Grade eingeteilt, in dem sie von der Begreiflichkeit abstehen, so muß man damit eine andre Unterscheidung nach dem Zwecke verbinden. Bald sind es psychologische Wunder, die das arme Erdenloos erleichtern sollen oder die Übergewalt des Geistigen und Heiligen über das Niedre; bald Erziehungswunder, mit oft sehr handgreiflicher Anwendung; wieder sind es auch Strafwunder. Dann schließen sich Besessenheit, Gespenster und andre Wirkungen des Teufels an. Zu der ersten Art gehört die liebenswürdige Erzählung von der Gattin, die ihren Herrn nicht ins heilige Land will ziehen lassen, aber, als sie, von seinem kreuzgeschmückten Mantel bedeckt, schmerzlos geboren hat, ihm dankbar so lange entsagt; oder von jenem Priester, den Cäsarius selbst kannte, den die Andacht so erfaßte, daß er glaubte, die Brust müsse ihm zerspringen. Er mußte die ungeheure Bewegung der Andächtigen halben gewaltsam unterdrücken. Die Urschrift gibt es noch stärker: „daß sein Bauch zu zerplatzen schien." Aber Cäsarius läßt selbst merken, daß er darin eine Erklärung von Hiob 32, 19 gefunden habe: vielleicht lag vielmehr die psychologische Ursache dieser frommen Aufblähung in dieser Bibelstelle. Hierher gehört auch das Wunder vom Hemmenroder Mönch Arnold, der, wenn er eben Gott sonst nicht loben konnte, bescheiden auf seiner Hand die Bewegung des Zitherspielens machte und „die Saiten mit dem Herzen rührte." Der Gedanke an diesen frommen Mann hat bei einem schweren Meersturm in Seeland die cisterziensischen Reisenden, noch dazu von Seeräubern bedroht, mit Frieden und Mut erfüllt: als hörten sie sein stummes Zitherspiel erklingen, so war es ihnen. Auf viel seltsamere Dinge muß man sich bei den pädagogischen Wundern gefaßt machen, die bald sich im allgemeinen halten, bald bestimmte Personen angreifen. Hier ist der Sinn und Gedanke alles: es sind fromme Fabeln. Viele handeln von der Rückkehr Toter, die noch etwas diesseits zu besorgen hatten, eine kleine Geldschuld abzutragen, ein Versprechen einzulösen, dem rechten Vorgesetzten die Beichte abzulegen. Der Teufel erlaubt einem Besessenen nicht, von einem Kalbe zu essen, das in fünfter Reihe von einem gestohlenen Rinde abstammte. Sehr zahlreich sind auch die Wunder des Altarsakraments: Zweifler — oder auch recht Gläubige — sehen die heiligen Materien, Blut und Fleisch, mit Augen; dann Beweise der Unvergänglichkeit der Hostie, auch wohl des ungeweihten Brotes. Ergreifend ist das Wunder, wie Christus der Herr selbst vom Kreuze sich dem neigte, der seinem Todfeind, der ihm den Vater erschlug, das Leben geschenkt hatte und seinen Friedenskuß — um Christi willen. Hierher gehört das Wunder vom Wuchergeld, das selbst das rechtmäßige im Kasten mitauffraß; von der Nonne, die ihr ermordetes Kind, glühend, auf ihren Armen nachts umtragen mußte; von dem Falschschwörer, der gelähmt wird; von der Reichen, die arm wird, als sie die Gutthaten einstellte, und, gebessert, aufs neue reich. Manche Wunder sind den betreffenden Einzelnen sehr auf den Leib gepaßt: jenem neunjährigen Nönnchen, das von der verstorbenen kleinen Mitschwester im Chor besucht wird, die keine Ruhe im Grab findet, weil sie so oft im Chore mit ihr geschwatzt hat. Auch für den habsüchtigen Priester in Habamar war es nicht angenehm, daß man von ihm erzählte, er habe beim Sakrament statt der Hostie — eine schwarze, schwarze Kohle zu Munde geführt. Dies war ein Lieblingsgesicht: bei andren Unwürdigen (im Kloster) wurde das gleiche quid pro quo beobachtet. Mit einer andren Erzählung war weniger der Leichtsinnige gemeint, der für viel guten Wein seinen Pelzrock versetzte, sondern der (gut kaiserlich gesinnte) Abt, den er in seinem Traumdusel höllisch geplagt am Orte der Qual erblickte. Besonders die Träume müssen zu allerlei erziehlichen Zwecken dienen. Man sieht selbst den Traum eines andren; denn so ist es gemeint, wenn einer den träumenden Klosterbruder eine Nonne umarmen sieht. Ein Abt, dem ein jäh Verstorbener seine Beichte im Traume ablegte, fand am Morgen seine Kutte naß von den Thränen, — die Jener auf ihn habe niederfallen lassen. Wie ist hier tiefer Sinn in leichtem Boden versteckt! Eine Reihe von Gesichten, die Meerfahrern zu teil wurden, beziehen sich auf die Strafen der Verdammten. In den Vulkanen des mittelländischen Meeres — einst der Verbannungsort der Cyklopen — finden sie sich, namentlich im Mons Gyber. Gut staufische Schultheißen müssen sich gefallen lassen, wenn sie nicht, wie Scheffels Enderle von Ketsch, ihr letzter Abkömmling, — auf das weite Meer hinausgebannt sind. Der Gyber ist ein arabischer Dschebel = Berg, und die Sage hat

ihre Wanderung von der antiken Welt durch die arabische Phantasie
gemacht. Es ist nicht zu verschweigen, daß manche Spuren von
Mißbrauch dieser Träume und Gesichte vorhanden sind; wenn z. B.
Mönche den Teufel in Gestalt ihres Priors umgehen sahen, kann
das für die Zucht nicht unbedenklich gewesen sein. Auch die Gabe
der Weissagung, die Cäsarius äußerst häufig Besessenen beilegt,
findet sich fast ebenso oft bei Frommen. Beachtenswert — man
mag es einen altgermanischen Rest nennen — daß namentlich fromme
Frauen sich darin hervorthun. Eigen ist es dem Dämon des Cä=
sarius, daß er gegen seinen tapferen Erzfeind Ensfried ein drohendes
lateinisches Distichon schleudert; aber auch von einer Nonne erzählt
er, daß sie Verse machte.

Unter dem Schutze der hl. Maria wie der Apostel und durch
die Versuchungen des Bösen treten sich die besonderen Mönchssünden
und Mönchstugenden gegenüber, die sich eben nur im Kloster zu
entwickeln pflegen. Wir heben als bei Cäsarius besonders charak=
teristisch unter den Tugenden die simplicitas, unter den Untugenden
die acedia hervor. Aber beide haben das gemeinsam, daß sie fast
im Thore des Gegenlagers stehen: simplicitas kann zur Sünde
werden, acedia geht oft aus heiligem, allzustarrem Ernst hervor.
Die accidia (richtiger acidia oder mit ω Aussprache: acedia) ist
die ἀκηδία der griechischen Mönche. Sie kommt schon bei den
ersten abendländischen Mönchsmoralisten, bei Cassianus und
(seit Benedikt) Cassiodorius Senator vor. Bei Cassian, dem
frühesten Abendländer, finden wir als ihr Gegenteil die Heiterkeit
(„Ihr sollt nicht sauer sehen"). „Cassianus", sagt Gaß in der
Geschichte der christlichen Ethik, „schildert sie als gänzliche
geistige und körperliche Erschlaffung und Abgestandenheit, als Miß=
fallen an allem Thun und Lassen, Unzufriedenheit mit Gott und
der Welt und dem eignen Dasein; ein Zustand, der einem inter=
mittierenden Fieber ähnlich zu gewissen Stunden des Nachmittags
einzutreten pflege und am Abend nachlasse." Bei Cäsarius findet
man diese letzten Bestimmungen des Begriffes so wenig wie in der
klassischen Litteratur bis zu Suidas herunter: es ist nur tiefste
Seelentraurigkeit, grenzenloses Verzagen an sich und allem. Cäsarius
hat das Leiden ganz ins Moralische hinemerklärt, wenn er auch
betont, daß körperliche Schwachheit ihren besten Nährboden abgebe.

Sowie der begeisterte Schwung fürs Klosterleben nachläßt, Mangel an Frische und Freudigkeit sich einschleicht, so ist das Übel da. Aber sonst ist die Schilderung der seelischen Erscheinungen eher noch umfassender: von Schlaflosigkeit kommt sie; sie kann aber zur Schlafsucht führen; und dann schlägt selbst ungezügelter Übereifer nicht selten dahin um: allzugroße Ergebung (mansuetudo) wird Trägheit genannt und Acedia. Eine öfter wiederkehrende Charakteristik ist: accidiosus, murmurosus (der gerne murrt, et libenter dormiens. Einen gröberen Strich fügt das Beiwort et bibulus (der gerne trinkt) hinzu. Pussillanimitas (Kleinmut) ist eine Vorstufe, tristitia (Traurigkeit), die zur Verzweiflung wird, der gefährliche Gipfel, von dem es jäh zum Selbstmord hinabgeht. Er wird mehrfach von Mönchen und Nonnen berichtet, durch Hängen und Ertränken. Wenn Cäsarius anderwärts äußert, daß tristitia auch accidiosos mache, so stehen wir vor einer Unklarheit der Anschauung, die verschiedene Stufen dieses rätselvollen Seelenleidens vermischt. Traurigkeit der Welt und vielleicht auch etwas von der göttlichen Trauer mischen sich in ihr. So darf man ihm recht geben: auch aus Tugenden entstehen Laster; und als furchtbares Warnungszeichen stellt er den Satz auf: je vollkommener einer ist, desto mehr hat er zu wachen.

Nicht minder vielseitig zeigt sich die mönchische Tugend der simplicitas, der Einfalt. Cäsarius will ihren Namen — leider mit Unrecht — sinnig von sine plica, ohne Falte, ableiten. Die simplices sind die joculatores, die Spaßmacher Gottes und seiner Heiligen. „Tauben schauen aus den Augen der Einfältigen": fenestrae columbarum sunt oculi simplicium, und ihr Heimgang wird von allen himmlischen Chören gefeiert. Unschuldiges Todesleiden gibt ihnen eine Ähnlichkeit mit dem Herrn selbst: in drei Erzählungen werden solche vom Engelchore bestattet. So der alte Marcabellus, der als Dieb hingerichtet war. Wie dient den Einfältigen der höchste Himmel! Zu Kummede in der Pfalz hatte eine Schwester ihr Crucifix unter den Strohsack verlegt, welcher der Heiland selber den Verbleib nachweist, und zwar nicht im Traume, wie Cäsarius früher angenommen hatte. Rührend ist auch die Geschichte von der Aleeluja, die dem besuchenden Geistlichen klagte: sie habe ihren Herrn verloren (genau, wie man es wohl von frommen Pietisten hören kann; der Geistliche stellte sich scherzend, als verstehe er das eigentlich und entgegnete: geh in deiner Zelle umher und ruf in allen Winkeln: Herr, wo bist du, vielleicht findest du ihn in einem Mauerloch. Und sie nahm es eigentlich und sie fand ihn wieder in ihrem Herzen. Eine hohe Naivetät waltete auch bei jenem, der betete: Herr, wenn du mich nicht von der Versuchung befreist, so beschwere ich mich bei deiner Mutter Maria, ganz wie Luther, Zinzendorf und andre Herzenseinfältige ihrem Gott mit Gotte drohten. Aus einem hohen, dem Cäsarius wohl bekannten Fenster in Aachen haben Engelhände einen Einfältigen schadlos heruntergetragen, der es sich nicht hatte nehmen lassen, täglich im Aachener Warmbade bei den Krätzigen im Wasser zu sitzen, und die ekelhaftesten ansteckend Kranken zu waschen. Freilich verstellt sich wohl auch einer als simplex, um die göttlichen Vorrechte eines solchen zu üben, den seine That hernach der duplicitas, der Zweideutigkeit und Unlauterkeit überführt. So ist die simplicitas ein Gemisch von Naivetät, Ehrlichkeit, Taubeneinfalt — und Beschränktheit des Weltsinnes; aber von dem Gesamtbilde gilt Christi Wort: „Selig sind die Einfältigen."

Wenn auch die Bezeichnung Böhmes, Cäsarius biete eine geistliche Novellensammlung, nur einseitig — weil geistreich — ist, so ist doch eine treffende Beobachtung darin. Cäsarius hat sogar Geschichten, die, abgesehen von ihrer geistlichen Lehrbestimmung, die oft schüchtern genug mitenthalten ist, ebenso gut im Decamerone stehen könnten. Aber gerade sie würde der Kulturhistoriker am schmerzlichsten vermissen, sie führen einen geraden Weg in das Gemüt unsres Volkes, wie es damals war. Manche freilich gehören der Weltlitteratur an, die durch die Kreuzzüge geschaffen war, andre sind grunddeutschen Wesens. Nehmen wir zunächst aus dem bunten Gerölle der ersten einige Fundstücke als Proben auf: die Erzählung von der Rittersfrau, die der Lust, in einen scheußlichen Sumpf zu treten, vom Augenblick des Verbotes an nicht mehr widerstehen kann, finden wir gerade so noch bei Lafontaine und Gellert. Ebenso findet sich die Erzählung von dem milden Beichtiger, welcher, der eignen Regel des Cäsarius folgend, man müsse dem wirklich Reuigen milde Buße auferlegen, den Beichtling fragte, welche Speise ihm widerlich sei, und von da an der Lust nicht widerstehen kann, zur Zeit des Kulturkampfs wieder -- im Lahrer „Hinkenden Boten" als funkelnagelneuer Meidinger. Ebensogut könnte es bei Rabelais, ja schon im heidnischen Lucian stehen. Im Cäsarius finden wir, was man vor zwei Menschenaltern im „Bremer Lesebuche" las von den Neugierigen, die sich an Evas Lust stoßen, und dann selbst die Maus aus der verdeckten Schüssel schlüpfen lassen. Ein andrer Ritter, der trotz echter Buße immer wieder in Sünde fiel, bekam vom Beichtiger endlich die Auskunft: so kommen wir nicht weiter, weißt du etwas, was du zum Entgelt für deine Sünden strenge beobachten kannst? Da spricht der Ritter: ich habe einen Apfelbaum, der bittre Früchte trägt, daß ich sie nie noch anrühren mochte. Kaum war diese leichte Pflicht zum Verbote erhoben, so ergriff ihn die schrecklichste Begierde, aber diesmal behauptet er sich und stirbt im verzehrenden Seelenkampfe, doch siegreich. Mythologische Deutungen eines so seltsamen Beispiels von Beichte sind wohl niemanden möglich, ob auch erwünscht; aber ich denke, das Paradoxe dieser Erzählung ist augenscheinlich: Cäsarius will hier, wie der Herr im Gleichnis vom ungerechten Haushalter, um den ganzen übrigen Hergang unbekümmert, nur die Gewalt der tentatio, der Versuchung, bewähren, wie bei jener Nonne Beatrix, die fünfzehn Jahre als Buhlerin lebte, indeß die hl. Jungfrau ihr die Pförtnerschlüssel hielt. Aber da die Erzählungen des Cäsarius, so seltsam es klingen mag, auch für Nonnen bestimmt waren, an einer Stelle sagt er, er wolle deren Schamgefühl schonen, so ist das Wagnis freilich nicht gering. Am geringsten ist es wohl, wenn der ganze Zusammenhang eines ausgearbeiteten Erzählungsstoffes anstößige Einzelheiten gleichsam schwebend mit sich emporträgt.

So ist es — um einige ausgeführtere Erzählungen aus deutschem Boden auszuheben — mit der Reklusa aus der Wertheimer Gegend, die erst jüngst noch lebte. Sie war ein schönes Kind reicher Eltern. Als sie heiraten sollte, erklärte sie, ich gelobe mich keinem Manne, sondern nur meinem Herrn Jesus. Sie siegte. Der Bischof selbst schloß sie in die Einzelklause. Aber so freudig sie das Leben darin anfangs aufnahm, so bitter war der Ekel, mit dem der Teufel bald ihr Herz erfüllte. Fast mit den Worten der Verzweiflung, die Tiberius einst an den Senat von Capri aus richtete, antwortet sie dem besuchenden Abte: schlecht leb' ich, schlecht bin ich bei Gesundheit, und warum oder wem zuliebe ich hier verschlossen lebe, weiß ich durchaus nicht. Denn wer weiß, ob ein Gott ist, Engel, Seelen und Himmelreich? Wer war je dort? u. s. w. Der Abt: was sprichst du, Schwester? Mache das Kreuzzeichen über dein Herz. Sie: wie mir's wahr scheint, so rede ich. Seh' ich die Sache nicht, so glaub' ich nicht. Laß mich hinaus, ich halte die Einschließung nicht aus. Der Abt sagt ihr, daß er diese Anfechtung für Satanswerk halte: nur 7 Tage möge sie noch aushalten. Nun beten alle Mönche die Woche durch inständig für das arme Kind, und wirklich, er findet sie völlig getröstet, mehr getröstet, als vorher sie zerschmettert war. „Vater," bekennt sie, „mit meinen Augen hab' ich, woran ich zweifelte, gesehen." Sie hatte selbst eine Vision gehabt, worin sie ihren Körper auf dem Boden der Zelle „blutleer und blaß liegen sah wie eine Blume ohne Saft und dürre." Leider bricht hier Cäsarius über Erörterungen über die mögliche Erscheinungsform der Seele die viel wünschenswertere Mitteilung über das weitere Geschick des Mädchens ab. Wer aber sieht nicht, was für ein herrlicher Sonnenmythus von den Freunden solcher — Spielereien sich aus der Nonne gewinnen ließe, die vom harten Wintergott drinnen verschlossen gehalten, endlich noch zu 8 Tagen Wartefrist bestimmt wird: „laß mich hinaus, ich halte die Einschließung nicht aus!" Höchst anschaulich erzählt ist auch die Bekehrung einer großen Sünderin, die eine ganze französische Adelsfamilie durch ihre Verführung verderbt hatte, und als der treue Seelsorger gegen sie auftrat, bei dem Ritter den Seelsorger gleicher Verderbtheit beschuldigte. Von Stund an suchte sie ihn zu verführen, daß sie ihn beschäme, und droht ihm schließlich, wenn er nicht willfahre, werde sie Selbstmord begehen, eine Drohung, die bei Cäsarius immer mit derselben Untrüglichkeit wirkt wie in Japan ein in Aussicht gestelltes Haraliri. Eingeengt zwischen so viel Übel, bestellt er sie zur Liebesbegegnung, läßt aber sein Bette mit Reisig und Dornen umstecken und zur Stunde anzünden, so daß das Weib ihn in Flammen findet. Da bekennt sie die Verleumbung, der Geistliche aber wird Predigermönch. Von schrecklichen Anfechtungen ward auch Alcidis (Adelheid) behelligt. Sie war die Frau eines Kölner Priesters, der sich — Cäsarius weiß nicht, infolge welches göttlichen Gerichtes (wir dürfen vermuten, wegen seiner Ehe geängstet. — an seiner Kammerthür erhängt hatte. Nun ward sie Nonne im rheinischen Langwaden. Als sie einst vom Schlafsaal aus dem Fenster blickte, sah sie einen Jüngling, vielmehr einen Dämon als Jüngling, welcher an dem Brunnen stand, der an die Mauer des Schlafsaals anstößt. Vom Brunnen schwang er sich ins Fenster zu ihr. Sie wollte ihn zurückstoßen, fiel aber erschreckt zusammen und ward bewußtlos. Die Schwestern liefen herbei und betteten sie aufs Lager. Als sie allein war, war auch der Dämon wieder da und begann sie mit Liebesworten zu bestürmen. Da sie, als Dämon ihn erkennend, ihm widersprach, antwortete er: liebe Aleibis, sprich nicht so; folge mir, ich gebe dir einen wackren Abtigen! Warum hungerst du dich hier aus, plagst mit Wachen dich und tötest dich vor der Zeit? u. s. w. Sie: schlimm, daß ich dir so lange zugehört habe; ich folge dir nicht! Da warf der Teufel, sich schneuzend, seine Unsauberkeit — auch sonst ein Kampfmittel des Satans — gegen sie, so daß etwas davon ihre Kutte ekelhaft beschmutzte. Auf Rat der Schwestern wandte sie gegen die fortgesetzten Anfechtungen Weihwasser und Weihrauch, auch das Kreuzzeichen an, alles ohne vollen Erfolg. Aber eine ältere und erfahrenere Schwester riet ihr, den Teufel nahe in Schußweite kommen zu lassen und ihm dann einen englischen Gruß, das Ave Maria mit voller Treffsicherheit entgegenzuschleudern. Wirklich, wie von einem Pfeilschuß getroffen, von einem Sturmwind ergriffen, wirbelte er für diesmal weg. Endlich riet ihr ein Mönch, sie solle dem Prior eine gründliche Beichte ablegen. Eine Frühstunde in einer anstoßenden Kapelle wird festgesetzt. Unterwegs begegnet ihr der Teufel: Aleibis, wohin? Sie: dich und mich zu besiegen (confundere). Der Dämon: o Aleibis, nicht doch, nicht doch, kehr um, kehr um! Aleibis entgegnete: oft hast du mich in Verlegenheit gebracht (confundere!), jetzt werde ich dich besiegen (confundere). Aber wie der Weih nach der Taube stößt, so flog er über ihr bis zum Beichtorte; dort erst entwich er für immer. Hierzu sei bemerkt, daß das Streben der Teufel (männlicher wie weiblicher) nach menschlicher Umarmung nicht etwa, wie Kaufmann deutet nach mythologisch gefärbten Mären, der Sehnsucht nach Erlösung entspringt, sondern bei Cäsarius immer und überall nur dem Wunsche, die Seele des Menschen zu verderben, entspringt.

Bruder Theobald in Heisterbach war ein leichtsinniger Weltmann gewesen, der als Possenreißer einst vor Cäsarius Augen nackt durch die Straßen von Köln getaumelt war; mit Mühe nahm der Abt seine Bekehrung ernsthaft und nun bemühte er sich freiwillig in den niedersten Diensten: es war ihm ein ganzer Ernst. So bat er sich selbst das Waschen des Leinenzeugs aus, mit dem Schweinehüten der niederste Dienst. Als er ein paar Tage am Werke gewesen, sprach der Versucher in ihm: Thor, was schaffest du, was brauchst du den Schmutz derer zu waschen, die du an Geburt weit übertriffst. Er aber verharrte, wusch nur so fleißiger und trank schließlich, um den Versucher völlig zu überwinden, das gebrauchte Waschwasser aus. Fast wäre er vor Qual vom bösen Tranke gestorben. Als er nachts von seinem Leiden auf das Privat genötigt war, sah er zwei Gehenkte vom Deckballen baumeln. Ihre Körper waren schwarz, die Kleider zersetzt, die Gesichter verhüllt, so daß man sie für Räuber halten mußte. Erschreckt und fast von Sinnen lief Theobald in den Schlafsaal und setzte sich außer Atem zum Lager eines Mönchs. Der ließ ihn, dürftig bedeckt, bis zum Morgengrauen an seinem Lager sitzen. Aber künftigen Versuchungen hielt er doch nicht stand. Unter dem Vorwand, seine französischen Verwandten zu besuchen und in einem dortigen Kloster deshalb ein Jahr Urlaub zu verbringen, entfernte er sich, fiel ab, endete aber allerdings in christlicher Buße. Ähnlich genug sind seine Bekehrung und Verkehrung wie die des Erzpoeten, von dem Cäsarius erzählt, daß er einmal, um von einer Krankheit sich gesund pflegen zu lassen, Mönch in Heisterbach ward, nicht nur frater barbatus, conversus, Laienbruder, denn er war Kleriker von Stande, aber kaum gesund gepflegt, ist der durch seine epische Verherrlichung des großen Rotbarts und seine Studentenlieder Unsterbliche spottend davongelaufen.

Hart war auch die Versuchung des Novizen Richwin, eines jungen Kölners. Er lief anfangs gut; aber eine Nonne im hl. Cäcilienkloster in Köln entfachte in ihm den Brand einer fruchtbaren Versuchung. Sie ließ ihm Briefe schreiben und schrieb selbst, worin sie seinen Eintritt beklagte und ihm Haus und Habe versprach. Den Leibeigenen, der sie brachte, hielt des Novizen Bruder Heinrich zunächst zurück; aber der wartete im Chor und gab seinen Brief dem Richwin persönlich ab. Er erglühte, als er las, als hatte ein Brandpfeil (Lieblingsbild — aus der Bibel!), sagitta ignita, telum ignitum, sein Herz getroffen. Von nun an wollte er all Stunde in die Welt zurück, aber die Brüder hielten ihn. Zu Boden gestreckt über der Schwelle seiner Zelle, rief er wohl, ringend, mit lauter Stimme: Teufel, wenn du mich nicht an den Deinen hinausziehst, folg' ich dir nicht! Endlich siegte er und wurde Mönch. Cäsarius fragte ihn einmal, ob er noch Funken von der vorigen Glut in sich fühle, aber er konnte antworten: wahrhaftig, Bruder, die Versuchungen, die damals mein Herz zerspalteten, berühren jetzt nur noch von außen meiner Kutte Saum. Wie ergreifend ist die Macht der Seelenkämpfe in diesen schlichten Worten geschildert. Er brachte' es auf die dritte Würdestelle im Kloster nach Abt und Prior: er starb als Kellermeister.

Ein völlig ausgeführtes Lebensbild bietet Cäsarius von seinem Lehrer Eusfried, einem merkwürdigen Original, burlesk und doch von größter innerer Weihe und Reinheit, sowie von Werinbold, der bei großer Herzenseinfalt wenig Geistesgaben, aber große Gottesgaben besaß. Er soll nach der sagenhaft ausgeschmückten Erzählung im eigentlichen Wortsinn nicht bis drei haben zählen können. Allein beide sind bereits von Kaufmann eingehender geschildert, so daß wir davon absehen, wie auch von dem größten psychologischen Rätsel, das uns Cäsarius aufgibt: die Lebensgeschichte der Hiltgunde von Schönau, die Jahre ihres Lebens unerkannt, rein unter Reinen, in einem Männerkloster als Bruder verlebte und dort auch starb. Bereits hat ein moderner Erzähler ihre Schicksale in einer feingeführten Novelle zu deuten versucht.

Vor fünf Jahren hatte sich, nach Cäsarius Erzählung, in der Lütticher Gegend folgendes begeben. Ein junger Ritter hatte im Turnieren, für Gaukler u. dgl. sein großes Vermögen verpraßt. Er mußte seine Güter einem benachbarten Herrn von niedrem Adel (Ministeriale) verkaufen, verpfänden. Endlich dachte er an Auswanderung, da er die Schande der Verarmung unerträglich fand. Aber ein treuer Pächter nahm sich seiner an, führte ihn in der Nacht an einen Sumpf und sprach den Teufel an. Der Jüngling läßt sich bereden, Gott abzuschwören gegen Wiederherstellung seines Reichtums. Der Teufel sprach: die Sache ist noch nicht aus. Du mußt auch der Mutter des Allerhöchsten abschwören. Darauf

erschrak der Ritter: das thu ich nie! „Warum," sprach Satan,
„du hast ja mehr gethan." Doch jener: und wenn ich von Thür
zu Thür betteln müßte, ich thue es nicht. Den Jüngling ergriff
nun tiefe Reue und klagte seinen Jammer in einer nahen Kapelle
aus. Mit dichterischer Deutlichkeit, aber als wäre alles objektiv
geschehen, fährt Cäsarius fort: „Da er nicht wagte, jene schreckliche Majestät, die er verleugnet hatte, zu nennen, geschweige anzu-
rufen, sondern nur seine holde Mutter mit Bitten und Weinen be-
stürmte, da sprach die selige einzige Schützerin der Christen zu
ihrem Sohne durch den Mund ihres Bildes: mein süßester Sohn,
erbarme dich dieses armen Menschen. Der Knabe aber antwortete
der Mutter nichts, wendete sein Antlitz von ihr ab. Und als sie
wieder bat und die Verführung hervorhob, die er erlitten, wandte
er seiner Mutter gar den Rücken zu und sagte: der Mensch hat
mich verleugnet, was kann ich da thun? Da erhub sich das Bild
Mariens, setzte den Jesusknaben auf den Altar, warf sich auf die
Kniee und flehte, bis er nachgab. Die ergreifende Erzählung schließt
gar mit einer Heirat: jener Ministeriale war in der Kirche, hatte,
selbst tief ergriffen, den Ritter beten gehört und sprach ihn an;
als wisse er von nichts, trat er ihn an und fragte ihn, warum er
so feuchte und geschwollene Augen habe. Und er: „es ist vom
Wind". Der andre: Herr, der Grund eures Leids ist mir nicht
unbewußt. Ich habe nämlich eine einzige Tochter, wenn ihr sie
zur Gattin nehmen wollt, gebe ich euch all das Eure wieder und
mache euch außerdem zu meinem Erben. Darauf sprach hocher-
freut der Jüngling: wenn ihr das thun wolltet, würde es mir
außerordentlich lieb sein. Sie bekamen sich und leben noch glücklich.
(Gerade das Kind Jesus ist sonst selbst frommer Zudringlichkeit
zugänglich; denn anders war die Nonne doch nicht, die in ihren
Gebeten darauf bestund, den Herrn einmal als dreijährig Kind zu
sehen. Er kam, sagte Gebete her wie ein Kind und stockte nur bescheiden an den Stellen, die seine eigne Herrlichkeit rühmen.

Eine seltsame, und im Grunde wenig sympathische Mönchsge-
stalt war der Bruder Christian in Hemmenrode, ein Priester-
sohn, den Cäsarius stets nach Namen und That einen Christ nennt.
Er übte durch seine Gesichte eine wahrhaft unheimliche Macht aus
und hat dabei seiner persönlichen Bescheidenheit eben nicht geschont.

Er hat z. B. in einer Vision zu seiner Bestattung neben der hl.
Jungfrau auch den Kaiser Friedrich I. herbei bemüht, der wie
Kaiser Friedrich II. bei Cäsarius stets mit hohen Ehren genannt
wird. Häufig sah Christian des nachts im Chor Dämonen; auch
der Abt, der daraufhin um diese Gnade bat, sah sie. Cäsarius
verspricht uns, von seinen weiteren Erlebnissen mit Dämonen nur
das Verbürgteste zu erzählen, so von dem Känguruhritt, den der
Teufel in Gestalt eines nackten Weibes auf seinem Rücken bis an
den Morgen ausführte, nachdem er des Bruders Christian allein
auf dem Abtritt nachts habhaft geworden. Christian war Priester
und Schloßkaplan gewesen, ob nach oder vor der Zeit, in der ihm
zwei uneheliche Söhne erblühten, steht dahin. Einmal als er in
der Kapelle des Schlosses betete, kam der Junker, in ein Bärenfell
gehüllt, ihn zu erschrecken; Christian sticht zu und trifft ihn gefährlich mit dem Messer. Aber der schwerwunde rief noch: flieht,
ihr habt den Grafensohn getötet. Doch genest er, und alles löst
sich aufs beste. Einmal bei einer Leichenfeier erhebt sich der Tote:
alle fliehen, auch Christian, dem der vermeintliche Tote noch zurief:
Herr, ich habe zu Hause einen fetten Bock, nimm ihn und bitt' für
mich, dann umsinkt und tot bleibt. Einmal trug ihn Maria Magdalena auf einem Filialgange über den angeschwollenen Fluß
samt dem Rosse; auch wohnte sie dann seiner Messe bei. In
Heummenrode eingetreten, lag er einst auf dem Novizensöller im
Gebete und begann zu zagen; denn es werden von ihm außerordentlich schwere Versuchungen berichtet. Da sah er im Geiste sich
bereits gestorben, und es erschien die hl. Jungfrau, nahm sein
Haupt, das tote, und Kaiser Friedrich Rotbart (so heißt er natürlich wie bei Cäsarius) und bestatteten ihn; hüteten auch seine Seele,
als der Teufel, wie am Schlusse des Faust, Feuermassen gegen ihn
spie. Auch er wußte sinnreich von der Erscheinungsform der Seele
zu sprechen, die überall Auge gewesen, von den Teufeln, die als
Raben den Engeln, die — etwas inkorrekt — als die schönsten
Mädchen erschienen seien. Es wird ausdrücklich hervorgehoben, der
brave Christian habe erklärt, der größte Kaiser sei nur eben würdig
gewesen, seinen Leib zu bestatten. Liebe und Demut hätten diesem
Manne zu so hohen Visionen verholfen, denn was wolle dagegen
Handarbeit oder Predigen sein? Allerdings habe er die Berührung

selbst der Kleider andrer Mönche gemieden, da er sich ihrer nicht würdig gefunden habe. Als man einst im Nonnen-Convent von seinen Wundern sprach, äußerte daher eine Nonne: da seht ihr, wie Gott solchen Menschen seine Geheimnisse mitteilt und uns nicht! Habe dabei mit dem Finger auf eine andere gewiesen, von der man nicht glaubte, sie sei im Stande der Jungfräulichkeit ins Kloster eingetreten. Worauf Cäsarius, der anwesend war: Gott will lieber, daß ihr demütig, als daß ihr Jungfrauen seid. Auf seinem Tobbette um neue Wunder gefragt, sagte Christian: soeben hätten der Heiland und die hl. Mutter ihm, in Cisterzienserkutten, seine Horen singen geholfen, da er so schwach gewesen. Es scheint, daß der etwas beschränkte Mönch zwar humilitas im hinreichenden Maße besessen, aber mit modestia knapper ausgerüstet war. Wahrhaft heiter ist dagegen die Geschichte von dem Weltgeistlichen Karl, der als Novize zu Hemmenrode eingetreten war, und der sich öfter der Krankenkost halber krank stellte. Einst als er vom Abtritt aus an der Küche mit verstelltem Hinken vorbeihumpelte, sah unser Christian hinter ihm einen Teufel genau in seiner Haltung, mit demselben Schlappfuß und ebenso gierig nach den Küchentöpfen lugend. In der That fiel Karl, dem dies pädagogische Wunder galt, wieder ab: caro carnem secuta est, Fleisch lief dem Fleische nach. So sah Christian noch manches Bußgesichte: einmal Dämonen, die in Katzengestalten um die Brüder schlichen, die faul und lässig auf das Klopfzeichen zur Arbeit warten und nicht einmal das Kreuzzeichen ernst und bedeutend vollziehen. Ein andermal saß der Teufel in Krötengestalt groß wie ein Hahn vor ihm.

Durch einige merkwürdige Mitteilungen aus seiner Zeit, die beiläufig unterlaufen, wird Cäsarius von Heisterbach auch immer diejenigen anziehen, denen die von uns hauptsächlich hervorgehobene religiöse Stimmung und Anschauung jener Kreise für verklungen und verschollen gilt. Selbst die Feststellung der Abfassungszeit des Dialogs erinnert an manche Vorgänge jener Tage. Wattenbach setzt sie ohne Begründung auf 1220/21. Es läßt sich dafür sagen, daß Heinrich, Friedrichs II. Sohn, jüngst zu Frankfurt zum König gekrönt war (1220). Daher kann die Angabe des Cäsarius, die Albigenser behaupteten Toulouse noch immer, nicht von der Aufhebung der Belagerung durch die Nordfranzosen a. 1219 gehen, sondern muß die glückliche Wendung meinen, die mit dem Tode Raimunds V. eintrat. Den terminus ante quem gewinnt man durch den Umstand, daß das spätere Buch des Cäsarius libri octo miraculorum noch unerzählte Ereignisse, aus 1223 datiert, beibringt. Also fällt die Abfassung wohl ins Jahr 1221/22. Besonders die Kultur- und Sittengeschichte finden bei ihm eine gedeckte Tafel.

Auffallend ist zunächst die Erbitterung des Cäsarius gegen die kleineren weltlichen Fürsten, die er im allgemeinen mit einem prophetisch-kirchlichen Namen tyranni zu nennen liebt. Die Zwistigkeit zwischen Innocenz III. und den deutschen Königen Philipp und Otto V. konnten diese Verstimmung nicht hervorrufen; denn Cäsarius tritt an mehreren Stellen sehr entschieden für die deutschen Könige ein, bedauert im Interesse der Staufen die von dem blinden Cistercienser Engelbert der Herzogin Mathilde vorausgesagte Königswahl Otto des Langen, und kein König steht bei ihm in höherer Ehre, als Frankreichs Philipp II. Augustus, den Innocenz mit dem Bann, sein Land mit dem Interdikt bestraft hatte. Dieser König hatte freilich einen leiblichen Bruder in Clairveaux, und nur himmlische Vermittlung hatte Cistercium von einer schweren Steuer dieses Pabstes erlöst. Auch erzählt er gerne Rühmliches von den Staufenkönigen, wie sie Simonisten wegstießen und das Gute pflegten. Wenn er dann wieder einen dem Kaiser besonders treuen Bischof, Liutpold von Worms, mit wahrem Hasse schildert, so hat er hier, und hier überall offenbar Ordensgründe.

Auch bei ihm finden wir manche Zeugnisse für den Seehandel des Ordens: französische Weine und Pelze waren die Haupt-Rimessen. Kölner haben Handelsverkehr mit Norwegen: schon kommt der aus England eingeführte Name der Kölner Silbermark solidus sterlingorum vor. Andre wieder führen auf Eseln Traglasten nach Italien. Die St. Jakobsfahrer ziehen regelmäßig, saisonweise nach Spanien. Es gibt Ritter so reich, daß sie jährlich 200 Pfund Silber einnehmen. Nicht minder üppigreiche Bauern; freilich betreiben sie schon das Versetzen von Grenzsteinen, dafür sie denn in der Hölle büßen. Frauen reiten more femineo. Noch ist das Gottesurteil des glühenden Eisens im Gebrauche; durch rasch abgelegte Beichte besteht ein des Ehebruches schuldiger Maasfischer glücklich die Gefahr, als er aber dann spottet über sein Glück, da verbrennt er sich im Wasser dieselbe Hand, — wunderbar — die das glühende Eisen unverletzt getragen. Hier ist, wie man bemerken wird, des Cäsarius Theorie, Beichte helfe nur bei wirklicher Buße, merklich durchbrochen.

Am wenigsten „human" erscheint Cäsarius, wo er von Juden berichtet; er sieht sie gar nicht als Mitmenschen an. Mit Vergnügen sieht er sie von Gott und Menschen betrogen; denn anders kann man es nicht nennen, wenn die Juden, die einen Bischofssohn mit Recht wegen Unzucht mit einem Judenmädchen verklagen, von Gott mit Stummheit geschlagen werden; oder wenn er mit Behagen eine Geschichte erzählt, eine uralte, die aber auch Grimmelshausen aufbewahrt hat, daß eine Jüdin von einem christlichen Verführer überredet wird, sie werde den Messias gebären, und die Judenschaft dann, in höchsten Erwartungen getäuscht, ein weibliches Bankbein erscheinen sieht. Übrigens disputieren Kanoniker gerne und freundschaftlich in Judenhäusern, und Juden mieten sich einen Ritter zum Geleit, der vorher freundschaftlich mit ihnen schmaust. An den Aussätzigen beobachtet unser Gewährsmann richtig die vox raucissima (heiser versagende Stimme). Wenn Cäsarius die entsetzlich lockeren Sitten in Köln, wo der Freund mit des Freundes Frau lebte, in seinen objektiven Berichten nicht immer mit Tadel begleitet, so ist er doch gleich bereit, es luxuria (Zuchtlosigkeit, Wollust) zu nennen, daß eine Frau dem geliebten Mann, der ins Kloster getreten war, (umsonst) mit Bitten und Liebkosungen naht. Die Häresiarchen in Italien halten offene Schulen und disputieren mit den deutschen Klerikern, die bei Otto's IV. Romfahrt in das Mutterland der Ketzerei, die Lombardei, kommen. Die Bauern wollen sich von den Pfarrern ihre uralten Spiele und Tänze nicht verwehren lassen, und eine alte Vettel, wie bei Nithard von Reuenthal, tanzt dem Pfarrer höhnisch unter Augen. Auch das Geschwätz in den Kirchen stört oft die Frommen; und wenn auch im Kloster Heisterbach das Laster des Trinkens ganz neben andren Sünden, die wir nannten, verschwindet, so sind doch sonst durch Cäsarius mehrere Beispiele erzählt von Frauen, die nachts nicht schlafen, ehe der trunksüchtige Gatte heimkehrt, denen dann der Teufel schreckliche Unzuchtsstreiche anthut in Gestalt von Leibeignen, so daß daraus auf arge Unsicherheit der Straßen geschlossen werden muß. Schließen wir diese Darstellung mit einer Geschichte, die nach ihrem Äußeren aus Vischers „Auch Einer" stammen könnte, aber doch das Kleinod wahrer Heiligkeit umschließt. Ein junger französischer Bischof reist über Land: nie sonst wich er einem Aussätzigen aus, er diente ihnen nahe und persönlich. Einst rief ihn ein solcher wieder an. Sein Anblick war schrecklich, vom Aussatze so zerfressen, daß ihn kein menschlich Auge ohne Qual ansehen konnte. Aber der Bischof sprang gleich vom Roß und eilte zu ihm. Der Aussätzige: ich brauche dein Geld nicht. Was soll ich denn thun? Daß du mir das eitrige, wilde Fleisch da wegwischst! Als der Bischof, von der Liebe zu Christo entbrannt, mit der Hand wegnahm, sprach der: halt, halt, deine rauhen Finger kann ich nicht leiden! Auch als er einen Zipfel seines sehr feinen Hemdes benützen wollte, schrie er wieder dagegen. Da sprach der Bischof: womit also soll ich es wegwischen? Da sprach der Aussätzige: nur mit der Zunge sollst du! Wohl erhub sich ein Kampf im Herzen des Bischofs, aber durch Hilfe der göttlichen Gnade hatte er die Kraft, den Ekel in der geheischten Weise wegzunehmen: wunderbar! Von der Nase des Aussätzigen fiel ein Edelstein in den offenen Mund des Edlen — es war der Herr, der sich sichtbar vor seinen Augen zum Himmel erhub. Es ist erst neulich geschehen; der Abt Gevard hat es vom Generalkapitel jüngst erst mitgebracht.

Für deutsche Sprache enthält, abgesehen von wenigen und unbedeutenden Namen, Cäsarius nichts: man erfährt, daß unser Wehruf am Rhein schon damals „och" lautete; daß der Schreckname des Wolfs Munhard war. Denn trotz Jakob Grimm (Mythologie) ist an der betreffenden Stelle an eine Bezeichnung für den Teufel nicht zu denken. Bemerkenswert, daß Freusburg damals noch mit der unausgestorbenen keltischen Endung Froixbreth hieß.

Aus dem Ganzen der Stimmungen und Erlebnisse, deren Erhaltung wir dem frommen, ehrlichen Cäsarius von Heisterbach verdanken, wird man den Spruch des Reformators Bucer bestätigt finden: die Verzweiflung macht einen Mönch, aber man muß hinzusetzen: und die Verzweiflung behält ihn. Was zunächst als eine Freistatt reinen Gottesdienstes und seligen Friedens erschien, das

Kloster, ist näher besehen ein glühender Boden, auf dem der Fuß nicht sicher ruht, und wohin die Brandpfeile des Bösen auf die Besten am brennendsten niederfallen. Und daß diese satanischen Angriffe gerade aus den Einrichtungen des Ordens ihre giftige Art gewinnen, das war nicht zu verkennen. Dagegen halfen alle Wunder, alle Visionen nichts. Wohl, es gibt ja deren, die erhaben über die gemeine Versuchung in klarster sittlicher Hoheit stehen; aber wie viele sind es, die bei Cäsarius so als Sieger überm Raube stehen? Hat die übrige Christenheit sie minder als die Klöster? Als Zinzendorf einst abends über den Jungfrauensaal ging, und eine sich eben da wusch, errötete sie bei ihrem Anblick, da sie ziemlich entkleidet war. Wie, fragte er mit himmlischer Reinheit, bist du so ungeläutert, daß du errötest? Ja, wenn es nur um jene leichteren Fälle sich handelte, die man meist erfolgreich mittels eines Ave Maria, eines benedicite (Segens, einer Kniebeugung, etwas fromm genommenen Weihwassers bekämpfte: aber man stand in Brandungen, die alle Kraft des ganzen Ordens, all seine Beter vergeblich bekämpften. Es galt nicht blos dominum sustinere, die Prüfungshand des Herrn leiden, sondern die ganze Hölle flammte ihnen entgegen. Besonders ist es die Last der Jungfräulichkeit: so sehr dreht sich darum der ganze Versuchungsbegriff der Klosterleute, daß sie Pauli „Pfahl im Fleische," der ganz anders gemeint ist, einfach mit stimulus carnis übersetzten. Indessen keine Schöpfung geht an ihren Schwächen und natürlichen Hindernissen zu Grunde, sondern an dem Nachlasse ihrer inneren Kraft, an dem Versagen des Glaubens an sich selbst. Man kann bei Cäsarius etwas wie Pessimismus nicht verkennen. Das in ihm rein verkörperte Mönchtum hatte den Glauben an sich selbst verloren, an seinen sichren Sieg über Satan und Welt; vielleicht auch den Glauben an die eigene absolute Notwendigkeit. Denn den Cistersziensern stand der demnächstige Weltuntergang fest, man hatte nach diesem Ziele kein Ziel mehr. Wohl hat die bewundernswerte Bewegung der Bettelorden, die „noch einmal die ganze Welt in ein Kloster verwandeln wollte", die Zersetzung auch der andren Orden aufgehalten, und so vollzogen diese, anstatt zu zerbrechen, eine Inkrustation. Aber man denke nur, ein Buch wie der Dialogus wäre in der Zeit des Buchdrucks erschienen: es wäre nicht nur in den frommen Kreisen derer, die das Gelübde nun einmal abgelegt hatten, es wäre auch in den Massen gelesen und verstanden worden — so war es aus mit den Klöstern. Wenn das Kloster weiter keine Sicherheit als die größerer Versuchungen bot: wozu dann all dies? Immer wieder erinnert Cäsarius, daß die höchsten Frommen von sehr unsaubern Geistern geplagt, und je vollkommener, um so gefährdeter wären.

Von dieser Erfahrung haben dann die Gottesfreunde die Summe gezogen und den Schritt in der Entwicklung des religiösen Lebens vorangethan. Von Eckehart bis zu dem Verfasser der Theologie ignorieren sie das Mönchtum einfach — sie selbst Mönche. Tauler sagt einmal: „wenn sie nun zur Besinnung endlich kommen, und sich im Kloster in derselben Angst und Gefährlichkeit der Todsünde und ewigen Verdammnis stehend finden, wie zuvor in der Welt, so beginnen sie zweifelhaft und unleidsam zu werden." Alle haltenden Fäden des Mönchtums sind bereits bei Cäsarius herausgezogen, und was von ihnen konnte zum Himmel führen: Arbeit, Gebet, Entsagung, vor allem Verinnerlichung des Lebens in Gott, das hatte sich aus der einheitlichen Verschlingung im Klosterleben losgesträhnt; der Wert der Posten blieb, aber die Summe ging nicht mehr zusammen.

Damit ist den heute bestehenden Orden ihre Bedeutung auf katholischem Boden nicht abgesprochen. Sie dienen heute vergleichsweise wenigen Berufeneren; aber jene mittelalterlichen Klöster, welche viele Hunderttausende einer geringeren Menschenmasse umfaßten, mußten zuviel unüberwindliche Rohstoffe aus der Welt aufnehmen. Eine religiöse Neugeburt der Massen konnte sich durch sie und in ihnen nicht vollziehen. Immer waren die Klöster, wenn der rechte Geist waltete, für die Jahrhunderte wilder Gährung eine Zuflucht, die manchen Segen gewährte. Aber wenn unsre Zeit in ihrer gesamten Kultur eine Moral darbietet, welche den Hülfen des Klosterlebens entwachsen wäre, so dürfen wir, die den Glauben in der evangelischen That vor allem anzuerkennen pflegen, doch auch fragen: wo tritt das religiöse Leben, das Leben in Gott in ausschließlicherer Hingabe uns rührender entgegen?

Zeitfragen des christlichen Volkslebens.

Band XVII. Heft 2 und 3.

Gustav Schlosser.

Ein Lebensbild.

Von

Otto Kraus.

Stuttgart.
Druck und Verlag der Chr. Belser'schen Verlagshandlung.
1892.

Alle Rechte vorbehalten.

Gustav Schlosser wurde am 31. Januar 1826 in dem oberhessischen Städtchen Hungen geboren. Sein Vater Friedrich Gottlob Schlosser, der Sohn eines Arztes, stammte aus der sachsen-altenburgischen Stadt Roda. Er hatte in Jena Theologie studiert, war, wie so viele junge Theologen Sachsens jener Zeit, Hauslehrer gewesen, in welcher Stellung er von 1806—1816 zuerst im Mecklenburgischen, dann im Isenburgischen, und zuletzt in Solms-Braunfelsischen Diensten thätig war. In Gießen hat er die philosophische Doktorwürde erworben. Nachdem die Erziehung der jungen Solmsischen Prinzen durch F. G. Schlosser beendigt war, trat der tüchtige junge Mann 1817 in die fürstliche Verwaltung über, in welcher er anfangs als Polizeibeamter in Hohensolms und von 1821 an als Kammerrat bis zu seiner Versetzung in den Ruhestand im Jahre 1840 thätig war. In die Ehe war er am 25. April 1823 getreten mit Henriette Karoline Scriba, einer Tochter des Pfarrers Christian Scriba in Winzershausen. Besuche bei den frommen Großeltern haben in dem kindjungen Gustav tiefe Eindrücke hinterlassen. Die Großmutter Karolina Elisa, eine Tochter des Gräflich Stolbergischen Geheimrates Karl Samuel Preuschen in Gedern, hat wenige Tage vor ihrem am 2. März 1832 erfolgten Tode von ihren Kindern schriftlich Abschied genommen und die Pietät des Enkels hat die vergilbte Handschrift sorgsam aufbewahrt. Sie lautet:

> An meine lieben Kinder.
>
> Ob ich Euch hier noch einmal sehe,
> Weil ich dem Tod entgegengehe,
> Das sei dahin gestellt.
> Doch läßt mein Glaube vest mich hoffen,
> Daß ich von Euch werd angetroffen
> In einer bessern Welt.

Gott segne Euch, meine Lieben, die Ihr mit starken Banden mich an das Leben bandet. — Fürchtet Gott und haltet seine Gebote, diese sind nicht schwer.

Eure Euch ewig liebende Mutter
Caroline Scriba.

Geschrieben auf dem Krankenlager den 21. Februar 1832.

Auch die Rede am Grabe des Großvaters, welcher 42 Jahre lang der treue Seelsorger von Winzershausen war, ist von dem Enkel aufbewahrt worden. — Im Anschluß an die Jugenderinnerungen eines Amtsbruders, welcher beim Anblick des Mannes am Kreuz in einer auf graues Löschpapier gedruckten biblischen Geschichte, noch ehe er lesen konnte, seine ersten Thränen um den Herrn geweint hat, sagt Schlosser in seinem in Braunschweig gehaltenen Vortrag „Bild und Bildung": „Und mir, als ich das hörte, ward der tiefe Eindruck wieder lebendig, den ich allemal empfand, wenn ich in meines guten Großvaters kleiner Vogelsberger Dorfkirche den großen Crucifixus über dem Altar anschaute, der so gar nicht schön gearbeitet war, so unschön mit weißer Ölfarbe angestrichen, mit den grellen, roten Blutstropfen, so verzerrten Angesichts, so verrenkt in allen Gliedern, und doch so mächtig ergreifend. Von der Predigt verstand ich damals so gut wie nichts; ich betrachtete die Bilder oben in den Füllungen der Emporbühne und lernte die biblische Geschichte lange, ehe ich sie in der Schule hörte, von Adam an bis zum ersten Pfingstfest zu Jerusalem. Und diese Bilder wurden für meinen ganzen Lebensgang, den inneren, wie den äußeren, von entscheidender Bedeutung." Eines anderen Jugendeindruckes erinnert sich Schlosser bei einem Besuche des Nürnberger Johanniskirchhofs 1861. Im Leichenhaus war ein kleines Kind, ein Jüngling und eine junge Frau ausgestellt, statt mit Blumen waren die Leichen mit einem Crucifix geschmückt. „Es war bei uns früher, auf dem Lande wenigstens, auch Sitte, daß die Leiche, ehe der Sarg geschlossen wurde, einige Minuten, so lange ein Sterblied gesungen wurde, offen auf der Straße stand, auch wohl auf dem Kirchhof noch einmal geöffnet wurde. Ich habe schon in früher Jugend von diesem Anblick des bleichen Todes die tiefsten und ernstesten, das Gewissen schärfenden Eindrücke erhalten. Jene Sitte, die das „Mitten wir im Leben sind von dem Tod umfangen" in heilsamer Weise auf der Straße predigt, ist fast ganz verschwunden auf — polizeilichen Befehl."

Auch „die seufzende Kreatur", über welche Schlosser bei einem Maifest (Reden im Freien S. 107) sprach, führte ihn in die oberhessische Heimat zurück: „An der Südseite des Städtchens, in dem ich geboren bin, zieht die uralte Landstraße ihren Weg hinan. Damals — es gab noch keine Eisenbahnen — ging aller Verkehr zu Fuß, zu Wagen, und der kleinere Handelsverkehr mit Schiebkarren. Unzählige Schiebkärrcher zogen jahraus jahrein diese Straße, und die allermeisten hatten zur Erleichterung einen Hund vorgespannt. Einst gieng ich als Knabe diesen Berg hinan. Wenige Schritte vor mir fuhr so ein Schiebkärrcher mit seinem Hund. Es war eine drückende Sommerhitze, die Chaussee mit zolldickem Staub bedeckt, der von den Wagen aufgewirbelt die Luft erfüllte und Menschen und Tieren in den Augen wehe that, ihnen den Mund noch trockener machte als die Sonnenglut. Der arme Hund des Schiebkärrchers vor mir konnte nicht mehr vorwärts, er arbeitete sich ab, die lechzende Zunge hing ihm weit aus dem Halse, sein Herr schalt, drohte und fluchte hinter ihm her. Endlich gings absolut nicht mehr vorwärts. Da streifte der Unhold den Tragriemen von der Schulter, ergriff einen Zaunpfahl und schlug in seiner Wut dem Hunde den Rücken ein. Mit einem Jammergeheul, das mir noch heute in der Erinnerung wehe thut, sank das arme Tier zu Boden. Sein Herr, noch zorniger, sprang herzu, faßte es an den Ohren, es emporzurichten. Da sah ihn das Tier an mit unbeschreiblichem Ausdruck des Schmerzes und der Treue und leckte ihm die Hand. — Ich habe nachmals als Gymnasiast mich kaum fassen können, als ich in Homers Ilias von dem alten König Priamus las, wie er nächtlicher Weile das Zelt des Achilles im Lager der feindlichen Griechen besucht, um sich den Leichnam seines fürs Vaterland gefallenen Sohnes Hektor zu erbitten, und wie er seine bittende Rede schließt mit den Worten: „Ich küsse die Hand, die meine Söhne erschlagen", aber kaum hat mich mehr ergriffen als der Blick jenes sterbenden Tieres."

Schlosser hatte das Glück, seine erste Jugendzeit auf dem Lande zu verleben. Städter können sich keine Vorstellung davon machen, was ein Landkind an unmittelbarem Lebensinhalt, an frischer Lebenserfahrung durch ernste und heitere Erlebnisse gewinnt. In seinem Vortrag „Heimatliebe, Heimweh, Heimgang" gedenkt er der Erinnerungen, die „Stücke unseres Lebens" sind, „die an Haus und Kammer, Acker und Wiese haften; oder mehr noch. Die Himmel erzählen die Ehre Gottes, auch die Felder und Wälder, und nicht bloß mit ihrem Segen, sondern mehr noch mit ihren Erinnerungen. Hier am Waldessaum, wo ich einst in der Eltern Abwesenheit erkrankte, aber immer noch in knabenhaftem Mutwillen draußen herumstreifte und in schrecklichem Fiebersturm zusammenbrach, fand mich mit anbrechender Nacht der Förster und brachte mich heim. Hier am Felsenvorsprung bin ich einst hängen geblieben, als ich, nach Spuren römischer Arbeit suchend, auf eine Höhe hinaufgeklettert war, auf der ich noch nie gewesen, da der Stein unter meinen Füßen sich löste und es mit rasender Eile hinabging, wohl in den gewissen Tod, wenn nicht ein höheres Auge gewacht, eine höhere Hand gewaltet hätte. Waldesrand und Felsenvorsprung sind Denkmale göttlicher Barmherzigkeit, deren Rede laut wird, so oft ich sie sehe, ja so oft ich ihrer gedenke.

Wie Mehltau fällt bisweilen ein Schulerlebnis in das blühende Leben des Kindes. Der damaligen Zeit entsprechend hat Schlosser einen rationalistischen Schullehrer gehabt, der das Dasein Gottes und die göttlichen Eigenschaften in der albernsten Weise aus der Natur zu beweisen suchte. Wie weislich sei es eingerichtet, meinte er, daß uns die Nase über den Mund gesetzt sei und nicht auf den Rücken, „so daß man doch, wenn man eine bereits stinkende Speise zum Munde führe, durch die Nase noch zu rechter Zeit gewarnt werde, während es doch sehr umständlich sei, jeden Löffel und jede Gabel und was man sonst beriechen wolle, erst auf den Rücken zu halten." Fast mit Entsetzen dachte Schlosser „an die Zeit seiner Kindheit, wo ihm die Moralkatechesen nach Dinder und dergleichen die Religionsstunde zur langweiligsten von allen Schulstunden gemacht haben." Auf den Schullehrer folgte ein sächsischer theologisch gebildeter Hauslehrer. Der Schüler kam aus dem Regen in die Traufe. Der Sachse war ein Anhänger der Gall'schen Schädellehre. Er hatte auf seinem Zimmer einen Gipskopf stehen, auf dem alle möglichen Organe verzeichnet waren. Der wißbegierige, auch wohl jugendlich neugierige Gustav untersucht seinen Kopf vor dem Modell und findet mit Schrecken, daß der Höcker in der Hirnschale, wo „Religiosität" geschrieben stand, bei ihm fehle, so daß er sich zur Irreligiosität für präbestiniert hielt, während er doch beim Anblick eines Bildes des Gekreuzigten heiße Thränen weinen konnte."

Schlossers Vater mochte sich überzeugt haben, daß der Unterricht des Hauslehrers für Gustav schon darum nicht genügte, weil der Zögling allein unterrichtet werden mußte, er übergab deshalb den Sohn der seinerzeit weithin bekannten Erziehungsanstalt des Pfarrers Kleeberger in Melbach. Was Gustav im einförmigen Schulleben gelernt hat, darüber hat er sich als über etwas selbstverständliches nie geäußert, um so beredter konnte er von seinen Ferien- und Reiseerlebnissen der Melbacher Zeit erzählen. War ihm das Herz voll, als er zum erstenmale nach der alten Kaiserstadt Frankfurt durfte und von der Friedberger Warte aus den ehrwürdigen Dom erblickte — ein alter Oheim, ehemaliger Offizier, hatte die letzte Kaiserkrönung miterlebt und wer weiß wie oft davon erzählt — so empfing er keinen geringeren Eindruck auf seiner ersten Reise mit der Melbacher Anstalt durch den Vogelsberg nach Fulda, der Lieblings- und Ruhestätte des „Apostels der Deutschen." Die stillen Höhen des Vogelsberges mit ihren ragenden Basaltkuppen Bilstein und Geiselstein, sonst nur von Geschäftsreisenden besucht, dünkten den jungen Wandrern wie eine Art Hochgebirg. Wie „unbeschreiblich schön war es, so hoch zu stehen, und so weit schauen zu können, und die ersten Blicke ins Fuldathal, wie entzückend!" Ein andermal ging es „in den Odenwald, nach dem sagenberühmten Rodenstein und nach dem Ritterjaal zu Erbach, wo des Knaben erstaunendes Auge den Glanz des mittelalterlich-deutschen Lebens sah, stolz auf die reckenhaften Vorfahren, die solche Eisenkleider tragen, solche Schwerter schwingen konnten." Die Reise- und Wanderlust hat Schlosser niemals verlassen, er hat nachmals eines der deutschen Mittelgebirge nach dem andern durchzogen, Thüringerwald, Schwarzwald, Harz, das Rheinthal, zuletzt ging es in die Alpen, „um sie nach allen Richtungen hin zu durchstreifen, immer mit gesteigerter Liebe zum deutschen Vaterland und wenn, aller Herrlichkeiten voll, heimkehrend, doch jedesmal mit dem Gedanken: hier ist es doch am allerschönsten. (Das letztemal aber, 1869, sagte ein mitreisender Kaufmann: „nein, es geht doch nichts über Paris; Paris ist das Paradies.") In seinen im „Hessischen Kirchenblatt" abgedruckten „Reiseerinnerungen" lernen wir Schlosser, wie sich später zeigen wird, als trefflichen Erzähler kennen. In seiner letzten Lebenszeit hat er angefangen, Erinnerungen „Vor fünfzig Jahren" niederzuschreiben, leider nur angefangen, aber dieser Anfang ist so vortrefflich, daß er als Beweis, was Schlosser auf biographischem Boden hätte leisten können, hier folgen soll.

Vor fünfzig Jahren.

Wie dieser Thymianduft mir durchs Gemüt geht! — ja durchs Gemüt, nicht blos durch die Nase. Man sagt, Erinnerungen werden durch keinen Sinneseindruck so stark und lebhaft erweckt, als durch den Geruch. Ein Mann, der oft das Meer befahren, nach Amerika hinüber und wieder zurück, dann aber zwei Jahrzehnte in einem Wetterauer Dorf wohnte, wo die grünen Korn- und Waizensaaten ihn umwogten, ohne daß sie auch nur ein einzigesmal ihn besonders lebhaft an die Meereswogen erinnert hätten, mit denen sie doch so viel Ähnlichkeit haben, rief am neuen Mainhafen zu Frankfurt, wo ein frischgeteertes Schiff eingeführt ward: „Hier wird mir ozeanisch zu Mut!" Und mein liebes Weib, des Kindheit auf einsamem Gut in Esthland gespielt, als sie einmal ein etwa hundert Jahre altes Buch in meiner Bibliothek aufgeschlagen, hielt es rasch vors Gesicht, vergrub es darin, wie mans in einem duftenden Rosenstrauß vergräbt und rief in tiefer Bewegung: „Ach, meines Vaters Bibliothek, wo ich so oft, in solchen alten Büchern lesend, diesen Geruch gehabt!" Und mein Gemüt ward vom Thymianduft so stark berührt, und eine Kindheitserinnerung voll Wonne und Wehmut wird in mir wach.

Ich wandere über eine der weitausgedehnten Triften des östlichen Vogelsberges, wo im kurzen, würzigen Gras hie und da eines von den schönen fünfseitigen Basaltsäulchen halb überwachsen hervorschaut, dort drei, vier oder noch mehr nebeneinander gelegt ein Wässerlein überbrücken, über anderen, die wohl aufrecht in der Erde standen, ein kleiner Hügel, wie der eines Maulwurfs sich gebildet. Mein Ziel ist Stockhausen, ein freundliches Gebirgsdorf, genauer das Pfarrhaus dieses Dorfes, noch genauer der Pfarrer darinnen, mein allerliebster Jugendfreund, mit seiner Familie, deren jüngstes Glied mein Pate. Als Knabe, Zögling im Institut zu Melbach, mit dem ersten Lehrer eine kleine Fußreise machend, deren Ziel das alte Fulda mit seinem hochgelegenen Mönchskloster, seiner alten Kuppelkirche mit dem Grab des heiligen Bonifacius, war ich dem Freund Thomas einst hier zum erstenmale begegnet, da er Käfer suchte, deren etliche auf seiner Mütze aufgesteckt waren, während andere im Spiritusglas ihr Leben lassen mußten der Wissenschaft des Knaben zum Dienst, — immerhin bei weitem nicht so grausam, als die Vivisection, der wir nachmals im Hofe der Anatomie zu Gießen so oft mit Abscheu zugeschaut, andere Tiergenossen behandelt. Das Interesse für die goldig-grünen Tierchen hatte uns einander nahe gebracht und es war, als wir uns nach einigen Jahren wieder trafen, eine Freundschaft entstanden, die, durch gemeinsames Studieren, gemeinsame Geistesentwicklung und gemeinsame Begeisterung für Gott, Ehre, Freiheit, Vaterland vertieft und erhöht, so innig und so fest sich gestaltete, wie es selten vorkommt. Schon eine Stunde lang während meiner einsamen Wanderung hatte ich mich den schönen Erinnerungen hingegeben, die anhuben an jenem Zusammentreffen auf der Käferjagd, die sich fortsetzten übers Gymnasium weg in die Studentenzeit, in das gemeinsame Arbeiten und Ringen mit der Wissenschaft, die damals Alleinherrscherin war und uns in den Dienst bald des vulgären Rationalismus, bald der phantastischen Philosophie hineinziehen wollte, auch fast hineingezogen hätte, dann durch die Kandidatenzeit, auch die Stürme der achtundvierziger Revolution, in der Freund Thomas als Erzieher in einem adeligen Hause von großen Gefahren unter einem aufrührerischen Volk bedroht gewesen." — —

Zunehmende Kränklichkeit hat Schlossers Vater bestimmt, sich in Ruhestand versetzen zu lassen und den Beruf eines Verwaltungsbeamten mit dem eines Landwirts zu vertauschen. Nachdem das Gut Neuhof bei Aschaffenburg in den Besitz des Vaters übergegangen war, kam Schlosser im Frühjahr 1841 auf das Gymnasium in Darmstadt. Das an einfache Verhältnisse gewöhnte Landkind fühlte sich anfänglich in der größeren Stadt höchst unbehaglich. Erst nach einem halben Jahre meldete der Gymnasiallehrer Dr. H. Palmer, dessen Pflege Gustav anvertraut war, dem um das Ergehen des einzigen Sohnes stets besorgten Vater, daß dieser „seine vielbesprochene Schüchternheit und Zurückhaltung" abgelegt habe, „mitteilender und gesprächiger" geworden sei und jetzt zu den Zöglingen gehöre, welche im „häuslichen Kreis am meisten zur Unterhaltung beitragen." „Durch wissenschaftlichen Sinn, Fleiß und gutes Betragen" zeichnete sich Gustav nach wie vor aus. Die Welt der Klassiker, der alten in Hellas und Rom, wie der neuen deutschen, war damals seine Welt. Als er im Herbst 1843 das Gymnasium verließ, sagte er in seiner Abschiedsrede: „Wenn jemals unser deutsches Volk einmal entarten und in Roheit versinken, wenn eine Zeit kommen sollte, wo Glaube, Liebe, gute Sitten leere Namen geworden sind, dann werden es die Geister Herders, Schillers und Goethes sein, die aus goldner Wolke dem sinkenden Volk die rettende Hand entgegenstrecken." „Eine rechte Pennalsrede, damals aber sehr belobt" lautet Schlossers Randbemerkung zu dieser Erinnerung aus der Jugendzeit.

Im Oktober 1843 wurde Schlosser in Gießen als studiosus theologiae immatrikuliert. Das Leben in dieser Stadt sagte ihm wenig zu, nicht als ob er Heimweh nach Darmstadt gehabt hätte. In einem seiner zahlreichen ausführlichen Briefe an den Vater sagt er bald nach den ersten Eindrücken Gießens: „Vor Darmstadt selbst hatte ich eine eigne Abneigung von jeher. So angenehm mir auch mein Leben im Gymnasium war, das ich mir manchmal zurückwünsche, so sehnte ich mich doch immer, aus dem langweiligen Darmstadt wegzukommen." Aber auch das enge, finstere, bei feuchtem Wetter entsetzlich schmutzige Gießen jener Zeit wollte ihm nicht behagen. In seiner ersten Wohnung wurde ihm ein Hausschlüssel verweigert, ein Mangel, welchen er dem Vater wiederholt in den lebhaftesten Farben schildert. „Ein alter Rumpelkasten von Klavier" wird von ihm nicht angerührt, doch scheut er sich, dieses Möbel zurückzugeben, er möchte die Eigentümer nicht dadurch kränken. Um das Kolleghören so schnell als möglich hinter sich zu haben, hört er gleich im ersten Halbjahr sechs Vorlesungen: Einleitung ins alte Testament bei Credner, Erklärung des Jesaias bei Knobel, Erklärung des Matthäus bei Credner, Psychologie bei Schilling, Kirchengeschichte bei Credner, („die ich nach vielseitigem Anraten gleich im ersten Semester hören will, weil sie sich sonst bis ins vierte Semester zieht, wo man schon an das Examen denken muß und solche Kollegia gerne vom Halse hat"), endlich noch Encyklopädie der Theologie bei G. Baur. — Am Schluße des ersten Briefes an den Vater heißt es: „Das Studentenleben habe ich noch wenig mitgemacht. Ich kenne wenige Studenten außer meinen alten Bekannten. Die Studenten zerfallen hier in sogenannte Korpsstudenten (!) und „Kameele". Die Füchse gehören bis jetzt noch zu keinen; es kommt noch darauf an, für wen wir uns entscheiden. Nun bestehen aber über das Studentenleben gar verschiedene Ansichten. Die wahrste ist wohl, daß der Student da ist, um zu studieren; aber eine andere Ansicht ist auch wahr, daß der Student ein Student und kein Philister sein soll. Nun ist aber unglücklicherweise hier ein vereinigendes Mittelstück höchst selten. Die beiden Extreme sind auf der einen Seite ganz krasse „Kameele", in denen aller Jugendmut erloschen ist, auf der andern Seite Raufbolde und Säufer, die an alles eher denken, als ans Studieren. Manche sind nun da, die zu den „Kameelen" gehören, die fleißig sind und dabei lustig, aber doch keine eigentlichen Studenten, sie führen doch ein trauriges Leben, da sie kein Ansehen genießen, weder bei Studenten noch bei Philistern; der dummste Bube kann sie höhnen, weil sie nicht das Fechten verstehen, um ihm Respekt einzuflößen; denn den Schläger gut zu führen ist auf der Universität eine Ehre und das gewiß mit Recht. Aber nur die Korpsstudenten üben sich im Fechten auf dem eigens dazu errichteten Fechtboden. Auch unter ihnen sind manche, die bei aller Lustigkeit doch auch das Studieren nicht vergessen; diese stehen jenen, die ich unterstrichen habe, am nächsten, haben aber den Vorteil größeren studentischen Ansehens voraus; eine Vereinigung beider Klassen ist bei den vielen bestehenden Vorurteilen außerordentlich schwer und Versuche sind schon gescheitert. Die Ankömmlinge haben immer auf der Universität einen schweren Stand in beständigem Schwanken und Zweifel. So ging und geht es noch den meisten meiner Bekannten und mir selbst."

Mit dem Eindruck dieses Briefes stimmt die Schilderung überein, welche einer seiner frühesten und nächsten Freunde von Schlosser im ersten Semester entwirft: „Ich sah ihn zum erstenmale in Crebners Kolleg und seine Erscheinung zog mich sofort außerordentlich an. Ein fast kindlich reiner, harmlos-naiver und gleichzeitig doch von entschiedener Willenskraft zeugender Ausdruck lag auf seinen Gesichtszügen. Träumerisch und schalkhaft zugleich schauten die blauen Augen im Auditorium Nr. 9 sich um, während er behaglich dasaß, um die neuen Eindrücke auf sich einwirken zu lassen. Schlosser selbst sagt in seinen „Erinnerungen aus dem Studentenleben" (1854): „Als ich die Universität Gießen bezog und mit hochklopfendem Herzen zum erstenmale den Kollegiensaal Nr. 9 betrat, erhielt ich von vornherein einen ebenso alle unmittelbare Begeisterung niederschlagenden, als wahrhaft widerwärtigen Eindruck. Das erste Kolleg, das ich hörte, war über das Evangelium Matthäus, und mancherlei Aufschlüsse hoffte ich da zu erhalten über die wunderbare Person des Erlösers. Mein Professor begann: „Das sogenannnte Evangelium des Matthäus, das Evangelium, das den Namen des Apostels Matthäus an der Stirne trägt u. s. w." und begann nun gleich in der allerersten Stunde den Nachweis, daß dieses Evangelium gar nicht von einem Apostel Matthäus herrühren könne. Die erste Stunde gleich eine fundamentale Erschütterung eines unbefangenen, kindlichen Glaubens! Von vornherein kein Wort der Ehrfurcht für die heiligen Urkunden, kein Wort der Begeisterung für die großen Dinge, die darin enthalten sind; nein, ein kalter, schauriger Zweifel, ein bitterer Argwohn von absichtlichem oder unabsichtlichem Betruge, ein Gefühl, daß der ganze seitherige Glaube auf einer Täuschung beruhe. Und wohlgemerkt: ich weiß wohl, daß die Wissenschaft die Wahrheit nicht zu verschweigen hat, auch auf die Gefahr hin, einem kindlich unbefangenen Herzen wehe zu thun; aber mit der Zweifelsaat zu beginnen in dieser eisigkalten Weise, mit diesem, wie mir schien, inneren Behagen am Zweifel, das war in der That eine schaurige Wissenschaft!"

Man wird einwenden, daß diese Jugenderinnerungen von den Gedanken des gereisten Mannes durchzogen sind. Was schreibt aber Schlosser seinem Vater im zweiten Briefe (November 1843)? „Die Theologie will mir bis jetzt noch gar nicht behagen; ich habe das noch nicht gefunden, was ich mir verspreche; und finde ich nicht mehr, so stecke ich sie auf. Vielleicht sind an meinem Mißfallen die langweiligen alttestamentlichen Exegesen schuld, und es behagt mir vielleicht besser, wenn ich in die Dogmatik und den mehr philosophischen Teil der Theologie komme. Sonst möchte ich sie in der That nicht fortstudieren, denn einem ein paar Jahre früheren Unterkommen möchte ich wahrlich nicht lebenslängliche Zufriedenheit und die im Gymnasium mir eingeflößte Liebe zu klassischen, philologischen Studien zum Opfer bringen."

Die Weihnachtsferien will der Herr Studiosus nicht zu Hause zubringen, doch macht er für das Fest dem Vater wiederholt Vorstellungen, es möchte ihm ein Mantel geschenkt werden. „Doch möchte ich einen kräftigen Mantel, der zugleich warm hält, aber keinen m o d e r n e n, denn ich bin Student und kein Ladenschwengel; ich schere mich also nichts um die Modernität. Nun tragen aber fast alle Studenten solche schwere Mäntel (deren Gewicht meine Schultern wohl gewachsen sein werden) und nur hie und da taucht ein Frankfurter Jüngelchen oder ein dünnleibiger Chemie studierender Franzose oder Engländer in einem solchen m o d e r n e n Mantel auf." Daneben erbittet sich Schlosser aus des Vaters theologischer Bibliothek solche Bücher, welche die Professoren häufig anführen. Um diese Auswahl treffen zu können, wird der Vater um Übersendung eines Verzeichnisses gebeten.

Die Eltern und die beiden Schwestern wollten aber ihren Gustav, der sich ihnen mittlerweile in einem Schattenrisse mit roter Mütze vorgestellt hatte, zu Weihnachten doch bei sich haben. Und Gustav ergab sich in sein Schicksal. Die glückliche Rückkehr nach Gießen meldete er erst nach Verlauf einiger Wochen. Diese Verzögerung mag ihren Grund darin gehabt haben, daß Schlosser mit einigen Freunden den Plan faßte, „schon nächste Ostern nach J e n a zu gehen." — — „Daß ich einmal nach Jena oder sonst wohin, nach H a l l e oder L e i p z i g gehen sollte, war ja auch dein Wille", schreibt er dem Vater, „ich hatte nun meine Rechnung gemacht, erst anderthalb Jahre unsere Landesuniversität zu besuchen und dann erst eine andere. Ich sehe jetzt, und erfahrene Studenten und Kandidaten versicherten mich, daß es viel ratsamer sei, in den ersten Semestern die fremde Universität, namentlich Jena zu besuchen und es reut mich, daß ich nicht gleich im Herbste dorthin ging. Es ist zwar unsre Fakultät hier in Gießen sehr gut besetzt, so gut wohl wie in Jena, was scharfsinnige, gelehrte Exegeten anlangt, aber es fehlt hier das für den Anfänger wichtigste, das belebende, anregende

Moment. Daran sind einerseits die Professoren selbst schuld, andrerseits auch der Geist der Studierenden. Ich habe hier unter meinen näheren Bekannten höchstens drei Theologen, der übrige Teil der Theologie Studierenden gehört großenteils zu den sogenannten flotten Burschen, die den Komment besser verstehen als ihre Theologie. Der wichtigste Punkt aber ist der: alle hiesigen Professoren der Theologie gehören einer und derselben Richtung an, dem gemäßigten Rationalismus. Das ist nun allerdings die Richtung, die am meisten Halt zu haben scheint, die am meisten verbreitete (in Jena, Leipzig, Göttingen, Tübingen, Heidelberg), doch der große Fehler ist, daß nicht ein einziger einer anderen Richtung angehöriger hier ist. Es fehlt daher gänzlich das Anregende. Die hiesigen Theologen werden dadurch gleichsam zugeschnitten zu Rationalisten, weil sie nichts anderes hören. Das selbständige Denken, das bei Studierenden unstreitig die Hauptsache ist, wird nicht angeregt; denn das kann nur dann erst recht geschehen, wenn der Student jetzt einen orthodoxen, dann einen rationalen, dann wieder einen noch freieren Professor hört, selbständig sie vergleicht, ausscheidet, was ihm nicht behagt, und so sich seine eigne, freie, selbständige Ansicht bildet. In Jena sind nun einigermaßen verschiedene Richtungen, freie als vorherrschende, daneben minder freie u. s. w., während sie hier alle, sozusagen, in Ein Horn blasen. Unseres Professors Credner außerordentlicher Scharfsinn, seine tiefe Gelehrsamkeit kann allerdings einen tüchtigen, freieren Theologen bilden, einen, der schon mehr Erfahrung hat, aber dem Anfänger kann er nicht leicht gefallen, vorausgesetzt, daß der Anfänger die Theologie nicht einzig als Brodstudium treibt (denn solche thäten besser, sie würden Schuster und Schneider), sondern aus innerem Triebe und Liebe zum Studium. Credner nämlich stößt alles nur, baut aber nichts wieder auf. Da sitzt nun der unerfahrene Fuchs und weiß nicht, wie er dran ist; er weiß nicht, an was er sich halten soll; hat er weiter keinen freien, wissenschaftlichen Sinn, so schreibt er seine Hefte, ochst sie auswendig und wird so ein serviler Papagei, der im Examen seine Fragen nach dem gelernten Hefte zu beantworten weiß, der im Dienste des Staates und der Kirche so ein recht eigentlicher Philister wird (ich verstehe darunter einen Menschen, dessen Ansichten und Urteile nicht über sein Dorf hinausgehen, niedrig, ohne Ideen, blind folgend u. s. w.), ist es dem Anfänger aber drum zu thun, etwas tüchtigeres zu leisten, so muß ihm die Sache verleidet werden, da er bei dem beständigen Umstoßen ohne Aufbauen keinen Halt hat. So ist mir's gegangen. Schon im Anfang wollte mir mein Studium nicht behagen, ich suchte ihm eine schönere Seite abzugewinnen, es gelang mir einige Zeit, dann kam wieder die alte Unbestimmtheit. Alte Studenten, denen es ebenso gegangen, sagten mir den Grund und gaben mir den Rat, nach Jena oder Halle zu gehen, etwa auf ein Jahr, und dann wieder nach Gießen zurück, wo dann die hiesigen Exegesen, Pädagogik, Homiletik, Kirchenrecht u. s. w. mir von dem größten Nutzen werden könnten."

Anmerkungsweise wird unten am Briefe der Satz angefügt: „Es könnte leicht sein, die Theologie würde mir noch mehr verleidet, ich würde dann genötigt, entweder umzusatteln, oder mein ganzes Lebensglück, Selbstzufriedenheit preiszugeben."

Auch auf das äußere Leben geht Schlosser in diesem Briefe ein: „Unter den Studenten selbst (in Jena) ist ein freierer, frischerer, soliderer Geist als unter den hiesigen. Will man hier frei bleiben von dem burschikosen Leben, so muß man sich zurückziehen, dabei bekommt man aber nicht die geringste Tournüre, keine rechte Kühnheit, im öffentlichen Leben aufzutreten; und daß ich mich durch Mut in dieser Hinsicht nie ausgezeichnet, das wißt ihr, und ich ärgere mich und schäme mich noch heute meiner Schüchternheit, die mir noch von früher anklebt. Jena ist ganz der Ort, den Studenten in dieser Hinsicht zu bilden. Ganz ohne Gefahr, mit Vorsicht natürlich, kann er sich dem Jenenser Leben hingeben. Wissenschaftlichkeit, körperliche und geistige Übungen werden dort, wo der alte, burschenschaftliche Geist noch herrscht, gepflegt und die Tournüre, die man dabei kriegt, ist wahrlich auch etwas wert. Was thut einer mit allen Kenntnissen, allem guten Willen, wenn ihm die gehörige Gewandtheit, der gehörige Mut fehlt, öffentlich den Mund aufzuthun. — — Ich habe hier gar keine Gelegenheit zu gymnastischer Ausbildung, die ich früher mit so großem Eifer betrieb. Schon spüre ich die Folgen, es werden mir, so zu sagen, die Flügel ganz lahm."

Der Vater ging auf die Bitte des Sohnes nicht ein, er wollte

diesen nicht so weit weg haben. Gustav fand hierin ein völlig un=
begründetes Mißtrauen und antwortete mit einem bitteren Briefe,
in welchem neue Klagen über das Leben in Gießen laut werden.
Die Girßener Theologen — Professoren wie Studenten — wollten
ihm durchaus nicht gefallen. Im Gegensatz zu den zahlreichen
ordinären Vertretern des Brobstudiums betont er, daß es nicht seine
Absicht sei, so ein philisterhafter Pfaffe zu werden, der zufrieden
sei, wenn seine Kartoffeln gut geraten und die Gerstenernte gut
ausfalle, der kein theologisches oder philosophisches Buch mehr an=
gucke, sondern es für besser halte, Schriften über Misterjparung,
Stallfütterung und dergleichen zu studieren. Die Hoffnung, nach
einem Jahr doch noch in Jena studieren zu dürfen, wird nicht auf=
gegeben, aber sofort die Klage angefügt: „Bis dahin werde ich
freilich noch ein elendes Leben führen müssen. Ganz allein stehen
zu müssen in meinen Jahren! Die Jahre des Studentenlebens,
die alle Alten als die schönsten des Lebens preisen, verwünschen zu
müssen, das ist wahrlich hart! — — Gestern war mein Geburts=
tag. Ich wußte es nicht, bis ich es abends von anderen hörte und
es war mir lieb, daß ich es nicht wußte, es hätte mich eher zum
Weinen als zum Lachen gebracht."

In den Pfingstferien unternahm Schlosser mit einem Freunde
eine Fußwanderung durch den Vogelsberg. Zuerst ging es bis
Fulda, von da über Meiningen, Jelle, Ilmenau, Ru=
dolstadt, Orlamünde, Kahle nach Schlöben, wo eine
Schwester des Vaters verheiratet war. Der Rückweg wurde über
das im vergangenen Winter ersehnte, für den nächsten Sommer
immer noch erhoffte Jena, und von da über Weimar, Erfurt,
Gotha und Eisenach genommen. In seinen Reiseerinnerungen
„Die Wartburg" gedenkt Schlosser dieser Pfingstreise: „Schon
zweimal bin ich dort gewesen, das erstemal vor achtzehn Jahren
als Student auf der tecken Burschenfahrt über drei Gebirge: Vogels=
berg, Röhn und Thüringerwald mit nur 12 Gulden in der Tasche
(7 Gulden hat der Onkel in Schlöben noch beigesteuert), zehn
Stunden des Tages, sechsmal durchnäßt und sechsmal wieder trocken
und nachts ein Strohlager. Wie waren wir damals mit Schauern
der Ehrfurcht eingetreten in das alte (Wartburg=) Thor und hatten
den herrlichen Abend droben geschwelgt und geschwärmt im Anblick

der prächtigen Natur, in Erinnerung der großen Zeiten. Und doch hatten wir von dem Größesten, das sich hier zutrug, nur eine dunkle Ahnung; den Mann, der dem Namen dieser Burg den kräftigsten Klang gegeben, den kannten wir noch nicht in seiner wahren Größe, den hatte uns eine falsche Wissenschaft wohl geschildert als einen „Geisteshelden", der aber in seinen späteren Jahren nur noch ein „Glaubensheld" gewesen, das sollte heißen: etwas heruntergekommen, von seinem freien Geist zur starren Orthodoxie abgefallen wäre. Wir dachten damals, den „freien Geist", der kühn alle Schranken durchbricht, das eigne Denken über alle Autoritäten setzt, den zu bewahren sei die Mahnung dieser Burg an uns, sei die Aufgabe protestantischer Theologie, deren Jünger und Streiter wir werden sollten. So hatte man uns ja gesagt und — auf Autorität hatten wirs geglaubt, auf Autorität einer Wissenschaft, auf Autorität von Persönlichkeiten, deren Herrschaft damals noch fast ganz unbestritten war. Eine leise Ahnung freilich hatten wir, daß es doch etwas größeres sei, als die moderne „Geistesfreiheit", was einst in dieser Burg einen Schutz gefunden. Noch lange haben wir nachher von der Erinnerung an jenen schönen Sommerabend gezehrt, doch eigentlich nur ich allein. Denn der Herzensfreund, — August Hofmann von Echzell — der damals mit mir war, ist nicht mehr in dieser Welt. Schon in demselben Jahr, kurz vor der hl. Weihnacht, raffte ihn der Tod hinweg in frischester Leibes- und Geisteskraft; auf glatter Eisbahn geriet er in die Tiefe des Flusses, von dem die Sage geht, daß er alljährlich ein Menschenleben fordere. Mir war's damals ähnlich wie Luther beim Tode seines Freundes Alexius. Wir hatten viel zusammen studiert und in allerlei Wissenschaft uns umgetrieben, aber von der wahren Weisheit, die von oben stammt, wußten wir, wie schon angedeutet, wenig oder gar nichts und waren beide in großer Gefahr, in vollem Unglauben in eitel weltlich Wesen uns zu verlieren. Mit des Freundes plötzlichem Tode sprangen mir auf einmal, wie mit donnerndem Krachen, die Thore der Ewigkeit auf, und ich ahnte, daß die wahre Klugheit sei: bedenken, daß man sterben müsse. Doch hat's noch lange keine gründliche Änderung geben wollen, die „Geistesfreiheit", das „Geistesheldentum" hielt mich gefesselt, ja ich bin wohl noch tiefer in die verderblichen Irrtümer geraten. Und doch hat mich der Herr nicht dahingegeben in den verkehrten Sinn und seine Hand nicht von mir gethan."

Gerade ein Jahr nach der Pfingstreise wird der Vater um die Erlaubnis gebeten, vom nächsten Herbst (1845) an die theologischen Studien in Halle fortsetzen zu dürfen, „da dort alle jetzt in der Theologie herrschenden Richtungen gut vertreten sind. Jena, das ich früher gewählt hatte, gehört im wesentlichen zu derselben Richtung, wie Gießen; bedeutende Notabilitäten sind eben nicht dort."

Von Gießen heißt es aufs neue: „Ich fühle mich hier nicht befriedigt; wir haben hier ausgezeichnete Exegeten des alten und neuen Testamentes, sowie einen tüchtigen Historiker, ich habe ihre Kollegia alle gehört; für Dogmatik aber ist hier gar nichts zu holen; die spekulative Theologie ist hier gar nicht vertreten. Blos exegetische Hefte einzuochsen befriedigt einen wahrlich nicht und wenn nicht sonstige Anregung dazu kommt, verleidet es mir das ganze theologische Studium. — Dazu kommt, was der gewichtigste Grund ist, daß mein Studium durch eine Veränderung der Lokalität bedeutend gefördert werden wird. Ich bin hier in Gießen in meinen drei ersten Kursen, oder doch im zweiten und dritten Kurse viel mit den reinstudentischen Angelegenheiten beschäftigt gewesen. Die Entwicklung dieser neuen Richtung auf den deutschen Universitäten fiel gerade in diese Zeit, und ich hätte es für Sünde für einen tüchtigen Studenten gehalten, sich nicht daran zu beteiligen. Ich war nun gleich von Anfang bis jetzt mit Chargen dabei beauftragt, und die Verwaltung hat mir immer einige Zeit weggenommen, wenn sie auch meinem Studium nicht allzuviel Eintrag that. Jetzt aber in späteren Kursen, wo das eigentliche strengere Arbeiten vorgenommen werden muß, könnten jene Angelegenheiten doch mein Studium beeinträchtigen." Vor einem Rückfall in das Verbindungswesen glaubte der im vierten Semester Stehende sich am sichersten durch den Weggang von Gießen bewahren zu können.

Auch dieser Bitte ist vom Vater nicht willfahrt worden. Der Sohn hat diesen Bescheid halb erwartet. Zur Widerlegung der vom Vater geltend gemachten Gründe führt er an: „Daß Halle nur von Pietisten beherrscht ist, ist nicht wohl der Fall, wiewohl die renommiertesten oder berüchtigtsten orthodoxen und pietistischen Theologen gerade in Halle sind, so sind doch neben ihnen sehr bedeutende Männer freisinniger Richtung, namentlich Vertreter der spekulativen Theologie, z. B. Erdmann, Schaller, anerkannt tüchtige Hegelianer". Die gleichzeitig ausgesprochene Hoffnung, daß ihm nach bestandenem Examen der Besuch einiger anderen Universitäten nicht versagt werden möchte, ist, wie sich zeigen wird, in Erfüllung gegangen. Zur Begründung dieser Bitte wird gesagt: „Es ist nun zum Entschluß bei mir geworden, nicht die praktische Laufbahn des Theologen zu ergreifen, zu der ich durchaus keine Neigung fühle, sondern einmal mein Glück als Dozent zu versuchen; sollte mir es auf einer Universität nicht glücken, so steht mir der Weg zum Gymnasiallehramte oder dergleichen ja immer noch offen. Es ist eine schwierige Aufgabe und um sie zu lösen, ist mehr nötig, als bloß in Gießen gewesen zu sein."

Die Gedanken an die Docenten-Laufbahn mögen durch den Verkehr mit Moritz Carrière am meisten Nahrung bekommen haben. Die damalige Philosophie dieses Mannes sagte dem mit der Theologie eigentlich ganz zerfallenen Schlosser in hohem Maße zu. Die Abendbesprechungen Carrières mit seinen Zuhörern führten zu einem regen Gedankenaustausch. An Mannigfaltigkeit der Gedanken fehlte es nicht. Ein Zuhörer besprach in der plattesten Weise die Himmelfahrt Christi. Ein anderer, katholischer Theolog, (k. H. „Katholog") verteidigte eines Tages einige Sätze des Tridentiner Konzils gegen einige Artikel der Augsburger Konfession. „Wir vier evangelische Theologen", erzählt Schlosser in seinen „Erinnerungen aus dem Studentenleben", „stellten die angegriffene Lehre als wesentlich protestantisch in Abrede und brachten dafür aus unserer rationalistischen Heften-Weisheit andere hervor, die wesentlich protestantisch seien, die aber, wie uns jener nachwies, in direktem Widerspruche mit jenem Grundbekenntnis der evangelischen Kirche standen, und da er immer wieder auf das Bekenntnis zurückkam und mit Recht versicherte, er könne den Protestantismus doch nur nach seinen klaren und bestimmten Bekenntnissen fassen, — da mußten wir zu unserer Schande gestehen, daß wir diese, insbesondere die Augsburger Konfession, selbst nicht ordentlich kannten. Und fürwahr! Wir gehörten noch nicht zu den schlechtesten Theologie Studierenden und hatten einen guten Ruf unter den anderen als wissenschaftliche Leute."

Es ist oben angedeutet worden, daß Schlosser mit studentischen Angelegenheiten, mit Verbindungswesen vielfach befaßt war. „Im Winter 1843 auf 44", schreibt ein Universitätsfreund Schlossers, „gieng durch alle deutsche Hochschulen ein frischer, lebendiger Zug. Es galt, dem die Universitäten beherrschenden Senioren-Komment, der im Pauken und Kneipen der Korps seinen Ausdruck fand, die Herrschaft zu nehmen und das Studentenleben zeitgemäß umzugestalten. Ein mehr christliches Element, wie es nachher im „Wingolf" zum Ausdruck kam, war darin schlechterdings nicht enthalten; wir wollten nur an die Stelle des Saufens und Raufens etwas besseres setzen. Dazu sollte eine studentische Zeitschrift, von G. v. Struve in Heidelberg geleitet, die Wege bahnen." Schlosser hat in dieser Zeitschrift seine ersten schriftstellerischen Erzeugnisse veröffentlicht. So entstand, nach Abhaltung von allgemeinen Studentenversammlungen, eine 200 Mitglieder zählende Verbindung „Allemannia". Diese Allemannen, vom Volkswitz treffend „Allmitnaauer" geheißen, waren in der Theorie, nach den Satzungen zu urteilen, ein vortreffliches Volk: wissenschaftliche Vorträge, Duelle nur auf Grund ehrengerichtlicher Entscheidung, Fechten und Turnen. In Wirklichkeit erwies sich die große Mehrzahl der Allemannen als ein Haufe von gelinde gesagt ganz bedenklichen Elementen, die der Unbequemlichkeit des Duells aus dem Wege gehen, sonst aber treiben wollten, was ihnen gefiel. Schlosser erzählt nach Verlauf von 22 Jahren: „Als ich die Universität bezog, bildete sich eine Studentenverbindung, welche dem Rauf- und Saufunwesen der damaligen sog. „Korps" entgegentreten wollte. Sie hatte die Losung: „Wissenschaftlichkeit und Sittlichkeit" auf ihre Fahne geschrieben und nannte sich Fortschrittsverbindung. Für das, was sittlich oder unsittlich sei, gab sie keinen bestimmten Maßstab, bezeichnete sie keinen bestimmten Boden oder Standpunkt, von dem aus man sein Urteil sich bilden müsse. Der christliche Maßstab, Boden, Standpunkt, wie beim heutigen Wingolf, war es aber nicht, und wohl offenbar nur der des persönlichen Meinens. Nun machten die eigentlichen Gründer der neuen Verbindung gleich von vornherein die fatale Wahrnehmung, daß sich an die Verbindung und ihre erwähnten Prinzipien alsbald eine große Menge von Leuten anschloß, die man allgemein als ziemlich schofele Bursche ansah. Und noch fataler war, daß so viele in der neuen Verbindnng vom Korpswesen eigentlich nur das Duell verwarfen, sonst aber so ziemlich alles trieben, was die Korps auch trieben, renommieren mit bunten Farben, saufen und noch viel schlimmeres. Mir hatte es scheinen wollen, als ob von all den Dingen, welche die Korps trieben, gerade das Duell das noch verhältnismäßig nobelste und respektabelste sei. So viel rohe Brutalität sich dabei geltend machen mochte, es hatte für mich der Kampf mit der blanken Waffe etwas anziehendes, männliches, ritterliches. Und noch etwas seltsames geschah. Bei den Beratungen über die Statuten der neuen Verbindung schlugen etliche Anhänger der alten, edlen Burschenschaft vor, daß die Forderung der Keuschheit in die Statuten aufgenommen werde, wie es die alte Burschenschaft gehalten hatte. Da sagten aber viele, solche Forderung beeinträchtige die persönliche Freiheit! das müsse man jedem selbst überlassen. Bei den Paragraphen über das Duell aber wurde die „persönliche Freiheit" absolut nicht respektiert, sondern jedem das Duell unbedingt untersagt und jeder verpflichtet, sich dem Ausspruch eines nach Art der Geschworenen eingerichteten Ehrengerichtes zu unterwerfen. Woher diese Inkonsequenz? Hatte man die Sittlichkeit zum leitenden Grundsatz gemacht, wie sollte es dann weniger unsittlich sein, in H—häusern herumzufahren, als im frischen Wald mit blanker Waffe seine Ehre verteidigen und mindestens doch einigen persönlichen Mannesmut zu beweisen? Nach meiner Ansicht hätte man die Frage: was wollen wir vom Korpsleben annehmen, was verwerfen? dahin entscheiden sollen: wir wollen das Duell behalten, das Renommieren, Saufen u. s. w. aber abthun. Aber es geschah umgekehrt und es kam vor, daß Studenten erklärten, sie würden aus der Verbindung austreten, wenn das Duell für zulässig erklärt werde, während dieselben von den Thaten ihrer Unzucht redeten wie von den harmlosesten Dingen. Die Korps warfen uns Feigheit vor; ein Teil unserer Leute, nachdem die in zwei Semestern in echt liberaler Weise zehnmal veränderte Konstitution der Verbindung eine Auflösung in einzelne kleine Verbindungen mit ziemlicher Selbständigkeit gewahrt, beschloß, durch Eingehen auf etliche

Duelle den Korpsstudenten zu beweisen, daß wir nicht feige seien, und damit zugleich das Anhängsel der schofelen Subjekte los zu werden. Wir kamen auf die Mensur zu sehr scharfen Duellen und wer von den Mitgliedern der ehemaligen „Frankonia" sich des noch erinnert, wird zugestehen, daß es damals nicht die schlechtesten Zeiten der Verbindung waren."

Schlossers Ansehen war so groß, daß er einstimmig zum „Sprecher" gewählt wurde. Unter seiner Leitung gedieh ein frisches, fröhliches Studentenleben, Theateraufführungen und Bälle, Fechten und Turnen waren Lebenszeichen nach außen wie nach innen. Schlosser hat sich nie duelliert. Seine Ruhe und Besonnenheit, seine Unbefangenheit und Lauterkeit schützten ihn vor allen Händeln. Dagegen kam ihm seine beim Turnen geübte große Körperkraft wiederholt zu statten bei nächtlichen Rempeleien, wo gemeinsame Angriffe gemeinsam abgewehrt werden mußten.

Aus dem Jahre 1846 sind keine Briefe von Schlosser erhalten, und doch ist gerade dieses Jahr in besonderem Maße ereignisreich für ihn gewesen. Am 31. Juli 1846 fand im sog. Buschischen Garten bei Gießen ein Kinderball statt, zu dem sich ein angetrunkener Student einzudrängen suchte. Ein Polizeidiener leistete Widerstand und da er nicht zum Ziele kam, ließ er sich von seinem zufällig anwesenden Polizeirat bis zum Gebrauche des Säbels ermächtigen. Die Kunde von dem nicht unerheblich verwundeten, wehrlosen Studenten veranlaßte die von ihrer Kneipe nach dem Buschischen Garten gekommenen Frankonen sofort mit einer Anzahl Korpsstudenten für den folgenden Morgen eine **allgemeine Studentenversammlung** zur Wahrung der studentischen Ehre zu beschließen. Fast die ganze Studentenschaft erschien am folgenden Morgen auf dem Loosischen Felsenkeller. Alle Gegensätze waren ausgeglichen. Zündende Reden wurden gehalten und der Beschluß gefaßt, eine Abordnung an Rektor und Senat zu schicken, um Beschwerde wegen des verletzten Rechtsgefühls zu führen. Zwei Advokaten, welche gleich am Abend vorher gegen das plumpe, taktlose Benehmen der Polizei entschieden aufgetreten waren, wurden vor ihren Wohnungen aus etwa vierhundert Kehlen mit einem brausenden Hoch beehrt. Zwölf Studenten, sechs Allemannen und sechs Korpsstudenten, unter jenen Gustav Schlosser und — Louis

Büchner, waren mit Vertretung der akademischen Jugend den Behörden gegenüber betraut. Wiederholt erfolgten Vernehmungen dieser Vertreter vor dem Rektor Professor Knobel und dem allgemein verhaßten Universitätsrichter Dr. Trygophorus. Wiederholt fanden Sitzungen des Ausschusses statt. Nun hätte der überströmende Fluß allgemach wieder in sein Bette zurückgeleitet werden können. Leider aber sah sich der katholische Pfarrer, Professor Hartnagel, ein Freund des taktlosen Polizeirates Zulehner, bemüßigt, am nächsten Sonntag (6. Aug.) in seiner Predigt seinen ganzen Zorn über das Gebahren der „Aufrührer" auszuschütten. Wie ein Lauffeuer verbreitete sich die Nachricht hiervon in der Stadt und am Abend sind dem Priester mit einem Pereat die Fenster eingeworfen worden. Von den Behörden wurde der Hauptanteil an diesen Ausschreitungen ohne Weiteres der „Frankonia" in die Schuhe geschoben und Schlosser mit zwei anderen verhaftet. Nun entstand in der Studentenschaft eine große Aufregung. Lärmende Studenten drangen bis in das Sitzungszimmer des Senates und forderten die Freilassung der Gefangenen. Der Senat blieb jedoch fest. Die drei Verhafteten wurden auf ein halbes Jahr relegiert und vom Carcer aus in den frühmorgens nach Frankfurt abgehenden Postwagen gebracht. Als der Wagen sich dem Silbersberg näherte, begrüßten etwa 500 Studenten die Gemaßregelten. Die Pferde wurden zum Stehen gebracht, um die drei Relegierten herauszureißen. Schlosser stellte sich auf den Tritt des Wagens und bat die Versammelten, man solle sie friedlich ziehen lassen, da der Senat sie für alles, was etwa noch strafbares geschehen würde, verantwortlich gemacht habe; ließen sie sich zum Dableiben nötigen, so würden sie für immer von der Hochschule verbannt. Daraufhin ließ man von den drei Relegierten ab. An demselben Vormittag aber rückte von Butzbach aus eine Schwadron Chevauxlegers in Gießen ein, um die Ordnung wieder herzustellen, wogegen die gesamte Studentenschaft nach der nördlich von Gießen gelegenen Ruine Staufenberg zog, wo man mehrere Tage lampierte, um den Senat zur Nachgiebigkeit zu zwingen. Der Senat konnte warten, während die Lage der Studenten täglich unerträglicher wurde. Zuletzt sandte man zwei der radikalsten Studenten, Th. Götz aus Mainz und Wilh. Liebknecht aus Gießen, an den

Senat, um einen Ausgleich herbeizuführen. Ebenso bestimmt als die Forderungen der beiden lauteten, ebenso bestimmt lautete die Ablehnung, mit einer „tumultuarischen Rotte" könne man gar nicht verhandeln. Zuletzt vermittelte die Gießener Bürgerschaft, daß die Dragoner zurückgezogen wurden und die Studenten zurückkehrten. An der excessio in montem sacrum, wie man den Auszug nach dem Staufenberg nannte, war Schlosser nicht beteiligt. Seine Relegation hatte nicht in einzelnen strafbaren Handlungen, vielmehr nur in seiner Führerrolle, in seinem angesehenen Namen ihre Begründung. Die Kurzsichtigkeit der immer noch auf dem Boden der „Karlsbader Beschlüsse" stehenden Behörden witterte in den Frankonen, der hervorragendsten Abteilung der „Allemannia", eine neue Auflage der Demagogen, während die Loyalität der am Tumult ebenso sehr beteiligten Korps außer allem Zweifel war.

Das Winterhalbjahr 1846 auf 47, welches Schlosser bei den Eltern in Darmstadt verlebte, diente ihm trefflich zur Ausrüstung für die Fakultätsprüfung. Im Juni 1847 ging er nach Gießen zurück, um ins Examen zu gehen. Im Juli meldet er dem Vater, daß die Vorarbeiten „die Inspirationslehre der alten lutherischen Kirche nebst einer Kritik derselben" und die Exegese über 1 Joh. 5, 16—20 zum Gegenstand hätten. Schlosser bestand das Examen teils gut, teils mit Auszeichnung. Abgesehen von Gustav Baur und Moritz Carrière hat er mit den Lehrern der Hochschule in keiner näheren Beziehung gestanden. „Die damaligen theologischen Professoren waren, ganz abgesehen von ihrer Richtung, gar unliebenswürdige, trockene, teilweise abstoßende Persönlichkeiten, denen wir darum möglichst weit aus dem Wege gingen." Was waren das für „Kirchenlichter"! Der eine Professor hatte an der Wand seines Zimmers eine Landkarte hängen, die enthielt die Umrisse von Deutschland und Italien, Flüsse und Gebirge waren nicht eingezeichnet, wohl aber vier Städte, welche durch eine breite Straße verbunden waren: Berlin, Halle, Herrnhut, Rom. Und der Professor dozierte, daß die Berliner Theologie (Neander) notwendig nach Halle führe, d. h. zu den unwissenschaftlichen, frömmelnden Ansichten eines Tholuck und des „Sündenmüller"; von da zum Herrnhutertum und endlich ins Papsttum. Ein anderer Professor erhielt eines Tages den Besuch des ehrwürdigen Missionars

Graf Zaremba; Schlosser kam dazu, und als sich der Missionar entfernt hatte, mußte der Student aus dem Munde des Professors allerlei alberne, spöttisch sein sollende Bemerkungen über den missionierenden Grafen hören. — „Das Bischen unklarer Begeisterung, das ich für das geistliche Amt (auf die Hochschule) mitgebracht, war in Gießen in einem Jahr verschwunden, die Frömmigkeit, zu welcher die ersten Kinderjahre den Grund gelegt, erschüttert; ich hatte noch unter dem Einflusse eines Lehrers, dem ich's ewig danken werde, eine Ahnung vom Kern und Wesen des Christentums, hatte aber doch meinen Heiland und beinahe meinen Gott verloren, und bei allen Kenntnissen, die ich mir angeeignet, und die mir eine glänzende Censur erworben, war ich doch in den Hauptsachen des Christentums so unwissend, daß ich geradezu von neuem anfangen mußte, zu studieren!" Von dem Einfluß der Wissenschaft Credners sagt Schlosser: „Im Anfang that mir das Zweifeln wehe, dann blieb ich gleichgiltig, zuletzt ward mir's ein Vergnügen, zu zweifeln, eine Wollust, die alten Autoritäten eine nach der andern stürzen zu sehen, so daß ich mich wahrhaft freute, ein Buch der hl. Schrift nach dem andern in seiner Unechtheit erwiesen zu sehen. So hatte ich es nach dreijährigem Studium glücklich so weit gebracht, daß ich an der Hand der berüchtigten Straußischen Dogmatik, die mir in ihrer Konsequenz und Offenheit viel respektabler erschien als der Rationalismus zu Gießen, alle Grundlehren des Christentums in nichts auflösen konnte und mich mit meinem Nihilismus und Unglauben um so mehr für einen grundgelehrten und aufgeklärten Kopf hielt, als ich ja mit meinen im Straußischen Sinn abgefaßten Examensarbeiten eine glänzende Censurnote davontrug! — — Die Theologie zu Gießen wurde uns damals von ihrem ersten Vertreter (Credner — a non credendo) charakterisiert als eine voraussetzungslose, um das Resultat unbekümmerte Forschung zur Ergründung der Wahrheit." Daß aber eine Wissenschaft gar keine „Voraussetzungen" haben sollte, das konnte ich schon damals nicht recht fassen, da ja selbst die Mathematik nicht ohne Voraussetzungen ist. Auch glaubte ich und konnte mich mit dem besten Willen nicht davon losmachen, daß jegliche, auch die elementarste Religion, ihre bestimmten Voraussetzungen habe, nämlich das Gefühl menschlicher

Hilfs- und Heilsbedürftigkeit. Die christliche Theologie aber sollte keine Voraussetzungen haben, gar keine? Und sie sollte um das Resultat der Forschung unbekümmert sein? Eine sonderbare Natur, die um das Resultat der Forschung unbekümmert ist, ob sie Goldkörner oder Regenwürmer findet." Und doch hatte auch die Gießener Theologie ihre Voraussetzung: die heilige Schrift. Freilich war die Wahrheit nur hie und da in ihr enthalten. Man erkannte eine Anzahl Lehrbegriffe an, man setzte die Evangelisten und Apostel zu theologischen Schriftstellern herunter. Der größte Professoren-Individualismus, die größte persönliche Willkür, welche mit den eigenen Annahmen in Widerspruch geriet, sollte den angehenden Dienern der Kirche Richtung und Leitung geben! „So viel", fährt Schlosser fort, ward mir auf der Universität bei eigenem, immer weiter fortschreitendem Zweifel und Unglauben klar, daß in der damaligen Theologie zu Gießen nichts herrsche als schrankenlose Willkür. — — Was soll ich mich, nachdem ich dies erkannt, darüber wundern, daß mir die heiligen Schriften, die mir jetzt in so manchen Stunden ihre unergründlichen Tiefen der Weisheit aufthun, so daß ich anbetend staunen muß, aus denen mich jetzt oft ein einzelner Spruch in den innersten Gründen der Seele anfaßt und mir in bangen Stunden einen Himmelsstrom von Trost ins Herz gießt, — daß diese Schriften mir damals so kalt, so schal, ja so höchst langweilig vorkamen, als ich auf den Kollegienbänken zu Gießen die Erklärung der biblischen Bücher anhörte. Wie soll ich mich auch wundern, daß damals mein guter Freund Preuschen, diese treue, innige, fromme Seele, sich an meiner Seite, als wir die Erklärung des Johannes u. s. w. hörten, zu nichts weiter angeregt fand, als allerlei Karrikaturen über biblische Phrasen und Gegenstände in sein Heft zu zeichnen!"

Und doch hat Schlosser etwas niemals verloren. Auch in den ärgsten Zeiten des Zweifels und Unglaubens hat er nie das Abendgebet unterlassen, welches ihn in seiner Kindheit die Mutter gelehrt hatte.

Nach einer längeren Studienreise nach Norddeutschland gehörte Schlosser vom Herbst 1847 bis Herbst 1848 dem Predigerseminar in Friedberg an. In diese Zeit fällt sowohl der Verkehr mit alten Freunden, die ein halbes Jahr vor ihm nach Friedberg gekommen waren und den Weg zu dem Herrn Christus zurückgefunden hatten, als auch der Ausbruch der Revolution. „Dem Aufrichtigen läßt es Gott gelingen." Vor Ablauf des Jahres 1847 war es Schlosser vergönnt, mit „pietistischen" Freunden nach dem Kloster Arnsburg zu fahren, wo der Graf Otto zu Solms-Laubach in einem Klostergebäude die nötigen Räumlichkeiten für ein neugegründetes Rettungshaus zur Benutzung überließ. Schlosser kam bald nachher wieder einmal in diese Gegend der Wetterau und hörte bei dieser Gelegenheit viele geringschätzige Äußerungen über das kleine Rettungshaus und die „Pietisten", die es ins Leben gerufen hatten. Ein damaliger kirchlicher „Würdenträger" sagte: „Das ist lauter Wind, den sie machen, nichts wie Wind, das wird alles bald spurlos verschwunden sein." Wenige Wochen nachher traten große Weltbegebenheiten ein. „In Frankreich brach die Revolution aus und ihre erste Woge warf das ganze sogenannte Julikönigtum über den Haufen und fegte die ganze Dynastie Orleans aus dem Lande. Die zweite Woge schlug nach Deutschland hinüber, daß alle Fürstenthrone wankten und der Bundestag zusammenstürzte. Wie sahen wir jungen Leute das an? Nicht anders als der Dichter sagt: „Das Alte stürzt, es ändert sich die Zeit, und neues Leben blüht aus den Ruinen." Von einem „Völkerfrühling" redeten wir, und wie kühn und zuversichtlich waren unsere Hoffnungen, als aus allen Gauen die „Erwählten des deutschen Volkes" zusammentraten, in der Paulskirche zu Frankfurt zu thun nach dem Wort, das unter der schwarz-rot-goldenen Fahne oben auf der weißen Wand, die die Orgel verhüllte, geschrieben stand: „Des Vaterlands Größe, des Vaterlands Glück, o schafft sie, o bringt sie dem Volke zurück." Ja, das war ein stolzer Bau, eine herrliche, große Arbeit an ihm, an der Wiederaufrichtung der Einheit und Herrlichkeit des deutschen Reiches. Was wollte neben dem so ein kleines Rettungshäuschen bedeuten, das Thun der verachteten Pietisten, die noch eins und noch eins anderwärts gründeten, um „Wind zu machen"?

Nun (1877) sind 30 Jahre vergangen. Was ist geworden? Was jene Parlamentarier, die es höhnisch abwiesen, ihr Werk mit Gott, mit Gebet zu beginnen, die „die Kirche in den Himmel zurückjagen wollten, aus dem sie gekommen", die den Himmel selbst nicht etwa blos stürmen wollten, wie die alten Titanen, sondern ihn längst in blauen Dunst aufgelöst zu haben glaubten, was sie gebaut, war nicht blos ein unvollendeter babylonischer Turm, sondern ist dahingefahren wie ein Wind, was man aber damals als Wind bezeichnet, — war's nicht doch etwas von dem, das einst kam als — das Brausen eines gewaltigen Windes, einen neuen Frühling ankündigend der Kirche Gottes auf Erden?"

Nachdem die Revolution ausgebrochen war, traten in der Wetterau neben Advokaten auch Kandidaten des Friedberger Predigerseminars als Hauptredner bei den zahlreichen Volksversammlungen auf. „Die Parteirichtungen erstreckten sich bis in die geistliche Bildungsanstalt. Man hatte fanatisch rote Republikaner unter den Kandidaten; die gemäßigten waren in der Minderzahl, „reaktionär" von dreiunddreißig nur ein einziger, der eine hannoversche Fürstenschule durchgemacht und in Halle studiert hatte. Die Professoren duldeten nicht bloß die Beteiligung der Kandidaten an den politischen Vereinen und Volksversammlungen, sondern ermunterten die gemäßigt liberalen geradezu zu solcher Beteiligung, um beschwichtigend zu wirken. Wohl ein paar Dutzend solcher Versammlungen haben wir in wenigen Wochen mitgemacht. — — Gingen wir nicht, so gingen, wenn es kund ward, die Demokraten. So sagten wir denn zu." Auf einer derartigen Versammlung sprach Schlosser über das Thema: „Ob Republik, ob Kaisertum?" „Ich redete so überzeugend, daß ein Kaiser gewählt werden müßte, unter dem die kleinen Fürsten stehen müßten, also namentlich auch unser Großherzog Ludwig III., der so gut gewesen und alle Forderungen des Volkes augenblicklich bewilligt habe, daß, als schließlich abgestimmt wurde, man einstimmig beschloß, der Großherzog solle bleiben, aber sich einen Kaiser über sich gefallen lassen. So hatten wir dem Großherzog den Thron gerettet." Vierzehn Tage später beschloß eine Volksversammlung an demselben Ort die Republik. „In unserer Seminarstadt waren natürlich alle Kandidaten in die Bürgerwehr eingetreten. Die erste Thätigkeit ihres Dienstes für die innere Sicherheit war die, daß sie ausrückten, um — ein Judenhaus in der „breiten Straße" zu schützen. Denn auch jetzt war, wie so oft, die erste Bethätigung der ver- und erlangten Freiheit und Gleichheit, daß man über die Juden herfiel, wahrhaftig nicht aus religiösem Fanatismus, davon waren jene Leute ganz frei, es war der unerträgliche Wucher, der den Zorn erweckt hatte. Die Bürgerwehr, von einem ehemaligen Leutnant, nunmehr Wegrentmeister, geführt, verfuhr sehr schoneud, da sie nicht das Blut ihrer Mitbürger vergießen wollte, und so war, ehe man sich es versah, das Judenhaus demoliert."

Von Friedberg aus hat Schlosser wiederholt die Sitzungen des Frankfurter Parlaments besucht. In seinem Buche „Die Revolution von 1848" erzählt er „nach eigenster Erinnerung" von dem Eindruck, welchen auf ihn die hervorragendsten Parlamentsmitglieder H. v. Gagern, Rößler von Oels (der „Reichskanarienvogel" genannt), Schlöffel („Schliffel"), R. Blum („eine Persönlichkeit, die man gern in andern Bahnen gesehen hätte"), K. Vogt (der „Reichs-Claffenbub"), Döllinger, v. Ketteler („mit der im Säbelduell abgestutzten Nase, eine echt westfälische Natur, der ins Klerikale übersetzte Immermannsche „Hofschulze", ein warmer Volksfreund"), v. Radowitz, E. M. Arndt („das Ideal eines deutschen Mannes, das verkörperte gute, alte deutsche Gewissen", wie man ihn treffend nannte, auch er dem Ziel der Jugendhoffnung nahe, doch ungemein ernst und wenig an der Debatte sich beteiligend"), von Soiron, Simson („mit den scharf geschnittenen Zügen seiner „Brüder nach dem Fleisch", ein eminent begabter, scharf und klar denkender Mann"), Gabriel Rieser („ein höchst ehrenwerter Israelit, vortrefflicher Redner, ruhiger, klarer Charakter"), Freiherr v. Vinke („ein echter Niedersachse, der ein großes Maß von Freimut mit einer sehr loyalen, königstreuen Gesinnung verband, in der er einmal einen frivol vom König redenden Demokraten auf Pistolen forderte, deshalb in den Parlamentskarikaturen von den Gegnern dargestellt als Bulle mit Pistolen statt Hörnern auf dem Kopf").

Nach Schluß des zweiten Seminar-Kursus fuhr Schlosser am 18. September nach Frankfurt. „Der langsam schleichende Omnibus, aus dem man bei jedem Berglein ausstieg und ein Stück vorausging, der in jedem Dorfe anhielt, einen Auftrag zum Mitbringen aus der Stadt Frankfurt zu empfangen, hatte uns bis zur Höhe der Frankfurter Warte gebracht, drunten lag die alte, schöne Stadt, zu der man nie gekommen, ohne der alten Geschichte des Vaterlandes zu gedenken, die hier zum teil abgespielt, im schönen

Mainthal, von den blauen Taunnsbergen begrenzt — — festlich und friedlich war es uns ums Herz. Noch schwellte die Hoffnung das Herz, daß da unten bald wieder des Reiches Pracht ihren Mittelpunkt haben, ein Kaiser gekrönt werden würde. Rasch ginge den Berg hinab nach den vor dem Friedberger Thor liegenden Landhäusern. Es war ein milder, schöner Herbsttag: an der Straße links nach Bornheim hin standen noch die Weiden mit den schönen, silberfarbigen Blättern. Ein milder Atem zog durchs Land. Alle die freundlichen Gartenhäuser waren mit Reben bewachsen bis unters Dach. Trauben hingen daran in ungewöhnlicher Fülle, schön goldig leuchtend, weich und süß; Himmelsluft, weich und warm, daß es einem selbst auch weich und warm in der Seele ward und süß wie die Trauben. Die Natur voll Segen und Frieden, voll Gottes atem und Gottesnähe. Aber die Menschen, die sich in der Stadt angesammelt und noch auf dem Zuge dahin begriffen waren, — voll Haß und Blutgier. Wir sind am Hessen-Denkmal, am Beth mannschen Landhaus vorüber — — es geht in die Vilbeler Gasse hinein und es überkommt uns, ohne daß wir noch wissen, was es im Lauf des Tages geben wird, eine Gewitterschwüle. Wir stellen ein in der „Reichskrone" in der Friedberger Gasse, dem alten Gast haus, wo die Fuhrleute von allerlei Art, Frachtfuhrleute, Omni busführer, Hauderer seit Jahrzehnten in ungezählter Menge ein gestellt. — Der Wirt nimmt unser Gepäck in Verwahrung, dann geht es durch die Zeil nach der Katharinenpforte hin zur Pauls kirche. Schon auf der Zeil begegnet uns im schnellen Lauf eine „Bassermannsche Gestalt", ein untersetzter Mensch mit großem, schwarzem Bart, in blau und weiß gestreifter Bluse, wie man sie den Pariser Ouvriers nachgeäfft, mit schwarzem Schlapphut und dem lauten Ruf: „Waffen, Waffen! Man schießt auf das Volk!" Vom Schießen hörten wir jedoch nichts. In der kleinen Sand gasse rufen uns wohlwollende Frankfurter zu: „Bleiben sie zurück! Sie können doch nicht hinein, die Paulskirche ist gesperrt!" Wir gehen dennoch vorwärts, sehen aber bald den doppelten Ring von Soldaten, die um die Kirche aufgestellt sind. So kehren wir nach der Reichskrone zurück." Auf diesem Rückweg erblickte Schlosser die Vorbereitungen zum Barrikadenbau, welche die Bürgerwehr männer ruhig vor sich gehen ließen. Mit Gewalt mußte Schlosser

seinen Koffer von der Verwendung für die Barrikaden zurückhalten.
„Im Wirtszimmer — lärmte ein Homburger Bürgerwehrmann, von Stand und Beruf ein Schneider. Er schimpfte über die Aristokraten, die Fürsten, das Parlament, die Volksverräter, und war sehr blutdürstig, trank aber zunächst eine Flasche Wein nach der andern, was seinen Blutdurst noch vermehrte. Das kleine, vierjährige Bübchen, das er mitgebracht, dauerte mich in die Seele, es sah immer so besorgt und angstvoll auf seinen Vater. Der Unglückselige, er hatte seine Teilnahme am Aufstand zugesagt und hatte sich Courage trinken wollen. Jetzt hörte man schießen, er wankte hinaus; nach einer halben Stunde brachte man ihn tot herein. Eine Kugel hatte ihn getroffen, als er eben mühsam auf eine Barrikade klettern wollte. Der Kampf war losgebrochen, wir eilten auf die Straße. — — Unser Weg ging durch die Fahrgasse nach der alten Mainbrücke, die nach Sachsenhausen führt. Über zwei Barrikaden kletterten wir hinweg. — — Nahe an die Stätte gekommen, wo die Töngesgasse in die Fahrgasse mündet, hörten wir aus jener eine Gewehrsalve, zischende, pfeifende Kugeln, wie Sperlingsgezwitscher, dann ein rasselndes Einschlagen der Kugeln in die Läden an der Ostseite der Fahrgasse, dazwischen einen gellenden Schmerzensschrei, dann Totenstille. Drei Mann trugen einen Toten rasch weg, der in der Töngesgasse gefallen war. Sechs Schritte weiter vor und wir wären in den Kugelregen gekommen. — — An der Barrikade vor der Mehlwage vorübereilend, erreichen wir das Mainufer. Gerade jetzt bezeugt ein kaum unterbrochenes Schießen, daß der Kampf an allen Punkten begonnen. — — — Am Mainufer angekommen, gingen wir über die alte Sachsenhauser Brücke; wir gerieten in eine lebensgefährliche Lage. Auf der Frankfurter Seite standen Aufständische. In der Mitte der Brücke, an der alten Brückenmühle angekommen, sahen wir am Ende der Brücke auf der Sachsenhauser Seite Österreicher stehen, kampfbereit gegen die Aufständischen hinter uns schon vorgehend. Wir hätten zwischen zwei Feuer geraten können und wären verloren gewesen, wenn nicht die Aufständischen noch einen Versuch gemacht hätten, durch einen Parlamentär die Österreicher zu gewinnen, daß sie „mit dem Volk fraternisierten."
Schlosser kam glücklich nach Darmstadt. Nach einigen Tagen

schon — es war der 3. Oktober — kehrte er nach Frankfurt zurück, um das Kriegslager in den Straßen Frankfurts in Augenschein zu nehmen und einer der Redeschlachten in der Paulskirche beizuwohnen. „Man hätte hoffen dürfen, daß die blutigen Ereignisse des 18. September der Versammlung mit einem Schlag eine andere Stimmung und Haltung geben würden. Aber nein, dasselbe endlose Gerede, derselbe Wortschwall, dieselbe Phrasendrescherei, dieselben theoretischen Künste, auf den Beifall der Galerie berechnet, dieselbe kleinliche Eitelkeit und Sonderinteressen der Parteien." Das Parlament „war nun völligst zur Schwätzanstalt geworden; bald ward sie zur Schrei- und Brüllanstalt. Man überkam eine Ahnung, daß unter diesem Gerede und Geschrei das deutsche Reich schon in der Geburt erstickt werden müßte."

So sehr die politischen Ereignisse das Interesse Schlossers in Anspruch nahmen, das theologische Studium war nicht darüber vergessen worden. Die „positiven" Kandidaten waren zwar von den achtmal stärkeren Gegnern sehr von oben herab als „verrückte Menschen, als solche, die lächerlicher Weise für eine abgethane, völlig verlorene Sache kämpften, spöttisch und höhnisch" behandelt worden. „Man nannte uns wohl die Augustinerbrüder und wir selbst nannten uns auch so, denn die theologische Debatte war veranlaßt hauptsächlich durch die Lehre von der Sünde, wie sie der Kirchenvater Augustinus ausgebildet, in dessen Studium, wenn auch auf einigen Umwegen, wir hineingezogen worden waren. In einem Kolleg, dessen Aufgabe die Vergleichung verschiedener gedruckter Predigten war, hatte mir der Seminardirektor Cröffmann die Aufgabe gestellt, zwei Predigten über das Adventsevangelium, eine von Hofacker und eine von Uhlich, mit einander zu vergleichen. Es war dies eine schwere Aufgabe, da jeder der beiden Prediger sich in ganz anderer Luft, auf anderem Boden, in anderem Element sich bewegt. Man könnte wohl eher einen Adler mit einer Schnecke, eine in den Lüften an ihren goldenen Liedern zum Himmel kletternde Lerche mit einer in einer Stubenecke pfeifenden Maus vergleichen. Eine Vergleichung Hofackers mit Uhlich mußte sofort den fundamentalen Gegensatz herausstellen, der sich so formulirt: Hofacker kennt eine sündige Verderbnis der Menschennatur, als Folge davon ein Gefühl des Elends, eine Sehnsucht nach einem neuen Wesen, nach

Versöhnung, Erlösung, Heiligung, die in Christo, dem zweiten Adam, dem neuen Menschen und Anfang und Haupt eines neuen Geschlechts, Gottes- und Menschensohn, geschehen ist. Uhlich erklärt den Menschen für gut von Hause aus und stellt ihm die Aufgabe, durch Übung seiner guten Anlagen nur immer besser zu werden. Bis dahin selbst ganz rationalistisch geschult, konnte ich doch nicht umhin, infolge eigenster Erfahrung und im Angesicht der ganzen Menschheitsgeschichte, in welcher die Sünde eine so fürchterliche Rolle spielt, der langen Reihe von Freveltaten, tyrannischen Gewalttaten und wieder Aufruhr und Empörung, Treubruch und Verrat, welche die Menschheit wie eine schwere Kette durch alle Jahrhunderte hinter sich herschleppt und wie sie gerade in der von uns erlebten Revolution vorgekommen und wesentlich unter deren Eindruck — mich für die Ansicht Hofackers zu entscheiden. Darüber entbrannte der Kampf, in dem dann vor allem der Ursprung des Bösen zur Sprache kam. Ein halbes Jahr zuvor war das Thema schon einmal besprochen worden, aber in einer wenig ernsten Weise." Ein hervorragend begabter Kandidat hatte bei dieser Debatte über den Ursprung der Sünde den alten Seminardirektor so in die Enge getrieben, daß dieser zugeben mußte: Gott selbst sei der größte Sünder.

„Die Sache ward jetzt ernster genommen. In dem beschämenden Gefühl der erlittenen schweren Niederlage bot jetzt unser Direktor allen Scharfsinn auf, seine immer noch festgehaltene Behauptung zu verteidigen, brachte eine Menge rationalistischer Bücher mit in das Kolleg, wie namentlich eins vom alten Professor David Schulz in Breslau, in denen die kirchliche Lehre von der Erbsünde teils in einigermaßen würdiger, teils aber auch in höchst unwürdiger, frivoler, bisweilen auch süßlich sentimentaler Weise bekämpft wurde. Ich mußte meine Position verteidigen, sah mich auch nach Hilfstruppen in Büchern um und kam so zum erstenmale auf das Buch von Professor Müller in Halle „Über die Sünde." Ich hatte bis dahin von meinen akademischen und seminaristischen Lehrern nur mit großer Geringschätzung und spöttisch vom „Sündenmüller" in Halle reden hören und mir vorgestellt, in seinem Buche müsse viel verkehrtes und dummes Zeug stehen. Jetzt las ich es und hatte bald den Eindruck: „das ist ja alles ungeheuer gescheit", ja was noch mehr: „ganz unwiderleglich wahr." Müller führte uns auf

Augustin, den wir daheim, am liebsten aber in dem benachbarten Offenheimer Wäldchen im Hause des Försters Öhle mit einander lasen, daher unser Name „Augustinerbrüder". Aus dem dialektischen Kampfe aber kam eine tiefe, feste Überzeugung und aus der gewonnenen tieferen Kenntnis der Menschennatur eine Revision und Emendation der politischen Ansicht, die, wesentlich rationalistisch und liberalistisch, dazu höchst abstrakt und doktrinär, von einer einfachen Beseitigung hemmender Schranken eine herrliche Entfaltung der ja wesentlich aufs Gute angelegten und mit einer Fülle guter Anlagen begabten Menschennatur und mit ihr des gesamten Volks- und Menschheitslebens erwartet. Beruht doch der ganze Liberalismus in allen Gebieten des Lebens auf jener Unkenntnis der Menschennatur, einer Verkennung jenes furchtbaren Faktors der Sünde, des Egoismus im Menschen, und sind alle seine Verfassungstheorien eigentlich nur auf das Wahngebilde eines vollkommen guten Menschen zugeschnitten. Unsere Erkenntnis erhielt aber damals eine gewaltige Bestätigung eben in allen den blutigen Greueln, die die entfesselte Menschennatur in wenig Monaten des Revolutionsjahres verübt hatte. Wir gaben dem Liberalismus den Abschied, behielten nur das Ideal des unter einem Kaiser geeinigten deutschen Vaterlandes, galten natürlich sofort als Renegaten, Abfällige, und mußten uns auch den ebenso unsinnigen als boshaften Vorwurf gefallen lassen, wir strebten nach Gunst der Fürsten und Junker, nach der guten Pfründe eines Standesherrn, in einer Zeit, wo alle Vorrechte derselben, vorab ihre Patronatsrechte, und zwar diese für ewige Zeit, zertrümmert und beseitigt erschienen, und wo man für „reaktionäre" Ansichten und Bestrebungen hundertmal eher den Strick als eine gute Pfründe zu erwarten hatte. Ein Referat über Schenkels (!) „Zweiundzwanzig Reden über Fragen der Zeit", in welchem Referat ich Schenkels Behauptung zugestimmt, daß Ronge kein „zweiter Luther" sei, hatte mir sofort den Schimpfnamen „Mucker" eingetragen, der den Gliedern unseres kleinen Kreises von Kollegen über die Straße nachgerufen wurde. Das alles war zuerst sehr bitter, aber heilsam. Es ist gut, wenn man bei der liberalen Welt erst einmal im Banne ist, auf ihre Gunst absolut nicht mehr rechnen kann. In Hessen sagt man wohl: „er heißt einmal Bläß, dagegen kann er nichts mehr machen." Also nur vorwärts, zurück kann man nicht mehr, auch aus höheren, ja den höchsten Gründen; die Schiffe sind hinter uns verbrannt, die Brücken abgebrochen, also hinein in den Kampf für die Sache Gottes, die auch die heiligste Sache des Vaterlandes ist. Kaum hatte unser kleiner Kreis das Seminar verlassen und sich in erwünschtester Weise in Darmstadt in Hauslehrer- und Institutslehrerstellen wieder zusammengefunden, als wir sofort ein politisch-kirchliches Blatt begründeten: "**Politisch-kirchliche Blätter**" genannt, und damit, wenn auch nicht ganz los von liberalistischen Theorieen, doch im wesentlichen einen entschiedenen Kampf begannen für einen Neubau des Vaterlandes "**auf christlicher Grundlage.**" In der vom 2. Januar 1850 datierten ersten Nummer beantwortet der einleitende Artikel "Was wir wollen" die in diesen Worten liegende Frage mit der Losung: "**eine große kirchliche Restauration.**" "Wenn das Volk an der Kirche wieder seinen unerschütterten, untrüglichen, sittlichen Lebensgrund erhalten soll, so soll ihm die politische Freiheit ihre scharfe und frische, sittliche Lebensluft zuführen. — Wir halten beides für die unerläßlichen Bedingungen, man kann leider nicht sagen der dauernden Gesundheit, sondern der Wiedergenesung dieses Volkes." In derselben ersten Nummer wird auf die Saat hingewiesen, welche von der kommunistisch-atheistischen Propaganda in der Schweiz ins deutsche Land gesät worden ist und jetzt den Boden unsres Vaterlandes mit verworfnem Unkraut und scheußlichen Giftpflanzen aller Arten zu überwuchern sucht. Kein Zweifel, Schlosser und seine Freunde Max Rieger, Thomas Stock, Karl Schaffnit, Gustav Baist, Wilhelm Baur, Gustav Wolff haben mit klaren Augen in die Zukunft geschaut. Stahls Rede vom 3. Oktober 1849 über das Verhältnis des Staates zur Kirche wird abgedruckt und Schlosser unterstreicht die Stelle: "Der französische Staatsmann Thiers, der gewiß nicht um seines Pietismus willen bekannt ist, schrieb vor kurzem an seine Wähler: gegen den sozialistischen Schullehrer wird uns der katholische Pfarrer ein Schutz sein. Soll es bei uns umgekehrt werden? — Soll bei uns gegen den christlichen Pfarrer der rationalistische und radikale Schullehrer zum Schutz gerufen werden? — In der ersten Nummer des zweiten Halbjahres wird erklärt: wir sind konservativ, aber nicht reaktionär. Bis zur Ernennung des Hofpredigers

Dr. H. Palmer zum Oberkonsistorialrat geht ein scharfer, heftiger Ton gegen die oberste Kirchenbehörde durch die „Politisch-kirchlichen Blätter." „Es waren die Flegeljahre unseres jungen Konservatismus" sagt Schlosser von dem Ende 1850 eingegangenen Organ der jungen, bekenntnistreuen Geistlichen. „Noch aber lesen die Leute von damals ab und zu gern einmal wieder einen Artikel aus den zwei Jahrgängen (Semestern!) jener Blätter. Mag man tadeln, so viel man will, jugendlicher Kampfesmut und frohe Siegeszuversicht, wie sie nnr die Gewißheit einer guten Sache einflößen kann, ist darin zu verspüren." Übrigens war jener scharfe Ton gegen das Oberkonsistorium nicht ohne reichliche Veranlassung. Im November 1849 wurde in Darmstadt von Schlosser und seinen Freunden ein Missionsverein gegründet. Zur Abhaltung von monatlichen Missionsstunden erbat man sich eine kleine (ehemalige Kirchhofs-) Kapelle, welche der rationalistische Dekan Ludwig samt Kirchenvorstand den „Deutschkatholischen" längst zum Mitgebrauch eingeräumt hatte. Was aber dem einen recht war, sollte dem andern nicht billig sein. Die „pietistischen" Kandidaten wurden mit ihrem Gesuch abgewiesen, die „lahme, verrostete Verwaltungsmaschine" des Oberkonsistoriums willfahrte der Beschwerde nicht, denn „zwischen „Deutschkatholiken" und Hessischen Konsistorialräten" war damals „nicht eben ein wesentlicher, innerer Unterschied", und das in letzter Instanz um Hilfe angegangene Ministerium des Innern gab niemals irgendwelche Antwort — aus Verlegenheit. Inzwischen hatten sich die Kandidaten an ihren ehemaligen Gymnasialdirektor Dr. Dilthey gewandt, und dieser räumte ihnen die Aula des Gymnasiums zur Abhaltung von Missions- und Bibelstunden bereitwillig ein. Am 2. Advent 1849 wurde die erste Missionsstunde gehalten. Das Volk, die unteren Stände kamen fleißig in diese Abendstunden, denn sie hörten hier zum erstenmale in ihrem Leben die Predigt des Evangeliums. Schlosser hat in jener Zeit in einer Reihe von Vorträgen Luthers Leben erzählt, wie sich denken läßt in durchaus volkstümlicher, fesselnder Weise. Genauer lautete sein Thema: „Die Grundsätze der Reformation und des Protestantismus aus dem Leben Luthers entwickelt." Das 354 Quartseiten starke Manuskript ist schon äußerlich ein Beweis, mit welchem Fleiß und mit welcher Ausdauer der junge

Kandidat die schwere Aufgabe zu lösen versucht hat. An der erforderlichen freien Zeit fehlte es ihm nicht. Im März 1849 hatte er das zweite Examen, die sog. „Definitorialprüfung", bestanden und im Hause der Eltern lebte sich's, wie sich denken läßt, aufs angenehmste. Das angesammelte reiche geschichtliche Material hat nach Jahrzehnten dem fleißigen Mann manche Mühe erspart beim Niederschreiben der 1869 in Darmstadt und 1873 in Frankfurt gehaltenen sechs Vorträge über „die Prinzipien der Reformation", für welche sich in Frankfurt eine Gegenüberstellung der Reformation und des Altkatholizismus aus der Zeitlage von selbst ergab. Leider sind diese Vorträge nicht durch den Druck veröffentlicht worden.

Der Missionsverein war in Folge einer Predigt Wicherns in Darmstadt in Aussicht genommen worden. Man hatte Wichern gerufen, um der in optimistisches Traumleben zurücksinkenden Bevölkerung etwas von der drohenden Macht der sozialistischen Arbeitervereine zur Beherzigung mitzuteilen. „Die Kirche war — zum Erbarmen leer", erzählt Schlosser, „man promenierte an dem schönen Frühlingstag und ging abends in die Oper. Nahmen es auch einige wenige etwas ernster, so beruhigten sie sich wohl mit dem Gedanken, daß noch mancher Tropfen den Rhein hinunterfließen werde, bis dieser Geist, diese „Tollheit wandernder Handwerksgesellen", dieser „Wahnsinn berauschter Tagelöhner", dieses „ohnmächtige Rasen von Proletariern" einmal gefährlich werden könne. — — In Darmstadt selbst war es nur Ferdinand Bender, der nachmalige Oberhofprediger, welcher sein Haus zum Sammelpunkt von Männern und Jünglingen gemacht hatte, die bereit waren, in den Kampf gegen den herrschenden Rationalismus einzutreten und alle Kräfte aufzubieten, um die herrlichen, aber verachteten und verborgenen Schätze der Kirche wieder zu gewinnen. Mit seinen Freunden wurde auch Schlosser mit Bender bekannt. Zunächst rief man eine Volksbibliothek ins Leben, daran schloß sich die Errichtung eines Rettungshauses in Häulein, in dessen Vorstand Schlosser eintrat.

Ihn selbst anlangend, schien zunächst seine schon vor Jahren gehegte Absicht, dem Lehrerberuf sich zu widmen, ihre Verwirklichung zu finden. Er errichtete 1850 ein Erziehungsinstitut für

Knaben, selbstverständlich auf entschieden christlicher Grundlage; ein kühnes Unternehmen in einer so unkirchlichen, unchristlichen Stadt wie Darmstadt damals war. Die Verhältnisse haben sich in den letzten Jahrzehnten etwas gebessert, aber von dem damaligen Darmstadt, welches in seinen besten Elementen einiges Interesse für die Zwillingsschwestern „Kunst und Wissenschaft" hatte, gibt Schlosser folgende Schilderung: „Der ästhetisch gebildete Darmstädter weiß, daß Goethes Jugendfreund Merck ein Darmstädter war, daß Herder seine Gemahlin Karoline Flachsland aus Darmstadt sich geholt, daß Schiller in Darmstadt zum erstenmal seinen Don Carlos vorgelesen. So hat Darmstadt seinen Anteil an der klassischen Litteratur, der glänzenden Blüte des neuen Humanismus. Das wird in Töchterinstituten wie im Gymnasium ausdrücklich gelehrt, und die offiziöse „Darmstädter Zeitung" bringt es von Zeit zu Zeit in Erinnerung. Weiter weiß der ästhetische Darmstädter, daß die Darmstädter Oper im ersten Viertel dieses Jahrhunderts unter Ludwig I. eine Blütezeit gehabt und Meyerbeer und Carl Maria v. Weber hier bei Abt Vogler ihre Studien gemacht, daß also Darmstadt auch an der künstlerischen Entwicklung der Neuzeit nicht unbeteiligt ist. Auch dem weniger gebildeten Darmstädter ist es nicht unbekannt, daß die „Bockshaut" (Weinwirtschaft) in der Kirchstraße das Geburtshaus des berühmten Gervinus ist, dessen Litteraturgeschichte und Shakespearestudien ihm zwar fremd sind, dessen Büchelchen für den Deutschkatholizismus er aber seinerzeit gelesen. — — Im Kultus der Kunst suchten die feineren Leute fortschreitende Veredelung und edeln Genuß. Die Kunst in ihrem Haupttempel, dem Hoftheater, aber verstieg sich nicht so hoch, daß nicht auch Soldaten, Handwerksgesellen und Dienstmädchen ihr mit Verständnis folgen konnten. Das waren Tage, da die Späße eines Komikers vom Sonntag Abend noch anderen Tags durch alle Häuser wanderten, die Zeit, da man einer Tänzerin „mit Andacht zuschaute" (Darmstädter Ztg.), da Bühnenereignisse wie große Weltbegebenheiten besprochen wurden. — — Ronges Triumphzug im Jahre 1844 trug den Charakter eines fröhlichen Festes, bei dem man das Bewußtsein hatte, mit Bankettieren, Toastieren, Einholen und Geleiten, mit Kränzen und weißgekleideten Jungfrauen sein lebhaftes Interesse für die Angelegenheiten der Menschheit bewiesen zu haben. Die Stürme des Jahres 1848 brachten freilich einige Unterbrechung, aber wohl nirgends im deutschen Vaterlande war man, nachdem der badische Aufstand gedämpft und man einige Monate hindurch mit dem nahen Frankfurter Parlament, dem Darmstadt in seinem „edlen Gagern" den ersten Präsidenten und Reichsminister gegeben, für deutsche Einheit, Macht und Größe geschwärmt, so schnell in das alte Geleis zurückgekehrt als in Darmstadt. Nur ein stärkeres politisches Interesse hatte man aus dem Revolutionsjahr mitgebracht. — — Zwischen hinein aber vernimmt man das Gerücht von fanatischen Geistlichen, die von Abfall und Verderbnis des Volkes reden, die dies Volk wieder zurückführen wollen in die Finsternis vergangener Zeiten und die veralteten Dogmen von Erbsünde und alleinseligmachendem Glauben, von Teufel, Hölle und Verdammnis der Ungläubigen predigen. Auf den Dörfern haben sie schon geraume Zeit ihr Wesen getrieben, jetzt haben sie sich auch in die Stadt eingeschlichen — an Häusern in den belebtesten Straßen liest man die Inschriften: „Evangelisches Bücherdepot", „Christliche Volksbibliothek"; ungewöhnlich viele Kirchgänger sieht man nach der Schloßkirche gehen oder nachmittags nach der Stadtkapelle, wenn da nicht der beliebte Kandidat „Palat" predigt; man erzählt sich grausige Geschichten, was da jetzt wieder vom Aberglauben vergangener Jahrhunderte gepredigt werde, was man Leuten des neunzehnten Jahrhunderts, des Zeitalters der Eisenbahnen und Telegraphen, zu glauben zumute und was man für Anforderungen stelle, allen, auch den unschuldigsten Lebensfreuden zu entsagen. Freilich zunächst denkt man, solche Thorheiten und solcher blinde Fanatismus würden nur vorübergehend ihr Wesen treiben und bald als ein Anachronismus spurlos verschwinden. Ist es doch nur eine kleine Partei, die im finstern schleicht und, wie Professor Credner in Gießen sagte, wie die „Eulen" das aufgegangene Tageslicht auf die Dauer nicht ertragen wird." Man bringt aber die kleine Partei mit der „kleinen aber mächtigen Partei" der „Kreuzzeitung", mit der Partei der „dreißigschen Mucka", in Verbindung, die man für gleichwertig hielt mit einer Gesellschaft heuchlerischer, herrschsüchtiger Menschen, welche man kurzerhand „protestantische Jesuiten" nennt. „Das aufgeklärte Philistertum braucht diese dunkle Folie von heuchlerischen, herrschsüchtigen Menschen, weil ihm auf dieser Folie erst der eigne helle Verstand, die eigne geistige Bildung und namentlich die eigne Biederkeit im wahren Glanze leuchtet. Empörend nur, daß das Oberkonsistorium das alles duldet! Das arme Konsistorium! Es hat ja redlich das Seinige gethan; kein Unternehmen dieser Finsterlinge, dem es nicht irgend wie in den Weg getreten und Schwierigkeiten bereitet hätte; es hat es nicht hindern können und dann machen die Toleranzgesetze und die Vereins- und Versammlungsfreiheit, welche das Jahr 1848 gebracht, es unmöglich, Bibelkolporteure wie früher ins Loch zu stecken und Missionare aus Barmen und Basel über die Grenze zu transportieren. Nun wird ihm der Nichtgebrauch unmöglicher Polizeimaßregeln zur Sünde gerechnet, ja es wird wohl gar der Förderung des finsteren Geistes angeklagt."

Das Darmstädter Theater hat auch Schlosser einmal besucht. Seit den Gymnasialjahren war ihm Goethes „Faust" eine Art weltliche Bibel geworden. „Der Tragödie erster Teil" zog ihn mächtig an. Er erzählt von diesem Theaterabend: „Als ich noch Kandidat war, besuchte ich einmal das Theater einer kleinen Residenz. Es wurde der „Faust" gegeben, so gut es eben ging. Als Mephistopheles in jener Szene mit dem Schmuckkästchen den Priester persiflierte und höhnisch die Worte sprach:

> „Die Kirche hat einen guten Magen,
> Hat ganze Länder aufgefressen
> Und doch noch nie sich übergessen;
> Die Kirch allein, meine lieben Frauen,
> Kann ungerechtes Gut verdauen,"

da brach vom obersten Juchhe (Galerie) bis zur Proszeniumsloge ein Beifallssturm los, daß die Wände des Hauses bebten. Nun hätte Faust erwidern müssen:

> „Das ist ein allgemeiner Brauch:
> Ein Jud und König kann es auch."

Aber er sagte nichts. Die Theaterzensur hatte die Worte gestrichen. Mag die Kirche verhöhnt und verlästert werden und der ganze gebildete und ungebildete Haufe darin seine Sympathie mit mephistophelischen Anschauungen kundthun — der Jude oder „unser Mitbürger mosaischen Glaubens" darf nicht angetastet werden, noch weniger vielleicht als Serenissimus. Das ist charakteristisch."

Im Hause des ihm nahe befreundeten Dr. J. Lucius wurde Schlosser in jener Zeit mit Oskar von Redwitz bekannt. Nach den revolutionären Liedern der Herwegh, Prutz, Freiligrath atmete man wieder auf, als die „Amaranth" erschien. Über die mancherlei Mängel des Gedichts sah man hinaus, man behielt den Grund, die Gesinnung, das Streben im Auge, welches den strengen Katholiken mit den Lutheranern verband. „Was nun an der „Amaranth" besonders gefiel, war die poetische Vorrede, die Klage, daß so gar sehr das Lied verstummt sei zur Ehre dessen, der doch Herr des Klanges und Lichtes ist."

Es ist oben von der christlichen Volksbibliothek in Darmstadt die Rede gewesen. Die Gründung dieser Bibliothek führte Schlosser im Hause des Hofpredigers Bender mit dessen Schwägerin Emilie Debus zusammen, einer Tochter des in Schönberg an der Bergstraße im Ruhestand lebenden Steuerrates Wilhelm Debus. Es währte nicht lange, so hieß es: Schlosser hat sich mit Emilie Debus verlobt. Wer beide kannte, sagte sich, daß hier in besonderem Maße das „Strenge mit dem Zarten", daß „Starkes sich und Mildes paarten." Die Verlobung fand auf dem Debus'schen Landgut in Schönberg statt. Wochenlang weilte die Braut bei der Schwester Friederike in Darmstadt und wenn sie den Haushalt des frühverwitweten Vaters führen mußte, kam der Bräutigam regelmäßig Samstags von seiner Schule aus nach dem reizend gelegenen Wohnsitz der Braut. Der erste Brautbrief ist vom 4. Febr. 1851 datiert. Und auf den ersten, vom stillen, innigen Glück einer demütigen, bescheidenen, kindlich ergebenen Braut erfüllten Brief folgten viele andere; nie eine Zeile, in der dies Glück übermütig wird, aber bisweilen der Humor eines jungen, fröhlichen Mädchenherzens. „Ich muß den ganzen Tag bei Rielchen in ihrem kleinen Stübchen sitzen, sie hat keinen Ofen und friert doch so sehr, da meint sie, wenn ich bei ihr wäre, würde es gleich wärmer; ja es war einmal ein Schlosser, der hat ein eisernes Herz glühend gemacht, um es zu schmieden, wie er's brauchen kann; es ist ein geschickter und ehrlicher Schlosser, das ist der Trost dessen, dem das Herz gehört hat. Jetzt ist es glühend, schmiede nur — einstweilen benutzt man es als Ofen. (Ein Mährchen, aber doch wahr. Man meint, es wäre vom Schullehrer von Singelfeld.)" Acht Wochen später beginnt ein Brief, der um 1 Uhr mittags geschrieben ist: „Mein lieber Gustav! Deine Emilie. Jetzt könnte ich eigentlich schon meinen Brief fortschicken, denn jetzt habe ich dir schon alles gesagt, was du zu wissen wünschest, weil es aber jetzt gerade wieder die verhängnisvolle Stunde ist und ich eben viel redseliger als damals bin, so will ich dir noch erzählen, daß wir gestern Abend recht gut und vergnügt nach 6 Uhr in unsrem Schönberg ankamen."

Anfangs September 1851 wird dem Bräutigam mitgeteilt, es gehe das Gerücht, daß er als Pfarrverweser nach Bensheim komme. In Bensheim, einer katholischen Stadt, war eine in den Anfängen begriffene Tochtergemeinde des benachbarten lutherischen Auerbach. Pfarrer Steinberger von Auerbach war damals leidend und mußte alle Arbeit einstellen. In dieser Zeit erging die oberhirtliche Aufforderung an die junge, unter den schwierigsten Verhältnissen emporwachsende Gemeinde Bensheim, sie möge alles aufbieten, um einen eigenen Pfarrer zu erhalten. Der ergangenen Aufforderung entsprach das Verhalten des Kirchenregiments. Man hatte sich von dem überkommenen Vorurteil des plattesten Rationalismus frei gemacht und einsehen gelernt, daß im Kampf gegen Rom und die im Februar 1852 unter Führung des Paters Koh in Bensheim abgehaltene Jesuitenmission ein gläubiger Geistlicher mehr ausrichten werde als ein von den Gefühlen der Duldsamkeit, Fügsamkeit und Feigheit erfüllter Rationalist. Von dem Bensheim benachbarten Schönberg aus schreibt J. Bender am 9. August 1852 dem künftigen Schwager, er solle von äußeren Dingen absehen, die Sache der Kirche ins Auge fassen und das Schulehalten aufgeben, darum „Auf nach Bensheim!"

Am 16. September 1852 ist Schlosser, der erste Geistliche der neuen Pfarrei Bensheim, vom Prälaten Dr. Zimmermann ordiniert worden. Als Pfarrverweser dieser Gemeinde hatte er vielfach Gelegenheit, mit der Praxis der römischen Kirche bekannt zu werden, eine Praxis, welche ihm auf Schritt und Tritt beim Sammeln und Zusammenhalten seiner kleinen Gemeinde hemmend in den Weg trat. In Bensheim hat Schlosser gelernt, das auf römischer Seite anerkennenswerte zu achten und wenn möglich seinen Glaubensgenossen zur Nachahmung zu empfehlen, aber auch in der schärfsten Weise die plumpe, ultramontane

Unbuldsamkeit anzufassen oder zurückzuweisen. In die Zeit der Amtsführung in Bensheim fällt Schlossers Bekanntwerden mit dem früher in dieser Stadt wohnhaft gewesenen, zur evangelischen Kirche übergetretenen nachmaligen Gymnasialprofessor Blümmer, des ersten Konvertiten geistlichen Standes, mit welchem Schlosser befreundet wurde.

Während die Zahl der der lutherischen Gemeinde Bensheim angehörenden Hauskinder anfangs eine recht geringe war, ist es Schlosser von 1854 an vergönnt gewesen, in dem von einem Drittel protestantischer Schüler besuchten Bensheimer Gymnasium den Samen der evangelischen Lehre auszustreuen. In derselben Zeit unterschrieb er mit seinen Freunden den Protest gegen die heterodoxen Lehren des Professors Credner in Gießen, eine Angelegenheit, welche darum viel Staub aufgewirbelt hat, weil man die Mißachtung der heiligen Schrift und der kirchlichen Bekenntnisse in der einen Wagschale aufschnellen und Ergebenheit und Pietät gegen einen ehemaligen Lehrer und konsequenten Vertreter jener Mißachtung in der anderen Schale zu Boden sinken ließ. Unmittelbar auf die Veröffentlichung des Protestes gegen Credner folgte im „Kirchenblatt für das Großherzogtum Hessen" die Veröffentlichung von Schlossers „Erinnerungen aus dem Studentenleben." Und an diese Erinnerungen schließt sich ein Aufsatz Schlossers „Gemischte Ehen" nach den in Bensheim gesammelten amtlichen Erfahrungen.

Schlosser sollte nur zwei Jahre lang in Bensheim bleiben. Im Juli 1854 benachrichtigte ihn der ehrwürdige Graf Ludwig zu Erbach-Schönberg, daß er seinem Wunsche gemäß zum Kaplan in Schönberg ernannt und als Assistent des Pfarrers von Gronau für die Tochtergemeinde Schönberg und Wilmshausen in Aussicht genommen sei. Zugleich vertraute der Graf den Unterricht seiner beiden Kinder dem neuernannten Kaplan an. Das Schreiben seines Patrons traf Schlosser im Bad Weilbach. Ein hartnäckiges Halsleiden, welches bei der pflichttreuen, die ganze Kraft Schlossers in Anspruch nehmenden dienstlichen Arbeit nicht gehoben werden konnte, machte es dringend notwendig, daß der an rastlose Thätigkeit gewöhnte Mann sich wochenlang dem erschlaffenden Leben eines Kurgastes ergeben mußte. Eine Erquickung in dieser trüben Zeit boten ihm, von den Briefen der Braut abgesehen, die Besuche bei Wilhelm Baur, welcher damals Pfarrverweser in Bischofsheim bei Mainz war. Gekräftigt kehrte Schlosser aus dem Bad nach der „Bergstraße" zurück. Am 14. August 1854 – vier Jahre vorher hatte er sich an diesem Tage verlobt – ist er in der herrlich gelegenen Bergkirche zu Schönberg durch Hofprediger Bender mit Emilie Debus ehelich verbunden worden. Reicher Kindersegen ist dieser Ehe erst vom Jahre 1860 an zu teil geworden. Der Graf von Schönberg, durch jahrelangen Verkehr aufs innigste mit seinem Kaplan befreundet, nahm an dem nach langem Harren eintretenden Familienglück den herzlichsten Anteil. Am Tage vor Weihnachten 1860 schreibt er Schlosser: „Sie empfangen beifolgend meine Gaben für dieses Weihnachtsfest und habe ich mir auch nicht versagen können, für Ihre geliebte Emma eine kleine Gabe zu ihrer „ersten Weihnachtsfeier" in diesem kleinen Becher beizufügen, die das liebe Kind dereinst erinnern möge, welch' einen großen Anteil ich an dieser schönsten Gottesgabe, womit Gott seine Eltern vor einem halben Jahre beglückt hat, die nun ihre Freude am Christfest noch mehr erhöht, genommen habe."

Gleich im Anfang seiner pfarramtlichen Thätigkeit richtete Schlosser sein Augenmerk auf die Armenpflege. Nach Veröffentlichung eines diesen Gegenstand behandelnden größeren Aufsatzes 1854 war es ihm vergönnt, im nächsten Jahre der dritten Zusammenkunft evangelischer Ältesten und Diakonen der mittelrheinischen Kirchen im nahen Auerbach unter dem Vorsitz Hundeshagen's beizuwohnen.

Eine ganz neue Thätigkeit wurde vom 1. September 1855 an auf Schlossers starke Schultern gelegt. Er übernahm „vorläufig" die Leitung des „Kirchenblattes" aus den Händen seines Freundes Georg Krätzinger. Aus dieser „vorläufigen" Übernahme entstand eine Übernahme für zwanzig Jahre. Was Schlosser als Herausgeber mit seiner Kraft und namentlich in den ersten Jahren ohne viel Hilfe seiner Freunde geleistet hat, ist ebenso staunens- als dankenswert. „Man läßt mich sehr im Stich — mit Beiträgen", schreibt er einem Mitarbeiter 1859, „weniger mit Kritiken und Tadel über das, was das „Kirchenblatt" bringt." Schlosser hatte ja eine bedeutende Arbeitskraft, aber die pfarramtlichen Berufsarbeiten nahmen ihn doch so sehr in Anspruch, daß er sich die Zeit für die zahlreichen Artikel des „Kirchenblattes" so zu sagen stehlen mußte. In dieser Beziehung schrieb er einmal einem seiner Freunde: „Ich habe einiges Mißtrauen in meine Befähigung und meinen Beruf dazu; schon nach meiner Naturanlage lasse ich mich gar leicht gehen, vergesse die strenge Logik und biete damit dem Gegner leicht Angriffspunkte. Nur wenn ich recht viel Zeit habe, kann ich über diese Natur Herr werden und mich zu gründlicher, logischer Arbeit zwingen. Solche Zeit aber fehlt mir. Was ich außer meiner Berufsarbeit thue, ist meist nur so hingeworfen. Sie werden das an dem „Kirchenblatt" schon längst gemerkt haben. Ich kann oft nicht einmal einen Aufsatz noch einmal durchlesen und erfahre erst bei der Lektüre des Gedruckten, wie es sich macht, und habe dann gewöhnlich mich über dies und das zu ärgern, was mir mißraten scheint." Zu diesem Verdruß kam der allwöchentliche Ärger über die **Druckfehler des „Kirchenblattes"**, ein Mißstand, der in Freundeskreisen sozusagen **sprichwörtlich** geworden ist. „Ich habe noch kaum über irgend etwas mich so sehr alteriert," — schreibt er einem Freunde — „als über diese infamen Druckfehler. Es ist gerade, als ob der Teufel seine Hand im Spiele hätte. Was man in ernstester Arbeit, meist nach ernstlichstem Gebet um Gottes Beistand und Leitung geschrieben, das wird in dieser elenden Druckerei durch die schändlichsten Druckfehler in baren Unsinn umgekehrt. Und oftmals klingt's gerade wie ein Hohn."

Zu dem mit allgemeinem Beifall gelesenen Teil des Blattes gehören Schlossers „Reiseerinnerungen". Wenn es irgend ging, wenn amtliche Abhaltungsgründe nicht vorlagen, wenn Krankheiten im eigenen Hause nicht in den Weg traten, machte Schlosser in jedem Jahre eine Erholungsreise. Auf diesen Reisen hat er mehr gesehen, erfahren und erlebt als zehn andere zusammengenommen. Er mischte sich unter allerlei Volk, und weil der Geistliche an seiner äußeren Erscheinung nicht zu erkennen war, erfuhr er auch im Zwiegespräch mit dem Volk mehr als ein im langen, schwarzen Rock und weißer Halsbinde reisender Pastor. Am liebsten reiste er mit Freunden: „Reisen ist gar schön, und der Geistesverkehr im Wandern (bei mir wenigstens) viel reger als im

Sitzen." — Bisweilen mußte er allein reisen. So im Jahre 1855. Auf einer Fußreise durch das Darmstädtische und katholische Oberhessen geriet er unfreiwillig nachts an das ehemalige Kloster Haina. Er hatte sich stundenlang im Wald irre gelaufen und war zuletzt froh, in dem bei der kurhessischen Landesirrenanstalt befindlichen Gasthaus ein Unterkommen zu finden. Beim Durchwandern der Anstaltsräume ergriff ihn am meisten ein in der Blüte der Jahre in die Zwangsjacke geschnürter Kandidat der Theologie, „bildschön von Gestalt und Angesicht, aber mit dem grauenvollen Blick des Wahnsinns. Dieser Unglückliche, der bald singt (er hat eine herrliche Stimme), bald Verse macht, bald lateinische Reden, bald Gespräche mit der Erde hält, soll ein ausgezeichneter junger Mann gewesen sein. Seine Eltern starben ihm plötzlich kurz nacheinander, seine einzige Schwester weinte sich blind, er selbst fiel infolge seines namenlosen Kummers in ein Nervenfieber, um des Examens willen verließ er zu früh sein Bett, um zu studieren, und verfiel infolge dessen in Wahnsinn. Er soll lichte Augenblicke haben und sein Jammer dann herzzerreißend sein. Herr Jesu, du Sohn Davids, erbarme dich sein! und seiner Leidensgenossen! Mein geneigter Leser bete das mit mir! Mich hat der Anblick dieses Mannes tief erschüttert und noch jetzt, da ich dies schreibe, beugt es mich nieder. Da sitze ich in meinem friedlichen Pfarrhaus, in meinem paradiesischen Thale, der Rosenduft aus dem Garten dringt durch die Fenster, tausendstimmiger Gesang der Vögel in mein Ohr, die ganze Natur lacht mich an, drunten im Thal rauscht der Bach, wogt das Korn, broben von der Höhe glänzt das Kirchlein, in dem ich allsonntäglich Gottes Wort hören und predigen darf, ich habe Freunde, Verwandte, Familienglieder, die mir wohlwollen, die mir thun, was sie mir an den Augen absehen, ein Glück, wie ich mir's nie hätte träumen lassen, und jener arme Berufsgenosse, der sich's vielleicht viel saurer hat werden lassen, viel ernster und redlicher gestrebt hat, in der finstersten Nacht des tiefsten Elends! O mein Gott, habe ich dir schon dafür gedankt, auch nur mit dem zehnten Teil des schuldigen Dankes! Herr, geh nicht ins Gericht mit deinem Knecht! — Was habe ich vor jenem Unglücklichen, und vor so viel tausend Unglücklichen voraus vor Gott? Und was hast du, lieber Leser, voraus vor ihnen, in deinem Glück, in deiner

Gesundheit, deinem Besitz, deinem friedlichen, häuslichen Leben? Und siehst du vielleicht an allem diesem etwas, das dir nicht gefällt, ist dir vielleicht jetzt gerade ein Wunsch unerfüllt geblieben, hat dich vielleicht ein Unfall getroffen, worüber dein Herz mißmutig geworden, denke an den Armen, von dem ich dir eben erzählt, denke an den Gott da droben, der dir dein Leben zugeteilt, und hast du eine Bibel, so lies Hebräer 12, 6 und Römer 2, 4 und 5."

Im August 1856 gründete Schlosser mit fünf Freunden eine lutherische Pastoralkonferenz zur Förderung des Werkes der äußeren und inneren Mission. Diese Konferenz bildete die organisierte Abteilung des auf dem Boden der Konföderation stehenden kirchlichen Vereins und des nachmaligen Landesmissionsvereins, dessen Organ Schlossers „Kirchenblatt" war. Am 9. Oktober jenes Jahres fand die erste Zusammenkunft der lutherischen Konferenz auf dem Sandhof bei Frankfurt am Main statt. Schlosser hielt die Ansprache auf Grund von 2 Korinther 4, 1—18. „Die heiligen Schriften des neuen Bundes sind reich an ernsten Ermahnungen für die, welche der Herr zu Hirten und Lehrern berufen hat, und hinter diesen Ermahnungen steht eine gute Zahl ehrwürdiger, heiliger Gestalten als lebendige Exempel, aus denen die Art und das Wesen rechter, treuer Hirten in der herrlichsten Weise uns entgegenleuchtet. Vor allem die heiligen Apostel selbst. Das Licht aber, das von ihnen auf uns fällt, die wir auch zu Hirten und Lehrern berufen sind, muß eine doppelte Wirkung thun, einmal tröstend und erhebend, dann aber züchtigend und beschämend. Wie gar nichts sind wir doch gegen jenes Salz der Erde, jene Lichter der Welt! Wir nehmen ihre Worte in den Mund: ich schäme mich des Evangeliums von Christo nicht, aber wie stimmt unser Leben und Thun damit? Wie oft ist bei uns ein solches Wort nichts weiter als ein erborgter Mantel, die Blöße und Leerheit des eigenen Herzens zu bedecken? Es ist die Aufgabe der Pastoralkonferenz, die wir heute durch Gottes Gnade beginnen, uns zum Hirtenamte zu stärken; wir können sie nicht zweckmäßiger anfangen als damit, daß wir ein Wort beherzigen, darin einer der heiligen Apostel von seinem Thun und Sinn in Christo Zeugnis gibt, um daran zu erkennen, was uns zur rechten Beugung und Erhebung frommt."

Bei dem Gedanken an das Gemeinschaftsleben erinnert Schlosser an die ersten Versammlungen auf dem Sandhof. „Wie klein war unser Kreis, wie hat er sich ausgedehnt! Was ist geworden im ganzen Vaterland seit der Zeit, da 6 bis 8 Pietisten sich hier versammelten! Doch laßt mich persönlich reden, was habe ich nicht entstehen sehen seit der Zeit, da ich zum erstenmale mich scheu hierher schlich und meinte, jeder Taglöhner und Schiffer, der mir begegnete, sähe mir an, daß ich auch einer von denen wäre, und war froh, als ich mich hinter den dunkeln Fichten des Sandhofs geborgen wußte, bis zu der Zeit, da drüben in Frankfurt 2000 aus allen Gauen sich unter das Kreuz stellten in der wiedergeweihten Paulskirche." Zwei Jahre vorher war der Kirchentag in Frankfurt gewesen, und zu den erlesenen Festpredigern hatte man auch den jungen Kaplan von Schönberg ausgewählt.

Zum nächsten Kirchentag in S t u t t g a r t hat man diesen Kaplan zum Mitberichterstatter über das von Stadtpfarrer L e u b e aus F r i e d r i c h s h a f e n behandelte Thema: „D i e s o z i a l e n S c h ä d e n d e r l ä n d l i c h e n B e v ö l k e r u n g u n d d e r e n A b h i l f e" bestellt. „Gewiß war es, worauf auch Wichern aufmerksam machte, zu bedauern, daß nicht auch Berichterstatter aus solchen Gegenden beschieden worden waren, in welchen wie in W e s t f a l e n, auch einzelnen Teilen von H a n n o v e r und P r e u ß e n die ländlichen Verhältnisse noch normaler, gesünder sind, wobei auch etwa eine Schilderung solcher christlichen Musterdörfer wie H e r m a n n s b u r g und S c h ö n b r u c h (in Ostpreußen) ein helles Licht in die Verhandlungen gebracht haben würde."

Auf den Bericht L e u b e' s über das relativ von der zerstörenden Macht des Unglaubens noch nicht so angegriffene Schwabenland folgte das erste Mitberichterstatten des Delans Professors R i n c k aus H a c h e n b u r g in N a s s a u über das vom weltlichen und geistlichen Regiment übel geleitete Nassauer Volk. Dann kam Schlosser. Er begann: „Mich kurz zu fassen ist mir durch die vorgeschriebene Zeit zur Notwendigkeit, durch das, was die geehrten Vorredner gesagt, auch möglich gemacht. Meine Schilderung der sozialen Schäden der ländlichen Bevölkerung im Großherzogtum H e s s e n ist schon zur Hälfte vollendet, wenn ich sage: es ist bei uns fast gerade so, wie Herr Delan Rinck die Nassauischen Zustände geschildert.

49

Doch einige Striche muß ich an dem Bilde noch thun, wenn es vollständig auf die ländliche Bevölkerung unseres Landes passen soll und zwar einige helle und einige dunkle; die hellen zuerst.

Von der Mehrheit unseres Landvolks muß ich sagen, was die erste der aufgestellten Thesen im allgemeinen behauptet, es ist im großen Ganzen eines gesunden, natürlichen Verstandes und religiösen Sinnes nicht ganz baar geworden. Haben wir auch hie und da, insbesondere in den reicheren Gegenden, Bauern, die das „Evangelium der Natur", Vogts „Köhlerglaube und Wissenschaft" lesen und die Resultate modernster Nichtphilosophie bekennen in ihrer Redeweise: „Alles ist Natur!" Haben wir auch Orte, wo die Ehrfurcht vor dem Heiligen so weit gewichen, daß man den Kindern die Taufe nicht erteilen läßt, so vernünftig auch der rationalistische Geistliche gelehrt und der Taufe alles anstößig-übernatürliche genommen, so ist doch die entschiedene Mehrheit der ländlichen Bevölkerung von einem gewissen kirchlichen Sinne beseelt, hält sich zu Kirche und Sakrament, man findet noch Gebet in den Häusern, die alten Andachtsbücher Starck, Schmolke, Arndt im Gebrauch, die sich die Leute oft unter Widerspruch ihrer Geistlichen von Kolporteuren Reutlinger Nachdrucks für schweres Geld zu verschaffen wußten. Und trotz der Aufklärungswut vieler Geistlichen und Schullehrer, die beispielsweise vielleicht schon seit achtzig Jahren beim Evangelium vom Töchterlein des Jairus über die Behandlung Scheintoter redeten und den Scheintod durch des Herrn Wort „sie schläft nur" den Bauern exegetisch nachgewiesen, ist doch noch in reichem Maße das vorhanden, was man fides historica nennt: unbefangene Anerkennung der biblischen Erzählungen als wirklicher geschichtlicher Thatsachen. Der Sinn fürs Wunderbare, Übersinnliche ist unserem Volk geblieben, das Volk hat seine Scheu vor der Schrift bewahrt, Religionsspötter gelten nichts bei ihm. „Er glaubt an keinen Gott", das ist das schlimmste, was man Einem nachsagt. Es ist dies ein stark konservativer Zug in unserem Bauernvolk, der bei der Zerbröckelung der anderen Stände etwas besonders Ehrwürdiges hat, der aber doch auch nicht überschätzt werden darf, zumal er leider sichtlich im Abnehmen begriffen ist."

Schlosser unterschied damals (1857) drei Altersklassen. Die Siebzig- und Achtzigjährigen haben feste kirchliche Gewohnheit als

Nachwirkung früherer besserer Zucht überkommen. Die Vierzig- bis Siebzigjährigen sind teilweise unter dem Einfluß kirchlicher Überlieferung, teilweise unter der Wirksamkeit rationalistischen Wesens d. h. des Unglaubens aufgewachsen, die Zwanzig- bis Vierzigjährigen stehen ganz unter dieser Wirksamkeit. „Oft stürzt mit dem Tode der alten Dorfpatriarchen das äußere Kirchentum im Nu zusammen, wie alte Särge mit geschmückten Mumien, wenn sie ans Licht und an die frische Luft kommen. Jene fides historica ist meist nur ein totes Pfund im Schweißtuch vergraben, und gar oft wird man bei der lebendigen Predigt erinnert an das Wort: Höret es und verstehet es nicht. Jesaia 6, 9. Kommt es aber einmal zum Verstehen, werden die Totengebeine vom Wehen des Geistes Gottes lebendig und greifen nach dem anvertrauten Pfunde, so kommt es doch selten zu einem rechten Arbeiten und Gewinnen, einem rechten christlichen Leben. Die Erweckten sind zu wenig getragen von lebendigem Gemeinschaftsleben, sie fallen leicht zurück oder geraten auf falsche Bahnen, die sie den Sekten in die Arme führen, womit sie denn auch alsbald aufhören, ein Sauerteig für die Gemeinde zu sein.

So ist der religiöse Stand der Mehrheit der bäuerlichen Bevölkerung allerdings ein sehr tiefer, ebenso tief der sittliche. Zwei giftige Würmer nagen am Lebensmark unseres Landvolks: Unzucht und Geiz." Jene nicht blos vor der Ehe. Das Familienleben ist im Verfall begriffen. Der schlechten Kinderzucht entspricht die schlechte Behandlung der alt gewordenen Eltern, welche die Ursache ist, daß es uns nicht „wohl gehet auf Erden". „Eine Giftquelle, die ganze Fluten von Verderben auf einmal auswirft, sind die Wirtshäuser, an einigen Orten eins auf zwanzig Ortsbürger." — „Eine einzige Kirchweih wischt oftmals alles, was ein Jahr treuen Unterrichts in die Herzen der Jugend geschrieben, mit einemmale wieder, wie mit einem Schwamm von der Rechentafel, weg." — „Unser Landvolk, die Nachkommen der durch ihre Ehrlichkeit sprichwörtlich gewordenen Deutschen hat, mit Schmerz sei es gesagt, einen starken Zug von Falschheit angenommen. — — Beim Einkauf ländlicher Produkte hat man sich vor Bauern fast ebenso sehr in acht zu nehmen wie vor den verschmitzten Juden. Vielleicht haben sie's von diesen gelernt, die, unbehindert von der

christlichen Obrigkeit, dem Landvolk vorzugsweise Sonntag morgens
darin praktischen Unterricht erteilen nach der Methode „durch
Schaden klug werden."
Der Mittelstand ist im Schwinden begriffen zwischen den beiden
Gegensätzen: reiche Bauern und Proletarier. „Während unsere
eigentlichen Bauern im Fett schwimmen, lebt der Stand der Tagelöhner meist in Mangel und Not. Fehlt es auch nicht an Arbeit,
so fehlt es doch noch an einer rechten Ausgleichung der Lebens-
mittelpreise und Arbeitslöhne. Während erstere aufs dreifache, sind letztere noch nicht aufs doppelte gestiegen, und was früher
ausreichte für eine Familie, reicht jetzt kaum für einen Einzelnen." —
„Wir haben eine Art von Bauern, die man Manschetten-
bauern nennt. Durch Hagel-, Feuer- und Viehversicherungsbanken
sind diese, vom lieben Gott ganz emancipiert, zum Mastvieh des
Satans geworden. Von ungeheuerem Hochmut aufgebläht, gilt
ihnen das Wort „Armer" gleichbedeutend mit „Lump", sind sie meist
in unglaublichem Maße filzig gegen die Armen, nur äußerst schwer
zur Teilnahme an Armenvereinen und dergleichen zu gewinnen." —
„Die Überschätzung des irdischen Besitzes ist bei den Armen ebenso
arg als bei den Reichen, sie sehen in ihm den Begriff alles Glücks,
auf den Gott, der in der Wüste einen Tisch bereiten kann, hoffen
sie nicht. Wie oft habe ich an Sterbebetten, erstaunt über die
Ruhe, mit der man den Tod kommen sah, nach dem Grunde solcher
Ruhe forschend hören müssen: „man bringt es hier in diesem Leben
doch zu nichts." So gilt denn von Reichen und Armen das
schreckliche Wort des Apostels: „Viele wandeln, denen der Bauch
ihr Gott ist, welcher Ende ist die Verdammnis." Ach, daß wir's
nun auch wie der Apostel weinend mit derselben schmerzlichen
Teilnahme sagen könnten!"

Schlosser machte im Anschluß hieran Mitteilungen über das
Wachstum der gläubigen Predigt, über die Werke der inneren
Mission, vermißte aber noch manche gesetzlichen äußeren Ordnungen:
„noch ist unsere Kirche in Sachen des Glaubens fast ganz ohne
Zucht, der Glaube der Gemeinde ohne Schutz; was der Vorgänger
gebaut, zerstört oft der Nachfolger, denn noch wird bei uns verfahren nach dem Vers, den wir in dem Lied „Erhalt uns Herr
bei deinem Wort" in seiner eigentümlich hessischen Redaktion singen:

„Wer friedsam ist, nicht Laster lehrt, des Freiheit bleibe ungestört." Auch von der weltlichen Obrigkeit könnte viel geschehen zur Sonntagsfeier, zur Beseitigung der Extrazüge an Sonntagen, des Judenschachers am Sonntag, zur Beseitigung wilder Ehen u. s. w.

Der Haupteindruck, welchen er von Stuttgart mitnahm, ergab sich ihm aus dem entschiedenen und festen Auftreten Stahls gegen unionistische Verschwommenheit. Stahl als stellvertretender Vorsitzender nahm am Schluß der Debatte über evangelische Katholizität das Wort, um alle Erörterungen zusammenzufassen und seine eigne Ansicht darzulegen. Wie die Sonne den Nebel zerteilt und beseitigt, so wirkte die Rede Stahls, und zwar so nachdrücklich, daß mehrere Stimmen ihn unterbrachen, er habe nicht das Recht, sich selbst über die Sache auszulassen. Andere Stimmen erhoben sich für Stahl. Es gab einen großen Tumult. Der Vorsitzende v. Bethmann-Hollweg erklärt endlich, Stahl sei in seinem Recht und die Versammlung beschließt, daß der Redner weiterspreche. Als ob nichts vorgefallen, fährt Stahl fort: „Diese unsere Stellung zur Sache hält uns aber in keiner Weise ab u. s. w." Schlosser hat wiederholt erzählt, daß er nie einen geistesmächtigeren Redner der lutherischen Sache gehört habe als Stahl auf dem Stuttgarter Kirchentag.

Von Stuttgart aus unternahm Schlosser eine „Badereise von zwei Tagen" über Göppingen nach Bad Boll. Es war Sonntag, er hörte Blumhardt predigen. „Wenn man mich fragt, was er gepredigt, weiß ich's jetzt nicht mehr zu sagen, so viel aber weiß ich, daß mir die Predigt tief ins Gemüt gedrungen, daß sie mich in eine Seelenstimmung versetzte, wie ich sie selten erlebt. Die Predigt hatte nichts absonderliches, keine Gedanken, wie man sie nicht schon oft gelesen, gehört, auch selbst ausgesprochen, aber doch hatten sie eine besondere Kraft, in jedem Wort schlug das volle Herz, merkte man das Größeste, was es auf Erden gibt, den — einfältigen Kindesglauben. Die Predigt hatte nichts Stürmisches, mit Gewalt ans Herz bringendes, sie war zu vergleichen dem sanften Frühlingsregen, der still niederträufelt, aber dann nicht über den Boden hinschießt und sich verläuft, sondern sicher, erweichend und befruchtend eindringt."

Erst am Abend versammelte Blumhardt die anwesenden

Gäste zu einem „kleinen Kirchentägle" in seinem Zimmer. Und von dem, was da besprochen worden ist, teilt Schloffer seinen Lesern darum einiges mit, weil „ja sicher keine von denen darunter sind, denen man Perlen nicht vorwerfen soll." Blumhardt forderte auf, bestimmte Fragen zur Besprechung aufzustellen. Ein Gast aus Hessen fragt, ob man unter Umständen seine Zuflucht zum Los nehmen dürfe. Blumhardt erklärte, die Sache an einem von ihm erlebten Beispiel erläuternd, daß man losen dürfe, wenn Gott einem zweifellos die Wahl lasse.

Eine zweite Frage betraf das Gebet für die Verstorbenen. „Man thue es; mehr als Wunsch kann jedoch ein solches Gebet nicht sein, das nirgends in Gottes Wort eine bestimmte Verheißung hat. Bei solchem Wunsch lasse man es bewenden."

Eine dritte Frage betraf das Sterben von gläubigen, aufrichtigen Christen unter Umständen, welche dem Glauben zu widersprechen scheinen, Zweifel, sogar Tod durch eigene Hand. Blumhardt erklärte, wiederum auf Grund merkwürdiger Erfahrungen, daß es Zustände gebe, Thaten, die der äußere Mensch thue, während der innere, der pneumatische Mensch davon ganz unberührt bleibe.

„Ich verließ den Ort mit der Gewißheit, daß hier der Herr wohnt und wirkt und eine Stätte gegründet hat, wo im feurigsten Kampf ein stiller, seliger Friede ist, eine Stätte, an die von Zeit zu Zeit zurückkehrend, die Seele gewiß immer reicher würde an Friede, Freude, Liebe, Kampfesmut und Siegeshoffnung."

Mit dem 2. Januar 1858 begann Schloffers „Kirchenblatt" allwöchentlich zu erscheinen. Nachdem er unter die erbauliche Eingangsbetrachtung „Zum neuen Jahre" einen Strich gemacht, fährt er fort: „Mit diesem Gebet — um den heiligen Geist — will auch der Kirchenblattschreiber sein Werk im neuen Jahr beginnen. Er bedarf des Geistes Gottes nicht blos in seinem privaten und amtlichen Leben so sehr wie nur irgend einer, sondern insbesondere auch in seiner Redaktionsarbeit. Er bedarf dazu außer einem klaren Blick in das, was uns fehlt und was uns not thut, auch Geduld und Hoffnung. Denn solch ein Redaktionsberuf, so gering er erscheinen mag, hat mehr Trübsal, als Einer denkt, so daß, wenn's von mir abhienge, ich ihn längst abgeschüttelt hätte. Es ist nicht etwa bloß die Last der Arbeit, in der bis jetzt nur wenige, sehr wenige mir Beistand zu leisten gesucht, da doch so viele dazu im stande gewesen wären; es ist in viel höherem Maße das Bewußtsein, selbst der Belehrung zu bedürfen und doch andere belehren zu sollen. Es ist das Urteil, das ich erfahren muß, nicht etwa von andern allein, sondern das ich selbst über mich fällen muß, wenn ich Fehlgriffe gethan und unklug geeifert, und muß fürchten, ich habe nicht mir (denn daran liegt mir wenig), sondern der guten Sache geschadet, die ich vertreten soll. Und ist's auch schmerzlich, tief schmerzlich, von vielen getadelt zu werden, die doch keine Hand rühren mögen, es besser zu machen, so ist noch viel schmerzlicher die Warnehmung, die man in einer solchen Stellung mehr als sonst irgendwo machen muß, daß eine Zersplitterung, eine Entfremdung unter denen, die doch Eins sein sollten, immer weiter geht, daß um eines Fehlgriffs, eines Mangels willen, oder weil es nicht jedem nach seinem Geschmack und seiner Meinung geht, auch der Freund dem Freunde den Rücken kehrt, ohne auch nur einen Versuch zu machen, ihm zurechtzuhelfen mit sanftmütigem Geist. Das sind Trübsale, die schlaflose Nächte verursachen, und da thut Geduld not und Hoffnung; Hoffnung, daß der Herr dennoch einen Segen legen werde auch auf ein Werk, das in großer Schwachheit betrieben wird, auch trotz den mancherlei Fehlern und Irrungen, daß er am Ende doch auch die wieder zusammenführen wird, die zusammengehören, daß sie in Einigkeit des Geistes ihre Kräfte vereinigen auch in diesem Gebiete und mit den Mitteln, die auf diesem Wege geboten sind, am Bau seiner Kirche zu arbeiten."

Solch eindrückliche Mahnung blieb nicht ohne Widerhall. Nach sechs Wochen ruft Schlosser allen Mitarbeitern zu: „unsre Hoffnung hat nicht betrogen, es strömt von allen Seiten aus den Brünnlein Gottes." An starkem Anlaß zur Mitarbeit sollte es von jetzt an nicht fehlen. Zunächst war es der sogenannte Darmstädter Teufelsstreit, welcher zu entschiedenen Protesten führte gegen den von der Kanzel herab die Lehren der heiligen Schrift vom Teufel, der Erbsünde und der Sündlosigkeit des Herrn unter den Rubriken „nacherzeugter Wahn" und „Irrtum" unterbringenden gemeinen Rationalismus. Schlosser selbst hat den deutschkatholischen Verteidiger des angegriffenen unierten Darmstädter Predigers mit überlegener Ironie in seine unbescheiden überschrittenen Schranken zurückgewiesen: seine „Stellung in den religiösen Kämpfen unsrer Tage", die religiöse Bewegung, die in Ronge zu Tage trat, verhält sich zu den wirklichen religiösen Parteikämpfen unserer Tage etwa wie der Held der Jobsiade gegen die Helden des Nibelungenliedes, denn etwas Kläglicheres als der Deutschkatholizismus ist denn doch, seit die Welt steht, nicht erlebt worden, das beweist seine Geschichte. Der Mann des Herrn Hieronymi bringt darum keinen Menschen „in Harnisch", sondern erweckt höchstens eine ergötzliche Erinnerung an weiland Ronge und Dowiat, die Reformatoren bei Champagner und Braten. Herr Hieronymi dürfte deshalb wohl vergeblich auf eine Erwiderung von evangelischer Seite hoffen; für seine Deutschkatholiken in- und außerhalb der deutschkatholischen Gemeinde hat er jedenfalls etwas ganz überflüssiges geschrieben. Die glauben ja von vornherein nicht an die Existenz des Teufels. Hier hat er Eulen nach Darmstadt getragen, einen Tropfen mehr in die Lache des Rationalismus." —

Solcher Jämmerlichkeit gegenüber war es eine Freude für Schlosser, am 3. Juni 1858 der zweiten vereinigten lutherischen Konferenz unter Vilmars Leitung in Friedberg beizuwohnen. Er teilt darüber folgendes mit: „Schon zu Anfang dieses Jahrzehntes (1850) war der Gedanke erwacht, die bekenntnistreuen Geistlichen und Laien der beiden Hessen auf regelmäßigen Konferenzen zu vereinigen. — — Sie sind leider nach der Versetzung Vilmars nach Kassel bald wieder eingegangen. Besondere Schuld an ihrem Eingehen hatte das zelotische Bestreben eines Mannes, — des Professors Heppe — der Konferenz den guten kirchlichen Grund der ungeänderten Augsburgischen Konfession zu entziehen. Wie dies Bestreben, das unter dem Vorgeben, Einigung herstellen zu wollen, überall nur Verwirrung und Zerstreuung anrichtet, allmählich sich bis zu einem blinden Fanatismus gesteigert hat, so ist auf der andern Seite auch das kirchliche Bewußtsein immer mehr erstarkt, das Verständnis der evangelischen Wahrheit und die Liebe zu den teueren Gütern unserer Kirche gewachsen; damit zugleich das Bewußtsein, daß diejenigen, deren Väter einst gemeinsam solcher Güter ungestört sich gefreut, gemeinsam darum gekämpft, die überdies verbunden durch jahrhundertlange, gemeinsame Geschichte, als nächste Nachbarn durch die neueren Verkehrsmittel noch näher zusammengerückt, in besonderer Weise zusammengehören. Das Gefühl der Zusammengehörigkeit wird noch gestärkt durch gleiche Not und gleiche Gefahr für die teuersten Erbgüter. Nachdem nun der Mann, der seit Jahrzehnten einer der kräftigsten, umsichtigsten und zugleich geliebtesten Führer vieler in unserer wiedererwachten Kirche gewesen, Professor Vilmar, zur Bildung einer tüchtigen Kämpferschar wieder nach Marburg versetzt war, erwachte auf beiden Seiten fast gleichzeitig der Gedanke, die alten Konferenzen wieder aufzunehmen."

Seinem ausführlichen Bericht über diese zweite „die Stufen der Heilsordnung in ihrer Bedeutung für die Seelsorge" behandelnden Konferenz, in deren Schlußwort Vilmar auf die Versuchungen des Teufels zu reden kam, fügt Schlosser seinen persönlichen Eindruck in den Worten hinzu: „Wenn ich zum Schluß sagen soll, was ich — — als bedeutendsten Gewinn von der Konferenz mitgebracht, so ist es der Antrieb, mich tiefer in die Lehre unserer Kirche, insbesondere auch in das Studium unserer alten Dogmatiker zu vertiefen. Auch nachdem ich dem Rationalismus den Abschied gegeben, habe ich doch lange gemeint, und ist das ja eine vulgäre Rede, so viele Bestimmungen der altkirchlichen Dogmatiker seien ein dürres, scholastisches Formelnwesen. Ich habe hier erfahren und viele mit mir, daß allen diesen alten Lehren die tief innerlichsten Herzenserfahrungen zu Grunde liegen, daß ihnen gegenüber das Reden so mancher neuerer Theologen von Fortbildung eitles Geschwätz ist, und daß ihr ernstes Studium zu gleichen Erfahrungen und somit zu einem unschätzbaren Gewinn für Leben und Amtsführung dienen muß."

Der Konferenz aus beiden Hessen diente Schlossers „Kirchenblatt", welches von 1859 an als „Hessisches Kirchenblatt" mit dem Spruche „Erbauet auf den Grund der Apostel und Propheten, da Jesus Christus der Eckstein ist" und mit dem Zeichen des Kreuzes erschien. — Damit war für die liberal gesinnte, gebildete Bevölkerung der Ruf des Entsetzens: „lutherische Hyperorthodoxie! Reaktion!" von selbst gegeben. In der Kasinowelt las man aber gleichwohl das „die kleine Kreuzzeitung" genannte Blatt mit derselben Begierde, mit welcher man die eigentliche „Kreuzzeitung" las. Zu diesen feindlich gesinnten Lesern gehörten meist die Leute, welche einen Adressensturm hervorriefen, weil im Spätherbst 1859 81 Geistliche Hessen-Darmstadts beim obersten Landesbischof um manche Abänderungen im Leben der Kirche gebeten hatten. Menschen, welche das ganze Jahr nicht im Gottesdienst erschienen, geberdeten sich als die Vertheidiger des bedrohten kirchlichen Friedens und sprengten als Knechte des Lügners von Anfang die alberne Lüge aus, die Lutheraner wollten das Land katholisch machen. Auf eine lange Reihe von Wochen, in welchen Schlosser von allen Seiten Mittheilungen erhielt über die von frechem Lug und Trug begleitete Verbreitung der lichtfreundlichen Adresse, folgte im September (1859) für ihn eine Woche der Erquickung: die vereinigte Konferenz in Marburg und ein Missionsfest in Gießen. Die Ansprache Vilmars auf jener über die Beziehungen des alttestamentlichen Kultus zur Kirche des neuen Bundes hat der Kirchenblattschreiber sorgfältig nachgeschrieben, auf dem Feste in Gießen hat er selbst im Anschluß an die Festpredigt Vollenings eine Ansprache gehalten.

Die „Reiseerinnerungen" des Jahres 1859 beginnt Schlosser mit den Worten: „Das Meiste und Beste von dem, was ich an geistiger Bildung habe, habe ich mir auf Reisen erworben", sagte mir im vorigen Frühjahr ein Freund, ein unstudierter Theologe. Wir lesen's auch von den meisten unsrer lutherischen Kirchenväter, daß sie große Reisen gemacht, daß ihnen diese Reisen viel eingetragen. Was den Großen nützlich, ist auch für die Kleinen ersprießlich. So wird man es denn auch jetzt einem Geistlichen als die passendste, nicht bloß unschuldigste, sondern zweckmäßigste Erholung gönnen, wenn er zeitweilig, der ohnedies nur deutlichen Wanderlust folgend, eine Reise macht, zumal wenn kirchliche Dinge, Zustände, Anstalten, Männer das Hauptobjekt sein sollen, auf das sich die Aufmerksamkeit des Reisenden richtet. So machte es mir denn auch kein Bedenken, nach zwei Jahre anhaltender Arbeit wieder einmal eine Reise zu thun." Zunächst ging es nach Aschaffenburg, der schön an den Vorbergen des Spessart gelegenen Stadt, zwei Jahre lang Schlossers Heimat und ihm durch freundliche Jugenderinnerungen lieb, dann nach Würzburg, wo die römischen Kirchen am Peter-Paulstage überfüllt waren, während die Predigt des gläubigen evangelischen Geistlichen im benachbarten Schweinfurt kaum zwanzig Personen anhörten. „Die leere Kirche in Schweinfurt brachte mir übrigens in Erinnerung, was ich einmal über das Eingehen der Wochengottesdienste in einer den Lesern wohlbekannten Stadt gehört. Nicht das Volk war schuld daran, sondern die faulen, rationalistischen Pfaffen. Wie es ein nicht seltenes Thema dieser Leute war, Arbeit sei ein besserer Gottesdienst als Beten und Kirchgehen, so sollen sie in der in Rede stehenden Stadt u. a. auch damit die Wochengottesdienste ruiniert haben, daß sie immer nur eine und zwar jedesmal eine andere Thüre öffnen ließen, so daß die Leute, nicht selten an die verschlossene Thüre kommend, meinten, es sei kein Gottesdienst und wieder umkehrten, ohne daß sie doch nachher eine Klage über Ausfall der Kirche hätten anbringen können. So verringerte sich die Zahl der Wochengottesdienstbesucher; nur ein altes Mütterchen erschien regelmäßig, und als der betreffende Seelenhirte von der oberen Behörde einmal zum Bericht gefordert wurde über die Wochengottesdienste, so schrieb er, er habe seine Gemeindeglieder auf eine solche Stufe der Sittlichkeit gebracht, daß sie diese Wochengottesdienste nicht mehr bedürfen, nur *eine* alte Sünderin sei noch da, die immer noch komme, er hoffe aber, diese auch bald so weit gebracht zu haben, daß sie den Gottesdienst entbehren könne. So ward er abgeschafft, *offiziell* abgeschafft. Nun möchte es auch einem Apostel Paulus so leicht nicht gelingen, ihn wieder einzuführen." — Über Bamberg ging die Reise nach Erlangen, wo Schlosser an den vielen wackeren, jungen Theologen seine herzliche Freude hatte: „man konnte über alle kirchliche Fragen mit ihnen reden, besser wie mit manchem Kandidaten oder Pfarrer bei uns zu Land, man begegnete einem festen, sichern, klaren Urteil bei durchaus jugendlicher Frische. Wenn ich an die Studentenkneipen der Universität gedenke, auf der ich einst studiert! Wenn da einer von Theologie anfing, dann hieß es: Schweig doch mit dem langweiligen Zeug! — Daß der treffliche Geist in der Studentenschaft von den Professoren herrührte, braucht kaum gesagt zu werden. Wir haben einige dieser Männer, vier Theologen, kennen gelernt im Kolleg, wie durch persönlichen Besuch im Hause. — — Wir haben vier volle Stunden zugehört, es traf sich günstig, daß wir gerade von 8—12 Uhr nach einander die bedeutendsten Dozenten hören konnten; es hat doch ein ungemeines Interesse, die Leute, aus deren Schriften man so viel empfangen, einmal von Angesicht zu Angesicht zu sehen. Die von ihnen vertretenen Wahrheiten gewinnen an Kraft und Wirkung durch die lebendige Persönlichkeit. Die war gerade bei unserm alttestamentlichen Exegeten (Delitzsch) von besonderer Bedeutung; selbst vom alttestamentlichen Voll abstammend, dem Fleische nach mit den hebräischen Gesichtszügen, ein Sohn Abrahams aber vor allem dem Geiste nach, ein geweihter Gebetsmann: besonders geeignet, hier über seines Volkes Beruf und Hoffnung zu reden." Auf Delitzsch folgte Thomasius und auf diesen Harnack: „Ich hatte schon aus den Schriften dieses Mannes eine besonders gute Meinung, ja eine gewisse persönliche Zuneigung empfangen, insbesondere verdankte ich einem Wort von ihm eine wesentliche Klärung meiner kirchlichen Anschauung, eine Befestigung meines kirchlichen Standpunktes. Harnack sagt nämlich: in jeder bedeutenden Epoche der Kirchengeschichte, wo eine neue Lebensentwicklung, ein neuer Aufschwung und Fortschritt stattgefunden, seien immer drei Faktoren mächtig gewesen. Vor allem das Wort Gottes als das eigentlich Leben schaffende, dann die persönliche Erfahrung der gläubigen Seele und endlich das Zeugnis der Kirche der Jahrhunderte, d. h. der recht verstandenen Tradition. Wo einer dieser Faktoren mangle, da habe es nie eine gesunde kirchliche Entwicklung gegeben. — — Mein günstiges Vorurteil ist nicht getäuscht worden, Professor Harnack ist eine äußerst einnehmende Persönlichkeit, eine Johanneische Natur voll Entschiedenheit und Milde."

Vormittags von 8—9 hatten die reisenden Freunde bereits ein Kolleg des Professors v. Hofmann gehört, nachmittags von 4—5 Uhr hörten sie bei ihm ein zweites. „Die ungewöhnliche Kraft dieses Mannes beruht hauptsächlich darin, daß er jeden seiner Lehrsätze durch die ganze Schrift verfolgt, alle seine Wurzeln in der ganzen Schrift aufsucht. Leider scheint es, daß er ein wenig ein Mann des Systems ist, und in ein System läßt man sich nicht gerne ein Loch machen, daher wohl hie und da kleine Spuren von Gewalt, die er der Schrift oder dem Bekenntnis der Kirche anthut."

„Am folgenden Tag haben wir die Männer, deren Vorlesungen wir gehört, auch persönlich besucht. Wir fanden in allen freundliche, liebevolle Leute, voll Bescheidenheit in ihrer Berühmtheit, voll brüderlicher Gesinnung gegen fremde Religionsgemeinschaften, die sich insbesondere in Bezug auf die Reformierten bei dem wegen seines strengen Luthertums am meisten Verschrieenen in einer Weise aussprach, wie ich sie bei den lautesten Unionsprebigern unserer Zeit noch nie wahrgenommen. Wahrhaft ergriffen aber hat es uns, als einer dieser Männer, nachdem er uns viel erzählt hatte von den heißen Kämpfen, die sie in Baiern früher zu bestehen gehabt, uns die Hand zum Abschied reichte mit der Bitte, für ihn zu beten, die Hoffnung aussprechend, daß, wenn wir uns hier nicht wiedersehen, wir uns droben wiederfinden würden vor Gottes Thron. In der Weise hatte ich zu meiner Zeit keinen Professor reden hören. Auch den hochbetagten, ehrwürdigen Professor K. v. Raumer, den berühmten Hymnologen und Pädagogen, haben wir besucht. Der freundlichen Grüße, die wir ihm von seinem Adoptivsohn Ph. Wackernagel (der im Sommer 1859 einige Wochen in Schönberg verlebt hatte) bringen durften, hätte es kaum bedurft, um uns eine freundliche Aufnahme zu sichern. — — Während des Stündchens, das wir bei ihm verweilten, erzählte er uns viel von jener Zeit, in der der Gläubigen noch gar wenig, des Liebesfeuers aber um so mehr im Lande war, der Zeit während und unmittelbar nach den Freiheitskriegen. Fast alle namhaften Glaubenszeugen jener kampfesvollen Zeit kannte er persönlich. Interessant wird es dem Leser sein, zu erfahren, wie Raumer zu seinen hymnologischen Arbeiten gekommen ist. Er ist nämlich, wie auch Ph. Wackernagel, von Haus aus Mineralog und führt noch jetzt den Titel Bergrat. Als Lehrer einer Erziehungsanstalt hatte er eine neu erschienene Sammlung geistlicher Lieder zum Gebrauch für Schulen streng rezensiert. Darauf wurde ihm in einer Berliner Zeitschrift erwidert: tadeln sei leichter als besser machen. Das gab ihm die Veranlassung, sich näher mit dem Liederschatz unserer Kirche bekannt zu machen, und so wurde er ein Bergmann in viel höherem Sinn, der die unschätzbaren Edelsteine unserer Kirchenlieder aus der Tiefe der Vergessenheit hervorholte, sie wieder einfügte in die so lange verunstaltete Krone unserer Kirche, eine Arbeit, die nachmals sein wackerer Sohn Wackernagel in ausgedehnterem Maße fortgesetzt hat."

Von Erlangen ging es über Nürnberg, der in besonderem Sinne deutschen Stadt, der Stadt mit den berühmten Kirchen, und über Kloster Heilsbronn nach Neuendettelsau.

Löhe war leider nicht zu Hause, sondern seiner angegriffenen Gesundheit wegen in Karlsbald. „Ohne Löhe mußte uns Neuendettelsau natürlich nur als das halbe Neuendettelsau erscheinen, aber da die eminente Persönlichkeit dieses Mannes allen seinen Schöpfungen seinen eigentümlichen Charakter aufprägt, so halten wir in Neuendettelsau sozusagen den halben Löhe. - —. Dieser kleine, weit von der Heerstraße liegende Ort ist gegenwärtig wohl in allen fünf Weltteilen bekannt, sein Name hoch geachtet; dies durch den Pfarrer in dem unscheinbaren Pfarrhäuschen, den durch seine liturgischen Reformen, seine herrlichen asketischen Schriften, vor allem aber durch seine bewundernswerte und reichgesegnete Thätigkeit in innerer und äußerer Mission in zwei Weltteilen bekannten Pfarrer Löhe."

In der Erinnerung an den Gottesdienst in der Neuendettelsauer Kirche sagt Schlosser: „Die Liturgie ist für den Gottesdienst unstreitig von der größten Bedeutung. Immer habe ich, wenn ich Geistliche sich so sehr um die Predigt, als die Hauptsache im Gottesdienst, ereifern hörte, mich wundern müssen über das starke Selbstgefühl, das sich dabei ausspricht und sich zutraut, unter allen Umständen und zu allen Zeiten die Gemeinde erbauen zu können. Man sagt gewöhnlich, Gottes Wort sei doch die Hauptsache. Das ist richtig, aber Gottes Wort findet sich auch in der Liturgie und „Predigt" ist noch lange nicht gleichbedeutend mit Gottes Wort. Abgesehen davon, daß die Predigt bisweilen Gottes Wort verwässert, abschwächt oder gar verdreht und ins Gegenteil verkehrt, wie im Rationalismus, der freilich nicht geduldet sein dürfte, wirkt auch beim gläubigen Prediger sehr oft die Schwachheit seiner Person schwächend und verdunkelnd mit. Ich habe schon manchen vortrefflichen, tiefgläubigen Geistlichen kennen gelernt, der in seinen Predigten den Text unverständlicher machte als er an sich war, weil ihm entweder die Gabe klarer Darstellung fehlte, oder er einen Hang zur Spekulation nicht bemeistern konnte, oder die Dinge, die ihn gerade besonders innerlich beschäftigten, immer und immer wieder herbeizog, ohne bei mangelnder Menschenkenntnis zu wissen, daß sie der Gemeinde noch fernliegend und unverständlich seien, von mir selbst will ich's offen gestehen, daß ich über manche Predigt schon wegen ihrer Mängel mich vor mir selbst geschämt habe, daß mir schon manche gestört worden ist durch allerlei kleine Unpäßlichkeiten, die auf der Kanzel einen überfallen können, die einem den Kopf verwirren und über die man nicht immer Herr wird. Nun und nimmermehr darf eine Gemeinde solchen Zufälligkeiten in der Subjektivität eines Predigers preisgegeben sein. Ein schöner Gesang, ein gesalbtes Gebet ist besser als eine schlechte Predigt und einer guten Predigt immerhin ebenbürtig. Ich meinesteils will lieber mit den erwählten Zeugen der Kirche, von denen ja die liturgischen Gebete und Gesänge herrühren, singen und beten, als manche Predigt anhören, die fast nur die Kraft hat, die Leute in Schlaf zu lullen. Zu allem diesem kommt, daß die Hauptteile der Liturgie: Sündenbekenntnis, Lobpreisung, Glaubensbekenntnis im Wesen eines wahren Gottesdienstes begründet sind, ja dieser ohne jene nichts ist. Sie bringt dabei den großen Gewinn, was man in Neuendettelsau besonders hervorhebt, daß die Gemeinde mit hereingezogen wird, was ja echt protestantisch ist: jeder einzelne ist genötigt oder doch veranlaßt, mitzubeten, mitzubekennen und kann seiner müßig träumend und gedankenlos dasitzen.

Eine Liturgie von dem Umfang und dem Reichtum wie die in Neuendettelsau wird sich freilich nicht überall durchführen lassen, es gehören dazu Kräfte, wie sie eben nur dort und sonst vielleicht an sehr wenig Orten vorhanden sind, Glaubenskräfte insonderheit, denn das hört man wohl in der Neuendettelsauer Gemeinde, daß da unter hundert Stimmen aus Christus liebenden Herzen, Stimmen von Jünglingen und Jungfrauen, keine ist, die nicht ihrem Erlöser mit Leib und Seele dienen möchte. Zu diesen Kräften gehören dann auch die technischen Mittel, wie sie dort vorhanden, und wie sie nur denkbar sind, wo ein beträchtlicher Bestandteil der Gemeinde aus solchen geistig regsamen, beweglichen und elastischen Elementen besteht, wie diese Missionszöglinge. Anderwärts wird man darum die Liturgie einfacher halten und auf manches ganz verzichten müssen, was, wie z. B. die Psalmodien, nur als Teil eines mannigfach gegliederten Ganzen in Abwechselung mit anderen seine Wirkung thut."

Nach Augsburg kam Schlosser, als gerade das St. Ulrichsfest gefeiert wurde. Das vom Bischof gefeierte Hochamt machte auf die Reisenden den Eindruck, daß sie nicht wußten, ob das

Ganze ein christlicher oder heidnischer Gottesdienst sei, Priester und Volk in fortwährender Bewegung, von frommer Andacht, von christlicher Einfalt keine Spur.

Über München führt der Weg nach Kufstein, das Innthal hinauf bis Jenbach, von wo der tiefblaue Achensee besucht und in „Scholastika" übernachtet wird, dann ging es nach Kreuth und Tegernsee und über Tölz nach München und Augsburg zurück. Von da über Ulm, Stuttgart und durch das Neckarthal nach Heidelberg.

„Da liegt unsere schöne Bergstraße; in blauer Ferne der Melibocus wie ein alter Freund. Wie klopft mir das Herz voll Dank gegen den gütigen Gott, unter dessen gnädigem Schutz die weite Reise ohne den geringsten Unfall zurückgelegt ward, der uns so viel Schönes und Herzerquickendes sehen und erleben ließ. Es klopft voll Sehnsucht nach dem Wiedersehen der Meinigen und zugleich in einer gewissen Bangigkeit. Ich kann mich derselben nie ganz erwehren, wenn ich einige Zeit abwesend gewesen bin. Wie unsicher ist doch das Leben, und was kann ein Tag alles bringen. Hier öffnet sich unser Thal, noch wenige Minuten, da sind sie, alles wohlbehalten, in schönster Ordnung. Gott sei Dank! War's auch schön draußen, hier ist's doch am allerschönsten."

In der Heimat ging es wieder rüstig an die Arbeit. Es waren die Jahre der Missionsfeste. Schon in diesen Jahren gehört Schlosser zu den am meisten begehrten Festpredigern. Im September 1860 wurde ein Missionsfest in Michelstadt gefeiert, bei welchem Vilmar die Festpredigt über die heilige Taufe und Schlosser die sich anschließende Ansprache im Hinblick auf die Heidenwelt hielt. Zwei Jahre vorher hat er selbst die Festpredigt in Michelstadt gehalten über die Bekenntnisworte: Ich glaube an den heiligen Geist, eine heilige christliche Kirche, die Gemeinschaft der Heiligen. Und zwei Jahre nachher war er der Festprediger in Mossau, Arheilgen und Rothenberg.

Das dazwischenliegende Jahr 1861 brachte das denkwürdige Marburger Missionsfest. Schlosser war davon ganz erfüllt, wie sich seine näheren Freunde aus seinen mündlichen Mitteilungen noch erinnern werden. Sein ausführlicher Bericht im Kirchenblatt ist voll Lobes und Dankes. Am Vormittag des 29. Mai predigte

L. Harms in der Kathedrallirche (Pfarrkirche) oben auf dem Berg „Wie begierig war ich, diesen Mann nur einmal zu sehen! Er ist offenbar der populärste Mann unter dem gläubigen Volk im evangelischen Deutschland."

Die Pfarrkirche war so überfüllt, daß am Nachmittag auch noch in St. Elisabeth gepredigt wurde. Harms predigte auch am Nachmittag, und zwar in St. Elisabeth. „Alles, was Harms sagt, ist im höchsten Grade einfach, biblisch, ungeschminkt. Wohl wird mancher sagen, der ihn gehört hat, daß er gar nichts Absonderliches sage, ja wohl kaum etwas, das man nicht schon gehört oder als Prediger, selbst schon gesagt hätte. Dazu ist Harms von der Natur gar nicht sonderlich begünstigt. Er hat eine schwache, meist belegte, oft in die Fistel sich überschlagende Stimme. Und doch ein Eindruck ohne gleichen! Das thut seine Persönlichkeit. Hinter ihm steht Hermannsburg. Aber wer auch nichts von diesem wüßte, diesem bleichen Angesicht, mit den spärlichen, schwarzen Haaren auf der hohen Stirn, dieser hageren Gestalt sieht man es an, daß der Mann sich im Dienste seines Heilandes in Eifer verzehrt; dieser Stimme fühlt man es an, sie kommt aus dem vollsten Herzen, da ist kein Wort, für das sich der Prediger nicht totschlagen ließe, wenn es sein müßte; da ist die vollste Gewißheit, daß das Wort, das einfache, ungeschminkte, ungeschwächte Zeugnis für das Kreuz Christi, das auf der Welt Feindschaft und Vorurteil auch nicht die allergeringste Rücksicht nimmt, ganz gewiß seine Wirkung thun muß. Kurz, da ist eine Persönlichkeit, von der ein gar nicht zu Menschenvergötterung geneigter Freund sehr richtig sagte: „Wenn man den Mann sieht, so überkommt es einen: „Hier ist Christus!" Christus hat eine Gestalt gewonnen und darum wohl begreiflich, wie, als der Prediger am Schlusse der Morgen- und ebenso auch der Mittags= predigt betete, auf seine Aufforderung tausende, und unter ihnen hunderte, die das vielleicht nie gethan, auf die Kniee sanken." —

Auch 1861 konnte Schlosser in Begleitung von zwei Freunden auf einer längeren Reise sich erholen und neue Kraft sammeln. Über Nürnberg, Regensburg, Passau, Linz und Wels ging die Reise ins Salzkammergut nach Gmunden, Ischl, Hallstadt und von da ins Hochgebirg hinein nach Gosau. „Das Dorf Gosau ist von 1200 lutherischen Christen und etwa 300 Katholiken bewohnt.

Hier im urkatholischen Land eine vorwiegend evangelische Gemeinde, das that unsern Herzen wohl. Wir sollten aber noch Wohlthuenderes erleben am folgenden Tag, an des Herrn Tag, hier im großartigsten Naturtempel in des Herrn Haus ein Gottesdienst mit einer evangelischen Märtyrergemeinde. Es war einer der schönsten, geweihtesten Tage meines Lebens. Schon am Samstag Abend hörten wir von dem katholischen Wirt gar manches, was uns eine gute Meinung von dieser evangelischen Gemeinde erweckte. Der Mann, vielleicht in der Meinung, wir seien Katholiken, erzählte uns, daß der katholische Geistliche ein viel geselligerer, lebenslustigerer Mann sei als der evangelische; der müsse ganz zurückgezogen leben, denn er sei von den Bauern abhängig, die litten nicht, daß er ins Wirtshaus gehe, auch seien überhaupt die „Wehrenfenning" (das ist der Name des evangelischen Geistlichen) solche stille Leute, so sei auch sein Vater gewesen, der vor ihm Pfarrer war, und sein Bruder, der drunten in Goisern stehe. Was ein Tadel sein sollte, erschien uns als ein rechtes Lob, es bezeugte, daß ein ernster Sinn unter den Evangelischen herrsche. Der Ernst war damals besonders gesteigert, denn im Frühjahr hatte der Typhus in der Gemeinde gewütet und, wie gewöhnlich in solchen abgeschlossenen Thälern, lang anhaltend. Auch der Pfarrer hatte sein junges Weib, die Mutter seiner vier kleinen Kinder verloren.

Sonntags waren wir schon in aller Frühe zur Kirche gerüstet. Der Himmel strahlte im reinsten Blau über dem taufrischen, grünen Thal, nur der riesige Thor- oder Dachstein, den man von der Terrasse des Gasthauses sah, wie die Donnerlegel, hatten einen leichten Wolkenschleier, doch ließ der Dachstein seine ungeheueren Schneefelder und Gletschermassen sehen. Eine Viertelstunde vor Beginn des Gottesdienstes sah man von allen Seiten die Kirchgänger hervorkommen, meist, zumal die Frauen, in Schwarz gekleidet, auch die Männer trugen statt der an Wochentagen üblichen grauen Kniehose und grünen Strümpfe schwarze Kleidung. Ein ganz kurzes Geläute versammelte die Gemeinde in der Kirche, die, noch nach den alten Gesetzen, wie ein gewöhnliches Wohnhaus aussieht. Die Kirche war gedrängt voll; alle Hereintretenden verrichteten knieend ihr Gebet. Am östlichen Ende stand ein Hochaltar, ärmlich, aber doch mit einem gemalten Bilde, Christus und die Bethanischen

Schwestern vorstellend, in der Rückwand, und mit versilberten
Leuchtern, einem gleichen Kruzifix und vergoldeten Abendmahls-
gefäßen geschmückt. Über dem Kelch hing eine gestickte Decke.
Nach einigen Versen Eingangslied kam der Pfarrer aus der Sakristei
mit einem schneeweißen Chorhemd (Alba) über dem schwarzen Predigt-
rock, ein junger Mann von hoher Gestalt und schönem Angesicht."
Nach der Liturgie hielt der Pfarrer die Predigt über das Sonntags-
evangelium von den falschen Propheten. „Er redete über den rechten
Weg zum Himmel mit großer Kraft und evangelischer Entschiedenheit, dabei war seine Predigt so klar, auch künstlerisch so schön und
fein und doch so einfach, wie ich sie noch selten gehört habe, ein
rechtes Muster gewissenhafter Predigt von einem Manne, der doch
auf kritische Ohren gar nicht gefaßt sein konnte, vor einfachen
Bauern predigte, wo sich doch auch sonst wackere Geistliche so leicht
gehen lassen. Wir fühlten uns sehr erbaut durch Liturgie und
Predigt, durch die darauf folgende Abendmahlsfeier aber aufs tiefste
ergriffen." — — Die Kommunikanten „knieten im Halbkreis um
die Stufen des Altars und empfingen das Sakrament. Wir drei
Reisende empfanden ein herzliches Verlangen, es mit zu empfangen;
das Bedenken, daß wir uns nicht angemeldet, der Geistliche uns
gar nicht kannte, mußte zurücktreten (hätten wir vorher von der
Abendmahlsfeier gewußt, wir hätten natürlich die Anmeldung nicht
unterlassen), dem Geistlichen ward ja mit unserem Kommen seine
Verantwortlichkeit aufgelegt und wir glaubten, es verantworten zu
können. So gingen wir hin und wurden reichlich erquickt. Meine
Seele freut sich in dem lebendigen Gott noch jetzt, wenn ich an
diesen herrlichen Gottesdienst gedenke."

Nach dem Gottesdienst ergingen sich die Reisenden noch eine
Weile auf dem nahen Kirchhof mit seinen vielen frischen Gräbern.
Dann besuchten sie den Pfarrer. Er freute sich, in seiner Gebirgs-
einsamkeit einmal Amtsbrüder zu sehen und wir mußten ihm unsere
Namen in ein Gedenkbuch schreiben. — — Er erzählte von den
Drangsalen, welche die evangelische Gemeinde in vergangenen Jahr-
hunderten vom Fanatismus der Römischen erdulden mußte. Mit
Gewalt hat man sie in die Messe gezwungen, nur bei nächtlicher
Weile in Wäldern und Steinklüften konnten sie sich versammeln;
Gensdarmen durchsuchten ihre Häuser und nahmen die Bibeln und

die evangelischen Erbauungsbücher weg. Sie halfen sich damit, daß sie katholische Titel in die evangelischen Bücher klebten, die Spürhunde ließen sich oft mit dem Titel genügen, nicht ahnend, daß dahinter Arndts wahres Christentum verborgen war. Dennoch wäre es den fortgesetzten Verfolgungen vielleicht gelungen, den evangelischen Glauben auszurotten, schon war es so weit, daß fast alle sich wenigstens äußerlich zum römischen Gottesdienst hielten, die Messe hörten, bei Prozessionen mitgingen, aber der Herr hatte einen treuen Hirten bestellt, das war der fromme Kaufmann Tobias Kießling aus Nürnberg, der auf seinen Handelsreisen diese oberösterreichischen Thäler besuchte, ihnen Nahrung und Stärkung brachte durch sein persönliches Zeugnis wie durch evangelische Schriften. — Einzelne dieser armen Gebirgsbewohner haben dann oft heimlich die weite Reise von vierzig bis fünfzig Stunden nach Ortenburg (bei Passau) oder Regensburg gemacht, um dort einmal das wahre Abendmahl in einer evangelischen Kirche zu empfangen. Als nun der Kaiser Joseph II. das Gesetz religiöser Duldung für seine österreichischen Lande erließ, da hat man das auf Betrieb der Pfaffen in dem Gebirge lange zu verheimlichen gesucht, die angeordnete Verkündigung des Gesetzes unterblieb lange; es ward aber doch endlich bekannt. Da meldeten sich in scheinbar ganz katholischen Gemeinden hunderte von Evangelischen zur Gemeindebildung. Diese durften dann freilich Gottesdienst halten und den Gosauern ward durch Tobias Kießling der ehrwürdige **Wehren­fenning** zum Hirten erworben, des Sohn und Enkel im selben Hause ihm folgten nach schöner patriarchalischer Weise. Doch lebten die Evangelischen bis zur neuesten Zeit noch fortwährend unter einem gewissen Drucke. Ihre Kirchen, wie schon erwähnt, mußten gewöhnliche Häuser sein, durften nicht einmal Bogenfenster haben, wie doch bei uns die Judenschulen, keinen Eingang von der Straße, keine Türme und Glocken. Alle Gemeindebeamten vom Bürgermeister bis zum Ortsdiener und Flurschützen mußten Katholiken sein. Das nahm mit 1848 ein Ende. Auch in Gosau begann man alsbald den Bau zunächst eines Turmes und schaffte Glocken an. Der Turm steht an dem Südende der seitherigen Kirche, zugleich aber bildet er das Nordende einer ebenfalls schon im Bau begriffenen und mit dem Fundamente über die Erde ragenden neuen

Kirche. Der Bau geht langsam, denn die Gemeinde ist arm und mitten unter Felsgebirgen hat man keine Bausteine dazu in der Nähe — das Felsgestein eignet sich nicht dazu — man muß die Steine weither holen; die Bauersleute thun das selbst, können's aber gerade dann am wenigsten, wenn die beste Bauzeit ist, im Sommer, wo sie ihr Vieh brauchen. Doch sind sie unverdrossen, und der Herr wird ihnen das Werk gelingen lassen.

Wie beschämend ist aber das Beispiel einer solchen Gemeinde für uns, die wir mitten in protestantischen Ländern wohnen! Den Protestanten bei uns ist oft der Weg von einer Viertelstunde zu weit nach einer Kirche. In gemischten Ehen geben sie um des elendesten Mammons willen die Kinder der römischen Kirche preis, werfen den eigenen Glauben (?) von sich wie einen alten Lappen, bauen Bahnhöfe, Fabriken wie Schlösser und haben oft kaum so viel übrig, um eine elende, alte, schmutzige Kapelle um einige Fuß zu verlängern! Jene armen Gebirgsbewohner schleppen die Steine fast stundenweit auf dem Rücken herbei und litten sie zusammen mit dem eigenen Schweiß, um ein schönes Gotteshaus zu haben, während sie in uralter Einfachheit in ihren ärmlichen Hütten bleiben. Und weiter: wie armselig erscheinen diesen Märtyrergemeinden gegenüber die Schlechtschwätzereien, die man bei uns sofort hört, wenn einmal der Versuch gemacht wird, den kahlen Gottesdienst etwas voller und reicher und schöner zu machen. Da heißt's, das sei katholisch; andere, das seien tote Formen, sogar selbst solche sagen dies, die „positiver Richtung" sein wollen. Wenn irgendwo, so hätten jene oberösterreichischen Gemeinden nicht bloß Widerwillen gegen katholische Formen haben müssen, sondern auch den ängstlichen Verdacht dagegen, katholisch gemacht zu werden. Und doch bewahrten sie sich die gottesdienstlichen Formen, die nicht römisch, sondern uralt kirchlich und ganz echt lutherisch sind, die volle Liturgie, das Kreuz, das Knieen beim Gebet, ja selbst das weiße Festgewand des Geistlichen bei sakramentalen Handlungen."

Der Weg führte Schlosser nach Ischl zurück, von da nach St. Wolfgang auf den Schafberg, den österreichischen Rigi, nach St. Gilgen und am Fuschelsee vorbei nach Salzburg, der Stadt des fanatischen Christenverfolgers Leopold Anton von Firmian. „Das Andenken an diese treuen Wahrheitszeugen macht uns Land und Stadt Salzburg besonders merkwürdig. Unsere Leser kennen ja die Geschichte dieser evangelischen Salzburger, kennen den Namen Josef Schaitberger, sein rührendes, glaubensvolles Exulantenlied, seine trefflichen, gehaltvollen Schriften, besonders die, in welchen die Wahrheit des lutherischen Glaubens verteidigt wird. Noch finden sich wenigstens in unserem Odenwald und an der Bergstraße einzelne zerlesene Exemplare dieser Schriften in den Häusern frommer Bauersleute und werden zumal in konfessionell gemischten Gegenden gern gelesen."

Von Salzburg aus mußte selbstverständlich der Königsee besucht werden. In St. Bartholomä treffen die Reisenden mit ihrem Landesherrn zusammen, der mit seiner Gemahlin und seinem Schwiegervater, dem König Ludwig von Baiern, von Berchtesgaden herübergekommen ist. Auf dem Königsee erzählte ein sich den Reisenden anschließender preußischer Jurist, „daß er vor einiger Zeit den Wazmann bestiegen habe. Diese Besteigung ist aber so mühsam, daß er, ein ungemein rüstiger Wanderer, zuletzt aufs äußerste erschöpft nur auf Händen und Füßen die letzte Spitze erreichen konnte. Oben fand er ein kleines Heiligenbild, vom Kardinal Fürst Schwarzenberg errichtet. Wie er wieder hinabstieg, begegneten ihm zwei alte Leute, Mann und Frau, beide anscheinend etwa siebzig Jahre alt. Er fragt sie, wohin sie wollten. „Auf den Wazmann, um zu beten." „Aber könnt ihr das denn nicht unten?" „O ja", lautet die Antwort, „aber der Gang wird einem doch auch gerechnet." Meint man nicht, die Leute hielten sich ein Rechnungsbuch und notierten unserem Herrgott: Einmal auf dem Wazmann gewest — — — macht so und so viel Tage Seligkeit, geht ab vom Fegfeuer. — — Übrigens muß ich gestehen, daß mir jene Wallfahrer trotz ihrer Irrtümer, mit dem Bestreben, Gott dem Herrn zu dienen und die eigne Seligkeit zu schaffen, zehntausendmal achtbarer erscheinen als unsere aufgeklärten Protestanten, denen oft zehn Minuten zur Kirche zu weit sind, die, ganz und gar ins Fleisch gewachsen, an Gott und Gottesdienst, an Gebet und fromme Uebung gar nicht mehr denken und doch in religiösen Dingen mitzureden die Frechheit haben." In Reichenhall sah Schlosser auf dem Balkon eines einfachen, hölzernen Bauernhauses die verwitwete Königin Elisabeth von

Preußen, noch in tiefster Trauer um den jüngst heimgegangenen Gemahl, an ihrer Seite den Hofprediger Snethlage. „Wir gedenken dessen, was aus dieses Mannes Trauerreden von des trefflichen Königs christlichem Leiden und der treuen königlichen Gattin hingebender Liebespflege uns bekannt geworden; der Herr vergelte dir, du frommes Weib, alle deine Güte und Treue, die du gethan und reiche dir die Krone des Lebens, die dein vollendeter Gatte in gutem Kampf schon errungen.

In der Heimat ging es wieder unverdrossen an die Arbeit und in den Kampf. Letzterer galt hauptsächlich der Sorte von negativer Union, die sich auf die angeblich bisher nur versuchte Durchführung der Union und Anstrebung einer neuen Kirchenverfassung beschränkte. Was später im „Protestantenverein" sein Unterkommen fand, schloß sich der negativen Union an, die sich an alle evangelischen Gemeinden wandte, mit Bibelsprüchen ihre Blöße zu decken suchte, und mit einer Anzahl unkirchlicher Laien, die zu den angesehensten Bewohnern der Residenz zählten, einen Eindruck zu machen beflissen war. Schlossers gerechter Zorn fuhr gegen dieses Pronunciamento schonungslos drein. „Der Verfasser dieses Aufrufs ist offenbar ein Geistlicher. Die Nichtgeistlichen auf dieser Seite sind bei dem bekannten religiösen Proletariertum des „Reichtums, der Bildung und Intelligenz" — mit diesem Elemente prahlte man — in diesem Gebiet im besten Falle nur im stande, einige von den seit hundert Jahren breitgetretenen Phrasen von Fortschritt, wie man sie im „Frankfurter Journal" aufgespeichert findet, mühsam zusammenzusetzen; mit den vorkommenden Bibelsprüchen, so allgemein sie gewählt sind, würden sie gar nicht so hantieren können, ohne Gefahr zu laufen, wie wir's einmal bei einem deutsch-katholischen Prediger erlebt, aus purer Unwissenheit einen Ausspruch der bittersten Feinde Christi, der Pharisäer, als einen Ausspruch Christi selbst anzuführen. Haben sie sich doch bei früherer Gelegenheit damit, daß sie Aussprüche Christi als Ansichten der neueren Orthodoxie bezeichneten, so jämmerlich blamiert, daß sie wohl jetzt die Finger davon lassen. Nur ein Theologe konnte dem ganzen Ding die scheinbar religiöse Färbung geben, die selbst das „Frankfurter Journal" als „weinerlich" verhöhnt. Daß aber die unterzeichneten Laien das alles, was da gesagt ist von dem „Einen Meister Christus", von dem „Beten mit Inbrunst und ohne Unterlaß", von dem Jammer um die gesunkene Kirchlichkeit wirklich im Ernst meinen, das können wir ebenso wenig glauben, als wir jemals einen Kulissenreißer im Theater für einen wahren Helden hielten, weil er sich einen pappdeckelnen Harnisch umgeschnallt und mit einem silberpapiernen Schwert um sich gehauen. Und selbst das können wir nicht glauben, daß sie ihre seitherige Unterlassung der Forderung einer Synodalverfassung für eine „unverzeihliche Sünde" hielten, denn dann müßten ja die guten Leute trotz reumütigem Bekenntnis sich verloren geben und in Todesbetrübnis versinken über unvergebene Sünde, und das thun sie doch nicht, sondern lassen sich's noch gerade so wohl sein wie zuvor. Gefahrdrohend ist natürlich solch ein Schriftstück voll innerer Unwahrheit nicht; aber ein Beweis ist es schon lang eingetretener, grauenhafter Zerrüttung des kirchlichen und sittlichen Lebens, ein Beweis, wie diese gerühmte, aufgeklärte Zeitbildung auch bei persönlich vielleicht ganz ehrenhaften Leuten nicht blos alle Denkkraft, sondern auch alles sittliche Urteil zu zerfressen und zu zerstören angefangen hat. Diese Leute in ihrem ganzen Verhalten zur Kirche, auch selbst da, wo Prediger ihrer Richtung stehen, Leute, die offenbar mit der Kirche, ihren Gottesdiensten, Anstalten kaum noch mit einem Faden zusammenhängen, der auch längst gerissen, wenn nicht noch Kinder getauft und Ehen kirchlich eingesegnet werden müßten, und wenn nicht, wie es in gewissen Unionsversammlungen gesagt wurde, „jeder einmal in die Lage käme, einmal von kirchlichen Dingen, sei es auch nur vom Geborenwerden und Sterben Gebrauch machen zu müssen" — sind selbst der allerlautest redende Beweis von dem gesunkenen religiösen Leben, sind selbst die Personifikation der „weitverbreiteten Gleichgiltigkeit" gegen die Kirche und nun treten sie auf und jammern über jene Gleichgiltigkeit und Gesunkenheit, ohne nur zu merken, daß sie damit sich selbst anklagen, richten und verhöhnen, diese Leute, die sonst so schnell bei der Hand sind mit dem Vorwurf der Heuchelei und vielleicht in Wochen keine Hand falten zum Gebet, ja die vielleicht ihren Spott haben über die, die noch beten, treten jetzt in solchem Schriftstück im wörtlichen Sinne, wie jene Pharisäer auf die Straße und an die Ecken und auf die Märkte und „wenden Gebete vor" (Matth. 23, 14) und ahnen gedankenlos nicht, daß ihnen das kein Mensch glaubt, und wie jammervoll ihnen diese Phrasen stehen." — — „Die guten Leute sind wirklich der Ansicht, es habe in der Kirche fort und fort die alte Orthodoxie geherrscht, wie mir einmal zu Johannes Ronges Zeiten ein Beamter zu Darmstadt sagte, die Darmstädter Stadtgeistlichen seien alle Pietisten und Orthodoxe, und wußte nicht, daß damals auf fast allen Darmstädter Kanzeln schon seit Jahrzehnten ganz dasselbe gepredigt wurde, was Johannes Ronge predigte. Der Mann war aber nie in einer Darmstädter Kirche gewesen und hatte es selbst übersehen, daß die Deutschkatholiken von den Darmstädter Geistlichen waren brüderlich und festlich in die Stadtkapelle eingeführt worden." Das ganze Gebahren der geschilderten Leute erinnert Schlosser an Luthers Wort: „Es will ja der Mäusebreck unter dem Pfeffer sein!" Die Worte „Mäusebreck" und „Pfeffer" hat er fett drucken lassen, und weil die Leute von dem „allgemeinen Priestertum" geredet hatten, so hat er sie als „allgemeine Priester" behandelt, die nur Redensarten im Munde führen.

Was hier mitgeteilt worden, ist nur ein dürftiger Auszug aus der wahrhaft niederschmetternden, vernichtenden Abkanzelung, welche den Gegnern zu teil wurde. Eine solche Sprache, solch rücksichtslose Aufdeckung ihrer Lage hatten die Männer des Aufrufs in ihrem Leben nicht erfahren; einer, der sich getroffen fühlt, stürmt eiligst zum Drucker des Kirchenblattes, verlangt Nennung des Namens des Verfassers und droht mit einem Preßprozeß. Es blieb aber bei der Drohung. An der epidemischen Krankheit, von einer liberalen Kirchenverfassung, von kirchlichen Bezirksräten und kirchlichen Landständen eine innere Erneuerung und Kräftigung der Landeskirche zu erwarten, litten übrigens nicht nur die Ungläubigen auf der linken Seite, an derselben Krankheit litt auch die Mittelpartei in Hessen-Darmstadt, die „Friedberger" genannt. Von dieser Seite ging ein förmlicher Verfassungsentwurf aus. Schlosser hatte die feste Überzeugung, daß das Ministerium Dalwigk weder auf die orthodoxe (lutherische) Rechte, noch auf die ungläubige Linke hören, vielmehr der Partei der Mitte folgen werde. Darum schrieb er im Frühjahr 1863 die Schrift: „Die Kirchenverbesserung durch Synodalverfassung. Ein schlichtes Wort aus schlichte Poll. Darmstadt, G. Otto. 62 S." Es konnte erwartet werden, daß die lutherischen Geistlichen durch Verbreitung und Verwendung der Schloſſerſchen Broſchüre im Verkehr mit den Gemeindeangehörigen ſich mit dieſen rüſten würden für die bevorſtehenden Kämpfe. In dieſer Erwartung aber ſah ſich der Verfaſſer getäuſcht. Es geſchah nichts; und was geſchah, war ſo gut wie nichts. —

Schon in den Jahren 1862 und 1863 begann eine Periode der Erſchlaffung. Auch das „Heſſiſche Kirchenblatt" war nahe daran, einzugehen. An ſeine Leſer hat darum der Kirchenblattſchreiber im Auguſt 1862 eine den einreißenden Quietismus deutlich genug kennzeichnende Aufforderung gerichtet: „Das Kirchenblatt hat von Anfang an nicht auf die Gunſt einer großen Menge rechnen können und auch nicht gerechnet. Es teilt dies Los mit allen konſervativen Zeitſchriften, zumal chriſtlichen, auch den beſten unter ihnen; ja es teilt dies Los mit dem Allerbeſten, was es auf Erden gibt, mit der Bibel ſelbſt, auf deren Grund es ſtehen will. Denn das iſt wohl eine Thatſache: das Wort Gottes hat in unſerem Lande nicht ſo viele Leſer, als das frivolſte Judenblatt. Nun aber hat das Kirchenblatt allerdings auf die Gunſt derer gerechnet, die mit ihm auf demſelben Grunde ſtehen, deren Sache es vertritt, und deren ſind es denn doch Gottlob! nicht ſo gar wenige im Lande. Dieſe Gunſt aber iſt ihm, wenigſtens in der Form thatkräftiger Unterſtützung, ſeither nicht zu teil geworden. Die Zahl, wenn auch nicht ſeiner Leſer, ſo doch ſeiner Abonnenten, von Anfang an gering, hat ſich neuerdings, nachdem der umgeſchlagene Wind manchen halben Freund dahin entführt, wohin er eigentlich gehört, beſonders dadurch vermindert, daß an manchen Orten, wie wir hören, mehrere, die es ſelbſt einzeln hielten, es jetzt zuſammen halten um der kleinen Gelderſparnis halber (im ganzen Jahr 2 Gulden!), die dem Einzelnen ſehr wenig, dem Kirchenblatt in summa aber ſehr viel macht. Es konnte deshalb das Kirchenblatt in der ſeitherigen Weiſe nicht ohne namhafte Opfer von ſeiten ſeines Herausgebers fortgeführt werden. Auf die Dauer geht das nicht. Laſſen ſich die Freunde des Blattes nicht ſeine Verbreitung angelegen ſein, ſo iſt ſeine Exiſtenz gefährdet, es muß eingehen."

— „Auf die ganze gemeinſame Arbeit, das gemeinſame Streben

und Kämpfen auf diesem Gebiet der Öffentlichkeit, müssen wir verzichten und — den Kirchenstürmern aller Art, Reformjuden an der Spitze, das Feld räumen. Wer das nicht will, ist bringend gebeten, durch Erweiterung des Abonnentenkreises den Fortbestand des Blattes sichern zu helfen." Vier Wochen später waren zwar von einzelnen Geistlichen dem Herausgeber bindende Zusicherungen über die Fortexistenz des Blattes gegeben worden, den „Kampf ums Dasein" hat es aber bis zuletzt gekämpft.

In den Jahren 1862 und 1863 machte Schlosser seine Erholungsreisen nach Böhmen, Mähren und Österreich, sowie nach Norddeutschland (Hamburg, Helgoland, Bremen). Seinen „Reiseerinnerungen" nach Mähren hat er ein besonderes „Ein Generalsuperintendent" überschriebenes Kapitel eingefügt. In Brünn führte der Weg zur großen Domkirche. Dicht dabei liegen das evangelische Bethaus und die evangelische Schule. Der Schuldiener teilte mit, daß der Pfarrer über Land sei bei den im Gebirg wohnenden Glaubensgenossen, aber der Herr Generalsuperintendent sei zu Hause. „Das war uns ganz unbekannt, daß hier ein Generalsuperintendent wohne, es war uns aber natürlich noch von größerem Interesse, diesen kennen zu lernen. Als seine Wohnung bezeichnete der Schuldiener die evangelische Kirche. Wir begaben uns also nach dieser. Wo soll aber da eine Wohnung sein? Gleich über den hohen Fenstern, die offenbar zum Betsaal gehören und die ganze Länge des Baues einnehmen, beginnt ja das Dach! Doch an der Südseite, wo der freie Platz, der die Kirche von drei Seiten umgibt, in ganz besonderem Maße mit alten Scherben bedeckt, von hochständigem Unkraute, Kletten u. s. w. überwuchert ist, befindet sich eine Thüre von der Größe einer gewöhnlichen Hausthüre, etwas düsterfarbig, alt und baufällig. Durch diese treten wir in einen Hausöhrn (Hausflur), aus dem gerade vor uns eine größere Flügelthüre offenbar in das eigentliche Kirchenlokal führt. Rechts aber steigt eine alte, enge, ausgetretene Holztreppe empor. Wir steigen hinauf, kommen nach längerem Steigen unters Dach, dessen unverkleidete Sparren samt den darauf liegenden Ziegeln vom Rauch ganz und gar geschwärzt sind. Wir meinen schon, wir seien irre gegangen, aber eine ältliche Frauensperson mit slavischen oder ungarischen Gesichtszügen weist uns etwas weiter nach innen an eine kleine, ebenfalls geschwärzte Thüre mit klaffenden Ritzen. Herein! ruft eine kräftige Stimme.

Wir traten in ein kleines Stübchen, in welchem die Farbe der Tünche kaum zu erkennen und alte Stühle, insonderheit aber ein Kanapee, durch dessen Überzug an unbedeckten Stellen die Baumwollwatte heraussteht, mit Büchern und Aktenfascikeln bedeckt sind. Vor einem ebenso bedeckten Tisch, auf hölzernem Lehnstuhl sitzt eine große Mannesgestalt, mit langem, eisgrauem Haar, fremdländischen Gesichtszügen, hemdsärmelig, aber die schwarzgekleideten Beine in ungeheuere, bis zum Knie reichende Filzstiefel gehüllt. Das ist — der Generalsuperintendent von Böhmen und Mähren, Lumnitzer mit Namen. Welch ein Kontrast: diese ärmliche Dachstube und der Palast des katholischen Kollegen drüben! Der Generalsuperintendent — volle 80 Jahre zählte er bereits und mir kam er zuerst vor wie ein Klausner aus vergangenen Jahrhunderten, oder wie ein Geist aus Bergesschluchten — erwiderte mit klangvoller, kräftiger Stimme sehr freundlich unsern Gruß. Er war sehr erfreut, als er erfuhr, daß wir Kirchen- und Amtsgenossen seien, schob schnell ein paar Aktenbündel vom hartgesessenen Kanapeechen auf den graubraunen Stubenboden, entledigte zugleich einen Stuhl seiner Aktenlast, damit wir uns setzen konnten, und nun begann die Unterhaltung, die der Herr Generalsuperintendent aber fast allein führte, während wir nur zeitweilig eine Frage thaten. Er erzählte uns, wie er hier in dieser Wohnung schon an die vierzig Jahre hause, wie man ihm nebst dem Pfarrer und Kaplan drüben im neuen Schulhaus eine sehr schöne und geräumige Wohnung eingerichtet habe, wie er aber als alter Mann dazu sich nicht entschließen könne und hier in diesen engen, ärmlichen Räumen bleiben wolle, bis er in sein letztes Häuschen einziehe. Er habe in dieser Wohnung gar mancherlei erlebt, Freud und Leid. Ja Leid sei ihm viel zu teil geworden, zwei Frauen habe er verloren, die eine sei aus Regensburg, die andere aus Stralsund gewesen; er habe auch sonst viel Schweres erlebt, habe sich aber wacker durchgeschlagen und sei gesund und guten Mutes geblieben bis auf diesen Tag, blos seine Beine wollen ihn nicht mehr recht tragen; das verdanke er aber alles seinem seligen Vater: „Der — rief er begeistert — erzog mich ganz nach Rousseau!" Ein „mährischer Bruder" war demnach unser guter Generalsuperintendent nicht, sondern ein Rationalist, und auch kein Mähre von Geburt: auf die Frage nach seiner Heimat und Herkunft richtete er sich fast stolz empor und sagte: „ich bin Maggyar!" und dabei blitzten ihm die Augen, daß ich unwillkürlich an das ritterliche Maggyarentum erinnert wurde, wie es aus dem Liede spricht: „Mein Säbel, der die Türken trifft, ist spiegelblank und scharf wie Gift, geschliffen in Maggyar!" Von dem neueren Gebahren des Maggyarentums, von dem revolutionären Wesen in Ungarn sprach er übrigens mit Abscheu. Es hatte ihn auch persönlich sehr hart betroffen. Er war nämlich Generalsuperintendent über sämtliche Gemeinden A C. in Böhmen und Mähren. A. C. und H. C. — diese Ausdrücke gebrauchte er sehr oft, jener bedeutet Augsburger Confession (lutherisch), dieser Helvetischer Confession (reformiert); er war also Generalsuperintendent sämtlicher lutherischen Gemeinden in Böhmen und Mähren. Solcher hatte er ursprünglich, als er vom evangelischen Gymnasium zu Teschen in österreichisch Schlesien, früherem Sitz der Generalsuperintendentur, nach Brünn versetzt wurde, 34 gehabt; jetzt waren ihm aber 14 verloren gegangen und zwar durch den revolutionären Schwindel in Ungarn. Die hatten nämlich, ganz ähnlich ihrem Verfahren gegen die lutherischen Slovaken, auch versucht, die Protestanten im benachbarten Mähren in ihre politischen Bestrebungen hineinzuziehen und zu dem Zweck die Lutheraner Mährens und Böhmens mit dem Protestantismus der Ungarn, der vorherrschend reformiert ist, zu unieren oder gar sie zu calvinisieren. Sie hatten zu dem Zweck mährische (und böhmische) Gemeinden Augsburger Confession, die keine Prediger hatten, zur Erlangung solcher mit Geld unterstützt, jedoch unter der Bedingung, daß sie Geistliche H. C. annähmen, also damit sich unierten, d. h. richtiger calvinisierten. Diese waren dem alten Generalsuperintendenten (und unserer Kirche) somit verloren gegangen, ein neuer Beweis, wie nicht die lutherische, sondern die reformierte Confession feindlich und friedestörend zu verfahren am meisten geneigt ist, obwohl ein altes Mährchen, das die „Einsichtsvollsten" unserer Tage stets in abergläubischster Weise wiederholen, das Gegenteil behauptet.

So viel ich weiß, ist das in der deutsch-evangelischen Christenheit noch gar nicht bekannt geworden; ich habe es aus dem Munde dieses alten Generalsuperintendenten, der ein erklärter Rationalist, also offenbar kein verblendeter lutherischer Eiferer ist.

Ein Rationalist, — ja, das ergab sich auch aus seinen weiteren Gesprächen. Er erzählte die Geschichte seiner Jugend, wie er nach vollendeten Studien in einem adeligen Hause zu Dresden Hauslehrer geworden sei, wie er gar nicht einseitig Theologe, sondern auch ein Freund der schönen Künste gewesen sei, wie er sich seinen Aufenthalt in Dresden zu Nutz gemacht und sich in der edlen Malerkunst, an der er von jeher Gefallen gefunden, ausgebildet und die vorzüglichsten Kunstwerke der Dresdener Gemäldegalerie kopiert habe. Die mußten wir auch sehen; er führte uns darum eine Treppe tiefer in sein Staatszimmer, dessen Eingangsthüre uns beim Heraufsteigen entgangen war, ein Zimmer etwa von der Größe und Möbelausstattung eines geringeren Dorfpfarrhauses. Ich dachte unter seinen kopierten Gemälden, die da an der Wand hingen, wenn auch nicht die berühmten Madonnenbilder der Dresdener Galerie, so doch etliche Christusbilder und sonstige Darstellungen aus der heiligen Geschichte zu finden; es waren aber nur Bilder weltlicher Art, Genrebilder, Landschaften, Stillleben und Bilder der antiken Mythologie, einen Amor, den Pfeil spitzend u. dergl.

So viel tausendmal lieber ich nun auch diesen Generalsuperintendenten von Böhmen und Mähren, diesen Obersten und Führer unserer Glaubensgenossen in diesen altberühmten, wichtigen Gebieten eines katholischen Staates, als einen „Böhmischen und Mährischen Bruder", d. h. als einen positiven Christen hätte kennen gelernt, — sein Sohn, Pfarrer in Teplitz, ist ein gläubiger, lutherischer Christ — so war mir seine Erscheinung doch ehrwürdig. Nicht bloß wegen seines hohen Alters und grauen Hauptes, vor dem man ja aufstehen soll, — auch um beswillen, was der Mann erlebt hatte. Eine lange Zeit hatte er unter hartem Druck gelebt mit seinen Gemeinden; noch ist die Zeit nicht so lange vorüber, da mußte er, der Generalsuperintendent der evangelischen Kirche in Böhmen und Mähren, jedesmal, so oft in der Gemeinde Brünn die Taufe eines evangelischen Kindes vorkam, erst den jüngsten katholischen Kaplan der Stadt um einen Erlaubnißschein bitten, daß er das Kind taufen dürfe. Ich weiß nicht, ob ich das ausgehalten und nicht vielmehr im protestantischen Auslande einen Dienst gesucht hätte, was freilich nicht recht gewesen wäre; der Alte hat ausgehalten und bessere Zeiten erlebt. Was ihn uns weiter ehrwürdig machte, war seine große Bescheidenheit. Er entschuldigte sich mehrmals während seiner Erzählungen, der achtzigjährige Mann, daß man ihm doch seine Redseligkeit zu gut halten wolle, er sei eben dem senectus loquax verfallen. Über alles das war er Rationalist, doch einer von den Rationalisten **alten Schlages**, die doch ganz andere Leute sind, als die Rationalisten des jüngeren Geschlechts und selbst als die „gläubige aber liberale Mittelpartei." Bei diesen alten Rationalisten ist durchweg das Herz weiter und hat mehr Christentum als der Kopf; mit dem, was sie haben, machen sie vollen Ernst. Hinter ihren mageren Worten steckt oft viel Gesinnung; wenn sie von „Tugend" reden, denken sie, wie mir Blumhardt sagte, an etwas, was dem, was wir „Furcht des Herrn" nennen, sehr verwandt ist. Die neuere Vermittlungstheologie hat oft hinter ihren **positiv christlichen** Ausdrücken **viel weniger**, als der ehrliche, alte Rationalismus in seinen **rationalistischen** Worten. Es ist dies das notwendig sich vollziehende Gericht; das Evangelium kam an sie heran in der mannigfachsten, überzeugendsten Weise und Gestalt; sie mögen ihm nicht widersprechen, aber auch nicht sich ihm ergeben, so gehen sie den Mittelweg, da man weder kalt noch warm ist, sondern lau, aber nun sehr klug und weise zu sein meint. In kritischen Zeiten vollzieht sich dann bald des Herrn Wort: „Wer nicht hat, von dem wird auch noch genommen, das er hat." Es geschieht, daß Leute, die man noch vor zehn Jahren, wie den Professor Schenkel in Heidelberg, weithin berief, um den Gebildeten eine Brücke zu schlagen zum Christenglauben, jetzt — wie der genannte Professor in seiner neuesten Schrift — für den Christum lästernden Renan eintreten gegen den Christenglauben. Den alten Rationalisten ist das Evangelium nicht so nahe gekommen; sie haben jedoch noch einen Fond von herzlicher Frömmigkeit im Gemüt aus der älteren christlichen Zeit: die Universität, ihr ganzer Bildungsgang hat sie in die rationalistische Theologie geführt. Was sie da an Worten hörten, erfüllte sie noch teilweise mit christlichen Gedanken, und vielleicht eben darum, weil sie mehr darunter denken und fühlen, können sie sich nicht so leicht darein finden, solches aufzugeben und mit den richtigen christlichen Worten zu vertauschen, die ihnen überdies als Karikatur sind vorgeführt worden. Sie haben mehr Christentum als sie wissen. So auch unser alter, guter Lumnitzer. Freilich ist damit den Glaubensgenossen in Böhmen und Mähren nicht gedient, zumal in unserer Zeit und dem Katholizismus gegenüber. — Vom alten Lumnitzer nahmen wir herzlichen Abschied. Er geleitete uns zur Treppe hinab, zeigte uns den Betsaal, der bei aller Einfachheit schön geschmückt war mit dem Bilde des Gekreuzigten auf dem Altar und wünschte uns nicht bloß glückliche Reise, sondern auch seliges Wiedersehen vor Gottes Thron. Und das wünschen, darum beten wir auch von Herzen."

Gegen die neumodischen Rationalisten sind 1864 die **gläubigen Geistlichen Badens** aufgetreten, nachdem sie bei dem Karlsruher Oberkirchenrat um die Beseitigung des Irrlehrers Schenkel gebeten hatten. Es war Schlossers eifriges Bemühen, daß die Gläubigen in Hessen-Darmstadt sich für die Gegner Schenkels und des ihn schützenden Oberkirchenrates erklärten: „Wir Lutheraner in Hessen-Darmstadt fühlen uns in dem Kampfe der 117 (Badener) gegen den Dr. Schenkel **völlig eins** mit diesen unierten Brüdern, und es wird uns auch hoffentlich noch Gelegenheit gegeben sein, uns thätig an dem von ihnen begonnenen Kampfe zu beteiligen."

Nicht so klar und unbedenklich war für Schlosser Ende 1863 die Erklärung der Geistlichen aller Bekenntnisse für die dem Könige von Dänemark den Eid der Treue weigernden **schleswig-holsteinischen Geistlichen.** Die von vielen hessischen Geistlichen ohne alle Begründung kurzer Hand erledigte **Rechtsfrage** lag nach Schlossers maßhaltendem Sinn außerhalb des geistlichen Berufes. Aus der schleswig-holsteinischen Sache ergab sich, wie in anderen Ländern, so auch im Großherzogtum Hessen, die Notwendigkeit, **sich über das Verhalten der Geistlichen in der Politik klar zu werden.** Für die Reichelsheimer Konferenz 1864 hat Schlosser darum dieses Thema in ausführlich erläuterten Thesen behandelt.

Das Jahr 1864 hat Schlosser einen Freund finden lassen, der in der lutherischen Theologie einen angesehenen Namen hat. Von Frankfurt, seinem vorübergehenden Wohnsitz aus, ist **Gerhard von Zezschwitz** im April und Mai jenes Jahr zu vier apologetischen Vorträgen nach Darmstadt gekommen. Schlosser hat diese Vorträge von seinem neuen Wohnort Reichenbach aus besucht. Nachdem sein Patron der Graf Ludwig zu Erbach-Schönberg im Spätsommer 1863 auf einer Reise in der Schweiz gestorben war, ist er von dem Nachfolger im Fideikommiß, dem Grafen Gustav, seinem ehemaligen Schüler, auf die Schönberg benachbarte Pfarrei Reichenbach präsentiert worden. Gerade für einen so vielseitig gebildeten Mann wie Schlosser mußte es von Wert sein, die Vorträge eines Universitätsprofessors, der wie Zezschwitz fest auf den Bekenntnissen der lutherischen Kirche stand, in einer Stadt mitanzuhören, die auf humanistischem Boden das Christentum der „Pietisten" für eine längst überwundene Art Bauernreligion zu halten geneigt war. Nun, Bauern sind auch unter den Zuhörern des genannten Professors gewesen, und wenn sie auch nicht alles verstanden haben, so sind sie doch mit dem Verständnis des Glaubens und darum ohne Zweifel mit mehr Nutzen zugegen gewesen, als dieser Minister und jener Kammerherr, welche aus den verschiedensten Beweggründen den Vorträgen des einer alten sächsischen Adelsfamilie entstammenden Professors gefolgt sind. Schlosser hat in seinem Kirchenblatt über die vier Vorträge Bericht erstattet. Zu dem ersten Vortrag, der von der Frage handelte, ob das Christentum ein Ergebnis der Gesamtentwicklung der Menschheit sei, hat der Berichterstatter treffend bemerkt: „Der Vortragende entfaltete einen solchen Reichtum an gelehrtem Wissen, an Kenntnis des klassischen Altertums, daß wir glauben, unsere sämtlichen hessischen Philologen zusammengenommen werden ihn darin nicht überbieten. Uns ist bis jetzt noch keiner begegnet, der mit solcher Klarheit das wahrhaft Schöne, Edle und Große in der Litteratur und Kultur des klassischen Altertums erkannt und darzustellen vermocht hätte, wie Herr v. Zezschwitz. Und noch weniger ist uns einer bekannt, der das Propädeutische in dieser Kultur und ihrer Blüte, wie ihres Vorgehens für das Christentum so klar erkannt hätte." Unmittelbar an diese Vorträge schlossen sich die Schritte, welche im Herbst 1865 dazu führten, Professor von Zezschwitz aus freiwilligen Gaben lutherischer Kirchenpatrone und lutherischer Geistlicher für eine Lehrstelle in der ganz rationalistischen evangelisch-theologischen Fakultät in Gießen zu gewinnen. Einer der thätigsten Förderer dieser Fakultäts-Verbesserung war Schlosser.

Mit v. Zezschwitz kam Schlosser 1864 und 1865 zur Reichels=
heimer Konferenz. Auf dem Rückweg (1865) übernachtete v. Zezsch=
witz in Reichenbach, Schlosser erzählte aus seiner Universitätszeit;
er zeigte u. a. dem Professor zu dessen großem Ergötzen die
Kollegienhefte seines Studiengenossen Preuschen, welcher aus Galgen=
humor die in die Zeit der alten Hebräer versetzten Professoren von
Gießen in Prophetenmäntel gehüllt an den Rand der Hefte gezeichnet
hatte. — Schlosser und v. Zezschwitz hatten von früher her An=
knüpfungspunkte. Während jener noch Pfarrverweser in Bensheim
war, hat er einen Brief von einer Tante, der unverheirateten
Schwester des Pastors Schlosser in Großzschocher (Sachsen)
erhalten. In diesem Briefe wird zu den schmerzlichen Heimsuchungen
des Bruders gerechnet „die andere Glaubensrichtung des Hilfs=
predigers, der sonst ein guter, lieber Mensch ist, ein reines Gemüt,
und den wir recht lieb haben, dennoch aber hat er meinen Bruder, der
sein Amt so lange mit Eifer, Treue und Liebe verwaltet hat, un=
erhört gekränkt. Er ist ein Herrnhuter und hängt am Buchstaben
mehr als am Geist und Werk. Er hat sich auch ein junges
Weibchen heimgeholt, ein adeliges Fräulein, denn er ist selbst adelig,
aber sehr anspruchslos." Dieser adelige Herrnhuter war niemand
anders als Gerhard von Zezschwitz. Wie innig hat sich
dieser gefreut, als er in dem Pfarrer von Reichenbach den Neffen
seines „lieben, guten, alten Schlosser" kennen lernte.

Im September 1864 besuchte Schlosser den Kirchentag in
Altenburg, über dessen Beschlüsse er sich gar nicht freuen konnte.
„Sieben sehr gewundene Sätze thun entsetzlich ängstlich, um den
Schein zu vermeiden, daß man gegen die Freiheit der Wissenschaft
sei, behaupten, daß eigentlich eine „wissenschaftliche und allen Be=
dürfnissen des Glaubens genügende Erkenntnis des Lebens Jesu
noch nicht vollendet sei, und was die von den Gegnern aufgestellten
Zerrbilder vom Leben und der Person unseres Herrn anlange, so
erwarte man mit freudiger Zuversicht, daß die Macht der evange=
lischen Wahrheit mit echt theologischer Wissenschaft den Schaden
überwinden werde." — Das ist alles so matt und phrasenhaft, daß
wir fürchten, Dr. Krummacher aus Potsdam, dessen Antrag auf
eine Zustimmungserklärung an die badischen Geistlichen vom Prä=
sidium abgewiesen wurde, hat Recht, wenn er sagt: ohne ein lautes,

volles Zeugnis sei der Kirchentag begraben in Altenburg. — Wir meinen gegenüber all dem Gerede von wissenschaftlichem Ausbau u. s. w.: Wer Gottes Wort und die Person unseres Herrn Jesu Christi kritisieren will, möge sich ja erst waschen und reinigen und die Schuhe seines alten Menschen ausziehen, denn diese Stätte ist heilig Land. Das Leben Jesu ist kein Gegenstand für die wissenschaftliche Kritik, sondern für unseren kindlichen Glauben und für die Nachfolge. Wir brauchen keine „neuen Leben Jesu"; es würde sie doch kein neuer Professor und Doktor besser machen können als St. Matthäus, Markus, Lukas und Johannes. Damit Punktum! Wir halten es immer für einen Schandfleck der Theologie, wenn sie sich herunterwürdigt, auf einen solchen Zopf anzubeißen und sich mit solchen Schandbüchern zu befassen auf dem Wege der Kritik."

Das Jahr 1864 brachte Schlosser auch in Verbindung mit der Dichterin Luise von Plönnies, die in jener Zeit „ihre Harfe zur Ehre Gottes stimmte." Die liebliche Dichtung „Ruth" und die Gedichtesammlung „Lilien auf dem Felde" hat Schlosser damals ebenso bringend seinen Lesern empfohlen, wie in späteren Jahren die Dichtung „Josef und seine Brüder", „Maria von Bethanien" u. a. In der letzten Nummer des „Kirchenblattes" von 1864 ist von der Dichterin „der Traum einer Bäuerin" aus der Jugendheimer Zeit so volkstümlich-poetisch erzählt worden, daß ein Abdruck mit Recht in der Sammlung „Sagen und Legenden" erfolgt ist. — Schlosser kam in Briefwechsel mit der Dichterin, die ihn vielfach um Rat fragte und sich Belehrung von ihm erbat. Eine gewisse Verbindung bestand für beide bereits insofern, als Schlosser mit dem Sohne der Dichterin, Wilhelm von Plönnies, dem genialen Offizier, nahe befreundet war. Von diesem vielseitig gebildeten Manne, der mit Max Rieger eine Übersetzung der Gudrun veröffentlicht hat, erhielt Schlosser eine Übersetzung des aus dem Jahre 1464 stammenden Osterspieles De resurrectione aus Redentin bei Wismar in Mecklenburg mit der Ermächtigung, dasselbe gelegentlich zu veröffentlichen. Dies geschah, wenn auch nur für einen beschränkten Leserkreis, im „Kirchenblatt" vom 6. bis 20. April 1861. Aus diesem Gedicht voll hoher Schönheit und geistlichen Tiefsinns hat Schlosser lange nachher im November 1880 zahlreiche Stellen einem in Elberfeld gehaltenen Vortrag „über die geistlichen Schauspiele des Mittelalters" eingeflochten. Auch für 1865 hat Schlosser Thesen und Vortrag für die Reichelsheimer Konferenz übernommen. Er hat sich die Frage gestellt: **Welches sind die Erfolge und Früchte treuer, pfarramtlicher Wirksamkeit in der ev. Landeskirche des Großherzogtums Hessen im Allgemeinen, wie ganz im Besonderen? Welches die Hindernisse? und wie wäre ihnen zu begegnen?** Leider hat Schlossers Bericht über diese Konferenz den Vortrag nur in wenigen Worten charakterisiert. Er ist wohl nicht besonders aufgefordert worden, seine Arbeit zu veröffentlichen. Sein Grundsatz in dieser Hinsicht ist in einem an einen Freund gerichteten Brief also ausgedrückt: „Aus eigenem Entschluß und Antrieb rede und schreibe ich nicht, was nicht mein Amt und Beruf mit sich bringt; so halte ich's mit Festpredigten, Konferenzarbeiten, Broschüren u. s. w. Wenn ich aber aufgefordert werde und sehe kein absolutes Hindernis, so gehe ich, rede oder schreibe, so gut ich's vermag, und wenn's schlecht ausfällt, so haben's die zu verantworten, die mich dazu aufgefordert haben." Seine Stellung als Kirchenblattschreiber sah er übrigens als einen ihm von den Amtsgenossen anvertrauten Beruf an. In friedlicheren Zeiten rüstete er zum Kampf, in bewegten, ereignisvollen, kriegerischen Zeiten trat er mit scharfen Waffen in den Kampf ein. Das Jahr 1866 bot aufs neue reichliche Gelegenheit zum Studium der Frage, inwieweit sich der Geistliche mit Politik befassen soll. Am 12. Mai schrieb er: „**Eine furchtbar ernste Zeit** ist über unser Vaterland hereingebrochen; die zwei deutschen Großmächte stehen bis an die Zähne bewaffnet, die Hand am Schwerte. Wer weiß, ob's nicht bald herausfahren und unser schönes Vaterland zerfleischen wird. Staatsmänner, Zeitungen, Vereine, Versammlungen mühen sich um Erhaltung des Friedens. Soll nicht auch die Kirche das Ihre thun? Sie hat nur eine Waffe, aber die ist mächtig, das Gebet. Es liegt nichts näher, als daß in dem sonntäglichen Kirchengebet der Herr der Heerscharen um Erhaltung des Friedens angefleht werde, das Kirchenregiment wolle solches anordnen." In derselben Zeit (31. Mai) hat Schlosser auf der (letzten) Marburg-Friedberger Konferenz Thesen über „**Versuchung und Anfechtung**" gestellt.

Vier Wochen später war der Bruderkrieg ausgebrochen. Wer den Krieg verschuldet hat, ist für Schlosser eine nebensächliche Frage der Antwort gegenüber, welche Gott auf das im deutschen Volk immer lauter geworbene Infragestellen der Grundlagen alles Volksbestandes gegeben hat. „Da klagt dies Volk und läßt ein Wehgeschrei hören, daß Handel und Gewerbe stocken, daß so viele Fabriken stille stehen, und so viele Hände ohne Arbeit sind. Aber denkt man denn auch, wie viel Arbeitstage man schon vorausgehabt, die man unserm Herrgott gestohlen, seine geschändeten Feiertage. Die muß er doch von uns fordern. Die da nicht ruhen wollten an den Feiertagen, die mußten nun ruhen an den Arbeitstagen. Da hört man, daß der Eisenbahnverkehr unterbrochen, die Schienengeleise zerstört sind. Will man vergessen, wie viel tausend Bahnzüge man voraus hat in den Extrafahrten am Sonntag für die Vergnügungslust. Man klagt über drohende Teuerung und schon eingetretene Brotlosigkeit. Aber hat denn das Volk vergessen, daß es sein Gutes schon im Voraus empfangen oder vielmehr sich genommen hat an den großen Sänger-, Turner- und Schützenfesten, wo man sich niedersetzte, um zu essen und zu trinken, und aufstand, um zu spielen, und unter rauschender Musik und lärmenden Reden meinte, man habe große, vaterländische Thaten gethan; an seinen Tanzvergnügungen in der Fastenzeit, an seinen Sonntagsausflügen durch ein bischen Naturgenuß zum Essen und Trinken, ja Fressen und Saufen und Gottesdienststören in den Dörfern, wo unser Herrgott noch etwas gilt. Wahrhaftig der schlichte Odenwälder Bauersmann hat mehr gesagt als der glänzendste Kammerredner: „Ein Gutes hat der Krieg, die Leute lernen wieder Schwarzbrot essen." Und schon haben in unsern schönen Landschaften viele Leute in der Stille Gott gedankt, daß man doch wieder einmal einen Sonntag feiern kann, ohne durch das rohe, frivole Wesen der Touristen gestört zu sein. Gottlob, daß doch noch ein Rest der Erkenntnis vorhanden ist. Das sagen wenigstens die braven Bauern meiner Gemeinde, die noch Religion haben, ganz unbeirrt und unbeeinflußt durch Zeitungsartikel und Wirtshausgerede darüber, wer Recht oder wer Unrecht habe: „Der Krieg ist eine Heimsuchung Gottes, weil man ihn vergessen hat!" Und im großen Ganzen fuhr man fort, Gottes zu vergessen. In den Tagen, da die Schlacht von Königgrätz geschlagen wurde, setzte Schlosser als „Zeichen der Zeit" in sein „Kirchenblatt":

„Die Main-Neckar-Bahn, das Schicksal ihrer Kolleginnen ganz vergessend, zeigt für die bevorstehende Theatersaison zu Darmstadt ganz harmlos ihre Extrafahrten an den Sonntagen an. — Die Zeitungen verhöhnen den preußischen Buß- und Bettag. — Unseres Herrgotts Sprache im Kanonendonner scheint noch gar nicht verstanden zu werden. Die Ereignisse in Böhmen zeigen, daß es sich nicht empfiehlt, in den Krieg „wie zum Tanze" auszuziehen (wie die Darmstädter Zeitung seiner Zeit berichtete)."

Um auf evangelischer Seite dem Mangel einer „christlichen Zeitung" in Südwestdeutschland abzuhelfen, wurde 1866 „Die Warte" ins Leben gerufen, aus welcher später die „Süddeutsche Reichspost" und noch später die „Deutsche Reichspost" erwuchs. Schlosser hat diese Zeitungen nach Kräften empfohlen und gefördert, sie auch mit Korrespondenzen vielfach unterstützt. Sein Name steht im Komité der letztgenannten Zeitung unmittelbar hinter dem Namen seines Freundes Mühlhäußer.

Auch auf der 1867er Pfarrkonferenz in Reichelsheim hat Schlosser Thesen gestellt und zwar über: Die Reform der Predigt. Mehrfachen Aufforderungen nachgebend, hat er einen sehr ausführlichen Bericht über seine aus der reichsten Lebenserfahrung hervorgewachsene Konferenzarbeit veröffentlicht. Die allgemeine Klage lautet: „unsere Predigt wirkt nicht, was sie soll. Wir zerarbeiten uns jahraus, jahrein, halten Dutzende, ja Hunderte von Predigten, — die Zustände bleiben im großen Ganzen, wie sie sind. Das eitle, irdische Treiben der großen Masse bleibt, die Fleischeslust und Hoffart führt ihre Herrschaft fort, der Sabbath wird geschändet durch Lust und durch Last, die Unzucht geht im Schwang, der Mammon bleibt unerschüttert auf seinem Stuhl als der Hauptgötze, nur etwa Astaroth ist gleichmächtig. Daß es noch schlimmer stände ohne unsre Predigt, daß durch dieselbe nur dem fortschreitenden Verderben ein Einhalt geschieht, ist schon unendlich wichtig und Grund genug, nicht müde zu werden, aber doch — warum so wenig Wirkung?" Noch ist an den Volkskirchen festzuhalten. Dem Volk ist nach wie vor zum Seelenheil Wort und

Sakrament anzubieten. Wie aber, wenn im Gesangbuch „die Grund- und Hauptlehren des Evangeliums, die jeder gewissenhafte Geistliche als volle, unbedingte, höchste Wahrheit predigen muß, geradezu als thörichter und gefährlicher Wahn bezeichnet werden; während andere Lieder Lehren enthalten, deren sittliche Verkehrtheit die Reformatoren mit flammendem Zorn verurteilt und verworfen, die Apostel aber kraft ihres apostolischen Amtes geradezu verflucht haben." — Wie ferner, wenn in einer Stadt von ein und derselben Kanzel nachmittags das niedergerissen wird, was des morgens aufgebaut worden? — Die Predigt des Pfarrers muß durch seine Seelsorge unterstützt werden. Predigen aber heißt: „Im Namen Gottes das Heil, das der Welt in Christi Person und Werk erschienen ist, durch lebendiges Zeugnis zur Annahme darbieten. Die Pfarrer sind „Haushalter über Gottes Geheimnisse, sie müssen recht viel Amts= bewußtsein, dürfen aber nur nicht zu viel Amtsmiene haben, und noch weniger Amtsfratze. Zeugnis aber ist persönliches Bekenntnis zu einer Wahrheit, auf die man leben und sterben will aus eigenster Überzeugung und eigenstem innerem Erlebnis." Es darf nicht bloß mit Worten, es muß mit dem ganzen Menschen gepredigt werden. „Christus muß uns aus den Augen sehen. Wie predigte bei einem Paulus nicht bloß der Mund, sondern auch das ganze Angesicht, mit den Spuren seiner Kämpfe, seiner Nachtwachen, wie predigten die Striemen und Narben, die er sich um seines Herrn willen schlagen ließ. Welchen Eindruck machte der arme Wittenberger Mönch auf den päpstlichen Legaten Cajetan mit seinen „tiefen Augen", und auf dem Wormser Reichstag mit seinem bleichen Angesicht und der in heißen Seelenkämpfen abgemagerten Gestalt. Auch Harms äußere Persönlichkeit, schon sein Bild, trotz der Pfeife, macht so tiefen, das Gewissen aufschreckenden Eindruck. Wir tragen meist die Spuren eines, wenn auch nicht üppigen, so doch im ganzen behaglichen Lebens." — Der Inhalt der Predigt ist „nicht bloß eine Wahrheit, sondern alle Wahrheiten des göttlichen Wortes von dem „Im Anfang schuf Gott Himmel und Erde" bis zu dem „Ja, tonum Herr Jesu. Amen!" In jeder Predigt muß gleicherweise Gesetz und Evangelium vorkommen. — „Wir müssen in der Schrift recht zu Hause sein: in Abrahams Hirtenzelt wie in Davids Königs- burg; im Salomonischen Tempel wie bei Elia in der Wüste, wo ihn die Raben speisten; in der stillen Hütte zu Bethlehem, im Friedenslicht der heiligen Weihnacht unter dem Lobgesang der Engel Gottes, wie unter der Schauerszene auf Golgatha, wo es Nacht am hellen Tage ward, die Erde bebte und die Felsen spalteten. Wir müssen in der Wüste unseres Herrn Wunderspeisung mitangesehen, am Berge zu seinen Füßen gesessen, mit Petrus auf dem Meere gewandelt, mit den Jüngern den Sturm erlebt, die Angst des Untergangs empfunden haben, wie die Freude der Errettung. Jeder Abendglockenton muß uns auf den Weg von Jerusalem nach Emmaus versetzen zu den Jüngern, denen das Herz brannte, als er mit ihnen wandelte. Und kommen wir vom Filial, vom Felde heim, wenn es Abend wird und der Tag sich neigt, und treten in unser stilles Pfarrhaus ein, es muß uns sein, als gienge der Herr leiblich an unserer Seite mit herein, bei uns zu bleiben, unsere Kindlein zu segnen und bei der Studierlampe uns die Schrift zu öffnen."

Am gewaltigsten predigen die Thatsachen. Bei wunderbaren Thatsachen muß sich der Geistliche vor allem zum Glauben an die Wirklichkeit des Wunders bekennen, ehe er etwa auf die geistliche Deutung übergeht. Was den Pfarrer gerade besonders beschäftigt, hat er nicht vor das Volk zu bringen. — Man komme nicht mit vielen Beweisen, der Hauptbeweis ist: „es stehet geschrieben." — Ein Unterschied zwischen Stadt- und Landgemeinden ist nur insoweit einzuräumen, als bei den Bauern durchschnittlich mehr religiöse und christliche Erkenntnis ist als bei den Städtern. — Soll der Pfarrer biblisch predigen, so gilt es für ihn fleißig die Bibel studieren: „im Schweiße deines Angesichtes sollst du dein Brot essen". Auch von bekenntnistreuen Pfarrern wird zu viel aus andern Büchern, zu wenig unmittelbar aus der Schrift geschöpft. „Darum sind die Predigten oft so farblos, so rhetorisch und ihre Gedanken scheinen oft nur angenommen, ohne innere Wärme und Wahrheit." Die Wirkung der biblischen Predigt hat Pfarrer Helfrich von Beedenkirchen bezeugt, der aus der römischen Kirche belehrt, nur durch das Studium der Schrift zur Erkenntnis kam und bekannte, „daß noch ehe er selbst recht gläubig geworden, seine katholischen Gemeindemitglieder schon gläubig waren dadurch, daß er sich der einfachen Predigt biblischer Wahrheit befleißigte." —

Der Prediger darf sich nicht selbst predigen, nicht seine eigene Weisheit, seine brillanten Gedanken. „Es ist das nicht leicht, es steckt uns allen die Hoffahrt gar gewaltig in den Gliedern, und ich frage jeden, wenn ihm einmal bei einer wichtigen Gelegenheit, auf einem Feste vor großer Zuhörerschaft, besonders vor kritischen Amtsbrüdern, eine Predigt mißlungen ist, ob ihm da der Unwille, der „guten Sache" geschadet, oder der Ärger, sich blamiert zu haben, oder nur unbedeutend gewesen zu sein, vorwiegend gewesen ist?" Städtischen Geistlichen droht die Gefahr der Eifersucht, Nachmittagspredigern die des gekränkten Ehrgefühls. Popularität im Sinne von Beliebtheit ist manchem zum Fallstrick geworden, dem sie ungesucht zu teil ward, dem, der sie sucht, wird sie stets zum Fallstrick. Aber populär soll der Prediger sein, weil er gemeinfaßlich, gemeinverständlich sein soll, in der Form wie in den Gedanken. Ausdrücke der Volkssprache sind nicht notwendig, aber auch nicht zu vermeiden. „Populär ist die Predigt, die in jedem Herzen eine Saite anzuschlagen weiß, die nachklingt, an Erfahrungen zu appellieren weiß, die jeder gemacht hat, oder doch jeden Augenblick machen kann, Erlebnisse in Erinnerung bringt, die von entscheidender Bedeutung für Wohl und Wehe eines Volkes, einer Gemeinde, Familie oder eines einzelnen Menschen waren. Populär wird die Predigt durch reichlichen Gebrauch der biblischen Geschichten, die zu Illustrationen viel tausendmal angemessener sind, als so manche fromme Anekdote neuerer Sammlungen; nächstdem mag die Kirchengeschichte benutzt werden, vorzugsweise das Leben unsres größten Volks- und Kirchenmannes Luther. Vor allem müssen an geeigneter Stelle die rechten Bibelsprüche kommen und schöne Liederverse, Katechismusworte. Wie setzen sich da oft die Lippen der Alten in Bewegung, wenn ein Wort kommt und mit ihm nicht bloß die Kraft der Wahrheit, sondern auch die volle, lebendige Erinnerung an die bessere Zeit einer frommen Kindheit, wo so manche Wunde noch nicht brannte, das Gewissen noch frei war von manchem dunklen Fleck, die Seele noch nicht umschlungen von so manchen starken Fesseln böser Lust und Gewohnheit, daß etwas durchs Herz geht wie das: ich will mich aufmachen und zu meinem Vater gehen." — Von großer Wirkung ist das deutsche Sprichwort, „Caspari's Geistliches und Weltliches" sollte keinem Geistlichen unbekannt sein." — Ebenso wie vor angenommener Popularität (Kapuzinerpredigt) ist sich vor dem Kothurn zu hüten. „Man soll vor allem die Dinge beim rechten Namen nennen, also z. B. auch die Sünden so bezeichnen, wie sie die Schrift bezeichnet. Es gibt insonderheit eine, deren Gift unsere Zeit in furchtbarem Maße durchdrungen hat; ein großer Teil unseres Volkes, gebildet und ungebildet, ist wahrhaft darin ersoffen. Aber wagt es ein Pfarrer, diese Sünde zu nennen, vor Konfirmanden, die allesamt längst von diesen Dingen wissen, davon zu reden, sie zu warnen, alsbald wird eine ganze große Zahl feinfühlender Lasterknechte in sittliche Entrüstung geraten, Zeitungen werden mit Abscheu davon erzählen, vielleicht wird gar eine Kommission geschickt, die Sache zu untersuchen. Dieser nichtsnutzigen Lüge, dieser neuesten Auflage des alten Pharisäertums gegenüber, das, übertünchten Gräbern gleich, anständig im Äußeren, innen voll Moder ist, das die Schüssel auswendig blank hält und innen voll fauligen Unrats läßt — ist der biblisch-gläubige Geistliche verpflichtet, frei mit der Sprache herauszugehen." Die Sünde der Hurerei mit einer gewissen Emphase zu nennen, ist nicht gut, man soll einfach davon reden wie die Schrift thut. „Wer aber in vermeintlicher Züchtigkeit sich scheut, sie zu nennen und vielleicht gar bei Vorlesung der kirchlichen Perikopen über solche Worte wie „Hurerei" hinwegzueilen sucht, sie wohl gar auszulassen sich erlaubt, der meine nur nicht, daß man ihn, der anständiger sein will, wie die heiligen Apostel und der Herr Christus selbst, etwa für einen Mann reines Herzens halte, so wenig wie die feinen Leute dafür zu halten sind, die etwa darüber sich aufhalten und das Geschwätz darüber nicht müde werden." —

„Unsere Lehrmeister werden vor allem die Apostel sein müssen, zumal der Apostel Paulus mit seiner großen Weisheit, an vorhandenes anknüpfend, immer gerade das bietend, was am meisten nötig und verständlich war. Seine Predigt in Athen ist wohl der Inbegriff aller homiletischen Weisheit." —

„Der selige Stahl erzählte einmal, daß er bei einem Badeaufenthalt in Brückenau ein sehnliches Verlangen nach protestantischem Gottesdienst gehabt und darum nach einem ziemlich entfernten reformierten Dörfchen im angrenzenden Kurhessen gegangen sei. Es war ein elendes Gebirgsdorf des öden Rhöngebirgs, lauter

arme Leute, die sich mühselig durch die Not des Lebens durchschlagen, unbekümmert um die Welthändel braußen, des Trostes und
der Ermunterung aus Gottes Wort bedürftig, wie der Strafe und
der Ermahnung zur Gerechtigkeit. In dieser kleinen Dorfkirche
von Rhöngebirgsbewohnern hielt der Pfarrer eine Predigt gegen
— Vilmars Theologie der Thatsachen und seine „hierarchischen
Bestrebungen". Die Vermittlungstheologie ist uns in die Haut
geheilt, sie kann's nicht lassen; auch vom Katheder herab muß jede
Stunde mit Ausfällen auf die Lutheraner gewürzt sein, deren im
besten Falle zwei bis drei da sind; gegen die Freigeister, die unchristlichen Genußmenschen, die da oft recht zahlreich sind, hat man
kein Wort. Lassen wir sie, aber hüten wir uns vor einem Fehler,
der durch diese Mitteilungen bezeichnet werden soll, daß man nämlich
nicht anders predige als mit der bestimmten Erkenntnis dessen, was
der Gemeinde gerade nach ihrer besonderen Beschaffenheit not thut."

„Wir haben mehr grundlegend zu predigen. Die
Unwissenheit in den Gemeinden ist eben so groß. Was können
auch Leute, die aus weiland Snell oder Holzapfel u. s. w. ihre
Religion gelernt, vom Christentum wissen? Nicht einmal die Moral
jener Aufklärungsperiode ist die christliche; die „Lehren der Weisheit
und Tugend", die vieler Orten unser Volk erzogen, und Zwillingsgeschwister der verwässerten Gesangbücher bringen als Motiv zur
Wohlthätigkeit: Erbarm dich andrer in der Not, du giebst dem
Armen heut sein Brot, der Arme kann dir's morgen geben; sie
lassen die Errettung eines Kindes aus einem Teich, die Rückgabe
ohne Schein anvertrauten Gutes für „gute" Thaten gelten, daß
aber einer seinen Feind, der am Rand eines Abgrundes eingeschlafen,
nicht hinunterstürzt, das ist mehr als eine „gute", das ist eine
„edle" That! Die verdient den kostbaren Ring als Ehrenpreis. —
Die sittlichen Grundsätze, die man in thesi noch gelten läßt, sind
auch in der Meinung unsrer Bauersleute eigentlich nur Ergebnisse
vernünftigen Denkens, menschlichen Ursprungs, von einem unverbrüchlichen, göttlichen, ewiggiltigen Gesetz wissen viele
nichts mehr. Daher auch kein Bewußtsein von Sünde, kein Bedürfnis
nach Erlösung, Gnade, Vergebung, und manche Forderung oder Gabe
des Evangeliums, wie die „Wiedergeburt", ist selbst bis auf den Namen
vergessen. Wir stehen da kaum anders als auf Missionsposten."

Was Schlosser von anderen verlangte, hat er selbst geleistet. Er war kein glänzender Redner. Seine Stimme, seine Körperhaltung, sein ganzes äußeres Gebahren auf der Kanzel erinnerte mit keinem Schatten von Gedanken an das Wort: man sagt, ein Kommödiant könnt einen Pfarrer lehren. Wer ihn zum erstenmale auf einem Jahresfest, auf einem Missionsfest hörte, konnte sich in den ersten Minuten fragen: das soll ein bedeutender Prediger sein? Es dauerte aber nicht lange, so wurde der Unbekannte von dem reichen Inhalt der Predigt, von der Glaubensfestigkeit des Predigers gepackt, und die Aufmerksamkeit hielt an bis zu dem langsam und mit großem Nachdruck gesprochenen „A m e n".

Eine seiner frühesten gedruckten Predigten, wenn nicht die früheste, wurde 1872 auf dem Missionsfest zu Münzenberg in der Wetterau gehalten. Sie trägt die Überschrift „D a s g o l d e n e K a l b" und hat zum Thema „G ö t z e n d i e n s t u n d H e i d e n t u m i n d e r C h r i s t e n h e i t". — Wie Schlosser predigte, mag sich aus einer Stelle dieser Predigt ergeben: Aaron hat das goldene Kalb gemacht und dann gerufen: „Morgen ist des Herrn Fest". Heutzutage heißt es: „Morgen ist Sonntag! Extrazug nach der Bergstraße, nach dem Odenwald, nach Nauheim, nach Homburg und Wiesbaden! Abends zur sizilianischen Vesper nebst Ballet im Hoftheater zu Darmstadt! Italienische Nacht im Tivoli! Harmonie- und Tanzmusik. Für gute Speisen und Getränke ist gesorgt! So heißt es in allen Zeitungen, an allen Straßenecken in großen Plakaten. Und tausende strömen hin und her, es ist wahrhaftig das Volk, das sich „niedersetzt, zu essen und zu trinken, und aufsteht, um zu spielen." Eine Viertelstunde zur Kirche ist zu weit, zu Vergnügen läuft man meilenweit. Werke der Barmherzigkeit werden mit Kreuzern abgemacht, für Sonntagspläsier opfert man Gulden und Dukaten. Und alles das wird, wie bei Israel in der Wüste, zum Gottesdienst gestempelt. Man dient Gott am besten in der freien Natur, durch heiteren Lebensgenuß: „auch die Freude selbst ist Tugend."

Schlosser hat sie kennen gelernt, diese Naturverehrer, wie sie in hellen Haufen durch Bensheim nach Schönberg oder über den Felsberg und das Felsenmeer hinunter nach Reichenbach zogen, nicht singend, sondern schreiend und lachend, während er auf der Kanzel Gottes Wort predigte oder die Gemeinde ein Lied sang.

Wie gut Schlosser zu unterscheiden wußte zwischen dem, was in eine Predigt und dem, was bei festlichen Gelegenheiten in die sog. Nachfeier und ihre Ansprachen gehört, darüber giebt sein stattliches Buch „Reden im Freien" (Frankfurt a. M. 1882. 423 S.) Auskunft. In die „Nachfeier" gehört die etwas leichtere, freie Rede, die besonders thatsächliche Mitteilungen bringt, auch wohl einmal eine heitere Saite anschlägt". Neben der Kleinkinder- und Sonntagsschule sind es die Jünglings- und Jungmännischen Vereine, die Rettungshäuser, die Diakonissenhäuser, das Martha- haus, das Magdalenenasyl und die Gefängnisse, wo Schlosser „im Freien" — in den Gefängnissen soll das so viel heißen als „in freier Form" — geredet hat. Dazu kommt eine ganze Abteilung Maifeste: Die Predigten der Bäume und der Vögel, der Maien, die seufzende Kreatur. In der Ansprache „Rose und Lilie" gedenkt er seines stillen Dorfes im schönen Thal zwischen den waldigen Bergen und seines bescheidenen Pfarrgärtchens, in dem er so oft mit seiner nun im seligen Frieden ruhenden Frau gesessen, in das sein Blick vom Arbeitstisch des Studierzimmers aus fiel, so oft er aufstand, um einen Augenblick zu ruhen. „Es hatte den einfachsten aber allerschönsten Schmuck. Unmittelbar vor dem Fenster stand ein Rosenstock mit Rosen bedeckt, in glühend leuchtenden Purpurfarben, und daneben ein Lilienstock von ungewöhnlicher Größe und Frische, sieben Lilienstengel mit den schneeweißen Blüten. Sie erinnerten mich wohl an die Leuchter in der Stiftshütte und im Tempel zu Jerusalem, aber auch an so manches wunderbare Schöne, das im Hohenlied von Lilien und Rosen gesagt wird. — — „Mein Freund ist weiß und rot", singt die Braut im Hohenlied. Und was soll ich thun? Da sahe ich das kleine, schwache Pflänzchen, Ackerwinde ist sein Name, die wohl auch ein Blatt treibt, aber am Boden hinkriecht, bis sie dich erreicht. Rose und Lilie, da faßt sie dich und rankt sich an dir empor und treibt nun auch ihre kleine Blüte, und die ist weiß und rot. So soll sich meine Seele auch an dich halten, immer fester, immer inniger. Ich sitze im Geiste wieder in meinem Hausgärtchen, und ein Weh ergreift mich in der Erinnerung an dich, du liebe treue Seele! Wie lag deine

Hülle da so marmorbleich mit der roten Rose in der Hand! Und wir trugen dich hinauf schweren, schweren Herzens auf den Friedhof, den ein Rosenwald bedeckte, und senkten dich ein hinten am Chor der Kirche, und setzten ein weißes Kreuz von Marmor auf dein Grab mit goldener Schrift: „Christus ist mein Leben". Und wenn ich zur Kanzel ging und wenn ich herniederstieg, fiel mein Auge auf das Kreuz und die Rosen und die Lilien. Ach, da schwand das Weh, ward milder wenigstens. Dein Auge sieht ja, den deine Seele liebt, und schneeweiß ist das Gewand der Gerechtigkeit, mit dem deine Seele angethan ist, und die Liebe, die du hier gehabt, steht nun in heiliger Glut."

Das war im Oktober 1872. Wir müssen aber fünf Jahre zurückgehen, in den Oktober 1867. Am Schlusse dieses Monats trat in Hannover eine Konferenz von dreißig Personen zusammen, welche die allgemeine lutherische Konferenz vorbereiteten. Hessen-Darmstadt war vertreten durch die Pfarrer Schlosser, Müller und Baist. Im Juni des nächsten Jahres wurde die erste allgemeine lutherische Konferenz gehalten, wiederum in Hannover. Selbst der alte Vilmar in Marburg sah diese Vereinigung mit günstigen Augen an. „Mit größerer Erhebung des Gemütes bin ich noch niemals von einer Versammlung, einem Feste zurückgekehrt, wie diesmal von der allgemeinen lutherischen Konferenz in Hannover, zu der ich mit — so großer Bangigkeit gereist war", so beginnt Schlossers ausführlicher Kirchenblatts-Bericht. „Wie werden sich die landeskirchlichen Lutheraner in Preußen, die separierten Lutheraner dazu stellen?" Und jene und diese waren erschienen. Es war der Geist der Einmütigkeit, welcher die Konferenz erfüllte. Die auf den Aussterbeetat gesetzten Lutheraner waren noch auf dem Plan. Das Erscheinen der „Allg. ev.-lutherischen Kirchenzeitung" vom 1. Oktober 1868 an wurde von Luthardt der Konferenz vor ihrem Auseinandergehen verkündigt. Von Anfang an ist Schlosser ein eifriger Mitarbeiter an dieser Zeitung gewesen.

Das Jahr 1868 ist in seinem Leben auch sonst noch von Bedeutung gewesen. Nachdem die katholischen Geistlichen Hessen-Darmstadts um Schutz gegen die Verunglimpfung des Jesuitenordens durch die Presse beim Landesherrn gebeten, und nachdem die evangelischen Geistlichen mit einer Bitte um Schutz des evang. Glaubens gegen die Angriffe der katholischen Presse und insbesondere der bischöflichen Hirtenbriefe geantwortet hatten, verlangte der Bischof v. Ketteler Nachweis seiner Angriffe vom Prälaten Dr. Zimmermann. Der Nachweis wurde geliefert. Ketteler antwortete mit der Broschüre „Die wahren Grundlagen des religiösen Friedens". Im Februar 1868 erschien eine „Erwiderung der drei evang. Superintendenten des Großherzogtums Hessen." Schlosser hat den Superintendenten bei Abfassung dieser Erwiderung wesentliche Beihilfe geleistet, er konnte dies auch, denn seit seiner Bensheimer Amtsthätigkeit hat er sich viel mit der Litteratur der Jesuiten beschäftigt. Im „Geistlichen Kirchenblatt" hat dann Schlosser noch eine Reihe von trefflichen Artikeln gegen Ketteler veröffentlicht, welche noch in demselben Jahre (1868) als Broschüre unter dem Titel „Evangelische Friedensgedanken. Eine Beleuchtung der Schrift des Herrn Bischofs v. Ketteler zu Mainz über u. s. w. von G. Schlosser, ev. luth. Pfarrer in Reichenbach" erschienen sind. Schlosser behandelte die ganze Streitfrage, welche von noch sechs anderen Flugschriften contra Ketteler erörtert worden ist, mit großer Ruhe und Gerechtigkeit. Der Bischof hatte sich auf die Rechtsparität berufen, Schlosser erwiderte ihm, daß wahrer Friede nicht auf solch trügerischem Grunde gedeihen könne. Er erinnert an die Ansiedelungen am Vesuv, wenn er gerade ruht oder nur noch dumpf grollt, wo man vergißt, daß diese ausgeglühten Massen einmal feuerflüssig waren und daß der dumpf grollende Berg jeden Augenblick neue zündende und verheerende Massen auswerfen kann." Die Feuerströme Roms sind oft genug über die Schismatiker hingeflutet, und wenn die weltliche Macht nicht wäre, würden sie heute geradeso wie im Mittelalter die Scheiterhaufen in Brand stecken. — Der Bischof hatte in seinem 1855er (Bonifacius-) Hirtenbrief gesagt, das deutsche Volk habe seit der Reformation sein Gewissen verloren, was v. Ketteler nachmals nicht als eine Bezeichnung der Ursache, sondern äußerlich als eine Zeitangabe deuten wollte — ein feiger, kläglicher Rückzug. — Schlosser erwiderte ihm, daß das deutsche Volk durch Luther und die lutherische Kirche sein Gewissen wiedergewonnen habe. Mit echt evangelischem Freimut wird von Schlosser an dem Antwortschreiben der Superintendenten getadelt, daß sie nicht eingeräumt haben, wie sehr bei uns Lehre und Praxis bezüglich der Ehescheidung ein wunder Fleck sei, daß hier eine sehr üble Tradition herrsche, so übel als irgend eine antibiblische Tradition der römischen Kirche, und an der Schrift des Bischofs wird getadelt, daß sie die starken antirömischen Äußerungen Ph. Wackernagels und Sanders auf dem Bremer Kirchentag erwähnt, die versöhnenden Worte Stahls und Hengstenbergs aber verschweigt.

In einem Briefe vom 6. Mai 1868 kommt Schlosser auf Kettelers Behauptung zu sprechen, daß das deutsche Volk seit der „Glaubensspaltung" sein Gewissen verloren habe. „Diese Behauptung des Bischofs schlägt der Geschichte ins Angesicht. Die Reformation weckte die Gewissen auf beiden Seiten; die nachfolgende Zeit zeitigt gute Früchte auf beiden Seiten; der dreißigjährige Krieg bringt Verwilderung auf beiden Seiten, doch bald nachher wieder neuen Aufschwung (Spener, Francke, Zinzendorf, P. Gerhardt u. s. w.), so daß nach Vilmar, des Volks- und Geschichtskenners, Urteil in der Mitte des vorigen, ja bis gegen Ende des vorigen Jahrhunderts das Leben des deutschen Volkes so durchchristlicht war, wie nie zuvor. Jeder Pfarrer, der sich in den Häusern seines Kirchspiels umsieht, kann in dem Nachlaß der Großväter des jetzigen Geschlechts noch die Spuren sehen. Ich finde in Bauernhäusern Bibeln, die ihre fünfzig Thaler einst gekostet haben. Die Kirchenbücher zeugen auch von Zucht und Sittsamkeit in jenen Zeiten. Die ersten Spuren der Verderbnis zeigen sich an den meisten Orten erst in der Zeit der französischen Kriege. Was der französische Hof an den deutschen Höfen verdorben, das verdarb die französische Einquartierung in den Bauernhöfen. Die Ursache der Verderbnis ist in Frankreich zu suchen und dort im Mangel des evangelischen Sauerteiges unter der Jesuitenherrschaft. Warum hat sich doch England, in welchem der Deismus ja auch geblüht hatte, den Christenglauben bewahrt bis in die neueste Zeit?"

Nachdem Schlosser die Feder im Kampf gegen den streitbaren Bischof v. Ketteler niedergelegt hatte, mußte er sie alsbald wieder aufnehmen gegen einen Darmstädtischen Mitprediger. Wie berühren sich hier die Gegensätze! Der römische Bischof, ein ehrenfester Charakter, eine westfälische Hünengestalt, der protestantische

Mitprediger, ein unreifer Pamphletist, eine Zwerggestalt. Zur Feier der Enthüllung des Wormser Lutherdenkmals hat der kleine Mitzenius in Darmstadt eine Flugschrift veröffentlicht „Luther und die Kirche unsrer Tage", in welcher er das „geboren aus der Jungfrau Maria" in der unflätigsten Weise verlästerte. „Hier hat einfach der Staatsanwalt einzuschreiten wegen Verlästerung anerkannter religiöser Bekenntnisse", schrieb damals Schlosser. „Ob er es thun wird, zumal ohne Aufforderung der betreffenden Behörden, wissen wir nicht." Nun, der Staatsanwalt ist nicht eingeschritten. Der Janhagel der Residenz stellte sich auf des Lästerers Seite und der Antrag des Ministeriums auf Absetzung des Mitzenius wurde nicht genehmigt.

In einem Brief vom 14. Juli 1868 hat Schlosser einen Freund, der vier Jahre vorher die Bordellkomödie des Mitzenius „Pensionat Birnmost" an den Pranger befördert hatte, ersucht, die Mitzeniussche Schandschrift zu besprechen. Der Freund lehnte die Bitte mit dem Bemerken ab, daß er nur etwas schreiben könne, was dem Pamphletisten den Triumph eines gewonnenen Preßprozesses bereiten könne. Da schrieb Schlosser den Leitartikel „Eine Lästerschrift" mit dem Eifer eines in heiligem Zorn gegen einen Baalspfaffen losfahrenden Propheten. Ein unverpestes Gemüt eines Ungläubigen kann nur mit Ehrfurcht von dem Geheimnis der Menschwerdung Gottes reden. „Die gemeine Rede, eine Wiederholung der uralten Lästerung feindseliger Juden, bei der man meint, den Ahasverus grinsen zu sehen, öffnet nur den Blick in eine schauerliche Tiefe."

Dieser schauerlichen Tiefe gegenüber klingt es wie Hohn, daß der Lästerer mit einem Verweis davon kam. Entmutigt war der kleine Mann dadurch nicht, denn er schrieb 1870 seine Broschüre „Zur Aufklärung". Mitten im Krieg erschien dieses scheußliche Machwerk. Diesmal ging Schlosser mit Erfolg seinen Freund an mit der Bitte, „den M. zu den in meiner Kindheit bei den Gerichten noch üblichen Stockschlägen zu verurteilen. Schwer wird es Ihnen freilich werden, in dieser gewaltig ernsten, großen Zeit, wo einem schon eine Stunde vor Ankunft der Post das Herz kaum zu zügeln ist in seinem Verlangen nach den neuesten Nachrichten aus Frankreich."

An die schauerliche Tiefe wurde man zuletzt auch erinnert, als der zur Strafe nach Gießen versetzte Mitprediger Mitzenius durch Selbstmord endete.

In demselben Blatt, das mit Schlossers Zorn über die „Lästerschrift" des Mitzenius begann, hat er am Schlusse die Trauernachricht veröffentlicht:

„Vater Vilmar

ist am 30. Juli aus der streitenden in die triumphierende Kirche eingegangen. Ein Mann von solcher Begabung an Geist und Herz, von solch unbeugsamem Glaubensmut wäre im Mittelalter ein Bernhard von Clairvaux geworden. In unserer Zeit hat er zu den Verkanntesten und Verlästertsten, das heißt aber auch von den Feinden des Reiches Gottes Gefürchtetsten und ebendamit ehrenvollst Anerkannten gehören müssen. In bescheidener öffentlicher Stellung ging sein gesegneter Einfluß in die ganze Christenheit deutscher Zunge und sein Name wird in der Kirchengeschichte unter den ersten genannt werden. Wir stehen mit trauerndem Herzen und nassen Augen, freuen uns aber seines ewigen Triumphes. Das „Kirchenblatt", zu dem er in naher Beziehung gestanden, so daß man ihm manchmal die Ehre angethan, es ein „Vilmar'sches Organ" zu nennen, hofft in Bälde, in einem ausführlichen Nekrolog ein Denkmal der Liebe setzen zu können."

Kirchlich ging Schlosser denselben Weg wie Vilmar, politisch nicht. Wenn dieser dem Pfarrer von Reichenbach schrieb: „Wer von Preußen für die Kirche etwas hofft, der ist einfach ein Narr," so stimmte Schlosser damit überein und die letzten Jahrzehnte seines Lebens haben ihn in dieser Ansicht nur bestärkt. Auch die Art und Weise, wie Preußen mit der evangelischen Kirche in Kurhessen verfuhr, war beiden Männern ihrer kirchlichen Natur nach aufs äußerste zuwider, nur daß Schlosser insofern objektiver urteilte, als er die Verquickung von Kirchlichem und Politischem bei den treuen Hessen ins Auge faßte. In den Jahren nach 1866 hat Vilmar Schlossers „Kirchenblatt" nicht selten zur Bekämpfung der heranbringenden preußischen Union in Anspruch genommen. Sein letzter Brief, drei Monate vor seinem Tode, schließt mit den Worten: „Mir liegen diese Dinge jetzt in voller Objektivität vor Augen als einem, der mit dem Leben abgeschlossen hat oder vielmehr eigentlich schon gestorben ist. Zu einer persönlich mit eingreifenden Thätigkeit werde ich es wohl gewiß nicht wieder bringen. Es hat Gott über mich Gericht gehalten und nach dem Drohworte durch den Mund des Propheten Amos mir die Sonne am hellen Mittag untergehen lassen. Dabei wird es auch bleiben."

Die Mannentreue Vilmars gegen den letzten Kurfürsten war ein großartiger Zug in dem Charakter des unerschrockenen Helden, hatte ihn der Kurfürst doch aufs schwerste gekränkt; Schlosser nannte darum den grollenden Preußenfeind in Marburg mit Recht „den grimmen Hagen". Daß dieser sich in die neuen Verhältnisse nicht finden konnte, erkannte Schlosser rückhaltlos an, während er selbst der Darmstädtischen Regierung gegenüber frei war von dem Wunsche, dieses Gemeinwesen möchte fortbestehen. Die kurhessische Loyalität achtete er als eine urwüchsige Sache, der darmstädtischen mißtraute er vielfach als einer Sache von zweifelhaftem Wert. In seinem Buche „Die Revolution von 1848" — beiläufig bemerkt nur in seinem persönlichen Bestandteil von Bedeutung, nicht aber als geschichtliche Zusammenstellung — hat Schlosser der gemachten Loyalität gegenüber bemerkt: „Wie ganz anders ist eine wirkliche christliche Loyalität, die Christentreue gegen die Obrigkeit und den angestammten Fürsten! Ein erhebendes Beispiel erlebte ich im Jahre 1866 auf einem Missionsfeste in Kurhessen in der schönen, alten Stiftskirche zu Wetter. Der alte Vilmar sprach da am Altar, auf den Knieen liegend, das Schlußgebet, dankte Gott für das Evangelium, das er uns gegeben hat, bat, daß er's nun nicht wieder nehmen möge, weil wir es nicht treu genug gebraucht, daß er uns nicht im Geistlichen erfahren lassen wolle, was wir im Jrdischen erfahren, was ihm als sechsjährigem Kind schon einmal geschehen (1806, wo der Kurfürst fliehen mußte vor Napoleon) und was jetzt dem sechsundsechzigjährigen Greis, der den einen Fuß im Grabe habe, noch einmal widerfahren. Als er seines entthronten Fürsten gedachte, der ihm wahrhaftig seine Treue schlecht belohnt, versagte ihm die Stimme, Thränen stürzten ihm aus den Augen, er weinte laut und wohl an fünftausend hessische Bauersleute lagen auf den Knieen und schluchzten. Das war Hessentreue! Mag man sie „blind" nennen, wie den ganzen Hessenstamm, ehrwürdig ist sie, das wird niemand leugnen, der überhaupt noch weiß, was Treue und daß Treue etwas Schönes, Großes, ja in gewisser Art und gewissem Sinn das Größte ist."*)

Nicht erst mit Vilmars Tod, auch nicht infolge seiner Verstimmung über 1866, vielmehr wegen der auch hier übermächtig gewordenen Gleichgiltigkeit der Konfessionellen sind die Pastoral-Theologischen Blätter Vilmars eingegangen. Schlosser hat dem Herausgeber noch gerade vor Thorschluß einen „prächtigen Artikel" geliefert über „Das pastorale Wirken unter dem bureaukratischen Regiment" (Bd. 11. S. 74 Jan. bis Juni 1866). „Die Kirchenbureaukratie, die traurigste Art des Staatskirchenregiments, unter der noch die meisten deutschen Landeskirchen schmachten, ist neben der Pastoren Schwachheit, Trägheit und Sünde das Haupthindernis für einen von Gott gesegneten Erfolg des Hirtenamtes, vielleicht ohne daß sie es weiß oder will. Aber Thatsachen aus allerlei Ländern liefern den Nachweis dieser traurigen Erscheinung. —

Das Wesen der Bureaukratie besteht darin, daß sie das Regiment bloß nach äußerer Vorschrift, Verordnung oder Gesetz führt, ohne innere Beteiligung, ohne den Glauben der Kirche, sie ist die ungeistliche Verwaltung der geistlichen Dinge. Es gibt hohe Kirchenregimentsbeamte, die jahrelang in keine Kirche gehen, denen das kirchliche Bekenntnis, der Inhalt des Evangeliums fremd ist, die von veralteten Dogmen, sagenhaften Wundern und dergleichen reden. Ihnen ist nach Julius Müllers Wort die Kirche „nur das steinerne Haus mit der Kanzel, auf der ein Beamter der höheren Polizei steht und predigt." — Ein solcher kann ein ehrbarer, fleißiger, ja gewissenhafter Aktenschreiber sein, aber im Kirchenregiment ist er untauglich und schädlich. Bureaukratie und reges, freies Glaubensleben sind unversöhnbare Gegensätze. Der Bureaukrat hält alles auf Ruhe und Ordnung, ein gläubiger Pfarrer, der die Gemeinde so bewegt, daß die Wirtshauskolben schreien, ist ihm zuwider, ein ungläubiger aber, der Gott lästert, ist, so lange er die Verordnungen und Reskripte befolgt, wohlgelitten. Jener wird gemaßregelt, dieser in Ruhe gelassen. — Die Bureaukratie ist eng verbunden mit dem Liberalismus; denn so hölzern, festgerammt und verrostet der Bureaukrat in Formen ist, ist er doch ein Mann

---
*) Wir stimmen dem mit den Vorbehalten, die wir vom nationalen Standpunkte machen müssen, bei. D. R.

der Zeit und Umstände, auf die er ängstlich Rücksicht nimmt, um sich seine Stelle zu erhalten. Er will ein beliebter Beamter sein. — Die Bureaukratie ist eine schlimme Feindin der Kirche, denn ihr äußerliches, papiernes, mechanisches Geschäft ist dem feinsten, tiefsten, innerlichsten, von Gottes Geist getragenen Gemeinwesen der Kirche diametral entgegen. Die Kirche verträgt eher den härtesten Druck der Verfolgung als geistlose, äußerliche Behandlung ihrer tiefsten Interessen. Für die wahren Aufgaben der Kirche, die Führung der Seelen zum ewigen Leben durch im Glauben gegründete, vom heiligen Geist erfüllte Pfarrer hat das bureaukratische Kirchenregiment nicht das geringste Verständnis. — Durch Gottes Gnade, zum Teil gegen den Willen des Kirchenregiments hat das Evangelium doch so viel Boden nach der langen Zeit des Schlafes gewonnen, daß wenn die Landeskirche in Trümmer fällt, doch eine Anzahl lebendiger Steine da sind, die sich zu einer Kirche auferbauen lassen." —

Nach einem langen Sündenregister der Kirchenbureaukratie erklärt er: „Gläubige Christen verlangen ein persönliches Kirchenregiment, nur einer Person kann man begeistert nachfolgen, die unbedingt zum Glauben der Kirche steht. Es nützt nicht viel, wenn zuweilen einmal ein Gläubiger in ein bureaukratisches Kirchenregiment kommt, denn auch auf ihn legt sich der bureaukratische Mechanismus wie ein Bann. Er wird überstimmt und erlahmt bald. — Es ist unbestreitbar, daß in den meisten Ländern gerade die Kirchenbehörden viel weniger Vertrauen genießen als die Staatsbehörden, und zwar bei allen Parteien. Auch das erklärt sich aus der inneren Nichtbeteiligung der Kirchenbureaukratie an den Angelegenheiten der Kirche, welche die Ursache aller angeführten Übelstände in Jugendunterweisung, Seelsorge, Kirchenzucht, Kultus, Predigt, Sakramentsverwaltung, kurz in allen Zweigen pastoraler Arbeit ist."

Schonungslos und wahrheitsgetreu, mit heiligem Ernst, aber auch da, wo es sich giebt, mit Humor werden die tausend Schäden aufgedeckt. Man kann die ungenannten Personen und Orte mit Namen nennen, doch hat sich niemand gemeldet, um den Beweis anzutreten, daß er gemeint sei. Auch die südwestdeutschen Kirchenregimente, sofern sie überhaupt etwas erfahren haben von dem im Jahre 66 veröffentlichten Aufsatz, hatten so viel Klugheit, zu Schlossers Abrechnung zu schweigen.

Schlossers ‚Verlangen nach einem persönlichen, oberhirtlichen bischöflichen Kirchenregiment ist in immer weitere Kreise gedrungen, erfreulicher Weise selbst in die Kreise der „positiven Union." Er hatte an seinem im nahen Gronau wohnenden Freunde Dr. F. Haupt einen enthusiastischen, durch Schlossers Nüchternheit kaum zu zügelnden, doch den „Verhältnissen" gegenüber lenksamen Episkopalisten.

Im Jahre 1869 ist von allen Seiten für die Neugestaltung der Landeskirche im Großherzogtum Hessen gearbeitet worden. Auch das Kirchenregiment hatte sich mit dieser Angelegenheit befaßt. Da brach der Krieg mit Frankreich aus. Schlosser sagt darüber:

„Der Krieg ist erklärt, die Rüstungen sind im vollsten Gang, hunderttausende eilen zum Kampfplatz. Das alles ist so überraschend schnell mitten in das Erwerbs- und Genußleben unsres Volkes hereingekommen, daß man kaum die Wirklichkeit fassen, aber auch, wenn das Geistesauge nicht ganz blind geworden ist, den Finger Gottes nicht verkennen kann.

Es ist eine Lage von ungeheuerem Ernst. In unsrem Knaben- und Jünglingsalter war so ein Krieg gegen die Franzosen, den Erbfeind des deutschen Volkes, ein Gegenstand idealer Begeisterung. Die geraubten deutschen Länder Elsaß und Lothringen müssen wieder unser werden. Und fast regt sich noch etwas von dieser Begeisterung in unseren Herzen, aber sie wird niedergehalten vom kühnen Flug; ein Lied von Arndt, Körner und Schenkendorf will uns nicht über die Lippen, und das Lied, das eben am stillen Abend die Bauernbursche vor meinem Fenster singen: „Ich hab mich ergeben mit Herz und mit Hand, dir Land voll Lieb und Leben, mein deutsches Vaterland" bringt mir heiße Thränen in die Augen. Draußen stehen die Gruppen der Frauen bis tief in die Nacht und reden von ihren Söhnen, die schon fort sind. Als ich heute Morgen in der Predigt' (17. August) vom Krieg geredet, war ein lautes Schluchzen durch die Kirche gegangen. Ein armes Weib war dageblieben und als die Kirche stille geworden, hatte sie sich vor dem Altar auf die Kniee geworfen und lange gebetet um ihren Sohn. Und wo ist ein Haus, aus dem nicht ein Sohn, ein Neffe, ein Freund hinauszöge?

Das Furchtbare des Krieges steht vor vierzigjährigen Augen ganz anders da als vor zwanzigjährigen. Der Tod ist der König der Schrecken, welche Ernte wird er halten, wie viel Jammer, Schmerz und Elend in hunderte von Familien bringen, wie viel tausend Seelen vor den Stuhl des ewigen Richters bringen, in welchem Zustand, in welcher Bereitschaft?

Vor fünfzig Jahren, als unser Volk den Riesenkampf mit dem Erbfeind aufnahm, erklangen die begeisterten Schlacht- und Vaterlandsgesänge von Arndt, Körner, Schenkendorf und riefen den Beistand des Herrn der Heerscharen an. Aber den Gott, den man im brüllenden Dampf der Geschütze angerufen und der sich wunderbar offenbart hatte als den allmächtigen Helfer, den hat das Geschlecht unsrer Zeit unter dem Rauch der Maschinen und dem Rausch irdischer Genüsse gar bald vergessen; es hat die Abneigung, die im natürlichen, sündigen Menschenherzen gegen den heiligen Gott sich regt, zu einem ingrimmigen Haß gegen alles, was göttlich ist, anwachsen lassen. Und wenn wir daran gedenken, wie man gerade in den letzten Jahren nicht bloß die Kirche Gottes verlästert, verhöhnt und verfolgt, sondern auch die Grundlagen des Volkslebens und Volkswohles, Ehe und Schule, ihres religiösen Charakters zu berauben mit wahrhaft fanatischem Eifer beflissen gewesen ist, dann will uns so bange werden vor dem, was kommen kann, und es ist, als sähen wir eine gewaltige Zuchtrute über unser Volk sich erheben.

Uns ist bange, aber wir verzagen nicht. Gehen wir mit gutem Mut den kommenden Kriegsereignissen entgegen. Der Krieg ist ein **gerechter**. Das Vaterland wird angegriffen von einem frechen, übermütigen Feind, gerade von dem, von welchem einst die Gottlosigkeit zu uns herüber gekommen ist. Gehen wir aber in den Kampf als ein **gerechtes** Volk, nicht als ein **selbstgerechtes** im Dünkel unserer Fortgeschrittenheit und Vortrefflichkeit. Ein gerechtes Volk ist ein bußfertiges und gläubiges Volk. Gehn wir in den Kampf nicht ohne tiefe Beugung vor dem Herrn der Heerscharen, der die Gewaltigen vom Stuhle stößt und die Niedrigen erhebt, der den Hoffärtigen widersteht, aber den Demütigen Gnade giebt. Und dazu thue die Kirche das Ihre."

Kaum war der Krieg mit Frankreich sieg- und ehrenreich zu

Ende geführt, so brach im Großherzogtum Hessen mit hellen Flammen der kirchliche Verfassungsstreit aus. Schlosser war einer der Führer im Kampfe. In seiner Hand liefen die Fäden alle zusammen, die zu einem erträglichen, möglichst brauchbaren Gewand benutzt werden wollten. Es ist hier — schon aus äußeren Gründen — nicht der Ort, auf Grund der von Schlosser gesammelten Akten und überreichen Briefschaften einen Abriß des Kampfes zu geben. Als es trotz aller Gegenbemühungen zur Einführung der neuen Kirchenverfassung kam, erklärten einige der Kampfgenossen Schlossers, daß sie sich wegen des Endziels auf keinerlei amtliche Mitwirkung einlassen könnten, andere erklärten, daß sie so lange ihre Mitwirkung nicht versagen würden, als die Geltung des Bekenntnisses nicht angefochten oder beseitigt werde, wieder andere meinten, daß sie es nicht auf die gesetzliche, formelle Mißachtung des Bekenntnisses, sondern auf das dem Einzelnen in praxi zugemutete bekenntniswidrige Handeln ankommen lassen würden, noch andere endlich begnügten sich mit der ungehinderten Predigt und Sakramentsverwaltung.

Schlosser konnte sich seiner ganzen geistigen Anlage, seinem Charakter nach nur der Ansicht der an zweiter Stelle Erwähnten anschließen. Er verfuhr mit der peinlichsten Gewissenhaftigkeit. Im Frühjahr 1871 erhielt er den einstimmig an ihn ergangenen Ruf, als Leiter des Diakonissenhauses und der Anstalt für Epileptische nach Bielefeld zu gehen. Er schrieb darüber einem Freunde: „Ich würde es geradezu für Sünde gehalten haben, mich in der Gegenwart, im Angesicht der bevorstehenden Kämpfe, nach einer anderen Stellung auch nur umzusehen, geschweige denn sie zu suchen. Ganz ohne alle Bemühung von meiner Seite, in einem Augenblick, wo mir das Herz sehr schwer war um deswillen, was wir in Hessen zu erwarten haben, kam jenes Anerbieten. Ich soll die Oberleitung eines Komplexes von in starkem Wachstum begriffenen Anstalten christlicher Barmherzigkeit übernehmen. Es ist eine Privatstellung, hat aber gerade als solche für einen hessischen Konsistorialpfarrer etwas sehr Anziehendes. Die „weltliche Grundlage" — wie seinerzeit Pfarrer W. bei Begründung einer „Darmstädter Kirchenzeitung" sagte — ist nicht glänzend, aber auch nichts weniger als kärglich, sondern ganz dieselbe, auf welcher hier mein zeitlich Leben beruht; ich kann sagen: bei Heller und Pfennig dieselbe; sie bietet aber den großen Vorteil, daß ich, so Gott der Herr mir das Leben so lange erhält, meine Kinder in ausgezeichneten Schulen unterrichten lassen und bei mir behalten kann. Am Ende ist sie auf Grund der christlichen Liebe fester fundiert als auf Grund eines Großherzoglichen Dekretes. Überdies kommt mir's auch gar nicht darauf an, ich würde auch mit einem ganz geringen Einkommen zufrieden sein, da ich zur Not ohne alle Besoldung leben kann. Das Schönste ist das reiche christliche Leben der Gegend, die zu den gesegnetsten in Deutschland gehört. Aber —

Nun kommt ein Bedenken. Die Gegend liegt in Preußen (ältere Provinzen), hat also die Union, wenn auch in allerpositivster Gestalt. Die Gemeinden sind von Haus aus rein lutherisch, wo einige Reformierte sind, haben sie eigene Kirchen; der lutherische Glaube und das lutherische Bewußtsein sind sogar sehr intensiv, und es ist speziell im Plan, die Anstalten in wesentlich lutherischem Geist und nach spezifisch lutherischen Grundsätzen weiter begründen und leiten zu lassen. Ja ihr Ursprung liegt schon in einer Reaktion gegen das verschwommene unierte Wesen. So würde ich gerade speziell der lutherischen Kirche, freilich der noch in Banden gehaltenen, dienen. Der Umstand mit der Union ist darum wohl ein weniger schlimmer, aber er ist doch immerhin noch so bedeutend, daß ich noch nicht über ihn hinweggekonnt habe und sagen muß: wäre er nicht vorhanden, so wäre die Sache längst entschieden, ich hätte ohne alles Bedenken zugesagt.

Ich muß gestehen, daß es mir sehr erwünscht wäre, diesen häßlichen Kämpfen in Hessen aus dem Wege gehen zu können. Ich fürchte mich natürlich auch nicht im geringsten, aber ich habe einen fürchterlichen Ekel davor; es scheint mir alles eine Verschwendung von Zeit und Kraft. Ich werde mit meinen pastoralen Arbeiten nie fertig und soll mich auch noch in diese miserablen Katzbalgereien einlassen!

Durch meinen Weggang in der fraglichen Weise würde vielleicht auch unseren Brüdern in der Hessischen „Landeskirche" ihre Stellung etwas erleichtert. Es ist ungeheuer traurig, daß in dieser Verfassungsangelegenheit keine übereinstimmende Auffassung und Überzeugung, darum auch keine gleichen Entschließungen vorhanden sind.

Es ist darum die schlimmste Lage, in der wir uns noch befunden. Der Grund liegt zum Teil in der Zweideutigkeit des Verfassungsentwurfs. Von allen lutherischen Geistlichen des Landes kann ein Widerstand bis zum Äußersten nicht erwartet werden, ja nicht einmal von einer Mehrzahl. Es wäre auch schon gut, wenn nur zehn sich fänden. Wären es aber nur zwei, drei, die sich absetzen ließen, so wäre das schlimm für die Gesamtheit; man würde sagen: Seht, nur so wenige haben wirklich den Mut fester Überzeugung. Ich möchte recht gern unter den wenigen sein, ja wenn es sein sollte, der alleinige, aber das für mich ziemlich wohlfeile Martyrium könnte eben den anderen zu ihren Ungunsten ausgelegt werden. Ich dachte schon an eine freiwillige Resignation, — ehe ich jenes Anerbieten erhielt. Kommt's zum Scheiden und denke ich an die Freunde, die Verwandten, meine Gemeinde, ja nur an das Thal, in welchem ich nun schon neunzehn Jahre lebe und arbeite, so kommen mir schon jetzt die Thränen."

Die kirchlichen Konferenzen in jener Zeit hatten für Schlosser etwas Peinliches. Dagegen die Konferenzen des „Deutschen evangelischen Schulvereins" mußten für ihn etwas Anziehendes haben, denn hier sammelten sich Gleichgesinnte auf einem Boden, in dem noch nicht alle Hoffnungen begraben waren. Auf der in Frankfurt a. M. am 4. April 1872 zusammengetretenen hessischen Schulkonferenz hat Schlosser einen ganz vortrefflichen Vortrag „über nationale Erziehung" gehalten, ein Vortrag, der auf Beschluß der Konferenz gedruckt und neuerdings in die Sammlung von Vorträgen Schlossers aufgenommen worden ist. Was sagt er selbst von diesem Vortrag? „Mir hat's wenig genügt", heißt es in einem Freundesbrief, „ich glaubte, ich habe mich mit meinem in größter Eile hingeworfenen Vortrag blamiert, und war sehr erstaunt, als man den Druck desselben verlangte. Das hatte wohl seinen Grund in der Übereinstimmung mit jenen wider den modernen Kulturgötzen gerichteten Grundanschauungen."

In demselben Briefe teilt er mit, daß ihm die Centralleitung der Angelegenheiten der deutschen Gemeinden Augsburger Konfession in Paris angetragen worden sei; diese Leitung solle von Deutschland aus erfolgen; komme die Sache zustande, so werde er sein Amt aufgeben und nach Leipzig, Stuttgart oder Frankfurt ziehen müssen.

Ehe sich Schlosser schlüssig machen konnte, ob es an ein Scheiden gehe, legte ihm Gottes Hand ein Scheiden auf, das ihn „vom Gipfel zeitlichen Glückes heruntergeschleudert in die Tiefe." Am 2. Oktober 1872 wurde ihm der jüngste Sohn, Rudolf, geboren. Drei Tage darauf starb ihm seine Emilie, die treue Mutter seiner sechs unerzogenen Kinder: „Sie hatte einen seligen Tod. Trotz großer körperlicher Schmerzen, trotz dem tiefen Weh des Scheidens, leuchtete in einzelnen Momenten, wo wir beteten, oder ich ihr ein Wort Gottes sagte, ihr Auge wie das ganze Angesicht in wahrem Himmelsglanz. Ihr erstes Wort, als ich ihr die zuerst gar nicht für wahrscheinlich gehaltene Gefahr andeutete, war: „Ach Gott, ich bitt durch Christi Blut, mach's nur mit meinem Ende gut!" Ihr letzter Kampf, den man nach der Natur der Krankheit (Unterleibsentzündung) als einen langen, qualvollen vermutete, war kurz und leicht. Ihr letztes Wort ein „Amen" zu dem Spruch: „Ich bin gewiß, daß weder Tod noch Leben, weder Engel, noch Fürstentum noch Gewalt, weder Gegenwärtiges noch Zukünftiges, weder Hohes noch Tiefes uns scheiden mag von der Liebe Gottes, die in Christo Jesu ist." Denke ich an sie, so bin ich ruhig und mir ist, als spräche sie den Spruch, den sie für unseres kleinen Friedrich Grabstein gewählt: „Mein Los ist mir aufs liebliche gefallen." Sehe ich mich und meine Kinder an, so zerreißt mir der Jammer das Herz, und ich habe keinen Trost als den, daß Gottes Wege und Gedanken höher sind, als die unseren, daß sein Rat wunderbarlich ist, aber alles herrlich hinausführt."

Wie ergreifend klingt die Erinnerung an diesen schweren Verlust sechs Jahre später in einer Rede beim Jahresfest der Kleinkinderschule in Seckbach nach: „Ich habe an vieler Menschen Grab gestanden und habe selbst den Jammer des Todes im eigenen Haus erfahren. Ich stand vor der Bahre, auf die man die treueste Mutter legte, sie hinauszutragen zum Friedhof in ihr letztes Ruhekämmerlein. Der Jammer zerriß mir das Herz und vielen, vielen der Anwesenden rollten Thränen über die Wangen. Und droben am Fenster standen die kleinen blauäugigen Blondköpfchen und schauten auf die Leute herab und auf die schönen Blumen und Kränze, die man der Mutter auf den Sarg legte, und lächelten. Das Kind weiß nichts von dem Tod und dem Schrecken des Todes und das steht ihnen fest: die Mama oder der Papa, das Brüderchen und Schwesterchen ist im Himmel beim lieben Gott. Siehe, das ist der Sieg des Kindergemütes über Welt und Tod."

Vier Wochen nach dem Tod seiner Frau erhielt Schlosser von Konsistorialrat v. Bahder in Darmstadt, seinem alten, treuen Freund, den er schon kannte, ehe derselbe dem Antichristentum in Weinheim a. d. B. unerträglich geworden, die erste Nachricht, daß er für die Stelle eines Geistlichen des evangelischen Vereins in Frankfurt a. M. in Aussicht genommen sei. Der Freund schreibt ihm: „Ich bin zu der Vermutung gekommen, daß Sie wahrscheinlich den Antrag annehmen werden. Sie könnten sich auch dort, wenn Sie es vorziehen, eine ländliche Wohnung in einer Vorstadt mieten, hätten dabei aber in der großen Stadt die beste Gelegenheit, Ihren Kindern einen angemessenen Unterricht zu verschaffen. Sie selbst würden, nach meiner Meinung, für die Art der Thätigkeit, die man dort von Ihnen verlangte, ganz besonders geeignet sein, und Sie fänden dort auch leicht einen anregenden und erquickenden Umgang, der Ihnen in Ihrer gegenwärtigen Lage ganz besonders zu gönnen wäre."

Ende Januar 1873 schreibt Schlosser einem jüngeren, in der Nähe von Frankfurt wohnenden Freund: „Am vorigen Freitag bin ich um meinen Abschied eingekommen und am Sonntag Vormittag hatte ihn der Großherzog, wie er meinem Grafen sagte, schon bewilligt. Das geht schnell. — Sie wissen doch, daß ich nach Frankfurt gehe? Das Fehlen meiner guten Frau hätte mich genötigt, die ältesten Kinder auswärts zu thun, wozu ich mich nicht entschließen konnte. In Frankfurt haben sie trefflichen Unterricht. Die mir angebotene Stellung (Ev. Verein), Vorträge, Bibelstunden, Jünglingsverein u. s. w. entspricht ganz meinen Neigungen. Wolle mir Gott nur Kraft verleihen. Ich scheide dabei aus dem Hessischen Gemeinwesen, nicht aber aus dem Brüder- und Freundeskreise."

Zwei Monate später heißt es in einem Briefe an denselben Freund: „Noch ist mir's furchtbar öde im Hause und der sprossende Frühling draußen erfüllt mich mit tiefer Wehmut. Bald nach Ostern gedenke ich überzusiedeln. Meine Wohnung ist in der Weißfrauenstraße. — Ich habe ein neues Anerbieten nach Leipzig mit ausschließlich litterarischer Thätigkeit, bin aber nun an Frankfurt gebunden."

Vom 20. Mai 1873 an wohnte Schlosser in Frankfurt. Als der benachbarte Freund ihn in den nächsten Tagen besuchte, stand der fleißige Mann, umgeben von der Unordnung des Umzugs, am Stehpult und schrieb den am 5. Juni in Leipzig gehaltenen Vortrag auf der lutherischen Konferenz nieder: „Über die Abnahme des Studiums der Theologie." Aus der Unterhaltung der beiden Freunde über dieses Thema flossen sofort einige Illustrationen des Lebens in das Manuskript über. Das war so Schlossers Art. Mit seinem Sinn für das ihn umgebende Leben, für Großes und Kleines, in die Augen Fallendes und Unscheinbares öffnete er jedem, der mit ihm ins Gespräch kam, den Mund und in seinem starken Gedächtnis hielt er nicht selten Erlebnisse der Freunde fest, welche diese selbst bald vergessen hatten.

In Frankfurt ist in Schlossers Leben an die Stelle des Kampfes die Arbeit getreten, nicht die Ruhe; von dem bewegten, nach allen Seiten in Anspruch genommenen täglichen Leben des fleißigen, unermüdlich thätigen Mannes, der immer wieder neue Arbeitsgebiete in Angriff nahm, werden sich nur diejenigen eine richtige Vorstellung machen können, die tagelang mit ihm in seinem neugebauten freundlichen Hause zu Sachsenhausen in der Gutzkowstraße verkehrt haben.

Von seinen Bibelstunden im „Evangelischen Verein" haben viele Männer und Frauen einen reichen Segen gehabt. Mit gesundem, doch maßvollem Realismus hat er die Bibel erklärt und mit dieser Erklärung dem Volk lutherisches Bewußtsein beigebracht. Das den Lesern des Kirchenblattes erklärte erste Buch Mose war es vorzugsweise, was seinen Bibelstunden eine merkwürdige Anziehungskraft verlieh.*) Die Redaktion des „Kirchenblattes" führte er von Frankfurt aus noch eine Zeit lang fort, doch nötigte ihn die Macht der äußeren Verhältnisse, mit dem Schlusse des Jahres 1874 diese Arbeit einem Freunde in Darmstadt zu überlassen. Nun hatte Schlosser volle Freiheit, den Geistlichen in und um Frankfurt im Predigen auszuhelfen, hin und her in Deutschland anregende lebensvolle Vorträge zu halten und auf Missionsfesten Festpredigten zu halten, wenn es irgend möglich war. Es seien

*) Sind vor Kurzem im Druck erschienen bei Velhagen & Klasing in Bielefeld und Leipzig. D. L.

hier die Vorträge erwähnt, welche er 1874 über die neuere christliche Poesie und „über die Fürsorge für die konfirmierte weibliche Jugend des Arbeiterstandes", im Winter 1875 über Göthes Jphigenie und in den nächsten Jahren über „Heimatliebe, Heimweh, Heimgang", über „Erholung im Lichte des Evangeliums und die Magdalenensache" in Frankfurt gehalten hat. Auswärtige Vorträge jener Jahre sind: „Von den letzten Dingen" (Bielefeld 1873), „Poesie und Christentum" (Stuttgart 1875), „Welche sozialen Verpflichtungen erwachsen dem Christen aus seinem Besitz?" (Magdeburg 1878, Kongreß für innere Mission), „Die Vagabundennot" (Bielefeld 1879), „Bild und Bildung" (Braunschweig 1879), „Versuchung, Prüfung, Anfechtung" (Barmen Pastoralkonferenz 1879), „Die Stadtmission" (Ansbach und Wiesbaden 1880), „Die Vagabundenfrage" (Gera, Thüring. Konferenz für innere Mission 1881), „Kirche und Sekten in unserer Zeit" (Berlin 1882).

Wie er über seine Vorträge dachte, ergiebt sich aus einem Briefe vom 10. Februar 1879, mit welchem er den Magdeburger Vortrag einem Freunde zur Anzeige schickte: „Sie werden keinen neuen Gedanken darin finden, nichts, das Sie nicht auch schon gedacht, auch ausgesprochen. Darauf kommt es aber bei solchen Sachen nicht an, die Hauptsache ist, daß man ein Bild der Zeit, unsrer gegenwärtigen Lage und der uns drohenden Gefahren entwirft, um den Optimismus zu zerstören, der in ganz unglaublichem Maße auch in christlichen Kreisen noch herrscht und in bedenklichster Weise im Wachsen ist, seitdem das Sozialistengesetz die sozialdemokratischen Vereine und Blätter hat verschwinden machen. Man glaubt jetzt schon, diese Feinde für immer los zu sein, und diesen traurigen Wahn den Leuten zu nehmen, ist eine Hauptaufgabe, die mir mit meinen Auseinandersetzungen hie und da gelungen. Auch weiß ich, daß mancher Reiche schon bedenklich geworden über die Weise seines seitherigen Lebens."

Im Oktober 1885 ist er dieser Frage nochmals näher getreten mit seinem Korreferat über „Besitz und Arbeit" auf einer Konferenz in Frankfurt.

Zu seinen vielen Arbeiten übernahm Schlosser im Jahr 1879 auch noch die Herausgabe des „Christlichen Bücherschatzes". Die christliche Litteratur war in den „Illustrierten Weihnachtslatalogen" schwach vertreten und mit den Erzeugnissen zersetzender und auflösender antikirchlicher Bestrebungen vermischt, dem christlichen Haus sollte durch Zusammenstellung eines nur gute Bücher enthaltenden Verzeichnisses der Weg zu einem „Bücherschatz" gezeigt werden. Vom zweiten Jahrgang an kam ein „kritischer Jahresbericht" hinzu, an welchem sich eine stattliche Zahl von Mitarbeitern beteiligt hat. Im Sommer 1880 hat Schlosser in Hagenthal im Harz die Sache des christlichen Bücherschatzes wiederholt eingehend mit Martin v. Nathusius besprochen, der als Herausgeber des „Volksblattes für Stadt und Land" und der dasselbe fortsetzenden „Konservativen Monatsschrift" aus Erfahrung mitsprechen konnte. Schlosser wollte anfangs nur auf christlichem Gebiet Kritik geübt wissen, damit das Gute vor dem minder Guten empfohlen werden könne. Später ergänzte er diese Ansicht: „Das Gesamtgebiet der Unterhaltungslitteratur muß von uns beleuchtet, die Aufgabe des Bücherschatzes universeller gefaßt werden; er gewinnt damit auch Bedeutung für weitere Kreise und kann auch nur damit seiner Aufgabe genügen, der Christen Urteil zu rektifizieren, manchen Blick zu erweitern, anderer Gewissen zu schärfen bezüglich der Stellung, die sie zur weltlichen, meist nichtchristlichen, oft un- und widerchristlichen Unterhaltungslitteratur einnehmen. Etwas Gutes, das nicht wider das Evangelium ist, mag den Engen auch einmal empfohlen werden." — Daß Schlosser selbst mit Recensionen der von ihm in stillen Abendstunden gelesenen Bücher sich fleißig am „Bücherschatz" beteiligt hat, lehrt ein Blick in die zehn Jahrgänge seiner Redaktion.

Von Hagenthal schreibt er einem Freunde, daß sein Aufenthalt an dieser Stätte der Erholung „ein Erlebnis eigentümlichster Art" gewesen sei. Man hatte ihn selbstverständlich als Geistlichen in den Harz gerufen, damit er an den Angefochtenen und Schwermütigen unter den erholungsbedürftigen Christen Seelsorge üben könne. Daneben mußte er „wieder eine Art christlicher maitre de plaisir sein, auch in allerhand Ökonomischem wenigstens mit seinem Rate dienen." Er selbst hatte auch für sich auf Erholung gehofft, aber „Ruhe habe ich wenig gehabt, da mir mein halbes Amt nachgezogen kam." Alle Anfragen, Anmeldungen in den Frankfurter Anstalten mußte er von Hagenthal aus erledigen.

„Und wie jedesmal in meinen Ferien kamen allerhand Bitten, resp. Aufträge von solchen, die dachten: der hat jetzt Zeit, der kann einmal dies und das thun. Eines wollte ich thun, die Geschichte der inneren Mission in Hessen schreiben, die zugleich eine hessische Kirchengeschichte der letzten 25 Jahre ist. Ich glaube, ich soll es auch thun, denn vieles, vieles geht mit mir zu Grabe, keiner hat das Meiste so miterlebt, Lucius vielleicht ausgenommen, und der weilt nicht mehr in dieser Welt. Ich hatte nur das Material mitgenommen, habe aber keinen Federstrich thun können." — Man kann nur bedauern, daß Schloffer diese geschichtliche Arbeit vor der Menge täglicher Arbeiten nicht einmal in Angriff nehmen konnte. Wie sehr seine Zeit in Anspruch genommen war, ergiebt sich beispielsweise aus dem Zusammentreffen folgender in den November 1880 fallender Umstände. Auf den 10. November war von den evangelischen Konservativen Frankfurts in Verbindung mit dem katholischen Freiherrn von Fechenbach-Laudenbach eine soziale Konferenz aus konservativen Protestanten und mildgesinnten Katholiken in das gastliche Haus des Fabrikanten Georg Zimmer in Sachsenhausen zusammenberufen worden. Für den 9. November hatte Schloffer einen Vortrag in Elberfeld und für den 11. einen in Barmen übernommen. Da er den Hofprediger Stöcker von Berlin erwartete, und da er selbst unter den Einladenden war, so mußte er in der Nacht vom 9. auf den 10. nach Hause reisen, um am Abend des 10. wieder denselben Weg nach Barmen zurückzulegen. —

In derselben Zeit hat Schloffer einen Ruf als Superintendent nach Sondershausen bekommen. Sollte er annehmen oder nicht? Sollte er mit seinen vierundfünfzig Jahren die schwere Arbeitslast in Frankfurt einem anderen überlassen und das weniger beschwerliche Amt des Superintendenten eines kleinen Landes übernehmen? Er schrieb hierüber an eine Freundin: „Unser alter, ehrwürdiger Pfarrer Bonnet behauptet: wenn man eine Stelle, die man inne hat, verlassen soll, muß man sich auf der einen Seite gezogen, auf der andern geschoben fühlen. Das erste ist nun absolut nicht der Fall. Ich fühle mich glücklich in meinem hiesigen Beruf, den ich einst nicht gesucht, in den mich Gott der Herr hineingeführt hat. Ich habe mir hier eine zweite Heimat gegründet, ein Haus gebaut, in dem ich immer zu bleiben hoffte. Meine Kinder sind durch Bande herzlichster Freundschaft an Frankfurt, durch Liebe zu den nächsten Verwandten im nahen Hessenlande an diese Gegend Deutschlands gebunden, sie würden mit schwerem Herzen zum drittenmale die Heimat wechseln und mir war es zu Mute, wie dem Abraham 1 Mosis 12, 1. Das dürfte aber keinen Ausschlag geben. Wichtiger ist, daß zu einem Teile des mir angebotenen Amtes, den bureaukratischen Arbeiten, mir nicht nur alle Neigung, sondern, wie ich glaube, auch der Beruf fehlt. Die Superintendentur, Visitation von Pfarrern und Lehrern, pastorale Ansprachen an dieselben und die Gemeinden, pastorale Beratung derselben, das gienge schon; aber Referat in einem Regierungskollegium: nun, es gienge zur Not wohl auch, wenn man in einem solchen Verständnis findet für die wahren Interessen und vom wahren Wesen der Kirche und (christlichen) Schule. Wenn das nicht der Fall ist, zerarbeitet man sich vergeblich, erlahmt und muß schließlich alles mit verantworten, was man vielleicht nicht gewollt, ja bekämpft hat. Daran ist einer meiner liebsten Jugendfreunde — Julius Göhring — zu Grunde gegangen im Oberkonsistorium zu Darmstadt. — —

Nun aber „geschoben" fühle ich mich hier gar nicht, im Gegenteil „gehalten". Man bittet mich zu bleiben, will mir Erleichterung verschaffen, ich soll mir einen Gehilfen suchen (etwa einen Kandidaten, der sich allmählich in die hiesigen Arbeiten hineinlebt). Während früher in ähnlicher Lage und Frage die Freunde einstimmig entweder ab- oder zurieten, sind jetzt die Meinungen geteilt. Da fühle ich denn doppelt schwer meine Vereinsamung."

Der „Evangelische Verein" in Frankfurt wußte, was er an Schlosser hatte, er hielt ihn darum fest. Man bewilligte ihm die Mittel, um einen Gehilfen anzunehmen und erhöhte sein eignes Einkommen, worum er gar nicht gebeten hatte. Welchen Eindruck sein Entschluß, in Frankfurt zu bleiben, unter den treuen evangelischen Christen dieser Stadt hervorrief, geht aus einem Briefe vom 30. Januar 1881 hervor, in welchem er sagt: „Heute Abend ist mir das Herz besonders voll, daß es ein klein wenig übergehen muß. Als ich nämlich um 9 Uhr nach der ersten Bibelstunde in den Jünglings- und Gesellenverein kam zu einer zweiten, stand ein stattlicher Sängerchor im Saal und auf dem Katheder ein wunderschöner Blumenstrauß. Man sang und dann hielt ein Mitglied eine Rede und brachte mir — die Glückwünsche zu meinem Geburtstag am morgenden Tag und den Dank der achtzig Jünglinge, daß ich hier geblieben, oder wie er sich ausdrückte, daß ich ihnen vom lieben Gott wiedergeschenkt sei. Ich konnte nicht ohne Thränen antworten, die anhängliche Liebe ergriff mich tief, zugleich das Gefühl, daß ich sie doch nicht verdient; kann ich doch auch nicht anders als sagen: „Ich bin zu gering aller Barmherzigkeit und Treue, die du an deinem Knechte gethan hast." — Übrigens habe ich bei solchen Erweisen göttlicher Barmherzigkeit, beim Hinblick auf meine Unwürdigkeit, die mich niederbrückt, beim Gedanken an alle meine Versäumnisse ein seliges Gefühl in dem, was unser Glaubensbekenntnis sagt: ich glaube eine Vergebung der Sünden und Gottes Freundlichkeit, die sich in solchen schönen Erlebnissen beweist, ist mir damit verbürgt. So hoffe ich denn von seiner Gnade, er werde mir's geben, daß ich meiner Missionsgemeinde ein treuer Hirte sei."

In diese Tage der Neubefestigung seiner Stellung in Frankfurt fällt Schlossers Verlobung mit der Gräfin Julie Rehbinder in Karlsruhe am 24. Januar 1881, der Tochter des verstorbenen kaiserlich russischen Marine-Offiziers Grafen Nikolai Rehbinder zu Reval in Esthland. — Am 29. September 1881 wurde er mit der Erwählten getraut, die seinem Hause und seinem Herzen wieder das brachte, was ihm seit neun Jahren fehlte: warmer Sonnenschein inniger, herzlicher Liebe. Sie hat das Herz der ohne Mutter aufwachsenden Kinder erst sich und dann dem Vater erschlossen, dem Vater, der im Drange der bis in die Nacht hineingehenden Arbeit seinen Kindern sich wenig widmen konnte, und durch die zweite Mutter die jüngeren Kinder erst kennen lernte.

Hat es der ersten Frau Schlossers schwer gehalten, sich in das reich angelegte Wesen, in das mannigfache Wissen und Thun des Mannes hineinzuleben, so war es ihm beschieden, durch ein vollkommenes gegenseitiges Verständnis und völliges Ineinanderleben mit der zweiten Frau ein Glück ohnegleichen zu erleben, da der Tag sich zu neigen begann. Kurze Zeit nach der Verlobung traf ihn auf der Reise ein jüngerer Freund, und als dieser seinen Glück-

und Segenswunsch von den freudestrahlenden Augen Schlossers beantwortet sah, fragte er: „Sie sind wohl sehr glücklich?" Die Antwort war: „Ach, unendlich." Von diesem großen, unendlichen Glück konnte sich überzeugen, wer an Schlosser einen lieben, treuen Freund hatte und ihn in Frankfurt besuchte. —

Während der Frühlings- und Sommermonate sahen sich die Verlobten da und dort, einmal auch in Gernrode im Harz. Auch im Sommer 1881 war Schlosser als „Hauspastor" nach Hagenthal gerufen worden, das sich seit einem Jahre aus einem stillen, familienartigen Erholungsort zu einem lauten lebhaften Sammelplatz mehr oder weniger müder Christen entwickelt hatte. In einem Briefe vom 5. Juli heißt es von der Reise: „Am Bahnhofe in Queblinburg stand Nathusius, mir anzukündigen, daß ich am Mittwoch — also morgen — die Einweihung des neuen, großen Kurhauses und am Ende des Monats die Festpredigt am Jahresfest der Neinstedter Anstalten übernehmen solle. Das nennt man Erholung." — Am 7. Juli schreibt Schlosser: „Die Einweihungsfeier ist vorüber; es war eine ungemein zahlreiche Versammlung, Ihre Hoheit die Herzogin Witwe von Anhalt-Bernburg, im nahen Ballenstädt residierend, an der Spitze. Ein schweres Gewitter zog über das enge Waldthal, im großen Saale der Anstalt war es so dunkel, daß man mir zwei Lampen anzünden mußte, damit ich nur den Text der Festrede lesen konnte: „Ihr aber als die lebendigen Steine bauet euch zum geistlichen Hause und zum heiligen Priestertum, zu opfern geistliche Opfer, die Gott angenehm sind durch Jesum Christum" 1 Petri 2, 5. Während der Feier leuchteten die Blitze und krachten die Donner. Ich hatte Sorge um die bei Gewittern so ängstlichen nervösen Frauen, aber es blieben alle ruhig und andächtig, und bald drang durch die geöffneten Fenster ein unbeschreiblich frischer, erquickender Lebenshauch, fast das versinnbildlichend, was die vielfach in heißer Arbeit ermatteten Seelen der anwesenden Gäste in Hagenthal suchen." — Mit „tiefem Dank gegen Gott" verließ er auch diesmal den Harz.

Die Herausgabe der von Mühlhäußer und Geffcken 1876 begründeten „Zeitfragen des christlichen Volkslebens" übertrug man 1881 neben dem Freiherrn E. v. Ungern-Sternberg Schlosser. — Auch daran war M. v. Nathusius schuld.*) Schlosser konnte bei seiner ausgebreiteten Bekanntschaft leicht geeignete Mitarbeiter gewinnen. An Umsicht hat er es nicht fehlen lassen. „Würden Sie nicht einmal eine „Christliche Zeitfrage" behandeln?" fragt er im April 1881 einen seiner älteren Freunde. „Seit Mühlhäußers Tod und Gefftens Unwohlsein ist die Herausgabe dieser Broschüren in die Hände von Ungern-Sternberg und meiner Wenigkeit übergegangen. Machen Sie mir auch Fragen namhaft, die wert sind, einmal besprochen zu werden, — recht bald. Ich wäre Ihnen sehr dankbar dafür." Schlosser selbst hat im 2. Heft des 13. Bandes seinen 1880 in Barmen und Wiesbaden gehaltenen Vortrag „Fortschritt, Fortentwicklung, Fortbildung im Kulturleben" den „Zeitfragen" einverleibt.

In die Jahre 1881 und 1882 fallen die Vorträge in Gera (Thüringer Konferenz für innere Mission) über die „Vagabundenfrage" und in Berlin über die „Kirche und Sekten in unserer Zeit"; der letztgenannte ist in die Sammlung Schlosser'scher Vorträge aufgenommen worden. Eine Woche vor diesem Vortrag (13. Juni 1882) hat Schlosser in der St. Lorenzkirche zu Nürnberg eine Missionsfestpredigt über Ezechiel 36, 22—27 gehalten, die rasch in zwei Auflagen verbreitet worden ist und seine Predigtgabe wie nicht leicht eine andere Predigt nach allen Seiten hin kennzeichnet.

Das Jahr 1883 brachte freudige Erlebnisse im Haus. Im März verlobte sich die älteste Tochter und im September wurde die jüngste Tochter geboren. Von den beiden nächsten Jahren läßt sich sagen, daß sie an Reisen zu auswärtigen Festpredigten und Vorträgen nicht ärmer waren als die vorhergehenden. Dagegen erfolgten im Jahre 1886 fast ausnahmslos Ablehnungen, wenn Schlosser nach außenhin verlangt wurde. Dies hatte seinen Grund in einer schweren Krankheit. Im April jenes Jahres wurde der rüstige, gesunde Mann von einer heftigen Bronchitis ans Krankenlager gebannt. Sechzehn Wochen lang war der fleißige, unermüdliche Arbeiter zur Ruhe verurteilt. Auf eine sechswöchige Kur in Soden am Taunus folgte ein gleichlanger Aufenthalt im gastlichen Hause der Gräfin Schmeinitz auf Hansdorf in

---

*) Das ist ein Irrtum des Herrn Verfassers. Redakteur Dietz von Bielefeld hat Herrn v. Ungern-Sternberg auf Schlosser hingewiesen. D. V.

Schlesien. Völlig erholt hat sich Schlosser von jener heftigen Krankheit nicht mehr. Von 1887 an fing ihm das Gehen an beschwerlicher zu werden, und dies langsame, mühsame Gehen ließ ihn älter erscheinen, als er war. Dazu kam, daß ihm bei längerem und lautem Sprechen die Stimme versagte. Im Juli und August war er zu seiner Kräftigung in Lichtenthal bei Baden. Dieser Aufenthalt hat es ihm ermöglicht, im August in Kassel bei dem Kongreß zur Hebung der öffentlichen Sittlichkeit und 4 Wochen später in Auerbach an der Bergstraße bei der Konferenz der Berufsarbeiter für innere Mission Ansprachen zu halten, aber an beiden Orten haben seine Freunde den wehmütigen Eindruck bekommen, daß die Zeit seines Erdenlebens bald ablaufen werde.

Ein beginnendes Rückenmarksleiden, von dessen Vorhandensein er nichts ahnte, das ihm auch noch keinerlei Schmerzen oder Leiden verursacht hatte, ließ für die nächste Zeit Siechtum fürchten. Das hat ihm aber Gottes Gnade erspart. Am vierten Advent 1889 hielt er noch die Weihnachtsfeier im Gefängnis zu Preungesheim. An demselben Tage hatte er noch eine Andacht im Vorasyl für Magdalenen. Am darauffolgenden Montag hielt er noch eine Armenbescherung. Den Weihnachtsabend (Dienstag) feierte er mit seiner Familie so fröhlich und dankbar wie kaum jemals. Am ersten Weihnachtstag erwachte er mit leichtem Fieber. Es hielt sehr schwer, ihn im Bett zu halten, denn er sollte noch verschiedenemale reden. Die Influenza war da. Zuerst so leicht, daß er am Freitag und Samstag wieder aufstehen durfte. Nun zeigte es sich, daß die Beine den Dienst versagten. Nachdem er mühsam wieder zu Bett gebracht war, äußerte er: „Das legte sich wie Nacht auf meine Seele, was soll werden, wenn ich nicht mehr gehen kann!" Wie in prophetischer Eingebung sagte seine Frau zu ihm: „Darum gräme dich nicht, das erspart Gott dir ganz gewiß!" In der Nacht trat wiederum Fieber ein. Am Sonntag Abend redete er zum erstenmal irre, kam aber immer wieder gleich zur Besinnung, wenn seine treue Pflegerin zu ihm sprach. Am Montag und Dienstag wuchs das Fieber von Stunde zu Stunde. Am Montag hat er noch manchmal gesprochen, am Dienstag fast nichts mehr. Abends begann der Todeskampf. Nach 9 Uhr rief der Arzt ihm ins Ohr: „Herr Pfarrer!" Da antwortete er, wie aus weiter Ferne, unendlich mühsam und fast unwillig: „Was soll ich noch?" Während des angstvollen Kampfes zuckte er manchmal zusammen, wenn das tolle Schreien und Schießen der Neujahrsnacht an sein Ohr drang. Mit dem Glockenschlag sieben am 1. Januar 1890 ist der treue Knecht heimgeholt worden von seinem Herrn und Heiland. Charakteristisch für seine Treue ist, daß er noch am Sonntag den Korrekturbogen seiner letzten litterarischen Arbeit „Freiherr von Stein" für das Januarheft der „Konservativen Monatsschrift" durchsehen wollte. Da es nicht recht ging, war er erst dann beruhigt, als die von der treuen Pflegerin besorgte Korrektur glücklich abgeschickt war.

Am 4. Januar 1890 ist sein sterblicher Teil auf dem Sachsenhäuser Friedhof unter zahlreicher Beteiligung derer, die ihn lieb hatten, zur Erde bestattet worden.

Was Schlosser als **Pfarrer** der Gemeinden Bensheim, Schönberg und Reichenbach und als **Vereinsgeistlicher** in Frankfurt gethan und gelitten hat, darüber kann kein Mensch etwas Ausreichendes sagen, das weiß Gott allein. Wir wissen nur von äußeren Einzelheiten zu berichten. Nicht um sich zu rühmen — eitlen Selbstruhm kannte er nicht, **denn es galt ihm stets um die Sache seines Herrn**, nie um seine Person — wohl aber um fern und müßig Stehende anzulocken, hat er 1882 eine „**Kurze Darstellung der Thätigkeit der inneren Mission in Frankfurt a. M.**" veröffentlicht, aus welcher man sich einen Begriff davon machen kann, was alles seine Thätigkeit in Anspruch genommen hat. Die **rettende** und die **bewahrende** Liebe in und um Frankfurt werden thätig im Rettungshaus zu Niedererlenbach, in den Kleinkinderschulen, in den Sonntagsschulen und Kindergottesdiensten, in einem Kinder-Siechenhaus, im Gefängnisverein, im Magdalenenverein, im Jünglingsverein und Lehrlingshaus, in der Herberge zur Heimat, im Feierabendhaus, im Verein christlicher Kaufleute, im Marthahaus, in der freiwilligen Armenpflege durch Diakonen, im Diakonissenhaus. Was Schlosser in allen diesen Arbeitsgebieten allein und in Verbindung mit anderen geleistet hat, ist ihm in die Ewigkeit nachgefolgt.

Wahrhaftig, er war ein treuer Haushalter im Reiche Gottes, ein treuer Arbeiter im Weinberg Christi, ein unermüdlicher Fischer im Meer der Welt, eben deshalb aber war er kein vielgeschäftiger Macher, kein berechnender Streber. Er drängte sich nie vor und doch überragte er so viele. Wenn er aber etwas unternahm, so brachte er stets ein warmes, nachhaltiges Interesse für die Sache mit. Darum war bei ihm nichts unreif, verfrüht, aber auch nichts verspätet, verjährt. Frommes Thun und Leben standen ihm höher als korrekte Theorien. Die rechtgläubigen Theoretiker hat er liebreich geduldet, aber verkehrt hat er am liebsten mit Freunden, welche mit ihm auf einem Boden werkthätigen Christentums standen. Zu Reichenbach, auch schon in Schönberg, hatte er das Glück, treffliche Nachbargeistliche, wie Simon in Bensheim, Eckstein in Auerbach und Helferich in Beedenkirchen, zu seinen nächsten, besten Freunden zählen zu dürfen. Dem letztgenannten hat er beim fünfzigjährigen Amtsjubiläum unter der Überschrift: Soli Deo gloria ein „Denkmal dankbarer Liebe" gesetzt. Ein in der Erinnerung seiner Freunde vorzugsweise haften gebliebener Zug seines Wesens ist der unerschöpfliche Humor, mit welchem der sonst so tief ernste, strenge Mann in Stunden der Erholung die gesellige Vereinigung der Freunde zu beleben pflegte. Dabei kam ihm sein gutes Gedächtnis zu statten. Auch seine schriftstellerischen Arbeiten wußte er in ungezwungenster Weise mit seinem Humor zu würzen, ja den Mitteilungen seiner Freunde hat er ab und zu, wie die Maler sagen, Lichter aufgesetzt, die er der Type Humor entnahm. Im März 1867, als der norddeutsche Reichstag zusammengetreten war, erinnerte das „Kirchenblatt" an die am 28. März 1849 vollzogene deutsche Kaiserwahl im Frankfurter Parlament und an den dabei geäußerten Wunsch des Präsidenten Simson, „daß der Genius Deutschlands über dieser Wahl walten möge". Vilmar hat die vollendete Inhaltslosigkeit dieser Redensart in einem nachmals in dem dreibändigen Werke „Zur neuesten Kulturgeschichte Deutschlands" abgedruckten Zeitungsartikel in unwidersprechlicher Weise nachgewiesen, und zu dem Nachweis Vilmars hat Schlosser die Anmerkung gefügt: „Was ist eigentlich der „Genius"? Die Frage ward auch einmal in den Tagen des Frankfurter Parlaments aufgeworfen und ein namhaftes Mitglied desselben gab die Antwort: „Was der Genius sei, wisse man eigentlich nicht; jedenfalls aber müsse er ein Kerl wie ein Hausknecht sein, denn man mute ihm alle möglichen

Dinge zu." — Der Reiseerinnerung eines seiner Mitarbeiter, in welcher erzählt war, daß in einer und derselben Kapelle der platteste Rationalismus eines Unionsfanatikers und der windigste Nihilismus eines deutsch-katholischen Sprechers an einem und demselben Morgen, nacheinander, aber innerlich in schönster Harmonie auf den Predigtstuhl gestiegen sei, gab Schlosser die Überschrift: „Eine sehr unierte Kapelle." — Als der Unionsfanatiker im städtischen Krankenhaus das heilige Abendmahl reichen wollte, war er entrüstet darüber, daß die Diakonissen neben das Kruzifix zwei brennende Kerzen gestellt hatten. „Die Lichter aus! Sonst verbrennt die Union!" rief Schlosser nach Mitteilung des Vorganges. — Die im Unglauben versunkene „Hessische Landeszeitung" nannte den Kirchenblattschreiber einmal den „kleinen David". Schlosser zog die Konsequenz. Er stattet „für diese ihm gewordene höchst ehrenvolle Bezeichnung" seinen „verbindlichsten Dank" ab. „Er spricht zugleich seine aufrichtige Bewunderung aus über die tiefe und klare Selbsterkenntnis der „Hessischen Landeszeitung" über die in jener Bezeichnung eingeschlossene, höchst zutreffende Vergleichung ihrer selbst und ihrer gesamten Partei mit des „kleinen David" großsprecherischem Gegner, dem Philister Goliath. Vergleiche Claudius' Gedicht „War einst ein Riese Goliath."

Schlosser hat auch im Privatleben seine Ehre mannhaft zu verteidigen gewußt. Wer in übermütiger Weise ihm zu nahe kam, dem hat er heimleuchten können, daß der Anmaßende ans Wiederkommen nicht dachte. So ruhig und gelassen er Gleichstehenden und Vorgesetzten gegenüber war im persönlichen Verkehr, bei gegebenem Anlaß konnte er scharf und schneidig einem Oberen gegenübertreten und Erklärungen abgeben, wie er sie schriftlich nie abgegeben hat. Andere machen es umgekehrt, sie sind schriftlich voll Mut und Schroffheit und persönlich die Fügsamkeit und Geschmeidigkeit selbst. Mit diesen Strebereigenschaften hatte Schlosser nichts zu thun. Darum ist der schlichte Mann auch frei geblieben von Titel und Würden, von Beförderung und Ehrenweisen. Man hat ihn nicht zum Kirchenrat ernannt, man hat ihm nicht die theologische Doktorwürde verliehen, man hat ihm kein Ordenskreuz angeheftet, während man mit diesen Herrlichkeiten solche ausgezeichnet hat, die ihm gegenüber wie Zwerge erscheinen.

Wie groß die Anforderungen waren, welche man außerdienstlich an ihn stellte, mag aus einer Zusammenstellung vom Briefinhalt seines Nachlasses erhellen. Da soll er bei seiner „Allerweltsbekanntschaft" raten, ob ein junger Bielefelder sich für die Aufnahme in eine Erziehungsanstalt eigne; einem Landpfarrer soll er für eine „Erzählung" einen Verleger verschaffen; einem unbemittelten Schüler soll er den Eintritt ins Gütersloher Gymnasium ermöglichen; für das lutherische Eißhof (Detmold) soll er sich nach einem Pfarrer umsehen; für die „Reichspost" nach einem Redakteur. Ein christlicher Schriftsteller bittet um Mitteilungen von Erlebnissen aus dem Herrschafts- und Dienstbotenverhältnis; ein Kirchenrat ersucht ihn, in den Vorstand der Lutherstiftung in Möhra einzutreten; ein Redakteur geht ihn um Nennung von Mitarbeitern an; ein theologischer Professor erbittet sich seine Mithilfe zu einer Arbeit über die Perikopen; ein Probst wünscht sein Interesse für das deutsche Hospital in Odessa; eine Verleger trägt ihm die Herausgabe eines Kalenders an; eine Schriftstellerin bittet ihn um Durchsicht eines von ihr geschriebenen christlichen Romans.

Wie oft hat er Freunden durch Darlehen aus der Not geholfen! Wie oft hat er kranken Freunden oder den kranken Kindern von Freunden eine leibliche Erquickung verschafft! Wie oft hat er solchen, die ihm fern standen, aus Verlegenheit und Bedrängnis geholfen, nicht bloß mit Rat, auch mit der That! Und solche Wohlthaten vollzogen sich immer in der rücksichtsvollsten, liebevollsten Weise, um Christi willen! Darum werden ihn auch die Unterstützten, die Erquickten aufgenommen haben in die ewigen Hütten!

Auf S. 3 und 4 ist statt Winzershausen zu lesen: Wingershausen.

Zeitfragen des christlichen Volkslebens.

Band XVII. Heft 4.

Evangelische Arbeitervereine.

Von

Dr. phil. Otto Märker
in Potschappel (Kgr. Sachsen).

Stuttgart.
Druck und Verlag der Chr. Belser'schen Verlagshandlung.
1892.

Alle Rechte vorbehalten.

Die wichtigste „Zeitfrage des christlichen Volkslebens" ist unstreitig die soziale. Denn die soziale Frage ist nicht bloß eine wirtschaftliche („Magenfrage"), sondern im tiefsten Grunde eine religiös-sittliche Frage, welche für alle Gebiete des öffentlichen Lebens und alle Klassen der bürgerlichen Gesellschaft von größter Bedeutung ist. Um die Beantwortung dieser Frage mühen sich die edelsten Geister der Zeit, nach der Bewältigung der darin liegenden großen Aufgaben ringen die Mächte in Staat und Kirche. Wichtige Beiträge zur friedlichen Lösung der sozialen Frage hat die treue Gehilfin der Kirche, die innere Mission, geliefert, nicht bloß durch die einzelnen Werke der rettenden, bewahrenden und gewinnenden Liebe, sondern auch überhaupt dadurch, daß sie die Augen der Christenheit auf die vielfachen leiblichen, geistigen und geistlichen Schäden lenkte und das Gewissen der Kirche schärfte für die Arbeit an der Ueberwindung solcher Not. Auch die evangelischen Arbeitervereine wollen an ihrem Teile mitwirken zur Lösung jener brennendsten Zeitfrage. Die folgende Abhandlung soll zeigen, auf welche Weise diese Mitwirkung geschehen ist und geschehen kann.

Wir werden das, was wir über diese Vereine zu sagen für erwünscht halten, so ordnen, daß wir 1) ihre Geschichte, 2) ihre Notwendigkeit, 3) ihre Möglichkeit, 4) ihre Wirklichkeit oder praktische Gestaltung und 5) ihr Verhältnis zu anderen Vereinen besprechen.

1.

Die Geschichte der evangelischen Arbeitervereine Deutschlands umfaßt noch nicht ein Jahrzehnt. Erst im Jahre 1882 entstand der erste evangelische Arbeiterverein, der sich mit der sozialen Frage beschäftigte und zwar in Gelsenkirchen (Rheinland-Westfalen). Die Entstehungsgeschichte dieses ersten evangelischen

Arbeitervereins im jetzt gewöhnlichen Sinne des Wortes berichtet der Kalender für die Evang. Arbeitervereine Rheinland-Westfalens vom Jahr 1887 (s. Lic. Weber, „Praktische Anweisung zur Begründung und Leitung evang. Arbeitervereine", Leipzig 1890, Braun) mit folgenden Worten: „Herr Fischer und einige seiner Freunde, welche im Frühjahr 1882 einem Vortrag des Kaplan Laaf in der „Germania" zu Gelsenkirchen beiwohnten, gewannen die Überzeugung, daß für einen gesinnungstüchtigen evangelischen Arbeiter kein Raum in einem christlich sozialen (katholischen) Verein sei; im Gegenteil erkannten sie, daß der Katholisierung unserer evangelischen Bevölkerung entschieden Einhalt gethan werden müsse. So kamen sie auf Umwegen zu dem Herrn Lehrer Bischoff, dem sie erzählten, was man im christlich-sozialen Arbeitervereine erstrebe, und daß sie sich entschlossen hätten, einen eigenen evangelischen Arbeiterverein zu gründen. Herr Lehrer Bischoff sagte seine Mithilfe gerne zu, stellte jedoch die ausdrückliche Bedingung, der neue Verein müsse eine friedliche Lösung der sozialen Frage anzubahnen suchen und einen dahinzielenden Paragraphen in seine Satzungen aufnehmen. Es sei ja sehr schön, wenn sich die evangelischen Glaubensgenossen zusammenschlössen und zusammenfänden in einem Vereine, jedoch könne letzterer nur dann seine Zwecke voll und ganz erreichen, wenn er mit allen Kräften dazu beitrage, den sozialen Frieden wieder herzustellen. Im Einverständnis mit Herrn Fischer und seinen Freunden wurden alsdann die einzelnen Paragraphen beraten und in ihrer Fassung zu Vereinssatzungen vereinigt, welche mit einigen unwesentlichen Umänderungen von sämtlichen nachher gegründeten Vereinen angenommen worden sind. So geschah es, daß schon am zweiten Pfingsttage 1882 der erste unserer Vereine ins Leben treten konnte. Als intellektueller Begründer desselben ist ohne Zweifel also Herr Lehrer Bischoff in Gelsenkirchen anzusehen . . . Nachdem dann der Verein unter Dach und Fach gebracht war, galt es, Mittel und Wege zu finden, um die in den Satzungen vorgezeichneten Ziele zu erreichen. Hierzu waren drei Stücke erforderlich: 1. die Gründung einer Vereinsbücherei, um der damals stark verbreiteten Schandlitteratur, die das gesittete Leben zu untergraben drohte, kräftig entgegenzuarbeiten; 2. öffentliche Vorträge im Vereine abhalten zu lassen, welche geeignet waren, die dem Christentum und der Kirche entfremdeten Arbeiter heranzuholen, und 3. den Beweis zu liefern, daß es dem Vereine mit der Anbahnung friedlicher Verhältnisse wirklich ernst sei. Letzteres geschah durch Aufnahme von Besitzenden in den Vorstand." Aus diesem Bericht über die Anfänge der evangelischen Arbeitervereine folgt, daß die letzteren einem sozialen und einem konfessionellen Interesse ihre Entstehung verdanken. Man wollte auf Grund des evangelischen Glaubens das soziale Verhältnis zwischen Arbeitgeber und Arbeitnehmer, das durch die glaubens- und lieblose Sozialdemokratie zu einem immer feindlicheren geworden war, zu einem friedlicheren gestalten helfen. Dem Gelsenkirchener Verein folgten bald andere auf gleicher Grundlage. Der scharfe Gegensatz, in welchen die Evangelischen Rheinlands und Westfalens durch die Herausforderungen des römischen Katholizismus gedrängt wurden und werden, förderte das evangelische Bewußtsein und begünstigte die Begründung evangelischer Arbeitervereine. Dieselben traten danach zu einem Verband zusammen. Über den gegenwärtigen Bestand der evangelischen Arbeitervereine Deutschlands entnehmen wir dem am 26. Mai 1891 auf dem „Evang.-sozialen Kongreß" zu Berlin erstatteten und im „Evang. Arbeiterboten" abgedruckten Berichte des unermüdlichen Vorkämpfers für die Sache der ev. Arbeitervereine, P. lic. Weber in M.-Gladbach, die folgenden Mitteilungen. Der rheinisch westfälische Verband zählt jetzt 80 Vereine mit 20710 Mitgliedern. Die größten Vereine des Verbandes waren nach der Statistik von 1888: Dortmund mit 1698, Essen (der ev. Bürger- und A.-V.) mit ca. 1200, Duisburg mit 872, Bochum mit 800, Gelsenkirchen mit 728, Altendorf mit 650, Schalke mit 600, Oberhausen mit 550, Herne mit 507, Hagen und Hörde mit 500, Witten mit 450, Elberfeld mit 400 und Eickel mit 390. Im Königreich Sachsen sind, soweit bis jetzt bekannt, 18 derartige Vereine mit nahezu 2000 Mitgliedern entstanden und zwar in Dresden, Leipzig, Chemnitz, Zwickau, Freiberg, Bockwa, Pölbitz, Eckersbach, Planitz, Niederhaßlau, Kirchberg, Oberlungwitz, Lugau, Friedrichsgrün, Deuben, Potschappel, Willau, Elsterberg, Eula. Wie schnell die Sache der ev. Arbeitervereine sich entwickelt, zeigt auch

Bayern, wo nicht mehr bloß 41 derartige Vereine bestehen, wie im Jahre 1890 zu berichten war (vergl. auch Ostertag, Helfen und Heilen, A. Deichertsche Verlagsbuchhandlung Nachf. 1890), sondern — einer freundlichen Mitteilung des Herrn Pfr. Bohrer zufolge — bereits 50 vorhanden sind. Die Entstehung der ersten bayerischen Arbeitervereine reicht bis in die Jahre 1861 und 1848 zurück; aber sie beschränken sich*) auf die Pflege des christlich-patriotischen Sinnes, ohne Sozialpolitisches in ihr Programm aufzunehmen. § 1 der Satzungen des ev. Arbeitervereins in Nürnberg lautet: „Der ev. A.-V. in N. steht auf dem Boden des auf die hl. Schrift gegründeten ev. Bekenntnisses und hat den Zweck, auf Grund desselben unter seinen Mitgliedern christliche Sitte und Bildung zu pflegen und dieselben anzuleiten zu einem christlichen Wandel, zur Vaterlandsliebe und zur Gewissenhaftigkeit in der Erfüllung ihres irdischen Berufes." Auch der „Protestantische Arbeiterverein" in Kaiserslautern läßt in seinen Satzungen das soziale Verhältnis zwischen Arbeitern und Arbeitgebern unerwähnt; als Zweck des Vereins gilt „Pflege des religiös-sittlichen Lebens, Förderung allgemeiner Bildung und Stärkung des Patriotismus." Dagegen beschäftigen sich die evang. Arbeitervereine Württembergs**) mit der sozialen Frage; wenigstens spricht es der Schramberger Verein in § 2 seiner Satzungen ausdrücklich aus mit den Worten: „Auf Grund des evangelischen Glaubensbekenntnisses und treuer Vaterlandsliebe soll der Verein ein Band des Zusammenhalts und ein Mittel geistiger Förderung mannigfacher Art sein und dabei besonders die sozialen Fragen und die wahre Hebung des Arbeiterstandes im Auge haben." Der evang. Arbeiterverein zu Erfurt stellt an die Spitze seiner Satzungen die Bestimmung: „Der Verein ist ein sozialer Verein". In Hamburg, Altona und Ottensen, den Hauptquartieren der Sozialdemokratie, bestehen „evangelisch-soziale Arbeitervereine". § 2 des Hamburger Statuts bezeichnet

---

*) Herr Pfr. Bohrer-Nürnberg schreibt den 3. Juli 1891 an den Verf.: „Eine in diesem Herbst zusammentretende Vertretung wird beraten, ob man nach dem Muster der rhein.-westfäl. Vereine nach der politischen Seite hin Stellung nehmen soll".

**) Einer gütigen Mitteilung des Herrn Stadtpf. Traub in Schramberg vom 2. Juli 1891 gemäß giebt es in Württemberg z. Z. 13 Ev. Arbeitervereine mit über 1000 Mitgliedern.

als Zweck: „die soziale Reformpolitik, wie sie vor allem von unserem Kaiser erstrebt wird, zu vertreten und zu fördern; zur Wahrung oder Wiederherstellung eines friedlichen Verhältnisses zwischen Arbeitgebern und Arbeitnehmern nach Kräften mitzuwirken, berechtigte Interessen und Ansprüche des einen wie des andern Teils zu unterstützen, unberechtigte zu bekämpfen."

Da die evang. Arbeitervereine keine rein politischen Vereine sind, so war auch der Zusammenschluß zu Kreis-, Provinzial- und Landesverbänden und die Begründung des Gesamtverbandes der evangelischen Arbeitervereine Deutschlands gesetzlich zulässig. So entstanden der Rheinisch-Westfälische Verband, welcher sich in Kreisverbände gliedert, der Württemberger Verband, der Bayerische Arbeitervereinsbund, der Mitteldeutsche Verband, welcher die evang. Arbeitervereine in der Prov. Sachsen, Herzogtum Anhalt und den Thüringer Staaten umfaßt und seine Geschäfte für je 3 Kalenderjahre durch den Vorort leitet (für 1891—93 ist Erfurt gewählt). Im Königreich Sachsen, wo Herr Präsident v. Berlepsch Exc. dieser Bewegung besonders nahe steht, ist die Begründung eines Landesverbandes geplant, ebenso in der Provinz Schlesien. Der Gesamtverband der evangelischen Arbeitervereine Deutschlands ist am 6. Aug. 1890 in Erfurt begründet worden. Das provisorische geschäftsführende Komitee (P. Werth-Schalle, Vors.) und das „provisorische Preßkomitee" (P. Günther, Breslau, Vors.) des Gesamtverbandes haben bald darauf einen Aufruf erlassen, dem sich ohngefähr 450 Männer aus allen Teilen Deutschlands und aus allen Ständen anschlossen. Der „Aufruf an die deutsche evangelische Christenheit" lautete: „Am 1. Oktober d. J. ist das Sozialistengesetz außer Kraft getreten. Der Sozialdemokratie sind damit Thür und Thor vollends geöffnet. Keck und immer kecker erhebt diese Partei ihr Haupt und träumt sich schon als Herrin unseres Vaterlandes. Um so entschiedener tritt an alle Männer von wahrhaft evangelischer und vaterländischer Gesinnung die Forderung heran, mit Einsetzung ihrer ganzen Person an der Lösung der unserer Zeit durch das Evangelium gestellten Aufgaben mitzuarbeiten. Dazu gehört ein planmäßiger Zusammenschluß aller Kräfte, namentlich auch im Arbeiterstande. Angeregt durch die großen sozialreformatorischen Gedanken unseres jugendstarken Kaisers haben sich die Anfänge zu solchem Zusammenschlusse schon gebildet. Es gilt nur, diese Anfänge zu stärken. Zu diesem Zwecke haben die Unterzeichneten die Gründung eines Gesamtverbandes aller deutschen evangelischen Arbeitervereine und ähnlicher, auf evangelisch-patriotischem Grunde stehender Bürger-, Volks- und sozialer Vereine bethätigt. Ein Ausschuß, welcher Männer aus allen Teilen unseres Vaterlandes umschließt, wird einmal im Jahr zusammentreten. In der Zwischenzeit wird ein geschäftsführendes und ein Preßkomitee alle Verbandsangelegenheiten besorgen. Unsere Bitte an Euch, Ihr deutschen evangelischen Männer, ist nun diese: Schließt euch zu diesem großen Verbande mit uns zusammen, damit wir mit vereinter Kraft den Kampf gegen die Sozialdemokratie auf der ganzen Linie aufnehmen können. Die Zeit ist ernst, der uns aufgedrungene Kampf riesengroß. Wir verzagen aber nicht, denn die gerechte Sache muß siegen. Darum mit entrollter Fahne ‚Vorwärts‘".

Die Zahl der in Deutschland bestehenden evangelischen Arbeitervereine ist nach Mitteilung des „Ev. Arbeiterboten" 1891 Nr. 65 251 mit etwa 105 000 Mitgliedern. Wahrlich eine stattliche Zahl!*)

Die bisherige Wirksamkeit dieser Vereine ist zweifellos eine segensreiche gewesen. Dieselben haben wesentlich dazu beigetragen, daß das evangelische Bewußtsein unter ihren Mitgliedern und Gästen gegenüber den irreligiösen und irrgläubigen Strömungen der Zeit gestärkt und die Vaterlandsliebe gegenüber der vaterlandslosen Sozialdemokratie gepflegt worden ist. Auch ist nicht bloß das freundliche Verhältnis der Vereinsmitglieder zu ihren Arbeitgebern gewahrt worden, sondern auch in weiteren Kreisen haben diese Vereine zur Förderung des sozialen Friedens beigetragen. P. lic. Weber konnte auf dem „Ev. sozialen Kongreß" (1891 D. L.) die erfreuliche Thatsache mitteilen, es sei wesentlich der entschiedenen Erklärung des Rheinisch-Westf. Verbandes gegen den letzten Bergarbeiterausstand mitzuverdanken, daß derselbe nicht so, wie es geplant war, zum Ausbruch gekommen wäre, und der Erfurter Verein hat im Schuhmacherausstand versöhnend und vermittelnd einzuwirken gesucht; auch

*) Dieselbe ist in stetem Wachsen begriffen. So wird z. B. in dem „Ev. Arbeiterboten" vom 14. und 21. Mai 1892 über zwei neuentstandene ev. Arbeitervereine berichtet, über einen solchen in Speyer, welcher im Januar 1892 mit 55 Mitgliedern begann und schon über 300 Mitglieder hat und über einen in Buchholz bei Annaberg.

der „Ev.-soziale Arbeiterverein" in Hamburg hat bei dem dortigen Cigarrenarbeiterstreik in friedlichem Sinne gewirkt. Überhaupt ist durch das Bestehen eines evangelischen Arbeitervereins den christlich-patriotisch gesinnten Arbeitern ein Halt und Schutz gegen das terrorisierende Auftreten der Sozialdemokratie gegeben. Auch ist durch die lehrreichen Vorträge, die allmonatlich oder alle 14 Tage, in manchen Vereinen sogar allwöchentlich gehalten worden sind, viel zur Aufklärung des arbeitenden Volkes über die wichtigsten Fragen des Lebens und der Zeit geschehen und die Beteiligung der verschiedenen Stände an der Mitgliedschaft oder wenigstens an den Bestrebungen dieser Vereine half zur Überbrückung der Kluft, welche den Arbeiterstand von der übrigen Bevölkerung vielfach trennt. Von diesem sozialen Gesichtspunkte aus ist es mit Freuden zu begrüßen, wenn hie und da der gegen die Sozialdemokratie gerichtete Verein „Ev. Bürger- und Arbeiterverein" oder „Ev. Volksverein" sich nannte. Ein Zeichen eingehenden Interesses für die sozialen Zustände ist auch der Fragebogen, den kürzlich einer der rheinischen Kreisverbände im Anschluß an einen Fragebogen des Bergischen Vereins für Gemeinwohl zur Ermittelung der Arbeiterverhältnisse den Vereinsvorständen zur allmählichen Ausfüllung übersandt hat. Die Zusendung solchen Fragebogens wird sicherlich manchem Verein Anlaß zu fruchtbaren Aussprachen gegeben haben. Auch ist zu erwähnen, daß der Vorstand des Rhein.-Westf. Verbandes am 30. November 1890 eine Eingabe an den Reichstag, die Sonntagsruhe und Frauenarbeit betr., gerichtet, und der Kreisverband ev. Arbeitervereine von Zwickau und Umgegend im Sommer 1891 eine Eingabe an die Reichsregierung beschlossen hat, angesichts der den Arbeiter besonders schwer drückenden Verteuerung der notwendigsten Lebensmittel thunlichst Maßregeln zu treffen, welche geeignet sind, der bestehenden Teuerung abzuhelfen.*) Durch die Pflege des Gesangs und der Musik, sowie durch Errichtung von Büchereien ist manches geschehen zur Bildung und Bewahrung der Arbeiter.

Zu den volkswirtschaftlichen Maßnahmen, die zur Förderung der zeitlichen Wohlfahrt durch die ev. Arbeitervereine getroffen worden sind, gehört die am 30. Juni 1890 zunächst nur

---

*) Dadurch ist, wenn auch unbeabsichtigter Weise, wohl nur der freisinnig-sozialdemokratischen Agitation in die Hände gearbeitet worden. D. V.

für die Vereine in M.-Gladbach, Rheydt und Mülfort begründete „Hilfs-Kranken- und Begräbnis-Kaſſe Ev. Arbeitervereine (Eingeſchriebene Hilfskaſſe)" mit dem Sitze in M.-Gladbach). Dieſe Kaſſe, der auch andere Vereine oder Vereinsmitglieder noch beitraten, hat in der Zeit vom 14. Juni 1890 bis 1. April 1891 eine Geſamteinnahme von ℳ. 1769,97 gehabt, welcher eine Ausgabe von ℳ. 657,40 gegenüber ſtand, ſo daß am 1. April 1891 ein Kaſſenbeſtand von ℳ. 1112,57 blieb. Auch haben ev. Arbeitervereine Sparkaſſen und Unterſtützungskaſſen begründet. Auch ſonſt hat es nicht an materiellen Hilfeleiſtungen durch die ev. Arbeitervereine gefehlt. Es ſind z. B. gemeinſame Einkäufe von Kohlen und Kartoffeln u. ſ. w. in Menge vorgenommen worden, ſo daß die Mitglieder zu billigerem Preiſe Lebensmittel erlangen konnten. Neuerdings hat ſich in dem Kölner Ev. Arbeiterverein ein „Wohnungs- und Konſum-Verein evang. Arbeiter, Genoſſenſchaft mit beſchränkter Haftpflicht" gebildet, bei welchem es ſich in erſter Linie um die Beſchaffung von Arbeiterwohnungen handelt (ſ. „Ev. Arbeiterbote" 1891 Nr. 97). Sehr erfreulich iſt auch die von Pfr. Arndt-Volmarſtein herbeigeführte Begründung eines Feierabendhauſes für alte Arbeiter und Arbeiterinnen Rheinlands und Weſtfalens. Dem Arbeiter zu ſeinem Rechte zu verhelfen, oder Rat in Rechtsangelegenheiten zu erteilen, läßt ſich der Chemnitzer ev. Arbeiterverein angelegen ſein, indem in dieſem an Mitgliedern ſtarken Verein eine „Rechtsſchutzkommiſſion" eingerichtet iſt; der Dresdener Verein hat unter die Mittel zu ſeinen Zwecken auch „Vermittlung von Rechtsbeiſtand" aufgenommen (§ 2 der Satzungen).

Ein beſonders erfreuliches Bild eifriger und ſegensreicher Thätigkeit gewährt ein Blick in die dem Verfaſſer gütigſt zugeſandten Jahresberichte des Breslauer Vereins, welcher am Schluſſe des Geſchäftsjahres 1890/91 im ganzen 2473 Mitglieder zählte und in 9 Bezirke oder Gruppen mit einer Mitgliederzahl von 133 bis 441 ſich teilte.

2.

Die Notwendigkeit, evangeliſche Arbeitervereine zu begründen, liegt darin, daß die Sozialdemokratie mit ſtets wachſendem Erfolge darauf ausgegangen iſt und noch immer ausgeht, die Arbeitermaſſen für die gegen Thron und Altar gerichteten Beſtrebungen zu gewinnen. Würde sich dieselbe darauf beschränken, die Besserung der wirtschaftlichen Lage des arbeitenden Volkes mit allen Kräften und Mitteln, aber auf Grund der bestehenden Ordnung in Staat und Kirche zu erstreben, so würde die Begründung ev. Arbeitervereine nicht nötig sein; man würde es den Arbeitern nicht verargen, wenn sie ihre gemeinsamen Interessen gemeinsam vertreten und mit vereinten Kräften fördern wollten; ja man würde in Rücksicht darauf, daß die Arbeiter im Verhältnis zur gewaltigen Macht des Kapitals die S ch w a ch e n (aber nicht die „Enterbten", wie man früher selbst in Regierungskreisen sich auszudrücken beliebte) sind, den mächtigeren Staat zur Hilfleistung für die Schwachen aufrufen müssen, wenn er es nicht selbst thäte. Aber die Arbeitermassen lassen sich nicht daran genügen, daß unser K a i s e r im Anschluß an die von Kaiser Wilhelm I. erlassene Botschaft vom Jahre 1881 mit arbeiterfreundlichem Eifer das gesetzgeberische Werk des Arbeiterschutzes fortsetzte und weiter fortführen will. Obgleich sie öfters die guten Absichten des Kaisers wenigstens privatim anerkennen, wähnen sie doch, daß unr, wenn das ganze Staatswesen mit der kaiserlichen Spitze und den fürstlichen Machthabern völlig umgestürzt und in den Sozialistenstaat verwandelt werde, die Bestrebungen des Arbeiterstandes Erfolg haben würden. Alles, was der gegenwärtige Staat zur Besserung der Lage des Arbeiterstandes thue und thun könne, sei nicht nennenswert, das ganze System der alten Weltordnung sei unfähig, „Freiheit, Gleichheit und Brüderlichkeit" für alle Menschen herbeizuführen, darum „wert, daß es zu Grunde gehe." Da aber die jetzt herrschenden Klassen, die Träger der obrigkeitlichen Gewalt, wie die Inhaber kirchlicher Aemter und die Besitzer des von den Arbeitern erzeugten, eigentlich diesen gehörigen Reichtums nie freiwillig auf ihre Herrschaft, ihre Würde, ihren Reichtum Verzicht leisten würden, so müsse mit G e w a l t diese alte Herrschaft gebrochen werden. Dieser Zweck gewaltsamen Umsturzes könne und müsse nur durch die den Führern ergebenen „Arbeiterbataillone" erstrebt und erreicht werden. Doch da die Arbeitermassen so lange nicht einig und willig zu solcher Gewaltthat sind, so lange sie noch auch nur zum Teil mit ihrer Lage einigermaßen zufrieden sind und dem alten Glauben anhangen, welcher Aufruhr verbietet und Gehorsam gegen die Obrigkeit gebietet und durch die Furcht vor einem zukünftigen Weltgericht von der gänzlichen Unterdrückung der Stimme ihres Gewissens sich abhalten lassen, darum ist das unausgesetzte Streben der sozialdemokratischen oder sozialrevolutionären Führer sowie ihrer bewußten Gehilfen darauf gerichtet, die Zufriedenheit nicht aufkommen zu lassen, sondern die Lage des Arbeiters in den grellsten, wenn auch noch so unwahren, Farben als eine jämmerliche, elende, menschenunwürdige zu schildern und unter gehässiger Bekämpfung des Glaubens und der Gläubigen den Unglauben zur Geltung zu bringen, welcher das menschliche Ich zum alleinigen Gesetzgeber macht und dem Menschen Alles erlaubt. Mit den stärksten Ausdrücken wird die Zufriedenheit, welche die hl. Schrift in Verbindung mit der Gottseligkeit einen „großen Gewinn" nennt, als thöricht und lasterhaft geschildert. So sagte das „Sächs. Wochenblatt" (jetzt „Sächs. Arbeiterzeitung" genannt) wörtlich folgendes: „Die Zufriedenheit ist das schlimmste Laster. Keine Dummheit, keine Branntweinpest und kein anderes Laster kann so sehr ein Volk zurückbringen, als Zufriedenheit. . . . Dummheit läßt sich durch Belehrung aufheben, wenn nicht ein geistiges Fehl vorliegt. Zufriedenheit ist das sicherste Anzeichen eines schon gebrochenen Geistes, ist an und für sich schon ein geistiges Fehl, ein Wahnsinn der Selbsterniedrigung, das Gegenteil des Größenwahns, aber ebenso wie dieser das Zeichen einer Gehirnkrankheit." In Übereinstimmung mit diesen schändlichen Äußerungen sprach sich ein sozialdemokratischer Reichstagsabgeordneter mit Bezug auf die in der „Volksstimme" erschienene Empfehlung eines Mäßigkeitsredners kürzlich so aus: „Ich lehne hiermit die Verantwortung ab, da es mir nicht einfallen kann, einen Mann zu empfehlen, der dem Volke Genügsamkeit predigt." Die Schürung der Unzufriedenheit gelingt den falschen Volksführern nur dann, wenn das Volk die irdischen Güter und Genüsse für die Hauptsache hält, und das letztere ist nur dann der Fall, wenn es die himmlischen Schätze des göttlichen Wortes und Sakramentes verachtet. Darum und um die Gemüter zur Revolution willig zu machen, sucht die Sozialdemokratie vor allem den Glauben zu nehmen. Ein schlichter Bergmann sagte in einem Gespräch über die Sozialdemokraten zu dem Verfasser: „das Erste ist, daß sie auf den Glauben schimpfen thun." Zwar nach außen hin und offiziell kleiden sie sich in die Schafskleider der Unschuld und Neutralität. Das sozialdemokratische Programm sagt, Religion sei Privatsache, d. h. jeder Arbeiter könne es mit der Religion halten, wie er es wolle. Dieser Ton der Duldsamkeit wird hauptsächlich dann angeschlagen, wenn es sich um „Bauernfang" oder überhaupt Agitation auf dem Lande handelt. Vor den „dummen Bauern" soll ja nicht auf den Glauben geschimpft werden; es könnte sonst leicht der Fall sich wiederholen, daß die in ihrem Heiligsten angegriffenen Landbewohner von ihren kräftigen Fäusten einen unliebsamen Gebrauch machten. Ja die aufs Land gesendeten Agitatoren haben sogar die Weisung erhalten, mitunter Bibelsprüche in ihre Reden einzufügen. Aber sobald es zweckmäßig erscheint, werfen die „reißenden Wölfe" die heuchlerischen Schafskleider ab und offenbaren dreist ihren Unglauben, um die Arbeiter für denselben zu gewinnen. Damit nun alle die kleinen Führer und Regierer der sozialdemokratischen Partei an den obersten Häuptern derselben auch in dieser Hinsicht Vorbilder hätten, nach denen sie sich richten könnten, haben die Parteihäupter auch ihren entschiedenen Gegensatz gegen Christentum und Kirche ausgesprochen. Liebknecht sagt mit Bezug auf den Namen Gottes: „Die Verlästerung des Namens ist nötig, um der Sache den Garaus zu machen." Und Bebel sagte den 17. Januar 1872 im Reichstag: „Ist erst einmal die himmlische Autorität untergraben, dann hört natürlich auch die irdische Autorität sehr bald auf, und die Folge davon wird sein, daß auf politischem Gebiete der Republikanismus, auf ökonomischem Gebiete der Sozialismus und auf dem Gebiete, was wir jetzt das religiöse nennen, der Unglaube seine volle Wirksamkeit ausübt." Daß die Sozialdemokratie die unversöhnliche Gegnerin des Kaisers und der Fürsten ist, spricht sie selbst aus, früher offener und deutlicher als jetzt. Zwar sind die Sozialdemokraten meistens nicht feindlich gegen die Person des Kaisers oder Königs gesinnt; sie beteiligen sich wohl auch am Hurrahrufen, wenn der Landesherr eine Stadt besucht, wie dies ein Chemnitzer Arbeitgeber an einem entschiedenen, unter der versammelten Menschenmenge befindlichen Sozialdemokraten beobachtet hatte, der dem die Stadt besuchenden Könige laut zujauchzte. Sind die Sozialdemokraten nicht bei einander, sondern vereinzelt und verstreut unter der Menge, so huldigen sie dem

Könige, sei es aus liebgewordener Gewohnheit von der Militärzeit her oder weil sie sich vom Strome der patriotischen Begeisterung mitfortreißen lassen. Aber wenn sie versammelt sind oder sonst agitatorisch auftreten, dann vermeiden sie geflissentlich jedes Zeichen der Ehrerbietung gegen gekrönte Häupter, wie auch die sozialdemokratischen Abgeordneten sich jeder derartigen Kundgebung auf dem Reichstage oder im Landtage entziehen. Denn sie meinen, daß die Monarchie doch nie für die Pläne des Sozialismus zu gewinnen, darum zu stürzen sei, um einer Präsidentschaft, deren Vertreter vom allein souveränen Volke gewählt werden müsse, Platz zu machen. Bezeichnet man sie deshalb als Revolutionäre, so geben dies die Einen zu, die Anderen aber suchen es abzuleugnen oder abzuschwächen, indem sie sagen, sie meinten, wenn sie von Revolution redeten, nur eine geistige Umwälzung, nicht eine blutige. Daher kommt es auch, daß im Volke jetzt die Meinung verbreitet ist, es werde der völlige Umsturz, den die Sozialdemokratie erstrebe, ganz ohne Blutvergießen vor sich gehen; nach Erlangung der Mehrheit im Reichstage werde die gegenwärtige Staatsmaschine außer Betrieb gestellt und durch eine ganz neue Ordnung ersetzt werden, das sozialdemokratische Heer, das gegen die Mitbürger nicht schießen werde, würde dann dem Kaiser den Gehorsam verweigern und ihn zur Abdankung zwingen, ähnlich wie die Abschaffung des Kaisertums in Brasilien ohne blutigen Bürgerkrieg erfolgt sei. Daß die brasilianischen Verhältnisse ganz anders liegen, als die deutschen, wird dabei übersehen. Aber auch, wenn die Verwandlung des deutschen Kaiserreichs in eine Republik so leicht sich vollziehen ließe ohne Blutvergießen, so wäre doch die Auflehnung des Heeres gegen den obersten Kriegsherrn die völlige Revolution. Die weiterblickenden unter den sozialdemokratischen Führern geben sich auch solcher Selbsttäuschung nicht hin, sondern wissen, daß der blutige Zusammenstoß nicht ausbleiben wird, wenn alle sozialdemokratischen Forderungen aufrecht erhalten bleiben.*) Macht man den Revolutionären deshalb Vorwürfe, so sagen sie: „Wenn es zum blutigen Zusammenstoß kommt, so sind nur die Fürsten daran schuld, die

---

*) Liebknecht sagt in seiner Schrift: „Die politische Stellung der Sozialdemokratie": der Sozialismus sei eine Machtfrage, die in keinem Parlamente, die nur auf der Straße, auf dem Schlachtfeld zu lösen sei.

beharrlich den Forderungen des Volkes widerstreben; wollen sie dann nicht freiwillig ab, so haben sie es sich selbst zuzuschreiben, wenn sie mit Gewalt entsetzt werden." Die Möglichkeit gewaltsamer Entthronung deutete Liebknecht auch noch vor nicht langer Zeit sehr verständlich an, als er in einer Berliner Volksversammlung sagte: „Haben wir erst das Volk hinter uns und die Mehrheit im Reichstage, dann muß sich entweder der Staat in einen sozialdemokratischen verwandeln oder es giebt eine furchtbare Katastrophe, aus der aber die Sozialdemokratie als Sieger hervorgehen wird." Und im „Vorwärts", diesem offiziellen Preßorgane der sozialdemokratischen Partei, hat man die Dreistigkeit, zu behaupten, daß die Lehre von dem göttlichen Recht der Monarchen sich nicht mehr ans Tageslicht wagen könne und nur noch von Irrenhäuslern oder heuchlerischen Hanswursten in ihren Consequenzen verfochten werde. Und wie die Sozialdemokratie die Monarchie umzustürzen sucht, so richtet sie auch ihren mörderischen Haß gegen die Besitzenden und Arbeitgeber. Das Schwert der Obrigkeit hindert sie, ihr Messer ins Blut der Kapitalisten zu tauchen, aber wirtschaftlich die Unternehmer zu Grunde richten, ist eine ihrer ersten und nächsten Aufgaben. In Nürnberg sagte der Führer der Leipziger Buchdruckerbewegung (vergl. „Dresdener Journal" 1891, Nr. 285): „Die Buchdruckerbewegung ist ein Klassenkampf in schärfster Form... In dem entfesselten Sturme muß und soll die Unternehmerschaft zu Grunde gehen." Und laut öffentlicher Erklärung der Dresdener Buchdruckereibesitzer hatte der Vertrauensmann der Gehilfen zu seinem ehemaligen Prinzipale gesagt: „Wir wollen jetzt den Neunstundenarbeitstag, das nächste Mal verlangen wir den achtstündigen, und dann werden wir den Prinzipalen diktieren, ob wir noch 6 oder 8 Stunden arbeiten wollen." Daß aber die Sozialdemokratie auch zum Blutvergießen bereit ist, sobald sie Aussicht hat, damit zu ihrem Ziele zu kommen, bezeugt u. A. die Thatsache, daß, als der Abgeordnete v. Stumm im April 1891 vor dem versammeltem Reichstage den im „Vorwärts" abgedruckten Vers: „Und haut man die entmenschte Brut millionenfach zu Brei, daß Henkersblut zum Himmel spritzt, dann bin ich auch dabei" den Sozialdemokraten vorhielt mit der Frage: Sind Sie dann auch dabei, Herr Auer?, weder dieser noch ein anderer Sozialdemokrat diesem bluttriefenden Ausspruche entgegentrat. Sie konnten es auch nicht, weil derselbe mit den haßerfüllten Bestrebungen der Sozialdemokratie übereinstimmt. Wenn Bebel am 14. April 1875 im Reichstage erklärte, daß die Pariser Kommune stellenweise noch mit einer Mäßigung verfahren sei, die sie vielleicht in einem ähnlichen Falle in Deutschland schwerlich anwenden würde und auch sonst die Gesinnungsgemeinschaft mit der mordenden, brennenden und verwüstenden Pariser Kommune kundgegeben wurde, so entsprechen solche Äußerungen zwar nicht mehr der gegenwärtigen „Taktik" der Partei, aber die Gesinnung der bewußten Sozialdemokraten ist nicht im Geringsten eine andere geworden; sie sind wohl schlauer, aber nicht besser, wohl vorsichtiger, aber nicht gemäßigter geworden. Ihre Gesinnung ist immer noch dieselbe, wie sie dieselbe einmal aussprachen mit den Worten Herwegh's:

„Die Liebe kann erlösen nicht,
Die Liebe nicht erretten.
Hilf du, o Haß, dein jüngst Gericht,
Brich du, o Haß, die Ketten.
Bis unsre Hand in Asche stiebt,
Soll sie vom Schwert nicht lassen,
Wir haben lang genug geliebt
Und wollen endlich hassen."

Auch wenn der Arbeitgeber noch so wohlwollend und liebevoll ist, der „richtige" Sozialdemokrat haßt ihn und hetzt gegen ihn. Die guten Werke der christlichen Liebe werden verdächtigt und als Erzeugnisse der Angst geschmäht. Die Thätigkeit des Unternehmers, ohne dessen Eifer und Geschick das Unternehmen still stehen und Arbeitslosigkeit eintreten würde, wird verachtet; nur die „Arbeit" gilt allein als Quelle des Reichtums. Die Sünden eines einzelnen Arbeitgebers werden aufgebauscht und verallgemeinert, aber die Missethaten des Arbeiters werden verschwiegen oder beschönigt.

Diesen gottesleugnerischen, königsmörderischen, vaterlandslosen, von Haß und Ungerechtigkeit erfüllten Bestrebungen der Sozialdemokraten muß entgegengetreten werden und zwar gemeinsam nicht einsam. Einigkeit macht stark. Darum sind evangelische Arbeitervereine mit der Losung aus 1 Petri 2, 17: „Thut Ehre jedermann, habt die Brüder lieb, fürchtet Gott, ehret den König!" den sozialdemokratischen Vereinen entgegenzusetzen.

Man hat die Notwendigkeit derselben verneint mit Hinweis auf die Kirche, welche allein mit den göttlichen Gnadenmitteln des Wortes und Sakramentes und durch die besondere Seelsorge die rechte Hilfe bringen könne; wo Gottes Wort gehöret und die Sakramente recht gebraucht würden, und wo der Geistliche in liebevoller Seelsorge dem Einzelnen nachgehe, auch nach Kräften die leibliche Not zu lindern suche, da werde auch die Sozialdemokratie keine feste Wurzel fassen können. Aber wenn nun bereits die Sozialdemokratie in breiten Schichten des Volkes feste Wurzel gefaßt hat, was dann? Wie sind die Sozialdemokraten auf andere Wege zu bringen, oder wenn dies unmöglich, wie sind die, welche in Gefahr stehen, den unablässigen, von Fabrik zu Fabrik, von Werkstatt zu Werkstatt, von Haus zu Haus getragenen Agitationen zum Opfer zu fallen, dieser Gefahr zu entreißen und im Glauben zu festigen? Freilich, gäbe es nur kleine, übersehbare Parochien, wo der Seelsorger in steter Berührung mit seinen Parochianen bleibt und leicht Gelegenheit findet, auf jeden Einzelnen rettend oder bewahrend einzuwirken, dann bedürften wir nicht der evangelischen Arbeitervereine. Dem Bedürfnisse, in zwangloser Weise öffentliche Angelegenheiten oder Fragen der Zeit zu besprechen, könnte durch Hausväterversammlungen genügt werden. Aber da es große, industriereiche Orte mit zahlreicher Arbeiterbevölkerung giebt, wo es an ausreichenden geistlichen Kräften fehlt, und teils infolge dieses Mangels, teils infolge der rastlosen sozialdemokratischen Verhetzung dahin gekommen ist, daß die meisten Arbeiter in Unglauben versunken sind, die Gnadenmittel Gottes verachten und von dem Einflusse der Kirche sich fern halten, so sollen die evang. Arbeitervereine, die sich in weltlichen Lokalen versammeln, dazu helfen, die verhetzten Arbeiter der Kirche wieder näher zu bringen, die noch Schwankenden dem stärkenden Einflusse des göttlichen Wortes zuzuführen und die glaubensfesten Arbeiter zu sammeln. Zwar werden solchen Vereinen nur diejenigen Arbeiter als Mitglieder sich anschließen, ja nur die sich anschließen dürfen, welche sozialdemokratischen Vereinen nicht angehören und der Kirche noch nicht ganz entfremdet sind. Aber da der gastweise Zutritt zu den Vereinsabenden, wo Vorträge im evangelisch-sozialen Sinne und freie Aussprachen darüber erfolgen, auch Sozialdemokraten wie denen, die im Begriff stehen, sozialdemokratisch zu werden, — auch die letzteren sind zahlreich — völlig frei steht oder stehen sollte, vorausgesetzt, daß sie sich anständig betragen, so ist damit den der Kirche entfremdeten Arbeitern zur Annäherung an die Kirche eine neue Gelegenheit gegeben, die sie eher ergreifen als die Gelegenheit, im Hause Gottes das Wort des Herrn zu hören. Die anderen Arbeiter aber, die noch am Glauben festhalten und Treue dem Kaiser und Könige bewahren wollen, erlangen durch die evang. Arbeitervereine Halt und Schutz gegenüber dem mächtigen Vordringen der Sozialdemokratie. Der einzelne wohlgesinnte Arbeiter würde ohne Zusammenschluß mit Gleichgesinnten endlich doch der Versuchung erliegen, an die große, starke (sozialdemokratische) „Arbeiterpartei" sich anzuschließen, zumal da ihm vorgeredet wird, daß die Sozialdemokratie jedem seinen Glauben lasse, keineswegs einen gewaltsamen Umsturz beabsichtige, sondern nur die wirtschaftliche Hebung des Arbeiterstandes beabsichtige. Handelt es sich um Gewinnung neuer Gesinnungsgenossen, so werden nur die nächsten Ziele genannt, die ja zum Teil berechtigt sind, dagegen die letzten Ziele sorgsam verschwiegen. Sind aber die neuen Gesinnungsgenossen fähig zum Verständnis der letzten Ziele geworden, so werden sie auch für diese bearbeitet. Diese letzten Ziele den noch werdenden Sozialdemokraten schonungslos aufzudecken, sie vor dem Betreten dieser verderblichen Wege zu warnen und im Widerstande gegen den sozialdemokratischen Terrorismus zu stärken, gehört zu den notwendigen Aufgaben der ev. Arbeitervereine. Welche Macht der von der Sozialdemokratie ausgeübte Terrorismus — auch eine Art „Schreckensherrschaft" — bei Ausständen und Agitationen ist, zeigen viele Thatsachen. Wie oft werden Familienväter durch jugendliche Genossen, die für keine Familie zu sorgen haben und ihren Aufenthalt schnell wechseln können, vergewaltigt, daß sie gegen ihren Wunsch und Willen am Ausstande sich beteiligen! Und wie heftig suchen sozialdemokratische Gesellen den Mitarbeiter derselben Werkstatt, der noch nicht ganz der Ihrige ist, für ihre Partei zu gewinnen! Ein junger Schneider N. in Z. arbeitete mit zwei sozialdemokratischen Gesellen in der Werkstatt eines nicht sozialdemokratischen Meisters; da N., den dieselben auf alle mögliche Weise täglich bedrängten und beschimpften (sie sagten u. A., sein

Gehirn müsse doch verfault sein), nicht sich überreden ließ, sondern auf seinem gläubigen Standpunkte verharrte, kündigte ihm der Meister, um Frieden zu haben und die beiden anderen Schneider nicht einzubüßen. Terrorismus übt die Sozialdemokratie nicht bloß auf die Arbeiter, sondern auch möglichst auf die Meister und auf alle aus, die ihr irgendwie erreichbar sind. Besonders vergewaltigen sie auch die kleinen Geschäftsleute, deren Dasein zumeist von der Arbeiterklasse abhängt. Ein Krämer, sonst konservativ denkend, meinte doch um des Geschäfts willen zuweilen in der Schenke, wo die Sozialdemokraten verkehren, sich sehen lassen zu müssen. Und ein anderer kleiner Kaufmann erzählte, daß, seitdem er an einer konservativen Versammlung teilgenommen, die Zahl seiner Kunden merklich sich vermindert habe. Wenn nun selbst diese Kreise terrorisiert werden, wie groß wird erst die Vergewaltigung sein, mit welcher die sozialdemokratische Arbeitermasse die wenigen nichtsozialdemokratischen Arbeiter bedrängt! Begründer von evang. Arbeitervereinen werden zu erzählen wissen von dem Druck, der auf die Arbeiter ausgeübt wird, daß sie nur ja nicht derartigen Vereinen beitreten. Ein Bäcker und ein Porzellandreher, die unserem evang. Arbeiterverein beitraten, wurden von ihren Mitarbeitern in Verruf gethan. Die Mitglieder solcher Vereine haben fast sämtlich einen schweren Stand unter ihren Arbeitsgenossen. Aber gerade **dies** beweist die Notwendigkeit solcher Vereine, durch welche die sonst vereinsamten und darum schwachen Arbeiter aus der Vereinzelung befreit, zur Gemeinschaft gesammelt und im Widerstande gekräftigt werden. Wären diese Vereine wirkungslos, so würden sie nicht so heftig von der Sozialdemokratie bekämpft werden.

Vor allem kommt es darauf an, die im Bewußtsein der Arbeitermassen zerstörten Grundlagen des christlichen Glaubens wieder herzustellen. Den sozialdemokratischen Agitatoren ist die Ausbreitung **des Unglaubens in weit größerem Maße gelungen**, als die Verbreitung ihrer republikanischen und kommunistischen Grundsätze. Darin hat Göhre Recht, wenn er in seinem sonst manch Unreifes und Unrichtiges enthaltenden Buche: „**Drei Monate Fabrikarbeiter und Handwerksbursche**", die Behauptung aufstellt, daß die Arbeiter noch viel Anhänglichkeit an ihren sächsischen König und den deutschen Kaiser haben, aber fast durchgängig den alten Glauben weggeworfen haben oder wegzuwerfen im Begriff stehen (S. 157). Es ist also notwendig, das Häuflein christlich gesinnter Arbeiter in einem Verein zu sammeln, damit sie an diesem eine Stütze zur Bewahrung ihres Glaubens und ihrer Königstreue haben und durch den Verein noch andere gewinnen, die sonst eine Beute der religions- und vaterlandslosen Sozialdemokratie werden würden. Der Gemeinschaft des Gotteshasses muß eine Gemeinschaft der Gottesliebe entgegengesetzt werden. Die Gottlosen vereinigen sich und die Gottseligen sollten ungeeint sein?! Die Vaterlandslosen rotten sich zusammen und die Vaterlandsfreunde sollten vereinzelt bleiben?! Den einzelnen Stab kann man leicht zerbrechen, aber das Bündel der Stäbe widersteht. Die einsame Kohle verlöscht bald, aber fügt man Kohlen zu Kohlen, so giebts ein mächtiges, anhaltendes Feuer. Diese einfache Wahrheit muß auch hier angewendet werden. Wir müssen ev. Arbeitervereine gründen und kommen damit auch dem Wunsche der wohlgesinnten Arbeiter entgegen. P. Lic. Weber sagte auf dem ersten Evang.-sozialen Kongresse (vergl. Bericht S. 90 f.): „Als ich jüngst an fünf großen Orten des evang. Nordwestens von Deutschland zur Begründung ev. Arbeitervereine gesprochen habe, trat mir überall aus den Stimmen der Arbeiter, die sich — abgesehen von den hineinkommandierten Sozialdemokraten — sehr freudig für den Gedanken aussprachen, der Grundton entgegen: „Es ist die höchste Zeit gewesen, daß man uns sammelte; wir wären sonst von der Sozialdemokratie zerrieben worden. Als Einzelne können wir bei der riesenmäßigen Agitation der Sozialdemokratie uns nicht behaupten. Und wir wollen doch auch unsere Stimme in geordneter Weise für die Verbesserung unserer Lage geltend machen. Darum freuen wir uns, daß man uns zusammenruft. Wir thun mit!" Die evang. Arbeitervereine sollen zu Bergungs- und Bildungsstätten werden für solche Arbeiter, die noch für Christentum und Vaterland zu haben sind oder gewonnen werden können.

Auch zur Wiederherstellung und Wahrung friedlichen Einvernehmens zwischen Arbeitgeber und Arbeitnehmer sind sie nötig. Die gemeinsamen Vergnügungen, welche die Arbeitsherren zuweilen ihren Arbeitern veranstalten, sind wohl gut gemeint, aber wenig nütze, ja können schädlich wirken. Der Festjubel verrauscht, die

Ernüchterung tritt ein, die schönen Stunden werden vergessen; und gedenkt der Arbeiter derselben, so meint er vielleicht, es wäre besser gewesen, die große Summe, die der Fabrikherr für das **Vergnügen** ausgegeben, zu einer **Lohnerhöhung** oder für eine **Unterstützungskasse** zu verwenden. Aber sofern gemeinsame Feste dazu dienen, die persönliche Berührung der Arbeitgeber und Arbeitnehmer zu fördern, sind sie nicht zu verachten, wenn sie nur in richtiger Art gefeiert werden. Doch eine nachhaltige Besserung in diesem sozialen Verhältnisse muß auf dem Wege christlicher Belehrung und Erkenntnis herbeigeführt werden. Es muß auf beiden Seiten der Glaube gefördert und dadurch die **Liebe** gemehrt werden, welche den Andern nicht verachtet, sondern achtet, dem Reichen den Reichtum nicht beneidet oder zu nehmen sucht und dem armen Arbeiter den Lohn nicht ohne dringendste Not kürzt und überhaupt nicht karg bemißt. Ein Arbeiterverein, der solche Bestrebungen verfolgt und auch Arbeitgeber in seiner Mitte sieht, wird je länger, je mehr beitragen zur Ausfüllung der sozialen Kluft. Ist doch auch in solchen Vereinen Gelegenheit gegeben, die das soziale Volksleben bewegenden Fragen in einer nach beiden Seiten hin gerecht vermittelnden Weise zu besprechen, während die sozialdemokratischen Vereine von Haß und Ungerechtigkeit erfüllt sind. Diesen Vereinen müssen solche Arbeitervereine entgegengestellt werden, die nach dem Schriftspruch handeln: „Thut Ehre jedermann, habt die Brüder lieb, fürchtet Gott, ehret den König." 1 Petri 2, 17.

3.

Weil solche Vereine notwendig sind, darum müssen sie auch **möglich** sein. Wir sagen selbstverständlich nicht, daß in jeder Parochie oder gar in jedem Dorfe solcher Verein bestehen könnte. Denn nicht jede Parochie hat Fabrikarbeiter oder Bergarbeiter oder Handarbeiter in genügender Zahl, um den Zusammenschluß zu einem Vereine möglich oder empfehlenswert zu machen. Aber wo solche Arbeiter in großer Zahl sich finden, da findet sich auch die Sozialdemokratie ein und wo diese ihr Unwesen treibt, da muß ihr begegnet werden. Von der Kanzel herab ihr falsches wirtschaftliches System zu bekämpfen, ist unthunlich; von dieser heiligen Stelle aus sind die glaubens- und lieblosen Grundsätze, welche durch alle Schichten der

Bevölkerung hindurchgehen, mit Entschiedenheit zurückzuweisen, ohne die politische sozialdemokratische Partei als solche namhaft zu machen. Aber die evang. Arbeitervereine eignen sich dazu, die verkehrten volkswirtschaftlichen Ziele dieser Partei zum Gegenstand der Besprechung zu machen und dieselbe nach Ausscheidung dessen, was etwa wahr und berechtigt in ihren Forderungen ist, als höchst gefährlich und verwerflich zu kennzeichnen. Ist's in einem Orte nicht möglich, einen evang. Arbeiterverein zu begründen, vielleicht weil die maßgebenden zur Bekämpfung der Sozialdemokratie bereiten Persönlichkeiten des Orts einen anderen Namen wünschen, aus welchem schon ersichtlich sein sollte, daß der Verein evangelisch gesinnte Männer aus allen Ständen umfasse, so ist's doch möglich, überhaupt einen derartigen antisozialdemokratischen Verein zu begründen. Der Gegner aber muß dabei frank und frei genannt werden. Man mag und muß dabei hervorheben, daß es sich nicht darum handle, die sozialdemokratischen Personen zu hassen oder dem Hasse zu empfehlen, sondern darum, ihre leitenden Grundsätze zu bekämpfen. Diese Bestimmtheit des Gegensatzes gegen die Sozialdemokratie macht die Bildung evang. Arbeitervereine nicht unmöglich, sondern erleichtert sie.

Entschiedenheit gewinnt und stärkt, Unklarheit zerstreut und verwirrt. Und sind es auch nur Wenige, die sich zu dieser klaren Stellung bereit finden, so wird doch durch die Beharrlichkeit und die Macht der Wahrheit eine Stärkung des Vereins erreicht werden. Die Verschweigung der Gegensätze könnte zur Folge haben, daß heimliche Sozialdemokraten in den evang. Arbeiterverein sich einschlichen und ihm das Grab bereiteten.

Die persönlichen Eigenschaften des Begründers und Vorsitzenden, sowie des Vorstandes überhaupt, welche Entstehen und Bestehen solchen Vereins möglich machen, sind besonders Klugheit und Einfalt, Unerschrockenheit und Festigkeit, Gerechtigkeitssinn und Freundlichkeit. Unklug wäre es, wollte man in dem Falle, wo man noch keines festen, starken Anhangs gewiß sein darf, eine freie öffentliche Versammlung zum Zwecke der Begründung eines evang. Arbeitervereins einberufen. Die sofortige Folge einer öffentlichen Aufforderung wäre massenhaftes Erscheinen der sozialdemokratisch gesinnten Arbeiter, welche die Bildung eines solchen Vereins durch

Reden und Lärmen verhindern würden. Wer es unternommen
hat, in großen Arbeiterversammlungen für Christentum und Königtum einzutreten, wird die Erfahrung gemacht haben, daß es unmöglich ist, die Arbeitermassen umzustimmen; es kommt wohl vor,
daß sie die Ansichten anders denkender ruhig anhören, aber Belehrung nehmen sie nicht an, sondern suchen nur für ihre Anschauung zu werben. Es ist darum zwecklos und zweckwidrig,
bei Begründung evang. Arbeitervereine die Arbeitermassen einzuladen,
weil der unausbleibliche Beifallssturm, welcher dem zum Reden zu-
zulassenden sozialdemokratischen Sprecher zu Teil werden würde,
die noch schwankenden Arbeiter einschüchtern müßte. Und gerade
diese sollen durch einen evang. Arbeiterverein gewonnen werden;
sie können auch gewonnen werden, wenn bereits ein solcher Verein
besteht, zu welchem sie eingeladen werden. Um die Entstehung
solchen Vereins zu ermöglichen, muß man durch vertrauliche Einladungen zunächst Vertrauensmänner aus dem Arbeiterstande
zusammenrufen. Dieser Vertrauensmännerversammlung legt man
dann den Plan vor und wenn sie beschließt, ihn zur Ausführung
zu bringen, so richtet man sich mit Hilfe der Vertrauensmänner
oder anderer zuverlässiger Personen durch schriftliche oder mündliche Einladungen an weitere Kreise, um nunmehr den Verein zu
begründen. Nur muß man dann die Vorsicht anwenden, ein nicht
sehr großes Lokal zur ersten begründenden Versammlung zu wählen,
damit nicht Sozialdemokraten in großer Zahl sich einschleichen
können. Verfasser hatte in seinem Wohnort persönlich und schriftlich die einzelnen ihm als wohlgesinnt bekannten Arbeiter zur begründenden Versammlung eingeladen, und doch fand sich eine nicht
geringe Zahl von Sozialdemokraten ein. Auf die an einen Sozialdemokraten vor Eröffnung der Versammlung gerichtete Bemerkung,
daß er ja nicht eingeladen sei, erwiderte er ganz bescheiden: „Sie
werden mich doch nicht hinausweisen, bitte, weisen Sie mir ein
Plätzchen an, wo ich sitzen darf." Ich wies ihm einen Sitzplatz
an mit dem Bemerken, daß wir das Licht der Öffentlichkeit nicht
zu scheuen brauchten. Nachdem ich nun die Versammlung eröffnet
hatte mit dem Hinweis darauf, daß das, was hier geredet werde,
auf den Dächern gepredigt werden könnte, und mit der Darlegung
dessen, was ein evangelischer Arbeiterverein bezwecke, erfolgte ein

sehr lebhaftes, aber in anständigen Formen sich bewegendes Wortgefecht mit den Sozialdemokraten, unter denen sich auch der redegewandte Vorsitzende des „Allgemeinen Arbeitervereins im Plauen'schen Grunde" befand. Hätte die Größe des Lokals das Eindringen der sozialdemokratischen Arbeitermassen ermöglicht, so wäre wahrscheinlich die Begründung des evang. Arbeitervereins durch massenhaftes Gebrüll vereitelt worden. Aber da das kleine Lokal nur etwa 70 Personen Raum gewährte, und in Folge dessen nur etwa 40 Sozialdemokraten außer den etwa 30 gutgesinnten Arbeitern erschienen waren, so nahm die Verhandlung einen ruhigen Verlauf. Trotz der anwesenden Sozialdemokraten, welche die Begründung eines evang. Arbeitervereins für überflüssig erklärten und zum Eintritt in den „Allgemeinen Arbeiterverein" aufforderten, erklärten sofort 15 Arbeiter durch Namensunterschrift auf einem herumgereichten Bogen ihre Bereitwilligkeit, zu einem evang. Arbeiterverein zusammenzutreten. Ist nun aber solcher Verein begründet, dann gilt es mit Unerschrockenheit, Festigkeit und Gerechtigkeit die Grundsätze des Vereins nach oben und unten zu vertreten, aber auch in Freundlichkeit und Leutseligkeit den persönlichen Verkehr mit den Arbeitern zu pflegen und ein friedliches Verhältnis zu den Arbeitgebern zu vermitteln, wo es gestört ist, und zu befestigen, wo es besteht. Wird der Verein in solchem Sinne geleitet, dann wird es auch möglich sein, ihn zu erhalten und zur Blüte zu bringen.

4.

Die Wirklichkeit oder praktische Gestaltung solcher Vereine wird nach den örtlichen Verhältnissen eine verschiedene sein. Aber alle derartigen Vereine müssen so gestaltet sein, daß durch sie der religiöse und patriotische Sinn gepflegt, die allgemeine Bildung der Mitglieder gefördert und das Verhältnis der Arbeitgeber und Arbeitnehmer als ein friedliches und freundliches erhalten werden könne. Zu den Mitteln für diese Zwecke gehören vor allem Vereinsabende mit öffentlichen Vorträgen*) über Religiöses und Vater-

---

*) Wem es an Stoff zu Vorträgen mangelt, findet guten Rat in dem Buche: „Ansprachen für ev. Arbeiter-, Bürger-, Volks- und Männervereine, zusammengestellt von Pf. lic. Weber in M.-Gladbach" 4 ℳ, geb. 4 ℳ 80 ₰. Themata zu Vorträgen giebt auch desselben Verfassers Broschüre: Praktische Anweisung S. 15 f.

ländisches oder aus dem sozialen Gebiete. Aber diese Vorträge dürfen nicht allzulang sein, damit jedenfalls den Arbeitern Zeit für freie Aussprachen übrig bleibe. Diese Aussprachen sind noch wichtiger als die Vorträge selbst, welche hauptsächlich nur Anregung zur möglichst regen Besprechung des vorliegenden Gegenstandes geben sollen. Auch werden die christlich und königstreu gesinnten Arbeiter durch solche Aussprachen immer mehr befähigt und ermutigt, bei etwaigem Zusammentreffen mit einzelnen Sozialdemokraten in der Werkstatt oder in größeren Arbeiterversammlungen den Glauben und die Monarchie durch Wort oder Rede zu verteidigen. Sind es auch erst schüchterne, vielleicht mißlungene Versuche, die ein schlichter Arbeiter mit seinem Sprechen im Vereine unternimmt, so unterschätze man ja nicht diese Versuche, sondern helfe weiter durch freundliches Zureden und Geduld. Es ist schon viel gewonnen, wenn überhaupt einmal ein Arbeiter gegen die Sozialdemokratie das Wort ergreift. Denn in manchen Gegenden ist diese nahe daran, alle Arbeiter in ihrem Netze zu haben, auch die kirchlich gesinnten, weil man ihnen vorredet, daß man nur die Interessen der arbeitenden Klassen vertreten, aber die Religion unangetastet lassen wolle. Aber in den Vorträgen hat man Gelegenheit, die letzten Ziele des demokratischen Sozialismus, die er selten enthüllt, rücksichtslos aufzudecken und so die Heuchlermaske der „Taktik" von dem gottlosen, revolutionären Angesicht herunter zu reißen. Diese Gelegenheit muß benützt werden. Wird sie benützt und erwacht in Folge dessen unter den Arbeitern der sonst schlummernde Gegensatz gegen die Sozialdemokratie, so daß sie sich nicht scheuen, diesen Gegensatz auch auszudrücken, so ist das ein guter Anfang, der Weiteres verheißt.*) Zur Beförderung solcher freier Aussprachen dient auch die Einrichtung eines „Fragekastens", in welchen schriftliche Anfragen von Vereinsmitgliedern oder Gästen zum Zwecke öffentlicher Beantwortung hineingelegt werden können. Auch müßte man die vaterländischen Feste und Gedenktage benützen, um patriotischen Sinn zu pflegen. Mag die Sozialdemokratie schimpfen über „Mordspatrioten" und spotten über „St. Sedans-

---

*) An solche Anfänge könnten dann die auf dem letzten Evang.-soz. Kongresse verhandelten Bestrebungen, tüchtige, redegewandte Arbeiter innerhalb der einzelnen Vereine zum Kampfe gegen die Sozialdemokratie heranzubilden, angeknüpft werden.

tag", die evangelischen Arbeiter sollen sich dadurch nicht abhalten lassen, den Geburtstag des Landesvaters und des Reichsoberhauptes würdig zu feiern und am Sedanstage die Güte Gottes zu preisen, die so Großes an uns gethan hat.

Zur Förderung des Vereinslebens würde auch die Veranstaltung von **Familienabenden** dienen, zu welchen nicht bloß die Angehörigen der Mitglieder, sondern auch andere Gäste einzuladen wären. An diesen Abenden biete man rednerische oder deklamatorische Vorträge und kleine Aufführungen, besonders aber auch musikalische Genüsse, um dem an sich berechtigten Bedürfnis nach edler Unterhaltung, Erholung oder Vergnügung gerecht zu werden und so einen Ersatz zu gewähren für das unedle und meist entsittlichende Vergnügen auf den öffentlichen Tanzböden. Die parochialen Familienabende, die hie und da von Zeit zu Zeit stattfinden, haben zwar auch ihren Segen, aber der gute Eindruck von solchen Familienabenden verliert sich so schnell, wenn sie nicht in dem Boden eines sich regelmäßig versammelnden Vereins wurzeln. Auch gemeinsame **Ausflüge** in der Sommerszeit sind zu empfehlen. Das Waldfest, das die **Evangelischen Arbeitervereine des Plauen'schen Grundes** im schönen **Tharandter Walde** feierten, hat uns gezeigt, wie auch solch ein Fest dazu dienen kann, die Mitglieder inniger zu verbinden und der guten, gerechten Sache in weiteren Kreisen Freunde zu gewinnen.

Wie die Vorträge, An- und Aussprachen einen bildenden Einfluß auf die Arbeiter ausüben, so kann auch durch Verbreitung von **Schriften**, wie durch Auslegen guter Bücher, Zeitungen und Zeitschriften im Vereinslokal die allgemeine Bildung und christliche Erkenntnis gefördert werden. Wir nennen z. B. den „**Ev. Arbeiterboten**" (erscheint wöchentlich zweimal in Hattingen), „**Nachbar**", „**Stuttgarter ev. Sonntagsblatt**", „**Pilger aus Sachsen**", „**Deutscher Arbeiterfreund**", „**Ländlicher Arbeiterfreund**" (besonders für landwirtschaftliche Arbeiterkreise), „**Quellwasser**" u. s. w. Da nun nicht anzunehmen ist, daß alle Vereinsmitglieder Bezieher solcher Blätter werden und doch das Lesen derselben dringend nötig ist als Gegengewicht gegen die gottlosen Schriften und Blätter der Sozialdemokratie, so richte man es so ein, daß man die auf Vereinskosten bezogenen Zeitschriften in mehreren Exemplaren unter den Mitgliedern zirkulieren läßt. Als **Flugblätter** sind auch zu empfehlen die vom „Verein für christliche Volksbildung in Rheinland und Westphalen" herausgegebenen, die in dem Schriftchen von Lic. Weber: „Praktische Anweisung ꝛc." S. 25 ff. verzeichnet stehen. Ferner sollte die Begründung einer Vereinsbibliothek angestrebt werden, in welcher auch volkstümliche und leicht verständliche Schriften gegen den unter Sozialdemokraten weitverbreiteten Darwinismus und Materialismus nicht fehlen dürften.*)

Die Frage, ob und inwieweit Gesang und Gebet im Vereinsleben zur Anwendung kommen sollen, beantwortet sich am besten nach den verschiedenen örtlichen Verhältnissen. Werden die Mitglieder eines schon erstarkten evang. Arbeitervereins mit einander eins, jeden Vereinsabend mit Gesang und Gebet oder nur mit Gesang zu beginnen und zu beschließen, so mag man es getrost thun, unbekümmert um den Widerspruch derer, die draußen sind. Meint man aber annehmen zu müssen, daß durch solche Einrichtung noch im Glauben ungefestigte Arbeiter von dem Eintritt in den Verein abgehalten würden, so ist es besser, auf diese den glaubensfesten Mitgliedern erwünschte erbauliche Ausgestaltung zu verzichten, um desto mehr auf das Gotteshaus als das Bethaus hinzuweisen, zumal da Tabaksrauch und Biergenuß nicht recht stimmen zu der Andacht, die das rechte Beten erfordert oder wenigstens dieselbe sehr erschweren. Kirche und Kämmerlein bleiben doch die geeignetsten Stätten zur Anbetung Gottes im Geist und in der Wahrheit. Aber bei den Festen des Vereins sollten Gesänge religiösen (und patriotischen) Inhalts nicht fehlen, die um so erhebender wirken, wenn Posaunenchöre sie begleiten. Doch muß alles vermieden werden, was auch nur den Anschein erwecken könnte, als sollten die Vereinsfeste den kirchlichen Gottesdienst ersetzen. Darum ist es zu rügen, wenn ein ev. Arbeiterverein in Nr. 44 des „Ev. Arbeiterboten" von 1891 zur Beteiligung am Verbandsfeste auffordert mit der Bestimmung: „Sonntag den 7. Juni, 10 Uhr vormittags, Antreten im Vereinslokale zur Fahrt nach . . . . . . 10½ Uhr Abmarsch zum Bahnhof . . . Vereinsabzeichen anlegen."

*) J. B. Wendt, Die Irrlehren des Darwinismus widerlegt aus der Natur. H. Reuther in Berlin. Rauschenbusch, Sind Menschen und Affen stammverwandt? Hamburg, Verlag der Ev. Buchhandlg. der Niedersächs. Gesellschaft.

Zur Förderung des **leiblichen Wohles** der Arbeiter ist es nötig, bedrängten Mitgliedern aus der Vereinskasse Unterstützungen zu gewähren oder auch eine besondere Unterstützungskasse zu begründen. Zwar ist schon durch die neuere soziale Gesetzgebung für die kranken, geschädigten, alten und invaliden Arbeiter Fürsorge getragen worden, aber die gesetzmäßigen Unterstützungsgelder reichen doch in vielen Fällen nicht aus; darum sind auch noch private Kassen, wie die Kassen der Militär- und Kriegervereine oder besondere Kranken-, Begräbnis- und sonstige Unterstützungskassen vorhanden. Gehören die Mitglieder eines ev. Arbeitervereins bereits solchen Kassen an, so würde die Begründung einer besonderen Unterstützungskasse kaum nötig sein, aber der Verein müßte sich dann auch noch in seinen Satzungen bereit erklären, in außergewöhnlichen Notfällen helfend einzutreten. Auch würde dadurch die Errichtung von Sparkassen nicht überflüssig gemacht werden. Der **Chemnitzer** Verein hat jüngst eine Konfirmanden-Sparkasse eingerichtet für seine Mitglieder und Andere, welche an dem unter sozialdemokratische Leitung geratenen Konfirmanden-Sparkassen-Verein daselbst sich nicht beteiligen möchten. In größeren Städten würde einem starken ev. Arbeiterverein die Begründung eines eigenen **Consumvereins** zu empfehlen sein, zumal wenn es ihm möglich wäre, ein Vereinshaus, in welchem auch Lagerräume für die Waren des Konsumvereins eingerichtet werden könnten, für sich und verwandte Vereine zu erwerben.*) Auch sollte ein ev. Arbeiterverein die Vermittlung von Arbeit für arbeitslose Mitglieder sich thunlichst angelegen sein lassen, wie es der **Magdeburger** Verein thut. Der hat drei **Arbeitsnachweisstellen** für seine Mitglieder errichtet, die eine für die, welche bei Handwerksmeistern Arbeit suchen, eine andere für die, welche beim Kaufmannsstande oder in Fabriken Beschäftigung haben möchten, die dritte für die, die bei der Eisenbahn Beschäftigung oder Anstellung begehren. Der Ev. Arbeiterverein des Plauen'schen Grundes (Verband) hat für die Töchter seiner Mitglieder eine Dienstboten-Vermittlungsstelle errichtet und gedenkt später Arbeitsnachweis überhaupt daran anzuschließen.

---

*) Kleinere Vereine könnten durch gemeinsame Einkäufe manche Erleichterung den Mitgliedern verschaffen.

Die Frage, inwieweit die ev. Arbeitervereine auf die Beseitigung von Notständen und überhaupt auf die materielle Hebung des Arbeiterstandes hinwirken sollen, wird nach den örtlichen Verhältnissen verschieden beantwortet werden müssen. Wenn großstädtische, mächtige ev. Arbeitervereine die Beschaffung von billigen Arbeiterhäusern oder die Errichtung von Darlehenskassen u. s. w. zu ihren Aufgaben rechnen oder wenn ev. Arbeitervereine, seien es einzelne oder verbundene, so erstarken würden, daß es ihnen möglich wäre, einen eigenen Vertreter in den Reichs- oder Landtag oder in die Stadtvertretung oder in den Gemeinderat hineinzubringen, daß er die Interessen des Arbeiterstandes im evangelischen Sinne vertrete, so mag man dies ja mit allen Kräften zu erreichen suchen. Je mehr ein Verein in dieser Hinsicht erreicht, um so besser ist's. Und wenn es gelingen würde, ein gemeinsames evangelisch-soziales Programm für die ev. Arbeitervereine herauszuarbeiten, wie Herr Stadtpfarrer Traub ein solches erstrebt, der in Nr. 46 ff. des „Ev. Arbeiterboten" „Bruchsteine zu einem evang.-sozialen Programm" lieferte, so würden wir dies mit Freuden begrüßen, da ja nicht der Kirche es zugemutet wird, die als solche kein wirtschaftliches Programm aufstellen kann oder soll, sondern nur Grundsätze und Richtlinien für das ganze Volksleben hat. Die soziale Aufgabe der ev. Arbeitervereine ist nicht auf die Förderung der Sonntagsruhe und des Familienlebens zu beschränken, wie vorgeschlagen worden ist, sondern weiter zu fassen; sie umfaßt das ganze soziale Gebiet. Doch was für den einzelnen ev. Arbeiterverein aus diesem Gebiete als erstrebenswert und erreichbar zu bezeichnen ist, das richtet sich eben nach den örtlichen Verhältnissen. Die Hauptsache aber für jeden ev. Arbeiterverein ist und bleibt Pflege des christlich-vaterländischen Sinnes und des guten Einvernehmens der Arbeiter mit den Arbeitgebern.

Zur Mitgliedschaft sind vor allem Arbeiter im engeren Sinne des Wortes einzuladen, welche sich eines guten Rufes erfreuen, im Besitze der bürgerlichen und kirchlichen Ehrenrechte sich befinden und etwa das 20. Lebensjahr zurückgelegt haben. Junge Leute im Alter von 18—20 Jahren könnten als Vereinsgenossen ohne Stimmrecht zugelassen werden. Mit gutem Grund werden durch die Satzungen des Dresdener Vereins (vergl. z. B. auch die des Erfurter und Dortmunder Vereins, ausdrücklich diejenigen ausgeschlossen, welche sozialdemokratischen Vereinen angehören. Die allermeisten ev. Arbeitervereine werden aber nicht bloß Arbeiter im engeren Sinne des Wortes, sondern auch die Angehörigen anderer Stände aufnehmen. Doch kommt dabei meistens der Name des Vereins, welcher doch deutlich zunächst nur auf den sog. Arbeiterstand hinweist, nicht zu seinem Rechte. Wenn die Satzungen des Zwickauer ev. Arbeitervereins die Bestimmung enthalten: „Als Arbeiter sind auch Beamte, Bedienstete und Handwerker anzusehen", so widerspricht dieselbe offenbar der Erwartung, die man bei dem Namen des Vereins haben muß; kein Mensch wird Beamte Arbeiter im gewöhnlichen Sinne des Wortes nennen, und zu den Arbeitern im weiteren und höheren Wortverstande gehören nicht bloß Beamte, Bedienstete und Handwerker, sondern die Angehörigen jeden Standes, auch ein König arbeitet. Ein anderer ev. Arbeiterverein bezeichnet als aufnahmefähig „jedes männliche Mitglied der evang. Kirche, welches im Vereinsgebiete wohnt, das 17. Lebensjahr vollendet hat und sich eines unbescholtenen Rufes erfreut"; ein württembergischer ev. Arbeiterverein nimmt als „ordentliches Mitglied" jeden unbescholtenen in ... oder der nächsten Umgegend „arbeitenden oder ansässigen evangelischen Mann" auf, der 18 Jahre alt ist oder eine ordnungsgemäße Lehre durchgemacht hat und läßt im Unterschied hiervon „passives Mitglied" jeden evang. Einwohner von .... werden, der sich verpflichtet, einen Jahresbeitrag von mindestens 3 ℳ zu bezahlen; ein bayerischer ev. Arbeiterverein heißt jeden „unbescholtenen christlichen Mann", der das 18. Lebensjahr zurückgelegt hat, willkommen, ohne es statutarisch auszuschließen, daß Katholiken Mitglieder des ev. Arbeitervereins werden. Bei den Satzungen eines anderen Vereins befindet sich zwar die Bestimmung, daß Mitglied des Vereins „jeder Angehörige der christlichen Kirchengemeinde ...." werden kann, der ꝛc., im Einklang mit dem Namen des Vereins: „Christlicher Arbeiterverein zu ...", kann aber nicht als genau und zutreffend bezeichnet werden, da es in .... wohl christliche Kirchen und evangelische oder auch katholische Kirchengemeinden, nicht aber eine „christliche Kirchengemeinde" giebt. Soll der Name „ev. Arbeiterverein" zu seinem vollen Rechte kommen, so müssen als ordentliche Mitglieder zunächst nur Evangelische und Arbeiter im allgemein üblichen Sinne des Wortes gelten. Eine größere Bestimmtheit als die ev. Arbeitervereine, die jedem ev. Manne die Mitgliedschaft ohne weiteres zuerkennen, zeigen die Satzungen des großen ev. Arbeitervereins zu B. § 3 der Satzungen unterscheidet zwischen Vereins mitgliedern und Vereinsfreunden und rechnet zu den ersteren auch die Handwerker. Letztere zu den „Arbeitern" zu rechnen, ist viel eher zulässig, als die Beamten, denn der Unterschied zwischen Handwerkern und Arbeitern ist ein sehr fließender. So sind z. B. Tischler, die in einer großen Möbelfabrik arbeiten, Handwerker und Arbeiter zugleich, und mancher kleiner Handwerksmeister ist genötigt, für Magazine zu arbeiten. Aber noch genauer und dem Namen des evang. Arbeitervereins entsprechender ist doch die Unterscheidung zwischen ordentlichen und außerordentlichen Mitgliedern, wie sie der Dortmunder Verein in seinen Satzungen macht. Durch diese Unterscheidung wird es möglich, einerseits dem Namen des „evang. Arbeitervereins" gerecht zu werden und gleichzeitig die Arbeitgeber und andere, die das Wohl der Arbeiter befördern wollen, zur Beteiligung einzuladen, ohne daß es nötig wäre, diesen Unterschied im Mitgliederverzeichnis hervorzuheben; man könnte es wenigstens in zweifelhaften Fällen dem Einzelnen überlassen, ob er sich als ordentliches oder außerordentliches Mitglied betrachten will. Denn die Rechte und Pflichten innerhalb des Vereins sind die gleichen. Klar unterscheidet auch der Rudolstädter Verein, indem er als Mitglieder bezeichnet Arbeiter und Arbeiterfreunde.

Letztere zur Mitgliedschaft zuzulassen, ist um so wichtiger, als bei Begründung ev. Arbeitervereine sehr selten ein Arbeiter zu finden ist, der zur Leitung des neu entstehenden Vereins sich eignete. Ist es möglich, einen Arbeiter zu finden, der festen Glauben und klaren Blick, auch Gabe zum Sprechen und Geschicklichkeit zur Leitung einer Versammlung hat, so ist es am besten, ihm die Begründung und Leitung des Vereins zu überlassen, wenn nicht zu besorgen ist, daß heimliche Sozialdemokraten eindringen, was bei Militär- und Kriegervereinen zuweilen vorgekommen ist. Meistens aber muß ein Geistlicher oder Lehrer oder ein anderer gebildeter Mann die Begründung und Leitung des Vereins in die Hand nehmen. Die übrigen Vorstandsmitglieder müßten dann entweder sämtlich oder wenigstens zum größeren Teile dem sog. Arbeiterstande angehören. Ists möglich, so übergebe man wenigstens bei Bildung kleinerer Verbände den Vorsitz einem Arbeiter, während ein größerer Verband in der Regel durch Geistliche oder andere kundige Männer geleitet werden muß. Für große städtische Vereine würde es sich sehr empfehlen, die im Erfurter Verein bestehende Einrichtung zu treffen, wonach der zur Aufnahme sich Anmeldende ein Formular „Aufnahmegesuch" auszufüllen und zu unterschreiben hat des Inhalts: „Ich melde mich hiermit als Mitglied des Evangelischen Arbeitervereins an und bitte um Aufnahme. Ich bin geboren am . . . . zu . . . . bin evangelisch und im Besitz der bürgerlichen Ehrenrechte." Darunter kommt der „Name des Bürgen", welcher bescheinigt: „Für den obigen Aufnahmesuchenden übernehme ich die Bürgschaft seiner Würdigkeit." Wird der Angemeldete aufgenommen, so hat er einen Verpflichtungsschein zu unterzeichnen.

Der Verlust der Mitgliedschaft würde außer durch Wegzug, Tod oder mehrmonatliche unentschuldigte Versäumnis in Bezahlung des Mitgliedbeitrages auch durch „grobe sittliche Verstöße" und durch „Untreue gegen das evangelische Bekenntnis, als welche auch dies anzusehen ist, wenn ein evangelischer Vater seine Kinder in einem anderen als in dem Bekenntnisse der ev. Kirche erziehen läßt" (Zwickauer V.), herbeigeführt werden. Nach § 8 der Erfurter Satzungen sind auszuschließen „Mitglieder, bei welchen die Aufnahmefähigkeit nicht oder nicht mehr vorliegt. Insbesondere zählen hierzu Mitglieder, welche es offen oder heimlich mit sozialdemokratischen Anschauungen und Bestrebungen halten oder ihr evang. Glaubensbewußtsein verleugnen und überhaupt durch ihr Verhalten in Widerspruch mit den Vereinsgrundsätzen und Bestrebungen treten."

Als monatlicher Mitgliedsbeitrag wird in manchen Vereinen 30 ₰ (z. B. Dortmund und Nürnberg), in anderen 25 ₰ (Breslau) oder 20 ₰ (Zwickau), in den meisten Vereinen nur 10 ₰ erhoben; letzteres dürfte das Empfehlenswerteste sein. Einige verlangen noch ein Eintrittsgeld oder einen Betrag für Aushändigung der Mitgliedskarte mit den Satzungen und ein Verein (Erfurt) fordert bei jedem Sterbefall im Falle der Auszahlung von Begräbnisgeldern von jedem Mitglied einen besonderen Beitrag von 5 ₰.

Die regelmäßigen Versammlungen finden in den größeren Vereinen an jedem Sonntage gegen Abend statt; mindestens an einem Sonntage im Monat ist ein Vortrag zu halten (Zwickau). Der Nürnberger Verein hat wöchentliche Zusammenkünfte am Sonntag und an einem Wochentage Abend. Der Breslauer Verein hält in jedem Monat eine Hauptversammlung ab, in welcher gewöhnlich ein Vortrag gehalten wird; außerdem finden dort in der Regel allwöchentlich einmal Zusammenkünfte der Gruppen statt. In Dortmund u. a. O. werden regelmäßige Versammlungen am ersten Sonntage eines jeden Monats abgehalten und außergewöhnliche Versammlungen durch den Vereinsvorstand berufen. Der Schramberger Verein versammelt sich im Winter alle 14 Tage, im Sommer alle 3 Wochen. Andere Vereine, auch größere z. B. der Magdeburger, versammeln sich jeden Monat nur einmal. Davon sind zu unterscheiden die **Hauptversammlungen**, welche jährlich einmal oder auch (Magdeburg) zweimal stattfinden, in denen die wichtigsten Vereinsangelegenheiten zur geschäftlichen Erledigung kommen. Vereinsfestlichkeiten haben entweder kirchliche oder patriotische oder vereinsmäßige Veranlassung. Manche Satzungen enthalten die zwar für ev. Arbeitervereine eigentlich sich von selbst verstehende, aber doch notwendige Bestimmung, daß bei Vereinsfestlichkeiten Tanzvergnügen „in der Regel ausgeschlossen" (Zwickau) oder „durchaus unstatthaft" (Dortmund) ist. Manche Vereine haben auch einen Paragraphen, welcher zahlreiche Beteiligung bei dem Begräbnisse eines Mitgliedes fordert, ihren Satzungen eingefügt. Die Vereinssatzungen haben verschiedenen Umfang, zuweilen auch noch einen Anhang, wie die Nürnberger eine „Sparkassen-Ordnung" und „Ordnung für den Sängerchor."

5.

Was nun das **Verhältnis** zu anderen Vereinen anbetrifft, so kommen zunächst die **kirchlich** gerichteten, sodann die **politischen** Vereine in Betracht. Man hat gemeint, daß wo ein ev. Arbeiterverein sich bilde, ein etwa schon bestehender ev. **Männerverein** sich auflösen könne, um in dem neuen Verein sich fortzusetzen, oder wenn man lieber den Männerverein bestehen lassen wolle, die Begründung eines Arbeitervereins unnötig sei. Doch so sehr auch beide Vereine mit einander verwandt sind, sofern sie beide vornehmlich die Stärkung des evangelischen Glaubensbewußtseins, die Pflege des königstreuen Sinnes und die sittliche Hebung ihrer Mitglieder erstreben, so unterscheidet sich doch der ev. Arbeiterverein von den bisher durch die innere Mission angeregten und begründeten Männervereinen dadurch, daß derselbe sich die besondere Aufgabe stellt, durch Zusammenkünfte und durch Vorträge aus dem Gebiet der sozialen Frage zur Aufklärung und Besserung beizutragen und auf das Verhältnis zwischen Arbeitgeber und Arbeitnehmer in friedlichem Sinn einzuwirken, also mitzuhelfen an der rechten Ueberwindung der sozialen Wirren. Daher kommt auch die Verschiedenheit in der Mitgliedschaft beider Vereine. Zur Mitgliedschaft eines ev. Arbeitervereines sind besonders Arbeiter und Arbeitgeber anzuwerben, ohne daß andere Stände ausgeschlossen sind, zur Beteiligung an einem ev. Männerverein sind ausdrücklich die christlich Gesinnten aus den verschiedenen Ständen einzuladen, ohne daß der Unterschied zwischen Arbeitern und Arbeitgebern in den Bestrebungen des Vereins irgendwie hervortritt.

Noch weniger kann der ev. Arbeiterverein durch einen evang. Jünglingsverein oder dieser durch jenen überflüssig gemacht werden, da der Jünglingsverein als solcher mit dem sozialen Problem sich nicht zu beschäftigen hat. Wird freilich ein Männer- oder Bürger- oder Volksverein oder ein christlich-patriotischer Verein begründet mit der ausgesprochenen Absicht, dieselben Bestrebungen zu verfolgen, wie sie der ev. Arbeiterverein verfolgt, dann wird die Gründung eines besonderen ev. Arbeitervereins überflüssig, denn dann ist dieselbe Sache nur unter einem anderen, den speziellen sozialen Zweck nicht andeutenden, allgemeinen Namen vorhanden, wie ja auch andererseits der Fall vorkommt, daß ein Verein ev. Arbeiterverein heißt, ohne daß er die Erhaltung und Förderung eines friedlichen Verhältnisses der Arbeitgeber und Arbeitnehmer als Vereinszweck in seine Satzungen aufgenommen hätte, wie z. B. der Nürnberger ev. Arbeiterverein, vergl. § 5 seiner Satzungen.

Das Verhältnis der evang. Arbeitervereine zu den **politischen Parteien** bestimmt sich nach der Stellung dieser Parteien zum **Christentum, zur Monarchie und zur sozialen Frage.** Eine entschieden ablehnende Stellung nehmen unsere Vereine natürlich der sozialdemokratischen Partei gegenüber ein, welche Thron und Altar zertrümmern und auf diesen Trümmern ihren Sozialistenstaat aufbauen möchte. Dieser Gegensatz darf nicht verschleiert werden. Die Sozialdemokraten machen auch kein Hehl aus ihrer Feindschaft gegen die Weltordnung der himmlischen und irdischen Autoritäten, so darf auch der im Gegensatz gegen die Sozialdemokratie begründete evang. Arbeiterverein diesen Gegensatz nicht verschweigen. Da ferner der **Liberalismus** als Gegner des **positiven** Christentums und einer von parlamentarischen Mehrheiten unabhängigen Monarchie sich erwiesen hat und das **Zentrum** in erster Linie die Interessen des nach Weltherrschaft lüsternen Papstes und der katholischen Kirche verfolgt, so ergiebt sich für die Mitglieder des evang. Arbeitervereins die Verpflichtung, die **konservative** Partei nach Kräften zu unterstützen, welche immer für die evangelische Kirche eingetreten ist und eintritt, die Monarchie schützt und stützt und zur Besserung der sozialen Verhältnisse willig und fähig ist. Nur wird der evang. Arbeiterverein als solcher nicht mit der konservativen Partei sich identifizieren, da diese zwar in den höchsten Prinzipien mit jenem übereinstimmt, aber sich im übrigen nicht auf die Wiederherstellung und Wahrung des friedlichen Einvernehmens zwischen Arbeitgeber und Arbeitnehmer beschränken kann. Doch die Übereinstimmung in den höchsten Zielen muß bezeugt werden. Darum können wir es nicht billigen, wenn der evang. Arbeiterverein in Frankfurt a. M. seine Satzungen also beginnt: „Der Evang. Arbeiterverein zu Frankfurt a. M. hat zum Zweck die Pflege der Interessen der arbeitenden Bevölkerung auf Grund der evangelisch-christlichen Weltanschauung und vaterländischer Gesinnung. Er schließt keine politische Parteirichtung aus und läßt seinen Mitgliedern volle Freiheit bei den öffentlichen Wahlen". Wohl kann und wird ein evang. Arbeiterverein seinen Mitgliedern die gesetzmäßige Freiheit nicht verkümmern, aber er wird in den Zeiten der Wahl seine Stellung zu den politischen Parteirichtungen aussprechen und seinen Mitgliedern den Rat geben, demjenigen Reichstags- oder Landtags- oder Gemeinderatskandidaten die Stimme zu geben, welcher den von den evang. Arbeitervereinen verfolgten Bestrebungen am nächsten steht und dies wird in der Regel der konservative Kandidat sein.

Doch nun zum Schluß. Der Einsender eines Aufsatzes im „Evang. Arbeiterboten" 1891 Nr. 94 erzählt: „Vor Jahren wohnte ich einer sozialdemokratischen Versammlung in Nürnberg bei und hörte in derselben eine Rede, welche voll war von dummen und widerwärtigen Dingen. Nach dem Schluß derselben unterhielt ich mich mit einem Sozialdemokraten, welcher an unserem Tische saß und fragte ihn, wie er denn eigentlich zu seinen traurigen Anschauungen gekommen sei. ‚Seit einigen Jahren glaube ich nicht mehr an einen lebendigen Gott' erwiderte er. Darauf ich: ‚Nun freilich, wenn Sie nicht mehr an einen lebendigen Gott glauben, dann ist alles möglich, dann werden Sie sich auch nicht scheuen, mich tot zu schlagen, vorausgesetzt, daß Sie 1000 Thaler dadurch gewinnen'. ‚Allerdings' entgegnete ganz ruhig der Sozialdemokrat, ‚wenn ich die gewisse Sicherheit hätte, von der Polizei nicht belästigt zu werden und ich könnte Ihnen tausend Thaler abnehmen, ich würde Sie ganz ruhig totschlagen. Was liegt denn daran?" Diese Äußerung des ruchlosen Sozialdemokraten beleuchtet klar und scharf die Konsequenzen der sozialdemokratischen Weltanschauung, welche auf völliger Glaubenslosigkeit beruht und rücksichtsloseste Selbstsucht erzeugt. Wer also seinen Glauben hoch hält und seine Kirche schätzt, sein Volk und Vaterland lieb hat, beteilige sich in irgend einer Weise an dem Kampfe gegen die gottesleugnerische und menschenfeindliche, glaubens- und lieblose Sozialdemokratie. Der Kampf ist schwer, die Aufgabe, diesen Dämon zu überwinden, riesengroß. Aber vereinte Kräfte können mit Gottes Hilfe viel thun zur Lösung dieser Aufgabe. Und zu den Vereinigungen solcher gegen die Sozialdemokratie gerichteten Kräfte gehören die evangelischen Arbeitervereine.

Wir schließen mit den Worten Schillers, welche der ehrsame Handwerker auf dem Titelblatte der Satzungen des Nürnberger evang. Arbeitervereins in seiner entfalteten Papierrolle trägt: „Doch der Segen kommt von oben".

Zeitfragen des christlichen Volkslebens.

Band XVII. Heft 5.

Die Frau und das Universitätsstudium.

Von

H. Kersten.

Stuttgart.
Druck und Verlag der Chr. Belser'schen Verlagshandlung.
1892.

Unter der großen Zahl mehr oder minder brennender Zeitfragen beansprucht nicht zuletzt die sog. Frauenfrage die allgemeine Aufmerksamkeit. Diese Frage, so wenig neu sie ist, wird doch in unseren Tagen mit erneutem Eifer auch in Deutschland aufgenommen und in verschiedenem Sinne erörtert. Indem wir eine allseitige Bekanntschaft hiermit voraussetzen dürfen, heben wir für unseren Zweck nur kurz hervor, daß die Vorkämpfer dieser Sache in ihren letzten und äußersten Zielen auf eine völlige soziale und politische Gleichstellung der Frau mit dem Manne ausgehen: auf möglichst allen Gebieten des rein geistigen wie des praktischen Lebens, in Kunst und Wissenschaft, auf gewerblichem und wirtschaftlichem Gebiete, in Verwaltung, Recht und Politik soll das Weib zum unbeschränkten Wettbewerb mit dem Manne zugelassen werden bezw. mit ihm gleichberechtigt sein. (Die Gesamtheit dieser Bestrebungen wird bekanntlich auch mit dem Ausdruck „Frauenemancipation" bezeichnet; eine begriffliche Trennung von „Frauenfrage" und „Frauenemancipation", wie sie neuerdings von solchen versucht wird, welche ein besonderes Gewicht auf die „Versorgung" der Frau legen und die „Frauenfrage" einfach die „Frage der Versorgung der Frau" nennen wollen, läßt sich mit Rücksicht auf die auch in letzterem Falle verfolgten weitgehenden Ziele nicht durchführen.)

Man kann schon auf Grund allgemeiner Erwägungen über die Berechtigung derartiger Bestrebungen sehr im Zweifel sein; man kann streiten, ob die „Frauenfrage" überhaupt eine wirkliche und notwendige, und nicht bloß eine „sogenannte", eine künstlich erzeugte ist. Vom christlichen Standpunkt aus aber wird man sogar unbedenklich diese Frage als in ihrem Kern durch die Bibel längst gelöst betrachten, lange bevor sie in der Neuzeit mit viel Geräusch erhoben und erörtert wurde. Wie sich das ganze Verhältnis des Weibes zum Manne auf dem Boden des Christentums gestalten soll, darüber lassen uns die biblischen Vorschriften nicht im Zweifel. Mulier taceat in ecclesia! (Diese Auffassung kommt auch in der christlich gesinnten Tagespresse zu gebührendem Ausdruck; wir verweisen auf den Artikel „Die Frauenfrage" in der Zeitung „Das Volk" vom 3. Nov. 1891, ohne jedoch den Ansichten des Verfassers in allen Punkten beizustimmen.)

Dies ist im großen und ganzen richtig, wird man sagen, aber so ins einzelne können jene Vorschriften nicht gehen, daß man nicht bei diesen oder jenen Ansprüchen, welche das weibliche Geschlecht heutzutage für sich erhebt, noch besonders zu prüfen hätte, inwieweit sie etwa doch begründet und zulässig seien. „Man muß den Forderungen des Zeitgeistes und der Gesittung unseres Zeitalters Rechnung tragen." Wohl, dies kann und soll in sehr sachlicher Weise geschehen, und doch kann und soll ebenso der Geist der biblischen Lehren als oberster Gesichtspunkt hierbei leitend und maßgebend sein.

Ein solcher besonderer Anspruch nun, der nur einen Teil der ganzen „Frauenfrage" bildet, bezieht sich auf die Zulassung der Frauen zu den Universitätsstudien und den gelehrten Berufsarten. Es soll unsere Aufgabe sein, diese Forderung, welche von den Vertretern der „Frauenfrage" hartnäckig festgehalten und auch in Deutschland immer stärker verfochten wird, etwas näher anzusehen 1) auf ihren Ursprung und Charakter, 2) auf die Gründe, welche für dieselbe geltend gemacht werden, 3) auf ihre Bedeutung für die Universitäten. Es liegt nahe, daß wir dies mit besonderer Berücksichtigung der neuesten Bestrebungen in unserem deutschen Vaterlande thun werden. —

I.

Zuerst also Ursprung und Charakter dieser Forderung.

Wer die ganze sog. „soziale Frage" nur als „Magenfrage" ansieht, wird leicht auch in der ganzen Frauenbewegung einfach das Bestreben finden, die Lage der Frau in materieller Hinsicht zu verbessern. Danach würde es sich vor allem um die Eröffnung neuer und ausreichender Erwerbsquellen für das weibliche Geschlecht handeln angesichts des Mißverhältnisses, daß in vielen Kulturstaaten ein beträchtlicher Ueberschuß von Frauen besteht, welche unverheiratet

und unverſorgt bleiben. Dieſe Auffaſſung iſt nicht frei von Ein-
ſeitigkeit. Richtig iſt, daß z. B. in Deutſchland faſt 1 Million
Frauen mehr als Männer gezählt werden, und da von den letzteren
obendrein eine größere Zahl die Ehe aus dieſen oder jenen Gründen
meidet, ſo bleibt allerdings ein ziemlicher Prozentſatz weiblicher
Perſonen übrig, welche genötigt ſind, auf eigene Hand für ihren
Lebensunterhalt und für eine ſelbſtändige Lebensſtellung zu ſorgen.
Aber auch den günſtigſten Fall angenommen, daß beide Geſchlechter
ſich an Zahl die Wage hielten, und daß im Verhältnis nur wenige
Frauen von der Ehe ausgeſchloſſen blieben, würde damit die
„Frauenfrage" mit allen ihren Forderungen verſchwinden? Iſt
es völlig wahr, wenn behauptet wird: „Gebt allen Frauen den
Platz an der Seite des Gatten, den Wirkungskreis in der eigenen
Familie, und ſie werden dankbar ſein und nicht daran denken, aus
der althergebrachten Sphäre engbegrenzter Weiblichkeit herauszu-
treten"? — Die Vereinigten Staaten von Nord-Amerika
bieten das Beiſpiel, daß dort das umgekehrte Verhältnis beſtand und
beſteht, wie bei uns: auf je 1000 Männer kommen dort nur 965
Frauen (Zählung von 1880), in Dentſchland auf je 1000 Männer
1039 Frauen (Zählung von 1885). Hiernach iſt für das weibliche Geſchlecht die Ausſicht, durch Heirat dem eigenen Nahrungserwerb überhoben zu werden, dort jedenfalls im ganzen größer als
in Deutſchland und auch den meiſten andern europäiſchen Ländern.
Trotzdem hat die Frauenbewegung nirgends einen günſtigeren Boden
geſunden und nirgends größere Erfolge errungen als in Nord-
Amerika. Wie erklärt ſich dies? Man hat geſagt: Gerade die
Minderheit, in der die Frauen ſich dort befinden, hat eine größere Wert-
ſchätzung derſelben im Gefolge gehabt. In dem Maße, als ſie ſich um
die gewöhnlichen und alltäglichen Arbeiten erleichtert ſahen, — bei dem
ſonſtigen Wohlſtande des Landes — wuchs das Bewußtſein ihrer
freieren und ſelbſtändigeren Stellung im Staate. Mit dem ge-
ſteigerten Selbſtbewußtſein erhöhten ſich die Anſprüche. Dies würde
jedoch nicht zur Erklärung genügen, wenn nicht dieſen Anſprüchen
ein Staatsweſen entgegengekommen wäre, welches auf einer ſehr
andersartigen Grundlage errichtet iſt, als die alten Staaten Europas.
Aber in jenem republikaniſchen Lande mit der denkbar freieſten
Verfaſſung hat der Grundſatz des „Gehen laſſen, machen laſſen"

seit jeher nur ein sehr lockeres Band um seine Angehörigen gelegt und auf gesellschaftlichem, politischem und auch religiösem Gebiete vielfach Erscheinungen gezeitigt, die sich als arge Übertreibungen und Ausschreitungen herausstellen. Wohl zeichnet sich Nord-Amerika durch seine wirtschaftlichen Leistungen aus, aber diese allein bedingen noch nicht eine höhere geistige und sittliche Stellung des Volkes. Der Nord-Amerikaner hat eine ausgeprägte Sucht nach materiellem Gewinn, und das hiermit zusammenhängende Streben nach möglichster Freiheit für das Wollen und Können des Einzelnen dient häufig nicht den Interessen der Allgemeinheit. Das Übertriebene und Unnatürliche in vielen dortigen Verhältnissen bleibt aber wiederum nicht ohne nachteilige Rückwirkung auf das nordamerikanische Volk und seine fernere Entwicklung. Unnatürlich muß es uns auch erscheinen, daß die Frauen dort zu einer Rolle zugelassen werden, in welcher sie ihre ganze Bestimmung und ihren natürlichen Beruf weit überschreiten. Frauen sind dort nicht nur Ärztinnen und Apothekerinnen, sie bekleiden auch die Stellen von Rechtsanwälten, Richtern, Verwaltungsbeamten, Lehrern an Knabenschulen, ja selbst von Predigern. Allein in den verschiedenen Abteilungen der Bundesverwaltung zu Washington sind mehr als 1200 weibliche Beamte in Thätigkeit; die Lehrkräfte an den öffentlichen Schulen aber bestehen zu mehr als zwei Drittel aus Frauen.

Und bei diesen „Frauen in Amt und Würden" handelt es sich nicht nur um unverheiratete. Wenn aber Frauen auf diese Art Ämter und Stellen selbst in der Ehe noch bekleiden, so beweist dies eben, daß hierbei denn doch noch andere Beweggründe vorliegen, als die „Versorgung." — Man denke sich eine solche Frau in ihrem Verhältnis zu Mann, Familie und Hausstand. Das Bild, welches Schiller in seiner „Glocke" vom Wesen und Wirken der Hausfrau gezeichnet hat, kehrt sich in allen Zügen um. — Nimmt man nun zu dem, was den Frauen in Nord-Amerika zugestanden wird, noch ihr aktives und zum Teil auch passives Wahlrecht, so ist leicht vorstellbar, welch großen Einfluß das weibliche Geschlecht auf das nordamerikanische Volksleben, das private, wie das öffentliche, ausübt. Man kann sich hierbei denken, daß eine Frau, wenn sie in das öffentliche Leben gestellt wird, um so stärker eine gewisse

Eigenart ihrer weiblichen Natur entfaltet, welche schwerlich von Vorteil für die Allgemeinheit ist: wir meinen ihre ganze subjektive Denk- und Sinnesart. Dazu kommen die etwaigen Nachteile einer Minderwertigkeit der Leistungen an den vielen und oft wichtigen Stellen, wo weibliche Kräfte anstatt der männlichen öffentlich wirken. — Es ist nur selbstverständlich, daß den Frauen zugleich mit dem Zutritt zu den verschiedensten Ämtern auch die Gelegenheit zu besonderer fachwissenschaftlicher Ausbildung gewährt worden ist. Und so sind nicht nur den Frauen die amerikanischen Hochschulen geöffnet, sondern es bestehen auch daneben noch besondere female colloges, Frauenuniversitäten. —

Nach allem Gesagten ist es klar, daß vor anderen Staaten in Nord-Amerika geistig irgend selbständige und dazu herrschbegierige Frauen leicht Raum finden, die ihrem Geschlecht gesetzten natürlichen und gesellschaftlichen Schranken zu erweitern oder zu durchbrechen. Die dortigen Verhältnisse setzen solchen Bestrebungen keinen Widerstand entgegen, ja, sie begünstigen dieselben sogar und locken sie hervor. Daher gerade dort die große Zahl von ebenso eifrigen als glücklichen Verfechterinnen der Frauensache. Unter ihnen tritt besonders hervor Amalia Blöomer, geb. 1818 zu Homer im Staate New-York, welche auch als verheiratete Frau noch für die Erweiterung der Frauenrechte kämpfte, verschiedene Schriften hierüber veröffentlichte und 1849 die ausschließlich den Interessen der Frauen gewidmete Zeitschrift „The Lily" gründete. (In diesem Blatte trat sie auch für eine besondere weibliche Tracht ein, welche, aus langer Bluse und weiten Beinkleidern bestehend, sich der Männerkleidung nähern sollte. Urheberin dieser Tracht war allerdings Elisabeth Smith Gerrit, welche sich zuerst öffentlich in derselben zeigte. Weil aber Amalia Bloomer diese Tracht selbst annahm und lebhaft empfahl, so wurde ihr Name auf dieses Kostüm übertragen, und als „Bloomerismus" bezeichnet man die ganze sich daran anschließende Bewegung, durch welche die Frauenemanzipation in Nord-Amerika eingeleitet wurde.) Es ist sehr bemerkenswert, wie weit gerade verheiratete Frauen sich an diesen Bestrebungen beteiligen; und zugleich kennzeichnet nichts die Sache besser, als daß solche Frauen auch in der Ehe nicht ihre Genüge und die Erfüllung ihres natürlichen Berufes finden, sondern darüber hinaus sich und andern ihres Geschlechtes noch „höhere Ziele" setzen zu müssen glauben. Man kann über die wahre Natur dieser Bewegung nicht lange in Zweifel sein: sie ist am allerwenigsten in Nord-Amerika eine „Brotfrage", sondern hat einen **deutlich politischen Charakter**. Diesen Grundcharakter wahrt sie sich auch in den übrigen Ländern, auf welche sie sich übertragen hat, nur daß sie sich in ihrer Form den besonderen staatlichen und gesellschaftlichen Verhältnissen eines jeden Landes anpaßt. Denn man darf Nord-Amerika als das eigentliche Ursprungsland dieser Bewegung ansehen. Zwar hat dieselbe schon in dem republikanischen **Frankreich** eine Vorläuferin gehabt, aber das allzu revolutionäre Wesen der letzteren hinderte zugleich ihre Ausbreitung.

Diese erste Bewegung begann in **Frankreich** am Ende des vorigen Jahrhunderts im engsten Zusammenhang mit der Revolution, an welcher ja die Frauen den regsten Anteil genommen haben. Wir erinnern an die Frau von **Staël-Holstein** und **Olympia de Gonges**, an deren Namen sich die berüchtigte „Erklärung der Frauenrechte" knüpft. Schon damals ging die Forderung seitens der Frauen auf allgemeine Gleichberechtigung mit den Männern und auf Zulassung zu allen Ämtern. Da man es auch äußerlich dem männlichen Geschlecht durch Anlegung von Männertracht gleich thun wollte, wurde das Treiben selbst dem National-Konvent zu arg und es kam zur Schließung der politischen Frauenklubs. Auch weiterhin, als die Revolution in Frankreich in unserem Jahrhundert (1830 u. 1848) ihr Haupt wieder erhob, knüpften sich Emanzipationsbestrebungen der Frauen an dieselbe und traten zugleich enger in Verbindung mit dem erstarkenden **Sozialismus**. In den **sozialistischen** Lehren des Grafen **Saint-Simon** (Saint-Simonismus) und seiner Anhänger hatten die auf die „Frauenemancipation" gerichteten Forderungen die Grenzen des Möglichen längst überschritten, und die Lehre seines Schülers **Enfantin** von der Weibergemeinschaft führte schließlich ein polizeiliches Einschreiten herbei. Auch das Auftreten der Schriftstellerin **George Sand** wirkte in diesem Sinne.

Alle diese Bestrebungen, wenn sie auch keinen unmittelbaren Erfolg hatten, haben doch im Geheimen fortgewirkt, sie haben sich mit gleichartigen Bestrebungen in anderen Ländern, wo immer dieselben auftauchten, die Hände gereicht und sich gegenseitig verstärkt. Auch in Frankreich hat die Bewegung der Frauen denselben die Hörsäle der Universitäten geöffnet. Sie sind den Männern insofern gleichgestellt, als sie ebenso zu einem regelrechten Studium und zur Erlangung der Doktorwürde zugelassen werden, wenn sie das Baccalaureats-Examen abgelegt haben, welches etwa unserer Gymnasialreifeprüfung entspricht. Auch zur Ausübung des ärztlichen Berufes sind sie berechtigt. —

Unter den europäischen Ländern ist jedenfalls England dasjenige, wo die weiblichen Emancipationsbestrebungen die meisten sichtbaren Erfolge erzielt haben. Dies nimmt vielleicht nicht sehr wunder von einem Lande, welches durch Stammesverwandtschaft und eine gewisse Ähnlichkeit der Verhältnisse dem nordamerikanischen Freistaat vor anderen Ländern nahesteht. Es haben sich denn auch die Erfolge der nordamerikanischen Frauenbewegung in keinem andern europäischen Lande getreuer wiederholt, als in England, wenn auch nicht im vollsten Umfange. Auch hier haben die Frauen nicht nur das Stimmrecht bei Gemeindewahlen errungen (wenigstens gilt dies für die, welche einen selbständigen Erwerb haben und Steuer zahlen), sie haben auch Aussicht, dasselbe für die Parlamentswahlen zu erlangen. Ebenso haben sie den Zutritt zu Staats- und Gemeindebeamtern, höheren wie niederen, gewonnen. Im Jahr 1881 waren über 3000 weibliche Beamte im Staatsdienst und etwa ebensoviel im Gemeindedienst thätig. Ihre fachwissenschaftliche Ausbildung dürfen sie an den „University colleges" suchen, von denen 4 ausschließlich für Frauen bestimmt sind. An ihnen studierten im Jahre 1884 im eigentlichen England (mit Ausschluß von Schottland und Irland) 270 Frauen.

Neben diesen „colleges" welche Universitätsbildung gewähren, bestehen dort noch 10 eigentliche Universitäten, welche vor den ersteren auch das Recht der Diplomerteilung voraus haben. Von diesen Universitäten gewähren Dublin und Edinburg den Frauen gleichfalls Zutritt. Daneben bietet wieder die besondere „Medical school for women" in London Gelegenheit zur Ausbildung von weiblichen Ärzten. Auch werden an einigen Universitäten Frauen zu wissenschaftlichen Prüfungen zugelassen, die besonders für solche eingerichtet sind, welche keine Universität besucht haben. Auch das Gebiet der Schriftstellerei und das Lehr- und Erziehungsfach erhalten ein amerikanisches Gepräge bei dem großen, ja selbst überwiegenden Anteil, welchen die Frauen sich hieran zu verschaffen gewußt haben. Kurz, es macht sich auch beim englischen Volke die Einwirkung der Frauen auf die äußeren und inneren Lebensverhältnisse immer mehr geltend, ähnlich wie in Nord-Amerika. — Einen durch die freidemokratische Verfassung des Landes gut vorbereiteten Boden fanden die Bestrebungen zu gunsten des Frauenstudiums in der Schweiz. Die erste Universität, welche Frauen zuließ, war Zürich; die anderen Universitäten folgten nach. Auch das eidgenössische Polytechnikum in Zürich ist den Frauen zugänglich. Die schweizer Universitäten erhielten den zweifelhaften Vorzug, gern von Ausländerinnen besucht zu werden, solchen nämlich, denen das eigene Vaterland für ihre Studien bezw. politischen Umtriebe zu wenig Raum gestattete. Hat doch überhaupt das republikanische Schweizerland wiederholt einen Tummelplatz abgegeben für fremdländische politische Auswanderer und deren Agitationen. Wie wenig man in der Schweiz die Frage des Frauenstudiums nach ihrer bedenklichen Seite beachtet, geht auch daraus hervor, daß im Jahre 1891 an einer schweizer Hochschule ernstlich erwogen wurde, ob man nicht dem Antrage eines weiblichen Doctor juris Folge geben und die Antragstellerin als Lehrerin an dieser Hochschule zulassen solle. Zwar wurde der Antrag zunächst abgelehnt, aber die Bedenken gegen Zulassung weiblicher Universitätslehrer waren nicht so allgemeine und grundsätzliche, daß nicht früher oder später die Wiederholung eines solchen Antrages Aussicht auf Erfolg haben könnte.

Auch in Schweden haben seit einer Reihe von Jahren schon die Frauen das Recht, an den Universitäten zu studieren. Es ist selbst ein Schwede, der über seine studierenden Landsmänninen folgendes sehr bezeichnende Urteil fällt: „Sie gehören, soviel wir wissen, ausnahmslos dem radikalen Lager an, sie sind die „Söhne" der Zukunft, sie sind die „Männer" der Reformen. An sie schließen sich durch ein natürliches Verwandtschaftsgesetz die studentischen, maskulinen Feinde des Bestehenden auf dem politischen, religiösen und sittlichen Gebiete an." Wir entnehmen diese Worte dem Aufsatz: „Studentinnen" von C. L. Sundbeck, Upsala, in Nr. 4 der

„Akadem. Blätter" vom 16. Mai 1891. Wir werden auf diesen Aufsatz, welcher in vorzüglicher Weise die Nachteile des Aufenthaltes von Frauen an Universitäten und die verderbliche Wirkung des Zusammenstudierens der beiden Geschlechter schildert, im letzten Abschnitt dieses Beitrages zurückkommen.

Es folgt Rußland, welches mit seiner strengen und allen freiheitlichen Regungen so abholben Regierungsform den geraden Gegensatz zu dem Lande bildet, von welchem wir ausgiengen, zu Nord-Amerika. Um so mehr kann es auffallen, daß auch hier den Frauen das Studieren an den Universitäten gestattet ist. Freilich hat man wohl in diesem widerspruchsvollen Lande, wo Despotismus und Nihilismus in erbittertem Kampfe liegen, kaum geahnt, wie sehr man mit jenem Zugeständnis an die Frauen der Ausbreitung des Nihilismus unter der studierenden Jugend Vorschub leisten würde. Es ist bekannt, wie der Aufenthalt und das Studieren an Universitäten vielfach jungen Russinnen nur als Deckmantel gedient hat zu einem innigeren Verkehr mit gleich radikal gesinnten Studenten und zu gemeinsamen geheimen Bündnissen. Zu diesem Zweck suchten sie mit Vorliebe die schweizer Universitäten, vor allem Zürich auf, um durch den Aufenthalt im Auslande sich und ihr politisches Treiben der Aufmerksamkeit der russischen Behörden möglichst zu entziehen. Zwar hat eine Verfügung der russischen Regierung diese Studentinnen von dort zurückgerufen, aber in Rußland selbst bleibt ihnen das Studieren gestattet. Von dieser Erlaubnis wird ein ziemlich ausgedehnter Gebrauch gemacht; im Jahre 1886 studierten an den russischen Universitäten 779 Frauen. Auch eine größere Zahl von Mädchengymnasien sind eingerichtet und Fachschulen zur Ausbildung weiblicher Ärzte. Eine Anzahl weiblicher Doktoren sind amtlich angestellt zum Unterricht der Frauen in der Heil- und Arzneikunde.

Man weiß, welche Not Rußland mit seinen Universitäten und seiner studierenden Jugend hat. Alle Überwachungsmaßregeln vermögen nicht die geheimen politischen Umtriebe unter den Studierenden zu verhindern; bald hier, bald da kommt es zu hartem Einschreiten gegen Einzelne, oder auch selbst zu zeitweiliger Schließung ganzer Universitäten. Bei all diesen Unruhen aber scheint das weibliche Element keine geringe Rolle zu spielen, ja wohl eine größere und verderblichere, als man durch die der Zensur*) unterliegenden russischen Zeitungsnachrichten erfährt.

Es ist dem russischen Nihilismus eigen, daß er seine Vertreter in erster Linie unter den Gebildeten findet, unter Studierten und Studierenden, und zwar ebenso unter Frauen, wie unter Männern. Gerade aber die Beteiligung der Frauen erscheint für Rußland sehr verhängnisvoll. Wenn anders wir den Lehren der Geschichte glauben dürfen, so gewinnen politische Bewegungen in dem Maße an Unklarheit, Leidenschaftlichkeit und Gefährlichkeit, als Frauen in irgend hervorragender Weise daran teil nehmen. Das lehrreichste und schrecklichste Beispiel bietet die französische Revolution. — Man hat für die Entstehung des Nihilismus einerseits zwar die staatlichen Verhältnisse Rußlands verantwortlich gemacht, hat aber andererseits die Verbreitung desselben gerade unter den Gebildeten dadurch zu erklären gesucht, daß Rußland für eine höhere geistige Kultur noch nicht reif sei, daß seine Gebildeten, unfähig die Ergebnisse westeuropäischer Wissenschaft zu vertragen und zu verdauen, daneben ohne wahre Religiosität und Sittlichkeit, sich noch in einem halbbarbarischen Zustande befänden. In ihren Köpfen dränge sich ein Fülle unklarer und leidenschaftlicher Ideen, die sich stürmisch in die Wirklichkeit umzusetzen suchten. Aufs äußerste Maß werde die Gährung gebracht durch die Unzufriedenheit mit den staatlichen Zuständen. Dies mag teilweise oder auch ganz richtig sein. Um so schlimmer, wenn bei so wenig abgeklärten Verhältnissen auch Frauen sich in den Hörsälen der Universitäten den Schein der Wissenschaftlichkeit erwerben dürfen, um auf Grund dessen sich zur Umgestaltung oder selbst zum Umsturz der staatlichen Ordnung und der menschlichen Gesellschaft berechtigt zu halten. Es ist sicher, daß neben der Verfolgung solcher Ziele für viele ein ernstes Fachstudium, welches auf wirkliche Ausübung einer gelehrten Berufsart vorbereiten oder dem reinen Zwecke höherer Geistesbildung dienen soll, erst sehr in zweiter Linie kommt. — Wir glauben, daß sich die Frau nicht weiter von ihrer ganzen Bestimmung entfernen kann, als hier geschieht.

*) Für Petersburg und Moskau besteht keine Zensur im gewöhnlichen Sinne des Wortes. D. L.

Die römischen Vestalinnen, die Priesterinnen der Vesta hatten auf dem Herde ihrer Göttin das „heilige Feuer" in stetem Brande zu erhalten. Eine ähnliche bedeutungsvolle Aufgabe erkennen wir der christlichen Frau, zumal der Hausfrau, zu: in ihrer edelsten Gestalt erscheint sie uns als treue Hüterin christlicher Art und Sitte, guter Sitte im Heiligtum der Familie; und in Erfüllung dieser Aufgabe erscheint sie, sofern sich der Staat auf die Familie gründet, als eine wahrhaft staatserhaltende Kraft, als ein wirksamer Schutz gegen das Eindringen staats- und kulturfeindlicher Gewalten. Wo bleiben aber Familie, Staat und menschliche Gesellschaft, wenn statt dessen die Frau nicht nur die ihrem Geschlecht gesetzten göttlichen und natürlichen Grenzen zu durchbrechen sucht, sondern auch selbst eifrig Hand mit anlegt, die von Religion, Sitte und Kultur aufgestellten Ordnungen hinwegzuräumen? Niemals aber wird der Kampf erbitterter werden, als wenn die Frau obendrein mit dem Anspruch auf Gelehrsamkeit und wissenschaftliche Bildung in die Schranken tritt. In dieser Gestalt steht die Frau als traurigstes Zerrbild ihres Geschlechtes vor uns.

Nun, so schlimm dies ist, hören wir einwenden, bei uns in Deutschland wenigstens liegen glücklicherweise weder russische noch amerikanische Zustände vor. Wohl, unsere staatlichen und bürgerlichen Verhältnisse, wenn wir sie mit denen der genannten und anderer Länder vergleichen, gewähren immer noch Befriedigung und Beruhigung; aber wer ist so vertrauensselig, die Augen zu verschließen vor den mancherlei geheimen oder offenen Bestrebungen, welche auch unsere Verhältnisse umzugestalten suchen? Daß insbesondere auch die Frauenbewegung bei uns immer stärker wird, steht jedenfalls außer Frage. Da die andern Ziele dieser Bewegung, vor allem die rechtliche und politische Gleichstellung der Frauen mit den Männern, bei uns in absehbarer Zeit keine Aussicht auf Verwirklichung haben, so stellt man zunächst die harmloser aussehende Forderung der Zulassung von Frauen zu den Universitätsstudien in den Vordergrund. Da aber auch diese Forderung in ihrer Ausdehnung auf alle Studiengebiete bezw. gelehrte Berufsarten leicht noch auf Widerstand stoßen könnte, so verlangen die vorsichtigeren Verfechter dieser Sache vorläufig wenigstens die Zulassung zum medizinischen Studium. Hierbei sucht man so mancherlei Gründe für die Möglichkeit und selbst Notwendigkeit weiblicher Ärzte beizubringen, daß auch viele solche Leute, welche nicht gerade Freunde eines weiblichen Gelehrtentums sind, den Frauen doch das ärztliche Studium freigegeben wissen möchten. Mit diesen Gründen werden wir uns später noch zu beschäftigen haben. Vorerst aber gilt es, die wahre Art und Bedeutung dieser Forderung klar zu stellen. — Es ist ein stark ausgeprägter Zug des Deutschen, für die verschiedensten Zwecke nachdrücklicher durch Gründung von Vereinen zu wirken. Und so haben sich denn auch zahlreiche Vereinigungen von Frauen an den verschiedensten Orten Deutschlands gebildet, die sich ganz in den Dienst der Frauensache gestellt haben (so der Verein „Frauenwohl" und der „Lette-Verein" in Berlin, der „Deutsche Frauen-Verein Reform" in Weimar, dazu der „Allgemeine Deutsche Frauenverband" mit dem Sitze in Leipzig). Der „Lette-Verein" z. B. hat sich nach dem Wortlaut seiner Satzungen zur Aufgabe gestellt, „die Beseitigung der Vorurteile und Hindernisse, die der höheren Bildung und Erwerbsthätigkeit der Frauen im Wege stehen." Sicher ist die Thätigkeit dieses Vereins und anderer ähnlicher sehr anerkennenswert und zeitgemäß, so weit es sich darum handelt, die Lage der Frauen, denen die Ehe versagt bleibt, besser zu gestalten, und zwar, indem man ihnen Mittel und Wege zeigt, sich durch eine selbständige Erwerbsthätigkeit ein gesichertes Dasein zu begründen. Aber über den Umfang und die Grenzen des Gebietes, auf welches sich die weibliche Erwerbsthätigkeit erstrecken soll, kann man wesentlich anderer Meinung sein. Denn wie sich zeigt, verstehen jene Vereine ihre Aufgabe auch dahin, das Wirkungsgebiet des weiblichen Geschlechts auf diejenigen Berufsarten auszudehnen, welche ein Universitätsstudium voraussetzen. Alle Einwände, die sich füglich dagegen erheben lassen, betrachtet man als zu beseitigende „Vorurteile" und „Hindernisse." In erster Linie hat man dabei den ärztlichen Beruf im Auge. Und so hat es der „Allg. d. Frauenverband" unternommen, an die Landtage aller deutschen Staaten ein Gesuch zu richten, um dieselben für die Zulassung der Frauen zum ärztlichen Studium und Beruf zu gewinnen. Von dem Erfolg hat man nichts weiter gehört. (Nur die Universität Leipzig hat, als einzige unseres Wissens

im deutschen Reiche, unter gewissen Bedingungen auch Frauen den
Zutritt zu akademischen Vorlesungen gestattet und hat damit die
Vergünstigung, welche bekanntlich auch sonst einzelnen Privat-
personen, Beamten, Offizieren u. s. w. gewährt wird, auf das
weibliche Geschlecht ausgedehnt. Selbstverständlich gelten auch solche
Frauen in Leipzig nicht als eigentliche Studentinnen, sondern nur
als „außerordentliche Hörer". Diese Vergünstigung ist jedoch nicht
so neu, wie man nach einer jüngst durch die Zeitungen gegangenen
Nachricht glauben könnte. Danach sei die Universität Leipzig den
Frauen, welche sich in Deutschland akademische Bildung aneignen
wollen, jetzt ein wenig entgegengekommen. Es dürften gegenwärtig
20 Studentinnen, meist Amerikanerinnen und Engländerinnen, den
akademischen Vorlesungen beiwohnen, doch nur nach besonderer Vorstellung vor den betreffenden Dozenten und nach besonders erwirkter
Eintrittserlaubnis; dieser Eintritt werde auch nur unentgeltlich gewährt. Unter solchen Bedingungen haben jedoch bereits im Jahre
1879 einzelne Frauen die Leipziger Vorlesungen besucht, wie Verfasser aus eigener Anschauung berichten kann.) Weiter wird sich
der Leser erinnern, daß im vorvorigen Jahr der „D. Frauen-
verein Reform" eine Eingabe an den Reichstag gerichtet hat,
worin „die Zulassung des weiblichen Geschlechtes zur Ausübung
des ärztlichen Berufes" verlangt und im Anschluß daran die
Forderung gestellt wird, „das medizinische Studium auf deutschen
Universitäten dem weiblichen Geschlecht zugänglich zu machen."
Auch dieses Gesuch fand nicht den Beifall der Mehrheit und wurde
abgelehnt. Als eifrige Fürsprecher desselben aber traten bezeichnender
Weise gerade die sozialdemokratischen Abgeordneten hervor;
auch war es ihre erklärte Absicht, für das Zustandekommen einer
neuen und umfangreicheren diesbezüglichen Eingabe ihrerseits wirken
zu wollen. In der That ist nun eine neue derartige Eingabe
unterwegs und wird demnächst dem Reichstag wieder vorliegen.
Nach dem Vortrag einer süddeutschen Dame in einer Berliner
Frauenversammlung „über den gegenwärtigen Stand der Ärztinnenfrage" zählte diese Eingabe gegen Mitte Oktober vorigen Jahres
bereits 50 000 Unterschriften, darunter 12 000 von Männern und
138 Ärzten. Auf die Männer käme danach noch nicht der 4. Teil
der Unterschriften, und wenn Zahlen beweisen, so läge hier aller-

dings der Beweis vor, daß jene Forderung nicht eben allzusehr den Beifall der Männer bei uns in Deutschland findet, natürlich von solchen abgesehen, die auf einem radikalen Boden stehend alles und jedes gut heißen, was irgend geeignet erscheint, auf die heutige Gesellschaftsordnung in ihrem Sinne abändernd einzuwirken. Freilich ist von vornherein die überwiegende Beteiligung der Frauen an einer Sache erklärlich, welche dem eigensten Interesse des weiblichen Geschlechtes in verschiedener Hinsicht dienen soll. Aber man erinnert sich hierbei wohl auch jener Äußerung des jetzigen Reichskanzlers, die er unlängst im Reichstage that: „Man weiß, wie leicht heutzutage Eingaben zustande gebracht werden." Die Mehrheit läßt sich oft urteilslos zu den besonderen Zwecken der Minderheit gebrauchen. Wir meinen, und es liegen bestimmte Anzeichen dafür vor, daß es sich für die Urheber einer Eingabe, wie der in Rede stehenden, nicht zuletzt darum handelt, die ganze Frauenfrage in Deutschland mehr in Fluß zu bringen. — Der erwähnte Vortrag jener Dame ist auch sonst beachtenswert, indem er über Wege und Ziele der deutschen Frauenbewegung Aufklärung giebt und zugleich einige sehr bezeichnende Äußerungen enthält. Rednerin weist darauf hin, daß die **Frauenfrage** eine **Kulturfrage** sei und die Lösung derselben nur noch eine Frage der Zeit. „Die Ärztinnenfrage" bezeichnet sie als „Sorgenkind" der Frauenbewegung und versichert, daß man auch in Deutschland bereits diesem Sorgenkinde Beachtung schenke, was schon ein großer Fortschritt sei. Man sollte nun erwarten, daß Rednerin die Ärztinnenfrage zwecks besserer Begründung auch unter dem Gesichtspunkt der **Brotfrage** näher behandeln würde, als dem vielleicht wichtigsten Gesichtspunkte, aber ein Eingehen auf diese Seite der Sache vermissen wir (soweit wir uns auf die vorliegenden Zeitungsberichte verlassen dürfen). Statt dessen erhebt Rednerin laute Klage über die „**geistig gebundenen Frauen.**" Sie fährt fort: „**Wir erstreben das Recht der geistigen Freiheit, das uns zugestanden werden muß.**" Diese, wiewohl nicht neuen, Schlagworte kennzeichnen auch hier die tiefere Bedeutung der ganzen Bestrebung. Zwar erklärt Rednerin, daß die vorliegende Frage keine „Parteisache" sei, während die maßgebenden Behörden und Landesvertreter bemüht seien, „die Ärztinnenfrage den Sozialdemokraten an die Rockschöße zu hängen."

Aber man braucht nicht alle Verfechterinnen der Frauen- und
Ärztinnenfrage für ausgesprochene Anhängerinnen der Sozialdemokratie zu halten und kann doch die Überzeugung gewinnen,
daß dieselben, wenn nicht bewußt, so unbewußt den Sozialdemokraten
in die Hände arbeiten. Kann man sich des Gedankens an eine
gewisse Verwandtschaft der beiderseitigen Bestrebungen enthalten angesichts der lebhaften Unterstützung, welche die Sozialdemokraten
der Ärztinnenfrage angedeihen lassen? Kann man es angesichts
alles dessen, was das sozialistische Parteiprogramm für die
„Frau der Zukunft" fordert? Die Sozialdemokraten haben über
diese ihre Ziele durch Wort und Schrift die Mitwelt nicht im
Zweifel gelassen: die „geistige Knechtschaft" der Frau und die Notwendigkeit ihrer „Erlösung" aus derselben bilden auch bei ihnen
eine ständige Redewendung. In diesem Punkte wenigstens begegnen sich unbestreitbar die Pläne der Sozialisten — und der
„Frauensache", es fragt sich höchstens, wessen Pläne die weitest-
gehenden sind. Nur ist das Vorgehen der Frauen ein weniger
stürmisches; ja die angeführte Rednerin ermahnt sogar, „aus praktischen und diplomatischen Gründen langsam und bittend vorzugehen,
denn ein Gefangener, der voller Zorn an seinen Stäben rüttelt,
wird dadurch nicht mehr Aussicht auf Befreiung bekommen." Auch
hier der Vergleich der Frauen mit „Gefangenen"! Bei dieser
Kampfesweise werden an die Stelle der Gewaltsamkeit Vorsicht und
Ausdauer gesetzt, zwei gut gewählte Kampfesmittel, welche schon
mehr Siege errungen haben, als stürmische Heftigkeit. —

Das bekannte Wort Bebels: „Die Zukunft gehört dem
Arbeiter und der Frau", wird leicht solchen als ein verheißungs-
volles Orakel gelten, die sich in der Rolle der „Bedrückten" und
„Unfreien" sehen zu müssen glauben und keinen Sinn für das
haben, was das Christentum an Menschenrechten und -pflichten
auch den Armen und der Frau gebracht hat. „Wer da weiß",
heißt es in dem oben erwähnten Aufsatz „Die Frauenfrage" in der
Zeitung „Das Volk", „in welcher Sklaverei das alte Heidentum,
die Zeit vor Christus überhaupt, das Weib hielt, wie dasselbe zu
den allerunwürdigsten und niedrigsten Diensten herangezogen ward
— und mit jenen Zeiten diejenigen vergleicht, in denen das Christentum Wurzel schlug in einem Gau oder Lande, dem muß es in

die Augen springen, wie das unwürdige Verhältnis zwischen Mann und Weib je länger je mehr geheiligt und veredelt ward, und das Weib in gleicher Weise wie der Mann erlösungsbedürftig und erlöst vor Gott und Menschen sittlich gleichberechtigt neben den Mann gesetzt ward. Das ist das Verdienst des Christentums!" Wir fügen hinzu: mit der sittlichen Stellung hob sich auch die ganze geistige Stellung der Frau. Der Staat, und zwar der christliche Staat, hat es als zu seiner Aufgabe gehörig erkannt, für die geistige Bildung auch des weiblichen Geschlechtes Sorge zu tragen; er hat, bei uns in Deutschland jedenfalls, den Schulzwang der Volksschule für beide Geschlechter geschaffen und damit auch für die Frau ein gewisses Bildungsmaß für nötig erachtet, ohne welches das Leben des Einzelnen, wie der Gesamtheit einer gedeihlichen Fortentwicklung nicht fähig ist. Darüber hinaus findet das weibliche Geschlecht in Deutschland reichlich Gelegenheit, sich in der einen oder andern Weise weiter auszubilden. In Lehranstalten besonderer Art, die den Zweck von Fachschulen haben, kann es Kenntnisse und Fertigkeiten für eine spätere praktische Thätigkeit erwerben. (Wir erwähnen unter den zahlreichen derartigen Anstalten nur die Handels-, Gewerbe- und Zeichenschule des „Lette-Vereins" in Berlin, welche sehr Tüchtiges leistet und sehr segensreich wirkt.) In anderen höheren Bildungsanstalten vermag es auch im allgemeinen Wissen auf einen Standpunkt zu gelangen, auf dem es zu einem selbständigeren Urteil befähigt wird und zu einem freieren Überblick über alle solche Dinge, die unseres Erachtens überhaupt im weiblichen Gesichtskreis liegen können. Auch über die Ziele der höheren Mädchenschulen hinaus giebt es in Deutschland Anstalten, welche dem bereits erwachsenen weiblichen Geschlecht eine allgemeine Weiterbildung vermitteln (so das Viktoria-Lyceum in Berlin, das Damen-Lyceum in Breslau, das Alice-Lyceum in Darmstadt). Dazu bieten die verschiedensten Kunstanstalten den Frauen alle Gelegenheit, ihren etwaigen künstlerischen Neigungen gerecht zu werden.

Damit soll nicht gesagt sein, daß unsere heutigen weiblichen Lehr- und Erziehungsanstalten nicht in vielen Punkten noch sehr verbesserungsbedürftig wären. Aber bei allen zukünftigen Verbesserungen wird man der besonderen Natur und Bestimmung des weiblichen Geschlechtes Rechnung tragen müssen. Gerade die vielen Mißerfolge und Mängel im höheren Mädchenschulwesen, über die man heute so viele Klagen hört, haben die gemeinsame Ursache, daß man den Unterschied der Geschlechter zu wenig berücksichtigt und beim Mädchenunterricht zu sehr den Knabenunterricht als Muster befolgt. —

Soweit es sich also um die mögliche Erlangung praktischer Kenntnisse, künstlerischer Fertigkeiten und einer höheren Geistesbildung für das weibliche Geschlecht bei uns in Deutschland handelt, wer hält sich da für berechtigt, von „geistiger Knechtschaft" der Frauen zu reden? Wir meinen, nur diejenigen, welche die Grenzen der weiblichen Rechte weiter hinausrücken wollen, als sich mit der ganzen Bestimmung des weiblichen Geschlechtes und der natürlichen Ordnung der Dinge verträgt.

Gerade bei solchen, die sich als Erlöser und Befreier der Frauen aus der „geistigen Gefangenschaft" aufspielen wollen, findet sich öfters ein äußerst mangelhafter Sinn ebenso für das geschichtlich Gewordene und dessen Wertschätzung, wie für die ewigen Ziele, welche der Entwicklung der menschlichen Gesellschaft zu Grunde gelegt sind. Es fehlt ihnen das tiefere Verständnis für die gesonderte Bestimmung und die getrennten Aufgaben, welche einem jeden der beiden Geschlechter, des Mannes und der Frau, zugleich durch ihre verschiedene natürliche Organisation und durch die sittliche Weltordnung gesetzt sind. Ein Beispiel hierfür bildet Bebel in seinem berüchtigten Buche: „Die Frau in Vergangenheit, Gegenwart und Zukunft", wo er sich müht, Bibelstellen, welche von der Stellung der Frau handeln, für seine Zwecke umzudeuten und nachzuweisen, wie wenig das Christentum der Frau gerecht werde. Wohl scheint sein Hauptzweck hierbei, die Frauen leichter für seine Sache zu gewinnen, in der Voraussetzung, daß, wer die Frauen gewonnen hat, viel gewonnen hat. Wir halten uns jedoch nicht für verpflichtet, uns mit seiner Auffassung hier näher auseinanderzusetzen; um so weniger, als wir damit unsere ursprüngliche Aufgabe zu sehr erweitern würden. Uns interessieren die sozialistischen Lehren hier nur soweit, als sie sich mit denjenigen Bestrebungen berühren, die den Frauen den Zutritt zur Universität und den freien Mitbewerb auf dem Gebiete der gelehrten Berufsarten eröffnen wollen. Müssen wir auf das Vorhandensein einer solchen Berührung noch näher eingehen? Wir behaupten nochmals: es ist sehr kurzsichtig, zu glauben, daß man sich mit der Freigebung des ärztlichen Studiums zufriedenstellen lassen würde. Schon heute, wo auch dieses nächste Ziel noch nicht einmal erreicht ist, erheben sich öffentlich Stimmen auf jener Seite, die ihre Forderung auch auf die übrigen Studiengebiete ausdehnen. „Nicht allein die Bahn frei für weibliche Ärzte", so läßt sich eine Frau B. W. Zell (in einem Aufsatz „Weibliche Ärzte" in der „Deutschen Warte" vom 19. Dez. 1891) vernehmen, „sondern für jeden wissenschaftlichen Beruf, zu dem die Frau sich tüchtig erweist." Letzteres würde aber die Frau, nach Meinung der Verfasserin, überhaupt in jedem Berufe thun „und sei er noch so schwer und verantwortlich."

Da die Ausübung gelehrter Berufsarten das Bestehen gewisser Prüfungen voraussetzt, zu allererst der Reifeprüfung an einem Gymnasium bezw. einer anderen höheren Lehranstalt, so stände hier den Frauen von vornherein ein sehr bedeutendes Hindernis entgegen, dessen Beseitigung man gleicherweise ernstlich anstrebt. „Wir müssen", so heißt es in dem eben erwähnten Aufsatz weiter, „Frauengymnasien haben, auf denen das Reifezeugnis zu erlangen ist." (Wenn wir nicht irren, hat bereits auch ein diesbezügliches Gesuch seitens eines Frauenvereins im vorigen Jahre der preußischen Regierung vorgelegen). Kein Zweifel, daß mit der Errichtung von Frauengymnasien der Weg sehr geebnet wäre, auf dem die Frauen zu den verschiedenen gelehrten Berufsarten gelangen könnten.

Auffallend ist das geringe Verständnis, welches man bei uns in Deutschland für die allgemeinere und tiefere Bedeutung dieser Sache vielfach an den Tag legt. So wenn E. v. Hartmann sich in der „Gegenwart" über die „Jungfernfrage" dahin ausspricht: was die Zulassung der Mädchen zum akademischen Studium anlange, so sei freundliches Entgegenkommen die einzige der Männer würdige Haltung. Auch von einem Teile der Presse gilt das eben Gesagte. Es giebt Zeitungen und Zeitschriften, die keineswegs politisch links gehende Ansichten vertreten, auch im ganzen Gegner der Frauenemancipation sind, aber doch solchen Frauen, „die sich geistig fähig und kräftig dazu fühlen", den Zutritt zu

Universitätsstudien gestattet sehen möchten, einmal damit dieselben ihre „wissenschaftlichen Neigungen" befriedigen könnten, sodann damit ihnen der Weg zu einer „anständigen Lebensversorgung" nicht verschlossen würde. In letzterer Hinsicht denkt man zwar besonders an Ärztinnen und Apothekerinnen, hält aber wohl auch die Zulassung zu diesem oder jenem anderen Fache noch der weiteren Erwägung wert. Bei einer so harmlosen, und, man möchte sagen, naiven Auffassung dieser Sache erscheint die Frage des Frauenstudiums einfach losgelöst von der allgemeinen Frauenfrage; es fehlt die Erkenntnis des inneren Zusammenhanges und das Verständnis dafür, daß die erste Frage als Teil der zweiten notwendig auch den Charakter der letzteren trägt.

Andere Zeitungen, die sich für „unparteiisch" und „über den Parteien stehend" ausgeben, glauben, von ihrem „erhöhten" Standpunkt aus der Frage eine günstige Seite abgewinnen zu können, und stellen sich freilich eben hierdurch, mit oder ohne besseres Wissen, in den Dienst einer gewissen Partei. In ihnen finden sich Aufsätze, welche 'mit Vermeidung jedes politischen Seitenblicks den Leser über die Möglichkeit und Notwendigkeit weiblicher Ärzte auch bei uns in Deutschland durch allgemeine Vernunftgründe belehren und ihm das „ungerechte Vorurteil" deutlich machen sollen, welches bei uns immer noch die Frauen vom Universitätsstudium ausschließt. Ein solcher Aufsatz ist der oben erwähnte über „Weibliche Ärzte" in der „D. Warte", noch besonders beachtenswert, weil von einer Frau geschrieben. Hier lesen wir die für die ganze Art der Beweisführung charakteristische Behauptung, „daß diese große Frage allen Klardenkenden doch längst als entschieden gelten müßte." Aber gerade das große, mächtige deutsche Reich, heißt es weiter, das doch die Fahne der Aufklärung und Geistesfreiheit voranzutragen bestimmt sei, stehe hier zurück hinter anderen Staaten, und das Volk der „Dichter und Denker" verwehre seinen weiblichen Angehörigen, im eigenen Lande akademisch-fachwissenschaftliche Ausbildung zu suchen. Die letztere Redewendung ist auch eine sonst oft gehörte. Nur vermissen wir stets den Beweis, daß der Vorgang anderer Länder für Deutschland durchaus maßgebend sein müsse. Mit gutem Grund hat sich Deutschland bisher ablehnend verhalten gegenüber einer Frage, deren große soziale und politische

Tragweite im Ausland eben vielfach unterschätzt worden ist. Aber wenn andere Staaten Einrichtungen von zweifelhaftem Werte treffen, so ist das ihre Sache. Sollen wir eine Neuerung bloß deswegen bei uns aufnehmen, weil sie aus dem Auslande kommt? Dies kann selbst dann nicht entscheidend sein, wenn diese Neuerung in einer größeren Zahl auswärtiger Staaten zu finden ist; denn nicht immer ist die Wahrheit bei der Mehrheit. Wenn Deutschland wirklich auf geistigem Gebiete und in wissenschaftlichen Dingen anderen Ländern vorangeht und „bestimmt ist, die Fahne der Aufklärung und Geistesfreiheit voranzutragen", so wird man umgekehrt erwarten, daß es seinerseits anderen Ländern zum Muster und Vorbild dienen kann. In der That braucht sich Deutschland mit seiner Wissenschaft und seinen Universitäten dem Ausland gegenüber nicht in den Schatten zu stellen. Was bedeutet auch der so zahlreiche Besuch deutscher Universitäten seitens der Außerdeutschen und Außereuropäer? Welches andere Land sieht heute unter seinen Studenten so viele Ausländer wie Deutschland? Wir meinen, es bedeutet dies seitens des Auslandes eine stillschweigende Anerkennung des Vorzugs und der Überlegenheit Deutschlands. Was werden aber die deutschen Hochschulen gewinnen, oder was werden sie verlieren, wenn sie ihre Hörsäle auch für das weibliche Geschlecht öffnen sollten? Werden sie sich auf ihrer bisherigen Höhe erhalten? Diese Frage werden wir im letzten Abschnitt dieses Beitrages zu beantworten haben. —

Mit dem bisher Gesagten glauben wir den wichtigsten Charakter der Bewegung zu gunsten des Frauenstudiums dargelegt zu haben: er zeigt sich in dem tiefgehenden Bestreben, die Stellung der Frau in Staat und Gesellschaft, und rückwirkend auch in der Familie, wesentlich abzuändern im Sinne einer völligen Gleichordnung mit dem Manne. Eine wahrhaft gefahrdrohende Bedeutung aber gewinnt dieses Bestreben in der Begegnung und teilweisen Verschmelzung mit den sozialistischen Irrlehren. Hier liegt der Schwerpunkt aller Bedenken. Eben dieser Seite der Sache mußten wir unsere Aufmerksamkeit zuerst zuwenden, sie ist bestimmend für den Charakter des Ganzen und wichtig genug, um einem anderen Gesichtspunkt vorangestellt zu werden; wir meinen der Brotfrage. Letztere ist es, welche denen als ausreichende Erklärung des Ganzen dienen soll,

die jene anderen Beweggründe verkennen oder auch — verschweigen. Wir werden ihr im nächsten Abschnitt die nötige
Beachtung zu schenken haben.

II.

Wir kommen zu den **Gründen**, welche man für die Forderung
des Frauenstudiums geltend macht.

Man sucht hierbei nachzuweisen einmal die **Befähigung** des
weiblichen Geschlechtes für das Studium bezw. seine Tüchtigkeit
zur Ausübung gelehrter Berufsarten, sodann die Notwendigkeit einer
Erweiterung des Arbeitsfeldes für die unverheiratet
bleibenden Frauen zwecks ihrer **Versorgung**.

1) Zuerst die **Befähigung**. Man kann heute oft genug die
Frage hören: „Warum sollen Frauen nicht auch studieren können?
Warum sollen sie nicht die Stellen von Ärzten und Apothekern, ja
auch wohl von Richtern und Beamten ausfüllen, wie in Nord-
Amerika geschieht?" Hierauf antworten wir zunächst kurz: Weil
Frauen keine Männer sind, nicht körperlich und nicht geistig; und wo
dennoch eine Nebeneinanderstellung in dem in Rede stehenden Sinne
geschieht, ist es sehr in Frage, wie weit damit den Interessen der
Allgemeinheit und auch den Interessen der Frauen selbst gedient
wird. Die Bibel nennt das Weib „den **schwächeren Teil**", und
die Wahrheit dieses Satzes wird ebenso durch die allgemeine
Erfahrung, wie durch die Lehren der Wissenschaft bestätigt. Einzelne
gegenteilige Meinungen von dieser oder jener Seite vermögen hieran
nichts zu ändern, so wenig wie einzelne Ausnahmen, welche auch
hier nur zur Bekräftigung der Regel dienen. Wozu sehen wir den
Unterschied der Geschlechter gesetzt? Wozu die Verschiedenheit in
ihren körperlichen und geistigen Anlagen? Wir finden auf unserem
Standpunkt nur diese Antwort, daß die natürliche Einrichtung der
Dinge zugleich eine **gottgewollte** ist. Die körperliche und geistige
Verschiedenheit der Geschlechter, indem sie eine Verschiedenheit ihrer
Bestimmung und ihrer Aufgaben bedingt, dient den höheren Zwecken
der sittlichen Weltordnung. Es heißt aber diese Zwecke verkennen,
wenn man den Unterschied aufzuheben sucht und der Frau Aufgaben
stellt, zu denen sie nicht berufen ist. Wir dürfen uns zugleich überzeugt halten, daß das Ankämpfen gegen die gesetzte Ordnung der

Dinge auch hier in seiner Wirkung zurückfällt auf die, welche es unternehmen oder begünstigen. Die Erfahrung lehrt dies denn auch schon in Bezug auf unsere Frage und wird es in Zukunft noch mehr lehren. Der vorstehende Abschnitt bot uns Gelegenheit, sehr wichtige und allgemeine Nachteile in dieser Hinsicht kennen zu lernen, und das sind nicht die einzigen, wie wir sehen werden. —

Man wird von solchen, die für die Frau den „Befähigungsnachweis" zu gelehrten Studien und Geschäften erbringen wollen, gern auf die Zahl bedeutender Frauen hingewiesen, die in Altertum, Mittelalter und Neuzeit sich geistig und wissenschaftlich hervorgethan haben. Dies beweist, daß es zu den verschiedensten Zeiten Frauen gegeben hat, deren Geistesgaben über das Durchschnittsmaß mehr oder minder beträchtlich hinausragten. Aber soll hieraus notwendig folgen, daß die geistig befähigteren Frauen — und diese kämen doch allein in Frage — lediglich weil sie geistig befähigter sind, und mit Außerachtlassung der vielen wichtigen Gegengründe zur Ausübung gelehrter Berufsarten zugelassen werden müßten? Und, soweit es sich nur einen nötigen Nahrungserwerb handelt, sollten da nicht gerade Frauen mit größeren Geistesgaben auf jedem anderen Gebiete, welches ihren natürlichen Anlagen und Kräften mehr entspricht, mit dem größten Erfolge thätig sein? Was aber die „hervorragende wissenschaftliche Bedeutung" einzelner Frauen betrifft, so fragen wir doch dagegen: Welchen Anteil haben die Frauen vom Altertum bis zur Jetztzeit an den wirklichen Fortschritten der Wissenschaften? Verdanken wir ihnen neue Ideen und epochemachende Entdeckungen? Haben sie irgend einer Wissenschaft neue Bahnen gewiesen? Sind sie reformatorisch aufgetreten? Wir meinen, ein weiblicher Aristoteles, Leibnitz, Luther, Melanchthon, Newton, Kant, Goethe müßte erst noch geboren werden.

Aber wir gehen sogleich bis an die äußersten Grenzen, erwidert man uns; man braucht nicht ein solcher Geistesheld zu sein, um sich in einem wissenschaftlichen Beruf doch mit Erfolg versuchen zu können. Wohl, wir behaupten damit auch nur, daß die wahre Pflege und gedeihliche Fortbildung der Wissenschaften wie die ganze Beherrschung der geistigen Interessen doch ausschließlich oder vorwiegend dem männlichen Geschlechte vorbehalten scheint. Zu dieser

Behauptung fordert die Meinung solcher heraus, die das weibliche Geschlecht gleicherweise hierzu befugt und befähigt erachten. In letzterem Sinne wird in dem mehrfach angeführten Aufsatz von Frau B. W. Zell ausgeführt, daß, wenn man selbst auf den „anatomischen Urgrund" der behaupteten Nichtbefähigung zurückgehen und zugeben wolle, daß das Gehirnquantum der Frau allerdings ein kleineres sei als das des Mannes, so sei doch andererseits durch nichts erwiesen, daß das erste nicht doch ausreiche für eine umfassende Gedanken- und Geistesthätigkeit. Es sei aber auch nur zu natürlich, daß zur Zeit das weibliche Gehirn ein geringeres Volumen aufweise als das männliche, da „die Denkthätigkeit der Frauen seit Jahrtausenden unterbrückt" worden sei, und sich doch jeder Teil des menschlichen Körpers je nach dem Grade seiner Benutzung mehr oder weniger entwickle. „Nach einigen Jahrhunderten dürfte der Unterschied völlig ausgeglichen sein, und jedenfalls ist es für den Anatomen schon von Jahrzehnt zu Jahrhundert hochinteressant, diesbezügliche vergleichende Untersuchungen anzustellen."

Hier hätten wir also zugleich den eigentlichen Grund für die etwaigen bisherigen Minderleistungen der weiblichen Denkkraft gegenüber der männlichen. Verfasserin entlehnt ihre Beweisführungen dem Gebiet des Darwinismus, auf welches wir ihr wohl nicht zu folgen brauchen. Aber es ist beachtenswert, daß die Frauen auch die Lehre Darwins für sich ins Feld zu führen beginnen. Hätte Darwin recht, so würde sich als Folge der „Anpassung" nicht nur das Gehirn, sondern im Zusammenhang damit auch der übrige Organismus der Frau allmählich so abändern, daß es heute noch nicht abzusehen wäre, wie weit sich die „Frau der Zukunft" „vorteilhaft" ausnehmen würde (vergl. hierzu: „Die geschichtl. Entwickl. b. Descendenztheorie" v. Dr. Dennert in Bd. XV. Heft 8 der „Zeitfragen" S. 393 u. f.).

Jedenfalls tritt aber auch heute schon bei gelehrten Frauen jenes eigentümliche Wesen in verstärktem Maße hervor, welches man öfters bei gelehrten Männern als Folge langer und angestrengter Studien beobachtet: ein scheues Insichgekehrtsein und ein sonderbares, unsicheres Verhalten zur Außenwelt. Andere gelehrte Frauen sind auffällig durch eine Art, die man „emancipiert" und excentrisch nennt;

ihre Verleugnung des wahrhaft Weiblichen geht sehr weit und findet einen entsprechenden Ausdruck in den Reden und Schriften, mit denen sie für die „Befreiung" ihres Geschlechtes kämpfen.

Man hat ferner behauptet, daß verhältnismäßig viele weibliche Gelehrte und Doktoren einem Siechtum, einem frühzeitigen Tod oder dem Irrsinn verfallen seien, weil die wissenschaftliche Beschäftigung zu aufreibend ist. Es wäre für die weitere Beurteilung des Frauenstudiums jedenfalls sehr von Belang, wenn über Lebensdauer und Todesursache weiblicher Gelehrter genauere statistische Ermittlungen vorlägen, und zwar mit Berücksichtigung der besonderen Ämter und Berufsarten, soweit sie solche ausgeübt haben. Insbesondere auch dürften solche Angaben in Bezug auf weibliche Ärzte sehr wertvoll sein. Denn die Frage, ob sich Frauen zu Ärzten eignen, ist keineswegs schon durch den Hinweis entschieden, daß in Nord-Amerika, England und anderwärts so und so viele weibliche Ärzte „mit Erfolg" thätig seien. Es wäre doch auch notwendig, zu wissen, wie sich diese Thätigkeit auf die Dauer in ihrer Rückwirkung auf die Ärztinnen selbst äußert. Soweit sich aber übersehen läßt, treten alle Nachteile, welche aus einer angestrengten und andauernden Denkarbeit hervorgehen können, beim weiblichen Geschlecht in weit stärkerem Maße hervor, als sie es beim männlichen thun.

Allein auch gesetzt, daß es die weibliche Verstandesthätigkeit im ganzen der männlichen gleichthun könnte, so werden doch die Erfolge in der praktischen Ausübung gelehrter Berufsarten noch durch andere Geisteseigenschaften mit bedingt. Es handelt sich vor allem um Thatkraft, ruhige Umsicht und Sachlichkeit. Namentlich was die letztgenannte Eigenschaft betrifft, so macht sich beim weiblichen Geschlecht ein entschiedener Mangel bemerkbar, der oft genug schon für die gewöhnlichsten Lebensverhältnisse von großem Nachteil ist. Es ist in dem stark ausgebildeten Gefühlsleben der Frau begründet, daß ihre Urteilskraft sehr unter dem Einfluß ihres persönlichen Empfindens steht. Daher pflegt sich in ihren Urteilen über Personen und Verhältnisse oft mehr ihre eigene Zuneigung oder Abneigung auszuprägen, als eine unbefangene, rein sachliche Überlegung. Diese äußerst charakteristische weibliche Eigenschaft läßt sich kürzer und besser nicht bezeichnen als mit den Worten Schillers:

„Männer richten nach Gründen; des Weibes Urteil ist seine Liebe, wo es nicht liebt, hat schon gerichtet das Weib."

Eine derartige, im tiefsten Geistesleben der Frau gegründete Subjektivität des Denkens und Handelns pflegt auch durch die logische Schulung des Verstandes nicht genügend aufgewogen zu werden, wie das Beispiel vieler selbst hochgebildeter Frauen beweist. Man denke sich nun die Frau in einer Stellung, welche ihrem Träger eine strenge Sachlichkeit und Unparteilichkeit zur ersten Pflicht macht, in der Stellung eines Rechtsanwaltes, Richters oder Verwaltungsbeamten! Man erinnere sich ferner aus der Geschichte des unheilvollen politischen Einflusses von Frauen auf die Geschicke Einzelner wie ganzer Völker, und denke sich die Frau an dem verantwortungsvollen Platze eines Staatsmannes, Politikers und Diplomaten! Eine solche öffentliche und amtliche Wirksamkeit der Frau — wir wiesen bei Nord-Amerika schon darauf hin — erscheint in ihren Folgen ganz unberechenbar. —

Wir kommen zurück zu den Ärztinnen. Wie ein jeder Beruf nach seiner Art noch besondere Ansprüche an den stellt, der ihn ausüben will, so nicht zuletzt der ärztliche. Die dankbarsten und zugleich schwierigsten Aufgaben der ärztlichen Kunst liegen jedenfalls auf dem Gebiete der Chirurgie. In den Händen der geistvollsten und geschicktesten Operateure hat dieser Zweig der Heilkunst in unserer Zeit die glänzendste Entwicklung erfahren. Aber es gehört eben Geist und Geschick, ruhige Sicherheit und überlegenes Wissen dazu, um ein guter Operateur zu sein, und wie wenig Ärzte können sich einer Genialität auf diesem Gebiete rühmen. Wie steht es hier nun mit den Frauen? Sind sie solch schweren und verantwortlichen Aufgaben gewachsen, welche alle Geisteskräfte zum äußersten anspannen? Hierzu ist unseres Erachtens doch etwas mehr erforderlich als daß sie sich, wie es in einem Aufsatz der „Gartenlaube" (1890, Nr. 10) von Züricher Medizinerinnen heißt, in den praktisch-anatomischen Aufgaben — wo es sich nur um das Präparieren von Leichenteilen handelt — durch feine und säuberliche Arbeit vorteilhaft auszeichnen. Mit diesen Worten nämlich spricht sich dort Dr. H. v. Meyer, Professor der Anatomie in Zürich, zu Gunsten weiblicher Ärzte aus. Er betrachtet die Ärztinnenfrage nur vom Standpunkt des Mediziners, jedoch auch so nicht ausführlich noch allseitig genug. Wenn etwas bewiesen werden soll, so möchte man vor allem wissen, wie sich die Medizinerinnen in den chirurgischen Kliniken und bei Operationsfällen bewähren und wie es später in ihrer Praxis damit ist. Und wenn sich die Thätigkeit der Ärztinnen, wie doch vorauszusetzen, in erster Linie auf das Gebiet der Frauenkrankheiten zu erstrecken hat, so handelt es sich eben hier bekanntlich nicht selten um schwierige operative Eingriffe.

Gerade die Behandlung der Frauenkrankheiten ist es, welche als besonderer Grund für die Zulassung weiblicher Ärzte noch angeführt wird. Man sagt, daß nach vielfachen Beobachtungen die dem weiblichen Geschlechte eigentümlichen Krankheiten in neuerer Zeit auffallend an Häufigkeit zunehmen. Viele Frauen würden durch eine schwer zu überwindende Scheu vor ärztlicher Untersuchung bezw. Behandlung seitens eines Mannes zurückgehalten, ärztliche Hilfe überhaupt oder doch rechtzeitig in Anspruch zu nehmen; sie verfielen einem unheilbaren Siechtume oder gingen an qualvollen Leiden bald zu Grunde. Daran mag etwas Wahres sein, und die wünschenswerte Schonung des weiblichen Zartgefühles in solchen Fällen dürfte an sich wohl einen Grund für die Zulassung von Ärztinnen abgeben. Freilich finden sich dagegen auch Frauen, denen es an Zuversicht zu dem Wissen und Können weiblicher Ärzte fehlt. Verfasser hat selbst aus dem Munde hochgebildeter und feinfühlender Frauen die Äußerung gehört, daß sie sich in einem irgend schwierigen Falle der Behandlung eines weiblichen Arztes nicht anvertrauen möchten.

Außerdem ist wohl beachtenswert, was selbst eine so eifrige Verfechterin der Ärztinnensache wie Frau B. W. Zell hervorhebt, daß nämlich nicht der Hinweis auf die Bedeutung weiblicher Ärzte für Frauenkrankheiten das wesentlichste bei dieser Sache sei, sondern „ein anderer, größerer Gesichtspunkt": die Erschließung eines weiteren Wirkungskreises und einer neuen Ernährungsquelle für die Frauen.

Man hat, um dem Verlangen nach weiblichen Ärzten für Frauenleiden entgegenzukommen, die Errichtung besonderer Anstalten vorgeschlagen, um weibliche Ärzte oder wenigstens ärztliche Hilfskräfte in Gestalt „gelehrter Hebammen" heranzubilden, wie dies zum Teil in andern Ländern geschieht. Dagegen ist jedoch, selbst von Freunden der Ärztinnensache, eingewendet worden, daß damit mittelbar eine „Aufmunterung" zum Studium für die Frauen gegeben wäre, welche nicht zu rechtfertigen sei bei den derzeit noch sehr unbestimmten Aussichten auf eine befriedigende Laufbahn. Dasselbe Bedenken würde auch in Bezug auf die Errichtung besonderer Frauengymnasien gelten. —

Noch ein weiterer Umstand ist sehr bemerkenswert. Man hat darauf hingewiesen, daß die andauernde Beschäftigung mit medizinischen Dingen, besonders mit anatomischen und chirurgischen, leicht zu einer gewissen Verhärtung und Verrohung des Gemütes führe und dem Wesen zarter Weiblichkeit am allerwenigsten entspreche. Auch dieses Bedenken erscheint nicht unbegründet. Denn wer Gelegenheit hat, die jungen Mediziner auf der Universität zu beobachten, wird häufig genug an ihnen eine gewisse cynische Art finden, die oft in sehr gesuchter Weise zur Schau getragen wird. Wir möchten nicht glauben, daß die weiblichen Mediziner hiervon ganz unberührt bleiben könnten, so wenig man auch auf der anderen Seite dieses Bedenken gelten lassen will. Es erscheint uns doch wie eine Überhebung, zu behaupten, „daß die Frau, welcher das ‚Ewigweibliche‘ in irgend einer Lebensphase und unter irgend welchen abnormen Verhältnissen verloren geht, die wahre Weiblichkeit nie besessen hat." Aber vielleicht haben schon alle diejenigen Frauen die „wahre Weiblichkeit" nie besessen, die sich entschließen, im anatomischen Secirsaal und am chirurgischen Operationstisch in Gemeinschaft mit Männern zu hantieren!.

Nach der Ansicht jener Dame, mit deren Vortrag wir uns im ersten Abschnitt näher beschäftigten, liegt der Gegnerschaft gegen weibliche Ärzte gerade in Deutschland dies mit zu Grunde, daß man hier „ein zu großes Zartgefühl" für die Frau habe bezw. ihrerseits ein solches voraussetze. Man kann sich versucht fühlen, diese Auffassung von der „Ärztin" auf die „Patientin" zu übertragen: was hier von der ersteren gesagt wird, könnte wohl ebenso von der letzteren gelten. Dem Ernst der Sache gegenüber ist vielleicht die Scheu der Patientin vor ärztlicher Behandlung seitens eines Mannes eine ungerechte, und sie darf sich auch weiterhin getrost den Händen bewährter und tüchtiger Frauenärzte anvertrauen, an denen in

Deutschland glücklicherweise kein Mangel ist. Wir wollen allerdings dem weiblichen Geschlecht in Deutschland die schöne Zierde des Zartgefühles erhalten wissen, und meinen, daß dem die ärztliche Behandlung der Frauen durch Männer immerhin weniger entgegenwirkt als die Ausbildung weiblicher Ärzte an unseren Universitäten und in Gemeinschaft mit Männern.

Aber nicht bloß bei den Ärztinnen, auch in jeder anderen öffentlichen Berufsthätigkeit der Frauen erscheint die Seite ihres Wesens gefährdet, welche nur in den engeren Grenzen solcher Wirkungskreise, zu denen die Frau von Natur geeignet ist, wirklich gedeihen kann: die echte und rechte Weiblichkeit. — Es widerstrebt entschieden dem deutschen Gefühle und der deutschen Auffassung vom Wesen der wahren Frau, sich dieselbe auf dem Lehrstuhl einer Universität, vor den Studenten vortragend zu denken, oder im Sitzungssaal der Geschworenen als öffentlichen Ankläger, Richter oder Verteidiger, oder auf der Rednertribüne des Reichstags im Wortgefecht mit einem Gegner, oder gar auf der Kanzel der Kirche als Prediger. Es ist ein anderes Ideal des Weibes, welches im deutschen Volksgeist lebt und in der deutschen Kunst seine Verherrlichung gefunden hat, und es ist sicher nicht das Bild eines weiblichen Gelehrten, welches den Dichter zu den Worten begeistern konnte: „Das Ewigweibliche zieht uns hinan"! Man braucht nicht das Ideal des Weibes im Sinne mittelalterlicher Romantik zu überspannen und wird doch zugeben, daß mit der sich vollziehenden Emancipation des Weibes auch eine nüchterne und triviale Auffassung des Weiblichen in der Kunst und im Gemütsleben des deutschen Volkes Platz greifen würde. Das „Ewigweibliche" „zieht nicht mehr hinan", es weckt nicht mehr Begeisterung, es ist auf den Schauplatz des Alltäglichen herabgestiegen. — Man darf dem deutschen Volke nachrühmen, daß es in der Pflege des Idealen vor anderen Völkern vorhergeht.*) Und soll es sich den Sinn für ideale Güter nicht mit allen Kräften zu erhalten suchen als ein wertes und hohes Geschenk der Gottheit? Es ist sehr zu fürchten: wenn sich die Stellung der Frau zum Manne zukünftig in der angestrebten Weise in Deutschland abändern sollte, so wird auch

---

*) Heute erscheint das doch recht zweifelhaft. D. P.

der deutsche Volkscharakter eine Wandlung erleiden nicht zu seinem
Vorteile. —

Was wir bisher an Bedenken gegen das Frauenstudium vorgeführt haben, folgt aus der Betrachtung der besonderen geistigen
Natur des weiblichen Geschlechtes. Diewohl nun die geistigen
Eigenschaften in vielfacher Wechselbeziehung zu den körperlichen
stehen, so kommen doch die letzteren in mancher Hinsicht noch besonders in Frage.

Vor allem stellt der anstrengende ärztliche Beruf große Anforderungen an die Kräfte des Körpers. Was Opferwilligkeit und
Hingabe bei diesem Berufe betrifft, so werden es die Frauen hieran
gewiß nicht fehlen lassen, es entspricht dies nur einem Grundzuge
ihres Wesens. Aber das Können liegt nicht immer bei dem
Wollen. Es ist hier ein hohes Maß körperlicher Leistungsfähigkeit
erforderlich, um eine umfangs- und segensreiche Thätigkeit entfalten
zu können, und jedenfalls ein höheres Maß, als bei dem bloßen
Dienst der Krankenpflege. Der ähnlich anstrengende Beruf der
Lehrerin erlaubt uns in dieser Hinsicht einen Schluß auf den
Beruf der Ärztin zu machen. Man wird zugeben, daß das Geschäft
des Lehrens und Erziehens durchaus der natürlichen Bestimmung
der Frau entspricht. An die Mutter tritt die Aufgabe heran, daß
sie erste Erzieherin und Lehrerin ihrer Kinder sei, und niemand
wird bestreiten, daß auch die Frau im allgemeinen als Lehrerin
und Erzieherin anderer Kinder segensreich wirken kann. Dies gilt
vor allem, wenn ihr Wirkungskreis ein enger ist, wenn sie Gou-
vernante, Privatlehrerin und dergl. ist. Erweitert sich derselbe beträchtlich, hat sie in der Schule jahrelang mit vollen Klassen zu
arbeiten, so erlahmt ihre Kraft rascher, als die des Mannes. Es
zeigt sich dann, daß ihr Körper nicht die erforderliche Widerstands-
kraft besitzt, um es in einer so aufreibenden Thätigkeit auf die
Dauer dem Manne gleichthun zu können. Daher heute vielfach
Behörden ihre frei gewordenen Schulstellen lieber mit Lehrern als
Lehrerinnen besetzen. Auch in anderen Berufszweigen (so beim
Telegraphendienst) stellt sich der Vergleich der körperlichen
Widerstandsfähigkeit von Mann und Frau zu Ungunsten der
letzteren heraus.

Eine nicht unwichtige Rolle spielt hierbei diejenige Eigenschaft, welche man **Nervosität** nennt und welche dem weiblichen Geschlecht vor dem männlichen zukommt. Dieselbe ist einer gleichmäßigen Seelenstimmung hinderlich und beeinträchtigt die für eine zielbewußte Thätigkeit erforderliche Ruhe und Sicherheit. Umgekehrt sind eine anstrengende Gedankenarbeit und eine verantwortungsvolle Berufsthätigkeit sehr geeignet, Nervosität zu erzeugen, oder die vorhandene stark zu erhöhen. Und wenn behauptet wird, daß die Nervosität bald bei all den Frauen schwinden dürfte, welche von dem „aufreibenden Kleindienst" einer Haushaltung befreit, sich einem größeren und bedeutenderen Wirkungskreise widmen können, so spricht die Erfahrung für das Gegenteil. Die Frau pflegt nie gesunder zu sein und ist nie besser gestimmt, als wenn sie ihre Kräfte in einem ordentlichen Haushalt, als ihrem natürlichsten Wirkungs- und Schaffensgebiete, bethätigen kann. —

2) Wir kommen zu demjenigen Grunde, der vielfach als der wichtigste zu Gunsten des Frauenstudiums geltend gemacht wird: die Notwendigkeit, das Arbeitsgebiet der Frauen zu vergrößern. Es scheint dies geboten angesichts der Thatsache, daß nicht nur von vornherein das weibliche Geschlecht bei uns in Deutschland an Zahl das männliche bedeutend überwiegt, sondern daß auch viele Männer unter den heutigen schwierigen Lebensverhältnissen eine Ehe nicht eingehen können oder auch nicht wollen. Was soll nun aus den vielen Frauen werden, die ihre Zukunft nicht durch elterliches Vermögen gesichert sehen und auch nicht durch den Eintritt in die Ehe der Sorge um ihr Dasein überhoben werden? Es bleibt ihnen nichts übrig, als sich selbständig zu machen und eine Stellung zu gewinnen, in der sie sich nähren können. Erfahrungsgemäß betrifft dies Frauen aus den **mittleren** und **gebildeteren** Ständen, Töchter von Beamten, Lehrern, Geistlichen, Offizieren u. s. w., und diese werden bei der Wahl eines Erwerbszweiges ihrer Herkunft und ihrer Erziehung möglichst Rechnung zu tragen suchen. Aber welcher passenden Stellung können sie sich mit Nutzen zuwenden, die heute nicht schon überfüllt wäre? Daher ist es wohl notwendig, daß ihnen neue Berufsarten und Ämter zugänglich gemacht werden, welche bisher ausschließlich den Männern vorbehalten waren.

Es ist unbestreitbar, daß es sich hier um schwierige Verhältnisse handelt, und daß die allgemeine Lage dieser unverheiratet bleibenden Frauen ein helfendes und besserndes Eingreifen erfordert. An beherzigenswerten und wohl durchführbaren Vorschlägen in dieser Hinsicht fehlt es nicht. Man hat z. B. mit Recht darauf hingewiesen, daß sich im Gebiete der Krankenpflege und im Diakonissenberuf noch reichlich Raum für weibliche Arbeitskräfte findet, daß die Nachfrage nach solchen immer noch weit stärker ist, als das Angebot. Gerade der Beruf der Diakonissin gliedert sich eng an den natürlichen Beruf des Weibes an, und es ist zu wünschen, daß diesem ebenso großen als segensreichen Arbeitsgebiete eine noch größere Beachtung von den unversorgten Töchtern gebildeter Stände zugewendet wird.

Andererseits ist auch dies zutreffend, daß die Töchter besserer Stände in ihrer heutigen Erziehung oft nicht die gewünschte Garantie bieten, zukünftige tüchtige Hausfrauen zu werden; daher nicht wenige von ihnen schon aus diesem Grunde ihre natürlichste Bestimmung verfehlen und im ledigen Stande zurückbleiben. So rechtfertigt sich die Behauptung, daß man vor allem bei der Erziehung des weiblichen Geschlechtes einsetzen müsse, daß die wirtschaftliche Ausbildung mit der Geistes- und Charakterbildung gleichen Schritt zu halten habe, um in Zukunft die Zahl der Unverheirateten zu vermindern. Eine in diesem Sinne erziehlich wirkende Maßregel findet sich in der „Tägl. Rundschau" vorgeschlagen bezw. besprochen (von Freiin Frida v. Bülow); und wenn dieselbe auch auf lange hinaus ein „frommer Wunsch" bleiben dürfte, so ist sie doch wohlgemeint und in ihrer Absicht anerkennenswert. Danach sollen alle jungen Mädchen zwischen dem 18. und 22. Lebensjahre von Staatswegen zu einem „Dienstjahre" in einer öffentlichen Wohlthätigkeitsanstalt verpflichtet werden (in Krankenhäusern, Volkskindergärten, Volksküchen, Volkserholungsstätten, Dienstmägdeherbergen u. a. m., die nach Bedürfnis an Zahl zu vermehren wären). Je nach Neigung und Fähigkeit würden sie in den verschiedenen Anstalten beschäftigt und nach einem Jahre des Dienstes unter „straffer" Leitung mit einem Zeugnis über ihre Führung und ihre Leistungen entlassen werden, wofern sie sich nicht zu den leitenden Stellen empordienen wollen. Hierdurch sollen besonders die Mädchen aus besseren Ständen ein Verständnis für wirkliche ernste Arbeit erhalten und all die segensreichen Folgen einer solchen für sich und andere erfahren. Wir können hierauf leider nicht näher eingehen, aber wir haben es hier mit Vorschlägen zu thun, welche die Thätigkeit der Frauen möglichst ihrer natürlichen Bestimmung anzupassen suchen, bezw. dieselben zu einer solchen Thätigkeit erzogen wissen wollen.

Dies gilt nun nicht von jenen anderen Vorschlägen, die den Wirkungskreis der Frauen auf die gelehrten Berufsarten ausdehnen möchten. Sie erscheinen uns wenig glücklich, da sie nicht nur ein unnatürliches und folgenschweres Verhältnis schaffen würden, sondern da sie auch außerdem der großen Überfüllung keine Rechnung tragen, unter welcher gerade die gelehrten Berufsarten so stark leiden.

In Deutschland ist die Zahl derer, die an den Universitäten studieren und sich für gelehrte Berufsarten vorbereiten, unverhältnismäßig groß, und das **Angebot** übersteigt hier schon lange die **Nachfrage** bedeutend. Zahlreiche Stimmen haben sich erhoben, welche auf die Folgen dieses Mißverhältnisses für die Einzelnen, wie für die Gesamtheit hingewiesen haben; Regierungen und Behörden haben es nicht an Warnungen vor dem Zudrang zu gelehrten Studien und Berufsarten fehlen lassen; leider nicht mit dem gewünschten Erfolg. Die Besorgnis vor einem heranwachsenden „Gelehrtenproletariat" und den sich daraus ergebenden Gefahren stellt sich immer mehr als wohl begründet heraus.

Kein wirklich Wohlmeinender kann wünschen, daß der hier bestehende gewaltige Mitbewerb auch noch durch den Zutritt der Frauen ins Endlose gesteigert werde. Die aus solchem Wettkampf folgenden Nachteile würden nicht zuletzt die Frauen selbst treffen, schon deswegen, weil sie von vornherein als der schwächere Teil in den Kampf eintreten. Gesetzt aber auch, es gelänge einer größeren Zahl von Frauen, auf diesem Wege Ämter und Stellen zu erringen, so würden sie, als die billigeren Arbeitskräfte, auch hier ein Sinken der Preise bezw. der Gehälter herbeiführen, wie dies bereits in anderen männlichen Berufszweigen durch ihr Eindringen in dieselben geschehen ist. Weiter aber würden sie auch sich und ihrem Geschlechte mittelbar dadurch schaden, daß sie diese ihre Stellen ebensovielen Männern wegnähmen, welche, wenn sie dieselben bekommen hätten, wieder die gleiche Zahl von Frauen hätten heiraten können, während ein weiblicher Beamter keine Familie gründen kann.

Wenigstens ist für eine Frau, die ein Amt bekleidet oder überhaupt eine selbständige Stellung einnimmt, die Aussicht, zur Ehe zu kommen, eben hierdurch viel geringer geworden, wie schon das Beispiel der Lehrerinnen beweist. Es scheint eine zweifelhafte Empfehlung, zu sagen, daß doch eine Frau, die selbständig und unabhängig sei, sich und ihre Liebe dem Manne „frei verschenken" könne; wertvoller ist dem Manne jedenfalls die Frau, die er erwerben muß, wie es dem natürlichen Verhältnis entspricht. — Ungleich höher als bei den Lehrerinnen können sich bei jenen eigentlich „gelehrten Frauen in Amt und Würden" die Bedenken darüber stellen, ob sie sich als gute Gattinnen und Hausfrauen bewähren möchten, vorausgesetzt auch, daß sie mit dem Eintritt in die Ehe ihren zuvor erwählten Beruf aufgeben. Geschähe letzteres aber nicht, wie zum Teil in Nord-Amerika, so würde sich der wahre und höhere Zweck der Ehe und des Familienlebens vollends gar nicht verwirklichen. Man darf wohl behaupten, daß bei uns in Deutschland wenigstens die Frau in jeder anderen selbständigen Stellung, als Lehrerin, Erzieherin, Buchhalterin, Leiterin eines kaufmännischen Geschäftes u. s. w., noch eine größere Aussicht auf Verheiratung hat, als sie in der Stellung eines Arztes, Apothekers, Rechtsanwaltes, Richters u. s. w. haben würde, weil sie sich in den letzteren Fällen weit mehr von wahrer Weiblichkeit entfernt, als in den ersteren. Sicher würde mit der Zahl der gelehrten Frauen auch die Zahl der unverheirateten Frauen wachsen.

Neben diesen allgemeinen nachteiligen Folgen würden sich andere unmittelbarer aus der Thatsache ergeben, daß der Andrang zu den gelehrten Berufsarten ein so gewaltiger ist. Dies betrifft nicht am wenigsten denjenigen Beruf, den die Frauen für sich zuerst in Aussicht nehmen möchten, den ärztlichen. Die Zahl der Medizin Studierenden ist seit einer Reihe von Jahren in Deutschland in stetem und verhältnismäßig sehr starkem Wachsen begriffen. (An der Berliner Universität kommen zur Zeit auf 5371 Studenten 1410 Mediziner; in Leipzig ist das Verhältnis 3431 : 940, in Halle 1522 : 281, in Würzburg 1367 : 770, in Breslau 1262 : 300, in Bonn 1204 : 256, in Tübingen 1172 : 230, in Straßburg 969 : 356, in Heidelberg 932 : 245, in Marburg 840 : 258, in Göttingen 807 : 217, in Greifswald 719 : 322, in Königsberg 667 : 222, in Kiel 480 : 259, in Rostock 377 : 139. Von den übrigen deutschen Universitäten standen uns keine Angaben zu Gebote, sie würden auch das Gesamtverhältnis kaum wesentlich abändern. Zieht man nun diese Mehrzahl von Universitäten in Rechnung, so ergiebt sich, daß im Durchschnitt unter je 100 Studenten 29 Mediziner gefunden werden. Sehen wir des Vergleiches wegen noch auf Wien und Prag, so waren in Wien im Winter 1890/91 unter 6220 Hörern nicht weniger als 3242 Mediziner; an der deutschen Universität in Prag stellte sich das Verhältnis im Sommer 1891 auf 1354 : 528.) Der schon bestehende scharfe Mitbewerb im ärztlichen Stande hat nicht nur materiell schädigend gewirkt, sondern hat auch in moralischer Hinsicht manche Erscheinungen gezeitigt, die diesem Stande nicht zum Vorteil gereichen. Wenn es bislang besonders die größeren Städte waren, in denen sich dieser Wettbewerb stark zuspitzte, so dehnt sich derselbe mit der wachsenden Zahl von Ärzten doch immer mehr auch auf die kleinen Städte und selbst auf das Land aus. Dazu kommt, daß dem ärztlichen Wirken neuerdings mancher Abbruch durch diejenigen geschieht, welche unter dem Schutze der Gewerbefreiheit als Heilkünstler, Naturheilkundige u. s. w. in großer Zahl thätig sind. Sicher, der ärztliche Stand hat heute mit sehr großen Schwierigkeiten zu kämpfen. Sollen nun angesichts derselben auch noch Frauen Zutritt zu diesem Stande erhalten? Dies liegt nicht im Interesse der Frauen und nicht im Interesse des Standes. Die Frauen, indem sie den vorhandenen starken Mitbewerb in allen seinen Folgen zu tragen hätten, würden denselben ihrerseits zum Nachteile des Ganzen noch verschärfen. Auch ist, wenn man sich auf den Standpunkt des Arztes denken will, weiter die Frage, ob nicht durch die Aufnahme von Frauen in den ärztlichen Stand das Standesbewußtsein des Arztes und sein Ansehen, besonders den anderen akademisch gebildeten Berufsklassen gegenüber, eine Beeinträchtigung erlitte.

Es ist nun allerdings gesagt worden, und zwar selbst von Verfechtern der Ärztinnensache, daß die Männer keinen großen Schaden von seiten der Frauen zu befürchten hätten, da immer nur „eine verschwindend kleine Zahl" der letzteren die nötigen geistigen und körperlichen Kräfte besitzen würde, um schon allen

Vorbedingungen zur Ausübung des ärztlichen Berufes zu genügen. Daß diese Vorbedingungen den Frauen nicht leichter gemacht werden dürften, als den Männern, darüber scheinen alle einig. Die Frauen hätten sich also auf einem Frauengymnasium ein Reifezeugnis zu erwerben, sie müßten das langwierige und schwere medizinische Studium gleichwohl regelrecht durchmachen und alle vorgeschriebenen Prüfungen ordnungsmäßig bestehen. Wenn dies aber nur „einer verschwindend kleinen Zahl" gelingt, sollen dann für diese wenigen besondere Frauengymnasien errichtet werden? Und ferner: die so erstrebte Zulassung der Frauen zum ärztlichen Beruf würde gar nicht den wichtigsten Zweck, den sie erreichen soll, auch wirklich erreichen, nämlich den unversorgten Frauen ein neues Arbeitsfeld und damit eine neue Erwerbsquelle zu eröffnen. Was nur einzelnen wenigen zu gute kommen kann, hat für die Allgemeinheit keinen Wert. So erscheinen auch von dieser Seite aus betrachtet die für das Frauenstudium geltend gemachten Gründe keineswegs sehr stichhaltig. —

III.

Welche Bedeutung hat für die Universitäten das Studieren der Frauen und ihr Aufenthalt an denselben?

Wenn wir diese Frage im letzten Abschnitt unseres Beitrages zu beantworten suchen, so soll damit nicht gesagt sein, daß dieselbe auch nach ihrer Wichtigkeit zuletzt käme. Sie verdient im Gegenteil eine weit größere Beachtung, als sie von denen erfährt, welche die Frauen zu Universitätsstudien zulassen wollen. Wir hatten bereits früher Veranlassung, auf sehr bedenkliche Erscheinungen in solchen Ländern hinzuweisen, in denen die Frauen die Universitäten besuchen dürfen. Indem wir die in Rede stehenden Folgen jetzt noch vielseitiger erwägen, erhalten wir daraus eine warnende Lehre für Deutschland.

Die studierende Jugend, in Deutschland schon durch die Zahl der Dazugehörigen so stark hervortretend, ist durch ihre Gesinnung und Haltung von großer Bedeutung für die Zukunft des Vaterlandes. Als ein Träger der höheren Geistesbildung erscheint die akademische Jugend auch in erster Linie zur Pflege der idealen Güter ihres Volkes berufen. Aber hierzu reicht nicht einseitige

Fachgelehrsamkeit aus, sondern es müssen allgemeinere Gesichtspunkte hinzutreten. Der Aufenthalt an der Universität soll dem Studenten nicht bloß das für seinen späteren Beruf erforderliche Fachwissen vermitteln, er soll auch der Bildung seiner Lebensformen und Anschauungen und seines Charakters dienen. In dem Maße, als sich der Blick des Einzelnen über die Grenzen seines besonderen Wissensgebietes hinaus erweitert und für die allgemeineren Interessen schärft, wird in ihm das Bewußtsein seiner Pflichten gegenüber der Gesamtheit erweckt: gegenüber seinen akademischen Genossen, gegenüber seinen Volksgenossen und seinem Vaterlande. (Nicht als ob etwa der Student sich angelegentlich mit Politik zu beschäftigen oder gar an politischen Bestrebungen thätigen Anteil zu nehmen hätte; vielmehr handelt es sich um seine ganze Haltung, welche durch das Verständnis für jene allgemeinen Pflichten schon bestimmt wird.) Hierbei ist von großer Bedeutung das ganze Wesen des studentischen Lebens und Verkehrs, und der Geist, der an den Universitäten herrscht. Und dieser Geist darf bei uns in Deutschland im ganzen gewiß ein guter genannt werden. Es ist nicht der Geist der Verneinung und Zerstörung, wie er das russische Studententum beherrscht, auch nicht der Geist ausschweifender Sinnlichkeit und Unsittlichkeit, wie er dem französischen Studententum eigen ist, nein, der Geist der deutschen Studentenschaft ist immer noch ein solcher der Zucht und Ordnung. Die deutsche akademische Jugend zeichnet sich in ihrer Mehrheit gleicherweise durch ernstes, wissenschaftliches Streben aus, wie durch die Pflege nationaler Tugenden. Die Liebe zum Vaterlande, die Treue zum Landesherrn, der Gehorsam gegen die Gesetze sind ihr keine leeren Begriffe. Sie feiert die Thaten großer Männer und vermag sich für große Gedanken zu erwärmen. Noch erweckt das Gute, Edle und Schöne einen Wiederhall in ihrem Herzen und ihre Begeisterung für das Ideale findet einen Ausdruck in Wort, Lied und That. Gewiß vermag eine solche Jugend, wenn sie ihre Gesinnung mit in das spätere Leben hinübernimmt, von guter Vorbedeutung für die Zukunft des Vaterlandes zu sein. Es ist schon das Gebot der Selbsterhaltung, daß Deutschland sich bemühen muß, von seiner studierenden Jugend alles fern zu halten, was den Sinn derselben für die idealen Güter zerstören kann. Denn wie steht es um einen Staat, in welchem die berufenen

Vertreter der höheren Geistesbildung vorangehen in der Nichtachtung von Religion und Sittlichkeit, Vaterlandsliebe und Loyalität?

An der Spitze unter den ideal- und kulturfeindlichen Gewalten steht in unseren Tagen die Sozialdemokratie. Die Verbreitung derselben unter der studierenden Jugend der verschiedenen Länder ist erst kürzlich zum öffentlichen Ausdruck gekommen in der Abhaltung eines Kongresses sozialistischer Studenten zu Brüssel. Deutschland ist den anderen Ländern gegenüber immer noch in der glücklichen Lage, daß seine akademische Jugend von den sozialistischen Lehren verhältnismäßig am wenigsten ergriffen ist. Aber es ist klar, wie viel den Anhängern des Sozialismus daran liegen muß, die Studentenschaft mehr für ihre Sache zu gewinnen. Haben sich ihrer Agitation hier von vornherein manche Schwierigkeiten geboten, so würden sie sicher eher zum Ziele kommen, wenn Frauen Zutritt zu den Universitäten hätten. Besonders wenn dieser Zutritt nicht von gewissen Vorbedingungen, wie vor allem der vorgängigen Ablegung einer Reifeprüfung, abhängig gemacht, sondern allgemeiner in der Form gestattet würde, daß Frauen sich als „außerordentliche Hörer" an den Universitäten aufhalten könnten, würde ein ausgedehnter Gebrauch dieser Erlaubnis leicht die Folge sein. Damit wächst die Gefahr des Zudranges radikaler Elemente, wie u. a. das Beispiel von Zürich gelehrt hat. Dort hat man, wie Prof. H. v. Meyer schreibt, durch üble Erfahrungen belehrt, die Aufnahmebedingungen für die Frauen verschärft, „allerdings immer noch nicht in dem Grade, wie es im allseitigen Interesse zu wünschen wäre." —

Es mag hier eine kurze Bemerkung Platz finden über die studierenden Frauen und ihre allgemeine Gesinnung und Haltung. Setzt es überhaupt schon ein außergewöhnliches Maß freier Anschauungen voraus, wenn eine Frau sich entschließen kann, an einer Universität zusammen mit Männern zu studieren, so folgt nun weiter, daß sie sich von dem Augenblicke an, wo sie in Gemeinschaft mit jenen wissenschaftliche Vorträge anhören und an wissenschaftlichen Demonstrationen und Disputationen teilnehmen darf, sich über die bisherigen Schranken des Weiblichen vollends getäuscht fühlen kann. In der Meinung, es den Männern völlig gleichthun zu können und zu wollen, hat sie keinen Sinn für den geistigen Unterschied der Geschlechter und empfindet die Sonderung der Aufgaben für beide Geschlechter als ein altes, durchaus zu bekämpfendes Vorurteil. Kein Wunder, wenn ihr solche Lehren willkommen erscheinen, welche dieses Vorurteil gründlich zu beseitigen versprechen und die gänzliche Gleichberechtigung der Geschlechter proklamieren. War sie noch nicht ganz radikal, so wird sie es nun leicht werden. — Was insbesondere noch die sozialistische Agitation betrifft, so ist wohl zu befürchten, daß sich Frauen direkt aus jenem Lager in die studierende Jugend eindrängen und unter derselben auf ihre Art Propaganda machen würden. Welchen Fanatismus aber diese Art der Propaganda erzeugen kann, bei welcher der besondere weibliche Einfluß die bedenklichste Rolle spielt, dafür bieten die russischen Universitäten ein trauriges Beispiel. Wir möchten die deutschen Universitäten und das deutsche Studententum vor etwas Ähnlichem bewahrt wissen. Der Hinblick auf das Ausland sollte uns zu deutlichem Bewußtsein bringen, was Deutschland an seiner akademischen Jugend für ein wertvolles Gut zur Zeit noch besitzt und wie es dasselbe zu hüten hat.

„Deutschland ist bisher vor der Emancipation des Weibes geschützt worden, darum haben die deutschen Studenten die edelsten Anlagen der germanischen Völker: die Ritterlichkeit, die Vaterlandsliebe und die Loyalität bewahren und entwickeln können." Diese Worte der Anerkennung werden dem deutschen Studententum von einem Ausländer gezollt (von dem Schweden C. L. Sundbeck in dem oben erwähnten Aufsatz „Studentinnen" in den „Akad. Bl.") und gewinnen eben dadurch noch besonders an Wert; denn man hat mit Recht gesagt, daß der Deutsche auf Vorzüge seines Landes oft erst aufmerksam wird, wenn sie sich ihm in einem ausländischen Urteile darstellen.

Der Verfasser schildert des weiteren in seinem Aufsatze mit tief empfundenen und beredten Worten die zerstörenden Einflüsse, welche die Emancipation des Weibes in jeder Hinsicht auf das Studentenleben, wie in anderen Ländern, so in seinem Heimatlande ausübt. Er richtet dabei seinen Blick sehnend und wartend nach Deutschland herüber, ob sich nicht von hier aus eine Heilung dieser modernen Krankheit unserer Zeit, der Weiberemancipation mit ihrer erschlaffenden und niederdrückenden Wirkung auf das männliche

Geschlecht, in Bälde vollziehen möchte. „Der Sporn, den das ideell Weibliche dem Manne giebt, ist abgestumpft." „Anstatt des ideellen Bildes eines Weibes ist mit der Studentin — ein Mitbewerber hervorgetreten. Aber nicht ein gleichstehender Mitbewerber, sondern einer mit größeren Forderungen und geringerer Befugnis, einer, mit dem man nicht wetteifern kann, ohne sich selbst zu höhnen, ein Mitbewerber, den man sich nie als Kameraden denken und der nie zum offenen Feinde werden kann, ein Mitbewerber, der uns unserer Männlichkeit den wirklichen Weibern gegenüber beraubt. — Diese unnatürlichen Mitbewerber drängen sich mit ihm (dem Studenten) in die Vorlesungssäle und schwärmen umher in den Straßen der Universitätsstädte und verdunkeln sozusagen das wirklich Weibliche." Gewiß, wer da wünscht, daß das deutsche Studententum nicht einem solchen traurigen Zwittertum verfalle, sondern sich den Charakter des Männlichen bewahre, wer da wünscht, daß der akademischen Jugend der Sinn für das wahrhaft und ideell Weibliche erhalten bleibe, der kann nicht wollen, daß durch den Zutritt von Frauen ein Verhältnis geschaffen werde, wo der geistige Geschlechtsunterschied sich zu verwischen droht, während der körperliche noch besteht. Ein solches Verhältnis, „wo man das Leben diskutiert, anstatt es zu leben, wo der Serenade erregte Gespräche über das Thema Sittlichkeit und Unsittlichkeit u. dergl. nachgetreten sind", erscheint schon im voraus folgenschwer, selbst wenn man von einem besonderen Gesichtspunkt, wie dem politischen, absieht.

Man darf sich über alle diese großen und allgemeinen Nachteile nicht täuschen lassen durch das, was man von ausländischen Universitäten etwa „Günstiges" hört über den Verkehr der Studenten und Studentinnen in den Vorlesungssälen, wissenschaftlichen Anstalten u. s. w. So, wenn Prof. H. v. Meyer von Zürich schreibt, daß im Hörsaal und in den praktischen Kursen stets ruhiger Anstand geherrscht habe, daß die Studenten mit ihren Kolleginnen taktvoll verkehrten, und daß die Studentinnen in ihrer ganzen Erscheinung und in ihrem Benehmen eine durchaus gebildete Haltung bewahrten. Dies mag im ganzen zugegeben werden (obwohl auch einzelne gegenteilige Erfahrungen bekannt geworden sind). Aber es wäre doch auch schon zum Äußersten gekommen, wenn bereits bei Vorlesungen, praktischen Arbeiten, wissenschaftlichen Ausflügen und dergl. der Verkehr der Studenten und Studentinnen eine sichtliche Störung der Ordnung nach sich zöge. So an der Oberfläche brauchen sich die Folgen dieses Verkehrs noch nicht abzuspielen, um dennoch tiefergehend und schädlicher zu sein, als wohl selbst mancher Universitätslehrer ahnt. Um ein mehr vollständiges und allseitiges Urteil hierüber zu gewinnen, ist es nötig, auch auf die Stimmen aus studentischen Kreisen an solchen Universitäten zu achten, wo Frauen studieren. Hier werden die Folgen viel unmittelbarer empfunden und werden vielfach in sehr lebhafter und abschreckender Weise geschildert. „An einer gewissen Universität in Skandinavien", schreibt unser schwedischer Gewährsmann, „trinken Studenten und Studentinnen zusammen regelmäßig jede Woche, bis der Tag graut." Und, wie wir auf Grund authentischer Mitteilungen hinzufügen können, an gewissen Universitäten eines anderen Landes — ganz abgesehen von Rußland und den Zuständen an den dortigen Universitäten — haben sich diese und andere Vorgänge wiederholt. Sie verdienen wohl an das Licht gezogen und solchen zur Belehrung vorgehalten zu werden, die das Studieren der Frauen allzu harmlosen Auges ansehen.

Das alte, frische und frohe Studentenleben mit seinen Liedern, in denen „des Weibes weiblicher Sinn" verherrlicht, in denen das Vaterland unter dem Bilde einer liebenswerten Braut gefeiert wird, dieses ist in Gefahr abzusterben, aber es erhält einen Nachfolger. „Ein Seine-babylonisches Künstler-Klubleben von beiden Geschlechtern tritt an die Stelle des Thatenlebens der „Lichtritter," wie der Student in einem schwedischen Studentenlied genannt wird.

Es ist dies eine laute und wohlgemeinte Mahnung, das deutsche Studentenleben, „das in der Welt und in der Geschichte sein Gegenstück sucht", vor einem solchen Schicksal zu bewahren. Und es gilt nicht bloß dem Wohle der akademischen Jugend, es gilt auch dem Wohle des Vaterlandes. Was das Vaterland an der Erziehung seiner Jugend Gutes thut, das kommt nicht nur der Jugend, sondern auch dem Vaterlande selbst zu gute. In unserer Zeit thut es doppelt not, alles zu verhüten, was den Sinn der Jugend für das Ideale abstumpfen und ein höheres, sittliches Streben vereiteln könnte. Darum möge das Vaterland sorgen,

daß seine Pflanzstätten der Wissenschaften nicht als Brutstätten
radikaler Ideen und unsittlicher Bestrebungen mißbraucht werden.
Es gilt auch hier ein:
Videant consules, ne quid detrimenti capiat res publica!

Nachtrag. Verfasser hatte vorstehenden Beitrag bereits an die
Leitung der Zeitfragen eingesandt, als am 30. März d. J. die
Petition der Frauenvereine „**Frauenwohl**" in Berlin und „**Reform**" in Weimar um Zulassung der Frauen zu Universitätsstudien im preußischen Abgeordnetenhause zur Verhandlung kam.
(Sie war also nicht, wie wir oben erwähnten, für den Reichstag,
sondern für den preußischen Landtag bestimmt.) Die Unterrichts-
kommission beantragte, über diese Petition, soweit sie die Errichtung besonderer Mädchengymnasien und die Zulassung der Frauen
zu den Studien der philosophischen Fakultät verlangte, zur Tagesordnung überzugehen; soweit sie sich aber auf Zulassung zum
medizinischen Studium und Ablegung der Reifeprüfung an einem
Gymnasium bezöge, dieselbe der Regierung zur Erwägung zu überweisen. An diesen Kommissionsantrag, welcher zuletzt zur Annahme
gelangte, knüpfte sich eine längere Debatte. Lebhafte Fürsprache
fand der Antrag wieder auf der linken Seite des Hauses, und
der Abg. Rickert empfahl, den ganzen Inhalt der Petition der
Regierung zur Erwägung zu überweisen. Es sei ungerechtfertigt,
wenn die „Herren der Schöpfung" soviel „Mißbrauch" mit ihrer
Macht trieben, daß sie die zweite Hälfte der Menschheit von den
Wohlthaten ausschließen wollten, welche die Männer genössen. Mit
Recht erwiderte ihm der konservative Abg. Dr. Hartmann, daß von
einem „Mißbrauch" der männlichen Gewalt um so weniger die
Rede sein könne, als eine große Zahl von Frauen gleichfalls die
weiblichen Emancipationsgelüste nicht billige. — Einen mehr vermittelnden Standpunkt nahm Abg. Stöcker ein: Angesichts des
Notstandes, daß eine große Zahl gebildeter Frauen einen Beruf
suche, ohne einen solchen zu finden, müsse man die Schranken des
weiblichen Erwerbs ein wenig erweitern. Hierzu gebe eine vermehrte Heranziehung von Lehrerinnen für die obersten Klassen

höherer Mädchenschulen Gelegenheit; auch könne man vielleicht die Frauen den ärztlichen Beruf an Frauen und Kindern ausüben lassen. Dagegen erklärt er sich durchaus gegen die Errichtung von Mädchengymnasien und gegen das gemeinschaftliche Studieren von Frauen und Männern. Es sei kein schöner Anblick, die Studentinnen in Zürich auf den Straßen flanieren zu sehen, und nur wenige hielten sich auch vom Nihilismus fern. Eher könnten wohl an die Diakonissenanstalten „Frauenakademien" angeschlossen werden. Der Regierungsvertreter, Geh. Rat Schneider, erwiderte, daß man regierungsseitig die Pflicht anerkenne, für die Mädchenbildung weitere Wege zu finden, aber es sei fraglich, ob die Bildungswege für die Frauen dieselben sein können, wie für die Männer. Wie der vorige, so werde auch der jetzige Kultusminister die Frage gewissenhaft prüfen. — Des prinzipiellen Standpunktes wegen scheinen für uns bei dieser ganzen Debatte besonders beachtenswert die Ausführungen des Abg. Hartmann, welcher über den ganzen Inhalt der Petition zur Tagesordnung überzugehen beantragte. Meint Stöcker, daß die amerikanische und englische Art der Emancipation von der deutschen Frauenbewegung nicht gefordert werde, und daß diese Bewegung in Deutschland im Vergleich zu anderen Ländern die maßvollste und ruhigste sei, so mag man das letztere zugeben. Was aber den ersten Teil dieser Behauptung betrifft, so stehen wir in Deutschland doch wohl erst am Anfang dieser Bewegung, und Hartmann sagt mit vollstem Recht: Wenn erst in einer Beziehung die Frau aus dem natürlichen Kreis ihrer Aufgaben herausgetreten ist, werden immer weitere Emancipationswünsche laut werden. Und was bedeutet die ganze Frauenemancipation? Mit Hartmann antworten wir: „Ein nationales Unglück!"

Zeitfragen des christlichen Volkslebens.

Band XVII. Heft 6.

Ist eine Schulbibel notwendig,

und wie muß sie beschaffen sein?

Von

Alfred Bähnisch,
Gymnasiallehrer in Glogau.

Stuttgart.
Druck und Verlag der Chr. Belser'schen Verlagshandlung.
1892.

Alle Rechte vorbehalten.

Die Frage nach der Notwendigkeit und Beschaffenheit einer Bibel für Schulen ist in den letzten Jahren häufig erörtert worden. Viele Schulmänner nnd Geistliche haben sich mit Eifer dafür, nicht wenige mit Entschiedenheit dagegen ausgesprochen, die einen ein solches Buch als ein dringendes Bedürfnis, die andern als überflüssig wo nicht gar als schädlich bezeichnet. Auch die Eltern haben in dem Streit ihre Stimme erhoben,[1]) so daß die Angelegenheit recht eigentlich als eine Zeitfrage des christlichen Volkslebens bezeichnet werden kann; im folgenden soll daher den Lesern dieser Zeitschrift über die für und wider die Schulbibel vorgebrachten Gründe, die geschichtliche Entwicklung und den gegenwärtigen Stand der Sache kurzer Bericht erstattet werden.

Die **Geschichte der Schulbibel** kann man mit Luther beginnen, der zwar in dem Sendschreiben an den christlichen Adel fordert: „Vor allen Dingen sollte in den hohen und niederen Schulen die fürnehmste und gemeinste Lektion sein die heilige Schrift", aber kurz vorher sagt: „Viel Bücher machen nicht gelehrt, viel Lesen auch nicht, sondern gut Ding und oft lesen, wie wenig sein ist, das macht gelehrt in der Schrift und fromm dazu", der über einige Bücher der Bibel bekanntlich sehr ungünstig urteilte und sie von den „rechten, gewissen", den „rechten und edelsten Hauptbüchern" schied, von denen er sagt: „Das sind die Bücher, die dir Christum zeigen und alles lehren, was dir zu wissen gut und selig ist, ob du schon kein ander Buch nimmer sehest noch hörest." Er empfiehlt deshalb eine Auswahl für den Anfangsunterricht und das häusliche Bibellesen, „und wenn diese aus sind, so soll mans wieder von vorn anfangen. Denn es ist nicht fruchtbar die Jugend mit

---

[1]) Vergl. z. B. den Brief einer Mutter in der Ztschr. f. evang. Religionsunterr. II 4, 334.

hohen und schweren Büchern zu beladen."¹) Auch Locke spricht sich in seinen Gedanken über Erziehung § 158 f dagegen aus, „die ganze Bibel unterschiedslos zu lesen."

Den Schritt die ausgewählten Abschnitte für sich abzudrucken und, nachdem im 16. und 17. Jahrhundert biblische Geschichten mehrfach erschienen waren, einen Bibelauszug auch für ältere Schüler zu veranstalten, thaten zuerst die Philantropen.²) Sie verfuhren in ihren Bearbeitungen nach den rationalistischen Anschauungen der Zeit und diese Richtung blieb auf dem Gebiet der Schulbibel noch lange die herrschende. Nachdem Basedow 1766 einen Bibelauszug herausgegeben hatte, erschienen schnell zahlreiche Bücher der Art, und am 31. Januar 1805 gab Friedrich Wilhelm III. von Preußen dem Minister des Innern den Auftrag, einen Bibelauszug veranstalten zu lassen; der Auftrag wurde nicht ausgeführt, und 1814 untersagte eine Verordnung des Ministeriums den Gebrauch aller Auszüge und beklagte, daß diese „in vielen Schulen an die Stelle der Bibel selbst getreten seien." Die Wirkung dieser Verordnung war, daß Preußen fünfzig Jahre hindurch bis zur Schulbibel von Wirth 1868 sich gänzlich von der Bewegung fernhielt. Diese dauerte in der Zwischenzeit in anderen Staaten fort und kam zuerst im Königreich Sachsen zum Abschluß. Hier wurden seit dem Jahre 1846 von einzelnen wie von Versammlungen wiederholt Anträge auf Einführung einer Schulbibel an das Ministerium und den Landtag gerichtet, und aus diesen Verhandlungen gieng schließlich die Schulbibel von Hofmann 1875 hervor. Auch die Schweiz besitzt ihre Schulbibel in der 1887 in Glarus von fünf Geistlichen herausgegebenen (Glarner) Familienbibel, die in mehr als hundert schweizerischen Schulen gebraucht wird. In Württemberg wurde das Buch von Hofmann gleich bei seinem Erscheinen Geistlichen und Lehrern zur Anschaffung empfohlen, 1876 gab das Ministerium ein Verzeichnis der in der Schule zu lesenden Stellen heraus und diese Abschnitte wurden 1889 im amtlichen Auftrag von Direktor Pressel zu einem Bibelauszug vereinigt. In Oldenburg wurde der Gebrauch des Buches von

¹) Unterricht der Visitatoren 1528. Luthers Vorreden und Handbemerkungen zu den biblischen Büchern in der Ausgabe der Bibelübersetzung von Bindseil und Niemeyer. ²) Noch vor ihnen nennt Sander die Pietisten und Herrnhuter.

Lehrsen, für das sich die Landeslehrerkonferenz ausgesprochen hatte, während die Geistlichkeit sich dagegen erklärte, auf amtliche Anfrage nicht gestattet. Außer den im Vorstehenden erwähnten sind von neueren Büchern, die für eine Einführung allein in Betracht kommen, noch zu nennen die Schulbibeln von Völker und die von der Bremer Bibelgesellschaft vorbereitete, die wahrscheinlich noch im Lauf des Jahres 1892 erscheinen wird, ferner die biblischen Lesebücher von Schulz und Klix, Hollenberg, Völker. Die meisten ältern haben heute nur noch einen geschichtlichen Wert; eine Zusammenstellung aller sowie der zahlreichen für und wider die Schulbibel geschriebenen Aufsätze gebe ich am Schlusse und bezeichne diese Schriften deshalb in der Abhandlung selbst nur kurz mit dem Namen des Verfassers.

Treten wir nun in die **Erörterung der Frage** ein, so giebt es nur einen Grund für die Notwendigkeit einer Schulbibel, den Umstand, daß sich an zahlreichen Stellen namentlich des alten Testamentes Erzählungen finden und überall in der Schrift Ausdrücke gebraucht werden, „welche für die Schüler den Schleier von Verhältnissen hinwegnehmen, die ihnen bis dahin als Geheimnis mit Sorgfalt verborgen worden sind, besonders, da diese Verhältnisse meist nach ihrer sündlich ausschweifenden Seite dargelegt werden" (Hofm.)[2]) Stellen der Art sind z. B. in den Büchern Mose Buch I Kap. 16, 1—5 die Erzählung von Hagar; 17, 11. 14. 23—25 die Beschneidung; 19, 30—38 Lots Töchter; 29, 31—30, 23 Jakobs Kinder; Kap. 34 Dina; 38, 8 f. Onan; 38, 15—30 Juda und Thamar; Buch III Kap. 15, 16—33 Verunreinigungen; Kap. 18 verbotene Heiraten; Kap. 20 Ehebruch; Buch IV Kap. 25, 8 und V, 22, 13—30 Unzucht; Richter 16, 1—3 Simson; 2 Sam. 13 Amnon und Thamar. 1 Kor. 7, 2 ff. Ehe und Ehelosigkeit. Diese Stellen werden in der Schule wohl sämtlich weggelassen, allein sie stehen zum Teil so nahe an andern, mit denen man die Schüler beschäftigt, daß deren Auge beim Unterricht wie bei der häuslichen Wiederholung leicht auf sie geraten

---

[1]) Zusammenstellungen finden sich bei Zange 279, Holmann XV, Zeitschr. für evang. Religionsunterr. II 4, 316, Einleitung in die Probebibel § 7 und in der 1872 in Zürich erschienenen Schrift eines Ungenannten.

kann. Noch mehr Schwierigkeiten aber bereiten die, welche zu unentbehrlichen Erzählungen gehören und deshalb nicht übergangen werden können. Dazu gehören aus den Büchern Mose Buch I Kap. 3, 16 die Bestrafung des Weibes beim Sündenfall; 25, 21—26 Geburt Jakobs und Esaus; 39, 7—18 Joseph; Buch II Kap. 1, 15—22 Pharao läßt die Söhne der Juden töten; 1 Sam. 2, 22 Elis Söhne; 18, 25. 27 Davids Heirat mit Michal; 2 Sam. 11 Bathseba; 16, 21. 22 Absalom; Matth. 1, 18 ff. und Lukas 1, 41 Geburt Jesu; Röm. 1, 26. 27 Laster des Heidentums (s. u. S. 10).

Im Vorstehenden sind Stellen, die der Schüler wohl nicht versteht, übergangen und fast nur die Geschichtsbücher berücksichtigt, die für die Schule vorzugsweise in Betracht kommen. Doch sind solche Stellen nicht minder zahlreich in den prophetischen und den Lehrbüchern. Ich führe statt vieler an Hohes Lied 7, 2. 7. 8. 8, 8. Hesekiel Kap. 16 und 23. Das an der letzten Stelle für den Ungehorsam des Volkes gebrauchte Bild von der Hurerei ist auch bei den andern Propheten sehr häufig.

Inbezug auf anstößige Ausdrücke hebe ich von den vierzig Wörtern, die die Kommission für die Bremer Bibel an einigen oder allen Stellen zu tilgen beschlossen hat, hervor: Aftergeburt, anhuren, beschlafen, beiliegen, Beischlaf, die Scham blößen, Brüste, Buhler, empfangen z. B. 1 Mose 30, 38; Frucht der Lenden, Gebärerin, Knabenschänder, Metze, pissen, schwanger, schlafen bei, verschnitten, Vorhaut; an vielen Stellen müssen Hure und ähnliche, zeugen, an einzelnen Beschreibung wegfallen.

Ich bitte den Leser, die oben angeführten Stellen, die im Gottesdienst mit wenigen Ausnahmen niemals auch nur erwähnt werden und darum den Erwachsenen zum Teil unbekannt sind, womöglich sämtlich nachzulesen und zu überlegen, welche peinliche Stimmung sie beim Unterricht erzeugen müssen, welche Verlegenheit sie in der Familie bereiten, wenn der Knabe oder das Mädchen sich bei Eltern oder Geschwistern Auskunft über das nicht Verstandene erbittet, vor allem aber, welche nachteilige Wirkung sie imstande sind auf Phantasie und Gemüt des Schülers zu üben, der im Unterricht mit ihnen beschäftigt wird oder zufällig während der Stunde, in der Pause oder bei der häuslichen Arbeit auf sie stößt, oder von Mitschülern darauf aufmerksam gemacht wird. Durch solche Stellen wird die Unschuld des Schülers gefährdet, sein religiöses Bewußtsein geschädigt und die Achtung vor der Bibel untergraben. Und doch ist Herzensreinheit des Schülers höchster Schatz, das teuerste Gut, das der Bewahrung des Lehrers anvertraut ist. „Wer da ärgert dieser Geringsten einen, die an mich glauben", sagt der Herr Matth. 18, 6. 7, wo er von der Stellung der Kinder im Himmelreich redet, „dem wäre besser, daß ein Mühlstein an seinen Hals gehängt und er ersäuft würde im Meer, da es am tiefsten ist," und ärgern σκανδαλίζειν heißt hier arg, böse machen, zur Sünde verführen, ad peccandum sollicitare (Grimm). Ebenso sagt Luther aus Anlaß des 6. Gebots: „Die sündigen schwer, die schandbare Worte reden vor jungen unschuldigen Knaben und Mägdlein. Solche Leute werden schuldig aller Sünden, die da entspringen aus ihren unbedachtsamen Worten. Schandbare Worte beflecken des Kindes Herz und gehen fast schwer wieder heraus. Denn die Jugend ist wie ein Zunder, der über die Maßen leichtlich fähet, was bös und ärgerlich ist. Wie mag ein Knabe oder Mägdlein wieder ausrotten ein schandbares Wort? Es wurzelt fort in des Kindes Herz auch wider seinen Willen und sein Same wächst in seltsamen, wunderlichen Gedanken, die ein solcher Mensch nicht beichten darf und kann ihrer doch nicht los werden." Palmer in Schmids Encyklopädie unter Ärgernis weist hin auf Juvenals Maxima debetur puero reverentia und sagt: „Die Einfalt ist ein Zustand, in dem der Mensch diese und jene Sünde, ja die Weltsünde im allgemeinen noch nicht kennt; durchs Ärgernis erfährt er erst ihre Existenz." Deshalb dürfe man „in Gegenwart eines Kindes nichts reden noch thun, was die Einfalt desselben zerstören und dem Bösen einen Weg in die Gedanken und damit in den Willen des Kindes bahnen könne", und müsse „dem Erzieher die Pflicht auferlegen: Halte dein Kind so lange als möglich in dieser Einfalt, ja bewahre sie ihm für sein ganzes Leben, damit es stets am Bösen ein Ärgernis nehme." Daß das Bibellesen in dieser Hinsicht eine Gefahr enthält, wird von vielen Eltern lebhaft empfunden, wie ich aus meiner eigenen amtlichen Erfahrung weiß,[1]) und wie dieser Umstand einerseits religiösen Eltern Bedenken und Sorgen bereitet, so bietet er andererseits Gegnern der Religion

---

[1]) Völter 4, Böttger 31, f. o. S. 3, A. 1.

eine willkommene Gelegenheit zu Angriffen. Besonders bedenklich erscheint das Lesen solcher Stellen in gemischten Klassen und in Mädchenschulen, deren Lehrer daher auch besonderen Anteil an der Sache nehmen.

Will man diese Besorgnisse mit der Bemerkung entkräften, daß dem Reinen alles rein sei, so weist Weidemann mit Berufung auf Palmers Katechetik darauf hin, daß leider unsere Schuljugend nicht durchweg als rein bezeichnet werden kann. Durch die Sittenlosigkeit der Großstadt, die Berührung mit Handwerksgesellen und Soldaten im Bürgerquartier in kleinen Städten und mit Dienstleuten auf dem Lande ist für viele, besonders aufgewecktere Kinder sehr früh der Schleier von diesen Verhältnissen weggezogen, wie das eben gerade ihr Verhalten beim Bibellesen zeigt. Und auch die Unschuldigen, die arglos über diese Stellen hinwegsehen oder sie mit ernster Scheu lesen, werden durch schlechtere Mitschüler nur allzuleicht verführt. Denn die Jahre, in denen die deutsche Bibel gelesen zu werden pflegt, in der Volksschule die Zeit vom elften bis vierzehnten Jahr, auf dem Gymnasium die Stufen der Quarta und Tertia, die von Schülern von 11 bis 18 Jahren besucht werden, sind die gerade in dieser Hinsicht gefährlichsten Entwicklungsjahre, und auf dem Gymnasium sind die fünfzehn- bis achtzehnjährigen Quartaner und Tertianer, die ihres Alters wegen am meisten für diese Dinge empfänglich sind, leider zugleich nach Betragen, Fleiß und Aufmerksamkeit meist nicht die besten. Ich glaube, diese Verhältnisse berücksichtigen die, welche den Vorschlag einer Schulbibel entrüstet verwerfen, nicht genug. Es sind wohl meist höhere Beamte, Geistliche, Lehrer niederer, auf dem Gymnasium auch höherer Klassen, die die eigentümlichen Schwierigkeiten, die die Benützung der Vollbibel im Unterricht bereitet, nicht ausreichend aus Erfahrung kennen.[1])

In anderen Unterrichtsfächern erkennt man das Vorhandensein dieser Gefahren auch längst an und sucht ihnen vorzubeugen. Die Lehrbücher der Pädagogik empfehlen bei der Behandlung der Anthropologie besondere Vorsicht und Schrader schließt sie § 57 vom Unterricht aus. Viele Schriftsteller des Altertums, die man früher benützte, liest man heute nicht mehr, Schrader § 43. 57

---

[1]) Vgl. Schiller, Pädagogik 137 f. Christl. Welt 6, 127.

verwirft auch Lucian; die römischen Elegiker werden selbst in einer Auswahl von vielen nicht zugelassen, von Ovid, für den Schrader und Schiller besondere Vorsicht empfehlen, wurde schon immer gern die gereinigte Ausgabe von Siebelis benützt, künftighin wird gewiß ausschließlich der unter dem Titel Delectus Siebelianus gesondert herausgegebene Text derselben gebraucht werden. So sollte man nicht länger dulden, daß die Schrift, die wir mit Ehrfurcht die heilige nennen, von verdorbenen Schülern benützt wird, um darin auf Unsittlichkeiten Jagd zu machen, und nicht in einem Unterrichtsgegenstand, in dem wir die Schüler beten lehren: Führe uns nicht in Versuchung, ihnen durch diesen Unterricht selbst schwere Versuchungen bereiten.

Aber, wirft Raumer ein, Gott ist nicht ein Versucher zum Bösen, das heilige Gotteswort kann niemandem zum Schaden und zur Verführung gereichen. Treffend widerlegt Zange 277, 329 diesen Einwand aus der Bibel selbst, wo die eigene Hand und das eigene Auge, die Liebe des treusten Jüngers, die christliche Freiheit der Starken, ja der gekreuzigte Christus selbst einzelnen zum Ärgernis werden.[1]) „Der rechte Gebrauch einer Sache", sagt er, „schließt deren Mißbrauch nicht aus. Ein vom Bösen entzündetes Herz kann sich auch aus der Himmelsblume des Wortes Gottes Gift saugen zum ewigen Verderben, wie das unverständige Kind sich ja auch aus demselben Fläschchen den Tod holen kann, das bei rechter Anwendung dem Kranken Genesung bringt."

Und wenn man ferner sagt, die weihevolle Stimmung der Religionsstunde müsse jeden unreinen Gedanken niederhalten, so bemerkt Schrader mit Recht, daß „Sittenreinheit nicht nur die Folge, sondern in hohem Grade auch die Voraussetzung und Bedingung der Frömmigkeit ist"; die unreineren Naturen befinden sich auch in der Religionsstunde von vornherein nicht in der Stimmung, die zum rechten Gebrauch der Bibel notwendig ist. Schon die „Knechtsgestalt", in welcher nach Palmer die Bibel meist schon zur Schule mitgebracht wird, und der Umstand, daß die Schüler sie zu allem Möglichen gebrauchen und mißbrauchen, zeigt zur Genüge, daß eine solche Ehrfurcht vor diesem

[1]) Matth. 5, 29. 30. 16, 23. Röm. 14, 13. Kor. 1, 1, 23. Petr. 1, 2, 7 f.

Buche, die von vornherein jeden schlechten Gedanken beim Gebrauch
desselben ausschlösse, bei vielen nicht vorhanden ist.

Freilich zeigt nun die Schrift bei der Erzählung schwerer
Versündigungen in der Regel, wie dem Vergehen die Strafe
auf dem Fuße folgt. Jedoch einmal ist das durchaus nicht
überall[1], der Fall z. B. nicht bei Lots Töchtern 1 Mos. 19, 30—38.
Dann handelt es sich an vielen der angeführten Stellen gar nicht
um ein Vergehen, das Natürliche wird wie bei der Geburt Jakobs
und Esaus 1 Mos. 25, 21—26 nur natürlich erzählt, aber doch
in einer Weise, die wohl jedem für das Auge des Kindes ungeeignet
erscheinen wird. Auch haftet der Blick des Schülers viel zu sehr
am Nächsten, als daß er nicht durch Schilderung des Unerlaubten
mehr angezogen als durch die folgende Strafe abgeschreckt werden
sollte. „Die schädliche Wirkung", sagt Ziller, läßt sich durch Erörterungen nicht abstumpfen." „Das Mittel, von dem Laster durch
Vorhaltung der traurigen Folgen abzuschrecken," sagt Palmer unter
Laster, „verfehlt seinen Zweck leicht darum gänzlich, weil der
Zögling bald dahinter kommt, daß jene Folgen, namentlich der
Sünden gegen das sechste Gebot, keineswegs immer wirklich eintreten, eine Wahrnehmung, auf die er augenblicklich die Hoffnung
gründet, daß gerade bei ihm, wenn er es klug angreife, wenn er
mit seinen Excessen ein gewisses Maß einhalte, jene Folgen nicht
eintreten werden." Wenn Schrader sagt: „Wenn in der Prima
Abschnitte aus den Paulinischen Briefen gelesen werden, in denen
der Apostel die Unzucht geißelt, so werden diese wahrlich nicht zur
Gefährdung der jugendlichen Sittlichkeit dienen", so hat er eine
Stelle gewählt, die ihm die Beweisführung leicht macht. Nicht in
der Prima, sondern in Quarta und Tertia und nicht im neuen,
sondern im alten Testament liegen die Schwierigkeiten. Übrigens
halte ich eine nichts im Dunkel lassende Erklärung der Stelle über
die Knabenliebe Röm. 1, 26. 27 für durchaus überflüssig und sehr
gefährlich und meine allerdings, daß diese zwei Verse auch den
Augen der Primaner entzogen werden sollten.

Aber mag auch der Unterricht oder die Beschaffenheit einzelner
Schüler Schwierigkeiten machen, ein geschickter Steuermann,
hält man uns entgegen, wisse auch über Untiefen wegzu-

---

[1] Vergl. Christl. Welt 6, 127 und Jahrb. für Philol. 124, 304.

gleiten. Ja, wenn nur jeder ein geschickter Steuermann wäre! Wie manchem geht es wie dem „alten Röber vom Stolpenburger Gymnasium" in Hans Hoffmanns schöner Erzählung ‚Erfüllter Beruf‘, „der vieles wußte und vieles konnte" und dem es doch fünfundvierzig Jahre hindurch „niemals gelungen war, eine Klasse auch nur in der notdürftigsten Zucht zu halten, weder die sittenstolze Prima, noch die Grünblinge der Sexta, noch gar die rauhe Tertia, die Maienblüte aller Flegelhaftigkeit." Wie manchem fehlt die Fühlung mit den Schülern, weil er in einer ihm bis dahin fremden Abteilung mit zwei Stunden wöchentlich allein steht, und woher soll endlich der jüngere Lehrer, der Probekandidat, der mit zwanzig Jahren vom Seminar Entlassene ein solches Maß von Erfahrung, eine solche sittliche Reife, solche Lehrerweisheit und Herrschaft über die Geister haben?

Und fragen wir nun, wie der Lehrer dieser Schwierigkeiten Herr werden solle, so erteilen die Verteidiger der Vollbibel die widersprechendsten Ratschläge. Während Schrader empfiehlt, anstößige Stellen möglichst unbemerkt zu übergehen, sagt Palmer, daß gerade durch solche Auslassungen die Neugierde gereizt werde. Das wird besonders der Fall sein, wenn man nur einige Verse auslassen will, aber an sehr vielen Stellen ist ein Übergehen überhaupt unmöglich, weil das Anstößige sich in Versen findet, die für den Fortgang der Erzählung unentbehrlich sind (f. o. S. 6). Außerdem kann bei diesem Verfahren die Absicht des Lehrers sehr leicht durch eine arglose oder auch zum Zweck der Störung gestellte Frage vereitelt werden. Deshalb raten Lechler, Generalsuperintendent Hoffmann, Breuni und Döberlein bei Schmid unter Religionsunterricht diese Stellen unbefangen zu besprechen und nur ja nicht den Schein anzunehmen, als ob sie etwas Besonderes enthielten, und etwa sich regenden unlautern Gedanken dadurch entgegenzutreten, daß man gerade diese Stellen zu ernster Warnung und Ermahnung benützt, ein Vorschlag, den ich schon oben (S. 10) widerlegt zu haben glaube.

Wenn man dann von einem Hinweggleiten über Unliefen spricht, so scheint das Bild die Bedeutung zu haben, daß es dem Lehrer gelingt, die äußere Ordnung zu erhalten und Augenblicke peinlicher Verlegenheit zu vermeiden. Aber nicht darauf kommt es an, wie die Schüler sich äußerlich verhalten, sondern was in ihrem Inneren vorgeht, ob sich dort nicht die Empfindungen regen, deren Äußerung die Achtung vor dem Lehrer unterdrückt. Gesteht doch auch Palmer: „Die äußere Zucht kann die geheimen Gedanken nicht unmöglich machen." Diese geheimen Gedanken führen vielleicht schon während der Stunde zu heimlichem Nachlesen oder unbemerktem Verkehr mit den Nachbarn, um dann ungescheut in der Pause und außer der Schule hervorzutreten. Denn wie rasch bei der Leichtlebigkeit der Jugend die Wirkung auch einer guten Religionsstunde, in der es gelungen ist, die Herzen tiefer zu ergreifen, verfliegt, das hat wohl schon jeder von uns, der die Schüler nachher beobachtete, mit Verwunderung wahrgenommen. Und kein noch so klug erdachtes Verfahren kann verhindern, daß die Schüler beim zufälligen Aufschlagen in der Schule oder bei den Hausarbeiten auf Stellen geraten, die nicht für sie bestimmt sind. Der oben ausgesprochenen Ansicht stehen denn auch nicht wenige Zeugnisse entgegen, daß auch tüchtige und ernste Lehrer und Geistliche es nicht vermocht haben, nachteilige Folgen des Bibellesens zu vermeiden.[1]) So erklärte das sächsische Konsistorium im Jahre 1867[2]): „Wir sehen nicht ein, wie bei der jetzt bestehenden Einrichtung der große Nachteil und Seelenschaden abgewandt werden soll, der durch einzelne Stellen der Schrift hervorgerufen werden kann" und schlug vor, „daß die Kinder die vollständige Bibel nur in der Schule benützen und stets in der Schule lassen sollen, dagegen zum Zweck des häuslichen Lesens einen Bibelauszug gebrauchen sollten", ein wunderlicher Gedanke, der im Ernst nicht ausführbar ist.

Aber, sagt man weiter, wir haben gar kein Recht, die Bibel zu ändern, und weist hin auf Stellen, die das verbieten, wie 5 Mose 4, 2. Offb. 22, 18 f. Matth. 5, 18 f. Luk. 16, 17. Wir können diesen die Stellen entgegenhalten, die von einem stufenweisen Vorschreiten im Christentum reden. Jesus sagt Joh. 16, 12 zu seinen Jüngern: Ich habe euch noch viel zu sagen, aber ihr könnet es jetzt nicht tragen, und Paulus schreibt an die Korinther I, 3, 1. 2: Ich, liebe Brüder, konnte nicht mit euch reden als mit Geistlichen, sondern als mit Fleischlichen, wie mit jungen Kindern

---

[1]) Zange 331—333. Völlen 2. 4. Witte S. 20.   [2]) Heinzeler, Neue Blätter aus Süddeutschland V 1876, 88.

in Christo. Milch habe ich euch zu trinken gegeben und nicht Speise. (Vergl. Hebr. 5, 12—14.) Vor allem aber gehört hierher das schon oben besprochne Wort Jesu Matth. 18, 6, das uns befiehlt jede Verführung und Versuchung von der Jugend fern zu halten. Nicht aus Verachtung der Schrift sondern aus der Ehrfurcht vor ihr ist der Gedanke einer Schulbibel entstanden, aus der Befürchtung, „daß durch den Gebrauch der Bibel in der Schule die Ehrfurcht vor ihr könne geschädigt werden." [1]) Auf der Konferenz in Halle stellte Frick die Thatsache fest, daß der Wunsch eine Schulbibel zu besitzen, keine Parteisache sei, Hofmann ist ein strenggläubiger Mann, Heer, einer der Mitarbeiter der Glarner Bibel, nennt sich den orthodoxesten der Glarnerischen Geistlichkeit und beginnt sein Begleitwort mit den demütig-frommen Worten: „Ist's Werk von dir, so hilf zum Glück! Ist's Menschenwerk, so treib's zurück!"

Auch dem Grundsatz der protestantischen Kirche, der „Bibelkirche", widerstreitet die Schaffung einer Schulbibel nicht. Luther hat dem Volk die Bibel zugänglich gemacht, aber nicht der Schuljugend, für die er seinen kleinen Katechismus verfaßte; das Bibellesen in der heutigen Weise ist erst lange nach ihm üblich geworden. Die Bibel, nach Joh. von Müller „geschrieben für das Bedürfnis viel versuchter Männer" ist kein Schulbuch, und wir handeln falsch, wenn wir Kinder wie Erwachsene behandeln, oder vielmehr Erzählungen, die selbst die Kirche im Gottesdienst der Erwachsenen niemals berührt, der Jugend ohne jede Vorsicht in die Hand geben. „Die Erhaltung des Schriftgeistes oder auch nur der Schriftform hängt nicht ab von der Beibehaltung indecenter Ausdrücke" sagt Hofmann, und Zange sagt 3:16: „Was hat die vorläufige Ausscheidung einiger alttestamentlicher Stellen, welche an der äußersten Peripherie der Heilsoffenbarung liegen, mit jener römischen Mauer um das Zentrum der Offenbarung zu thun? was gar die vorsichtigere Wendung eines der Jugend leicht zum Ärgernis werdenden Ausdrucks?" „Ist es nicht vielmehr ein Verstoß gegen das evangelische Gewissen," sagt Schütz, „wenn wir dulden, daß das Buch der Bücher von unserer Jugend möglicherweise als Fundgrube für lüsterne Gedanken und frivolen Spott mißbraucht wird?"

[1]) Martin S. Zange 275. Schütz Programm S. 4.

Es fragt sich nun, zu welcher Zeit der Schüler in die ganze Bibel eingeführt werden soll. Nach Hofmann und den Neuen Blättern I 197, 208 f. soll das im Konfirmandenunterricht und gleichzeitig im letzten Jahr der Volksschule geschehen. Hofmann glaubt, daß die „Konfirmandenzeit mit der Weihe, die über sie ausgegossen ist, das ihrige dazu beitragen wird, Versuchungen von den Kindern fern zu halten". Wenn er freilich als Bedingung für den Gebrauch der Vollbibel hinstellt, „daß für ein ausreichendes Gegengewicht gegen die möglichen Gefahren des Bibelbesitzes durch Begründung einer willensstarken, ethischen Persönlichkeit gesorgt ist", so muß er selbst zugeben, daß dieser Bedingung der Konfirmand nicht entspricht, und würde deshalb am liebsten „die Aushändigung der vollständigen Bibel überhaupt nicht in die Schule verweisen, wenn später sich noch eine Zeit für die unentbehrliche Einführung finden ließe". Auch der ungenannte Verfasser in den Neuen Blättern sagt: „Wir werden zwar nicht verhindern können, daß der reine Schriftinhalt von einzelnen oder vielen (!) zur Weide der Unreinigkeit gebraucht wird; aber wir werden wenigstens unser Gewissen damit stillen können, daß wir das Unsrige gethan haben, den Mißbrauch abzuschneiden." Wird die Sache so von ihren Verteidigern dargestellt, dann ist die Konfirmandenzeit eben noch ungeeignet[1], und wenn wir den Mißbrauch der Bibel in ihr zulassen, so haben wir kein Recht, „unser Gewissen zu stillen." Zerrenner wollte die Bibel bei der Konfirmation mit einer besonderen Feierlichkeit übergeben. Gelbe will die Einführung in dieselbe den Besprechungen mit der konfirmierten Jugend zuweisen. Klix, der sein Lesebuch übrigens nur gebraucht wissen will, bis wir eine gute Schulbibel erhalten, die er als ein „dringendes Bedürfnis" bezeichnet, will es bis zur Obertertia benützt sehen, daneben in Tertia das unveränderte neue Testament. Bekanntschaft mit der ganzen Bibel soll dann wohl durch vereinzeltes Aufschlagen erreicht werden, und so wollen wahrscheinlich auch die Verfasser der übrigen biblischen Lesebücher verfahren. Sicherlich ist diese Einrichtung besser als die gewöhnliche, bei welcher oft von Quarta bis Obertertia die Vollbibel allein gebraucht und vorzugsweise das alte Testament gelesen

---

[1] „Keine Zeit ist unpassender" nach Mezger Jahrb. f. Philol. 112, 550. Deutsch-ev. Bl. XIV 517 ff.

wird, doch meine ich, daß in Unterselunda wenigstens die Gefahr noch ganz dieselbe ist. Mezger sagt, bis zum zwanzigsten Jahre habe jeder vollauf zu thun, den selbst in einer verkürzten Schulbibel gebotenen Inhalt verstehen zu lernen, und empfiehlt die häufige Sitte, den Brautpaaren eine Traubibel zu überreichen, zu allgemeiner Nachahmung. In höhern und niedern Schulen soll nach seiner Meinung die Schulbibel bis zum Abschluß der Schulzeit ausschließlich gebraucht werden, doch kann man bezüglich der Prima wohl anderer Meinung sein, umsomehr, da in dieser Klasse vorzugsweise oder ausschließlich das neue Testament gelesen zu werden pflegt.

Viele glauben allerdings, daß auch Erwachsene oft einen von allem Anstößigen und allzuschwer Verständlichen befreiten Auszug der Vollbibel vorziehen werden. So sind viele Auszüge „für Schule und Haus" bestimmt, für diese Verbindung haben sich ferner ausgesprochen Zange 341 und Delius daselbst, Mezger, Frick, Gerber, und der in Glarus erschienene Auszug nennt sich sogar vorzugsweise Familienbibel. Ich betrachte alle diese Bücher nur mit Rücksicht auf die Schule und verweise inbezug auf die Frage der Familienbibel besonders anf das Begleitwort zur Glarner Bibel und Christl. Welt 1890, 6, 124. 8, 176. 27, 638.

Wie die vorhandenen Schwierigkeiten zu heben sind, ist aus dem Vorhergehenden schon ersichtlich. Ohne übertriebene Ziererei aber mit Entschiedenheit sind anstößige Erzählungen, die für den Unterricht entbehrlich sind, wegzulassen, unentbehrliche möglichst unanstößig zu gestalten, einzelne Ausdrücke in der ganzen Bibel zu tilgen. Wir folgen damit nur dem Beispiel Luthers, der, wie die Vergleichung der früheren und späteren Ausgaben zeigt, fortwährend bestrebt war, den Ausdruck immer würdiger und züchtiger zu gestalten (Hofmann), und der Revisionskommission[1], nur daß eine Übersetzung sich naturgemäß in dieser Hinsicht immer nur in engen Grenzen bewegen kann.

Von den vorhandenen Schulbibeln ändern Hofmann uab Völter oft in ungenügender Weise[2], und wenn Zange 339 sagt, wo es irgend möglich sei, solle die Ausscheidung lieber durch Wahl eines andern Ausdrucks als durch gänzliche Beseitigung geschehen, so halte

[1] S. XLVII der Probebibel.   [2] Schütz Progr. 10. Zeitschr. f. ev. Religionsunterr. II 4, 315.

ich das für falsch. Der Anfang z. B. von 1 Kön. 15, 12: „Und that die Hurer aus dem Lande", kann ohne jeden Schaden wegfallen, wenn dagegen Hofmann das Wort Buhler, Völker an ähnlichen Stellen das Wort Dirne wählt, so wird der Ausdruck für den Schüler zunächst nur unklar. Wird diese Unklarheit in irgend einer Weise beseitigt, so ist der Anstoß sofort wieder da, denn nicht das Wort, sondern die damit verknüpfte Vorstellung ist doch das Gefährliche, wie das richtig Hofmann inbezug auf das Wort Beschneidung ausführt. Wie fehlerhaft das von Zange vorgeschlagene Verfahren ist, zeigen zahlreiche Abschnitte bei Hofmann z. B. die über Jakobs Kinder, Bathseba, Amnons That. Zange meint allerdings, daß Ausdrücke wie Hure, huren, Hurenwinkel überhaupt beibehalten werden können.

Solche Auslassungen und Änderungen werden zahlreicher sein im alten als im neuen Testament. Wenn jedoch von dem Görlitzer Pädagogischen Verein und auf der Breslauer Konferenz vorgeschlagen worden ist, als Schulbibel das unveränderte Neue Testament mit den Psalmen zu benützen und die Schüler in das Alte Testament nur durch die biblische Geschichte und ein derselben beigebundenes Spruchbuch einzuführen, so ist zu erwidern, daß es doch unzweifelhaft zu den Aufgaben der Schule gehört, die Schüler mit der ganzen Bibel bekannt zu machen.[1])

Viele befürchten nun, gerade durch diese Auslassungen werde der Schüler auf die anstößigen Stellen aufmerksam werden, und Hofmann giebt an, aus diesem Grunde die Verszahlen weggelassen zu haben. Wird auf der ganzen Schule nur dieselbe Schulbibel verwendet, und hält der Lehrer darauf, daß die Schüler ihr Buch nicht etwa in der Schule lassen, um zu Hause ein anderes zu benützen, so darf man diese Befürchtung kaum hegen. So verdorben werden nur wenige Schüler sein, daß sie noch zu Hause in einer von ihnen sonst nicht benützten Bibel nach unsittlichen Stellen suchen, und auch sie werden es unterlassen, wenn man außer dem Anstößigen noch andere entbehrliche Stellen wegläßt, so daß sie sich bald überzeugen, daß ihr Nachschlagen nicht den gewünschten Erfolg hat.

Voraussetzung aller bisherigen Erörterungen ist, daß die

---
[1]) Zentralbl. f. d. Unterrichtsverw. 1870, 172.

Schüler inbezug auf ein gewisses Gebiet so lange als möglich in Einfalt gehalten werden sollen¹), eine Ansicht, die nicht nur in der Pädagogik sondern auch im heutigen Familienleben die herrschende ist. Doch hat es zu allen Zeiten auch Verteidiger der entgegengesetzten Meinung gegeben, wenn auch niemand so weit gegangen ist wie Basedow,²) der damit in merkwürdigen Gegensatz zu seiner Ansicht trat, daß weder die Bibel noch die Klassiker ganz in den Händen der Schüler sein dürften. Die Schüler, sagt man, werden durch das Leben doch mit diesen Dingen bekannt; da ist es Pflicht der Schule sie gleichfalls zu berühren, und eben jene Stellen der Bibel bieten Gelegenheit zu ernster Lehre und Warnung. (S. oben S. 10.) Gewiß dürfen diese Dinge in der Schule nicht unbesprochen bleiben, aber es ist dabei mit einer Zartheit zu verfahren, die jenen Erzählungen eben fehlt. Wenn die Schule überall den verschiedenen Individualitäten Rechnung tragen soll, so ist das auf einem so gefährlichen Gebiet ganz besonders notwendig, und daraus folgt, daß alle eingehenden Erörterungen unterbleiben müssen, weil die Vorhaltungen, die für den einen vielleicht ganz nützlich sind, bei einem anderen möglicherweise unberechenbaren Schaden stiften. Das gilt besonders von den höheren Schulen, wo die Schüler einer Klasse im verschiedensten Alter stehen (dieselbe Obertertia vereinigt oft Schüler von 12 bis 18 Jahren) und den verschiedensten Ständen angehören. Ich verweise besonders auf die trefflichen Auseinandersetzungen, die Schrader beim sechsten Gebot giebt. Er verwirft hier jede „genauere Bezeichnung der einzelnen Sünden, die dem Schuldigen wie dem Unschuldigen gleich schade; wer sich schuldig wisse, fühle sich ohnehin vollständig und im Innersten getroffen. Die Schule," fährt er fort, „ist ihren Schülern keine Belehrung über diese Verhältnisse schuldig, sondern hat es den Eltern zu überlassen, was sie nach ihren Grundsätzen und nach Lage der Umstände zu thun für gut befinden.³) Inbetreff der noch arglosen Schüler darf sich das Haus mit vollem Fuge jedes Vorgreifen verbitten."⁴)

¹) S. oben S. 7 Palmer. ³) Naumer 263 f. Schmid, Gesch. der Päd. III 538. 550 der ersten Aufl. Schmids Encyklopädie unter Schamhaftigkeit und Wolle. ³) Sie allein vermögen „individuell" zu verfahren. ⁴) Kellner Aphorismen 80. 148. Palmer Pädagogik 214. 2. Aufl. und bei Schmid unter Schamhaftigkeit und Ärgernis (oben S. 7).

Hält man aus den angegebenen Gründen eine Schulbibel für notwendig, so **wird es nützlich sein diese auch noch in anderen Punkten den Bedürfnissen der Schule entsprechend zu gestalten.**

Vieles kann noch wegfallen, was im Unterricht wie im Gottesdienst niemals verwendet wird; meint doch Weidemann, daß man etwa nur den vierten Teil der Schrift zu lesen im stande sein werde. Dadurch wird das Buch dünner und handlicher und der Schüler wird leichter darin heimisch. Diesem Gesichtspunkt tragen am wenigsten Rechnung Hofmann und Völler, deren Bücher der Cansteinschen Bibel an Umfang gleichkommen und die englische zum Teil noch übertreffen.

Nach der Menge des jetzt noch Auszuscheidenden **teilen sich die Schulbibeln und ihre Verteidiger in drei Klassen.** Die einen wollen fast nur die anstößigen Stellen beseitigen, so Hofmann, Völler, Zange, Witte, Heintzeler, Böttger, v. Schütz, Fried, und Zange will ein solches Werk, von dem er hofft, daß es auch in den Familien Eingang finden werde, nur eine Schulausgabe der Bibel nennen. Andere sind mit dem Verfasser dieser Zeilen der Meinung, daß man nur das beibehalten müsse, was wirklich einmal verwendet wird. Auf diesem Standpunkt steht die Glarner und die Bremer Bibel. Eine dritte Klasse bilden die biblischen Lesebücher (s. oben S. 5), zu denen trotz des Titels Schulbibel auch die Bücher von Voigt und Thubichum zu rechnen sind. Sie bieten meiner Meinung nach zu wenig, nämlich außer einer etwas erweiterten biblischen Geschichte einiges aus den Lehrbüchern und den Propheten und haben mit Ausnahme des Völlerschen Buches auch die Form der biblischen Geschichte. Zu ihnen gehört auch das Buch von Schulz und Klix, das an 99 höheren Lehranstalten Preußens gebraucht wird und somit nächst dem bekannten Buch von Zahn überhaupt das verbreitetste Lehrbuch auf dem Gebiet der biblischen Geschichte ist.

Stellen wir uns auf den zweiten Standpunkt, so werden die jetzt noch vorzunehmenden **Auslassungen in verschiedenen Teilen der Bibel an Zahl und Umfang verschieden** sein, ja sie sollen nach der Meinung einzelner im neuen Testament und den Psalmen ganz unterbleiben.¹) Für den Schulzweck wird es richtiger sein, auch hier einzelnes auszuscheiden, freilich nicht so viel wie Voigt, der alle Briefe wegläßt und die Psalmen so stark kürzt, daß z. B. von 51 nur 6 Verse bleiben. Im alten Testament, das uns doch nur „den Schatten der zukünftigen Güter" zeigt,²) wird jedenfalls viel wegfallen können, und das Verhältnis der Seitenzahlen in der Glarner Bibel 384+271 gegen 804+264 der englischen trifft ungefähr das Richtige. Jedoch darf man nicht zu weit gehen. Vieles, was nicht religiös erbaulich ist, ist geschichtlich von Bedeutung; manches, was dem neuen Testament gegenüber den Standpunkt einer niedrigeren Sittlichkeit verrät, ist eben deshalb beizubehalten, um den Fortschritt vom Judentum zum Christentum zu zeigen. Aus diesem Grunde ist die von vielen gewünschte Verbindung von Schul- und Familienbibel schwer ausführbar, wie man an der vortrefflichen Glarner Bibel sieht. Mit Recht hat man hier für die Familie vor allem ausgewählt, „was für jeden auf seine Verhältnisse, seine Seelenzustände, seine inneren und äußeren Nöten Anwendung findet," „was der Erbauung förderlich ist," und dagegen das Geschichtliche mehr zurücktreten lassen,³) aber damit ist so manches gefallen, auf das die Schule, wenigstens die höhere, nicht ganz verzichten kann. So fehlen die Geschichten von Hagar und Ismael, Simson, manches aus der späteren Geschichte, alle Apokryphen, im neuen Testament manche Abschnitte, welche die Kämpfe zwischen Juden- und Heidenchristentum schildern; für die Schule hätten auch die vier Evangelien (s. unten S. 20) völlig getrennt bleiben müssen.

Solche Abschnitte, die nie gelesen werden, sind Namenaufzählungen, das meiste von den Vorschriften über Opferdienst und bürgerliche Gesetzgebung des Judentums, das Hohe Lied, große Abschnitte der Sprüche, des Predigers, der Propheten, der Offenbarung. Manche Bücher fallen so ganz weg, bei Voigt das Hohe Lied und alle Briefe, bei Lahrssen Hohes Lied, Obadja, Nahum, in der Glarner Bibel außerdem noch Esther. Auch die Bremer Bibel will einiges weglassen.⁴)

---

¹) Bevölschlag. Deutsch-ev. Blätter XIV 2, 122.   ²) Kol. 2, 17. Hebr. 10, 1.
³) Begleitwort 23, 26, 31, 36.   ⁴) Siehe unten S. 31.

Wenn jedoch Hofmann und die Glarner Bibel sämtliche
Apokryphen ausscheiden, so ist das zu tadeln. Das erste Buch
der Makkabäer nennt Ranke III 2, 37 „ein wahres Juwel der
spätern jüdischen Geschichte", die Erzählung von Tobias ist in ver-
kürzter Form sehr anziehend, und das schöne Wort „Dein Leben
lang habe Gott vor Augen und im Herzen" darf in einer Bibel
ebensowenig fehlen wie einzelne Stellen aus Sirach und der Weisheit. Alle andern apokryphischen Bücher können jedoch wegfallen,
und manche Schulbibeln gehen in deren Berücksichtigung nun wieder
zu weit. Lahrssen bietet nur Abschnitte aus den vier genannten
Schriften, Voigt außerdem aus Judith und 2. Makkabäer, Thubichum läßt nur Stücke in Esther und die Gebete Asarjas, der drei
Männer und Manasses, Völler selbst im Lesebuch nur Baruch und
Stücke in Esther weg.

Ein ausgelassenes Buch ist an seiner Stelle mit einer kurzen
Angabe seines Inhalts zu erwähnen, wie es Voigt, Thubichum,
Völler thun und die Bremer Bibel beabsichtigt.

Es entsteht ferner die Frage, in wie weit Veränderungen und
Auslassungen bei den Büchern zulässig sind, deren Inhalt sich mit
dem anderer zum Teil deckt, also den Büchern Samuelis, der Könige,
der Chronika und einigen erzählenden Abschnitten aus Jesaia
und Jeremia im alten Testament, den Evangelien im neuen
Testament. Von der Chronik lassen alle Schulbibeln einen Teil
weg und bieten das Übrige mit den Büchern Samuelis und der
Könige in eine zusammenhängende Darstellung verarbeitet, wobei in
der Glarner Bibel allerdings nur Chr. 2, 35, 20—25 geblieben ist.
Bei den Evangelien hat Thubichum und Voigt alle vier in eine
Synopse vereinigt, ebenso Hofmann in der ersten Auflage, während
er später Johannes von den andern getrennt hat. Völler bietet
sie gesondert, dahinter in einem Anhang eine Synopse. In der
Glarner Bibel sind sie im ganzen gesondert, jedoch werden übereinstimmende Erzählungen nur bei dem Evangelisten gegeben, der die
beste Fassung zu enthalten schien, und auf diese Stelle wird dann
bei den andern verwiesen; in der Leidensgeschichte ist Markus 14
bis 16 mit Matthäus vereinigt.

Die Abschnitte des neuen Testamentes sind jedenfalls hier
anders zu behandeln, als die des alten Testamentes. Die Evangelien

erzählen das Leben Jesu, von dem uns auch die kleinsten Züge teuer und bedeutungsvoll sind und dessen Quellen wir den Schülern in möglichster Reinheit vorführen müssen. Sie sind an Wert zu gleich, als daß man eins hinter dem andern zurücksetzen könnte, andererseits doch selbst die Synoptiker zu verschieden, als daß nicht bei einer Zusammenziehung wertvolle Eigentümlichkeiten verloren gehen müßten. Sie sind daher ganz getrennt zu lassen, wie bei Lahrssen, Völter und der Bremer Bibel. Einen viel unwichtigeren Gegenstand behandeln die genannten Bücher des alten Testaments. Ferner steht die Chronik an geschichtlichem Wert hinter den Büchern Samuelis und der Könige weit zurück.[1]) So ist nur wenig von ihr beizubehalten und dieses in die andern Bücher aufzunehmen.

Aber eine Schulbibel wird sich von der Vollbibel nicht bloß durch Auslassungen unterscheiden, sondern **als Schulbuch zugleich so angelegt sein müssen, daß sie die Aneignung und Verarbeitung des Stoffs möglichst unterstützt.** Dabei ist jedoch dreierlei zu beachten. Die Schüler sollen an ihr lernen, sich in der Vollbibel zurecht zu finden, und Veränderungen, die das erschweren, sind daher zu vermeiden; sodann muß sie wie jedes Schulbuch sich vor dem Zuviel hüten und Lehrern wie Schülern etwas zu thun übrig lassen; endlich müssen in einem Buche, in dem der Schüler gewöhnt ist, die Wahrheit im besonderen Sinne zu finden, auch alle Zusätze nach diesem Gesichtspunkt beurteilt werden, und nichts darf Aufnahme finden, was zweifelhaft oder unsicher ist.

Demnach ist es zu tadeln, wenn Völter die Propheten, Hofmann die Briefe zeitlich ordnet, Hollenberg sie sogar in den Gang der Apostelgeschichte einflicht, Hofmann die Lehrbücher und Propheten an fünf verschiedenen Stellen in die Geschichtsbücher des alten Testaments einfügt. Einleitungen, die Thudichum und Hofmann bieten, sind entbehrlich, ebenso Erläuterungen und Parallelstellen. Häufigere Zusätze im Text sind besonders zu meiden; in welcher Weise sie das Lesen erschweren, zeigt sich bei

---

[1]) Reuß. Gesch. der heil. Schriften des alten Testaments. § 422—424. Meyer. Gesch. d. Altertums I § 165. Dillmann in Herzogs Encyklopädie. Ranke III 2, 35.

Lahrßen, bei dem z. B. 1 Kön. 1, 9 f. lautet: 9. Und Adonia opferte beim Steine Soheleth und hatte seine Brüder, (Salomo ausgenommen,) eingeladen und auch alle Männer Judas, des Königs Knechte. V. 10. (V. 7. 25.) 10. Aber [Zadok und] Nathan und Benaja waren nicht eingeladen. [Und er ließ sich daselbst zum König ausrufen.] V. 26.

Zweckmäßig ist eine Fortführung der Geschichte am Ausgang des alten Testamentes, wie bei Hofmann, Lahrßen, Völker, und des neuen Testaments, wie bei Thubichum; legendenhafte Erzählungen, wie sie Völker am Ende der Apostelgeschichte bietet, sind zu verwerfen. Die Überschriften müssen in größerem Druck gehalten sein als in unseren gewöhnlichen Bibeln, wie es bei Hofmann, Lahrßen und der Glarner Bibel der Fall ist; sie stehen nötigenfalls auch in der Mitte eines Kapitels. Überschriften größerer Abschnitte, die Hofmann und Völker anwenden, sind zweckmäßig (z. B. bei Völker: IV. Die Zeit der Könige. 1. Im ungeteilten Reich. a. Saul. b. David. c. Salomo. 2. In beiden Reichen u. s. w.). Es ist nützlich, diese in einer vorausgeschickten Inhaltsübersicht hinter der Aufzählung der biblischen Bücher zusammenzustellen, wie das Hofmann und Völker thun. Das Beginnen einer neuen Zeile bei jedem Verse ist aufzugeben, dagegen sind die Teile einer Erzählung oder eines Psalms durch Absatz im Druck zu bezeichnen, wie es zu Luthers Zeit üblich war und in den Schulbibeln von Thubichum, Hofmann, Lahrßen und der Glarner Bibel der Fall ist; Völker verwendet weniger zweckmäßig Gedankenstriche, die Probebibel fette Anfangsbuchstaben. Die Verszahlen stehen entweder am Anfang jedes Verses mitten in der Zeile wie bei Lahrßen und der Parallelbibel, besser am Rande wie in der Glarner und dem griechischen neuen Testament. Jedoch dürfen sie nicht ganz fehlen wie bei Voigt, Thubichum, Hofmann (s. oben S. 16) und den biblischen Lesebüchern außer Völker, da es sonst unmöglich ist, Sprüche aufzusuchen. Die Kapitelzahlen sind an den Rand zu setzen, wie bei Völker, v. Schütz, der Glarner Bibel. Die Mitte des Raums gebührt der Überschrift, das Wort Kapitel fällt weg.

Die poetischen Stücke müssen nach Versen, gegebenen Falls auch nach Strophen abgeteilt werden, wie es in der Glarner

Bibel wenigſtens teilweiſe geſchieht. Der Anfang eines Gliedes iſt,
um Raum zu ſparen, nach dem Beiſpiel von Thudichum durch einen
großen Anfangsbuchſtaben zu bezeichnen, wie in unſern Geſang‑
büchern.

Jahreszahlen giebt die Probebibel in ihren Überſchriften
vom Tode Jerobeams ab (der ſachliche Teil der Arbeit iſt von
Riehm ausgeführt), in dem endgültigen Druck ſind ſie jedoch weg‑
gefallen. Für eine Schulbibel ſind ſie jedenfalls beizubehalten, auch
wenn ſie nicht über allen Zweifel erhaben ſind, da ſie das zeitliche
Verhältnis eines Ereigniſſes zu andern kurz und klar angeben, und
mit Recht bietet Hofmann eine Zeittafel der Könige ſeit der Teilung.
Sie ſollten aber auch inbezug auf die frühere jüdiſche Geſchichte um
einige vermehrt und ebenſo im neuen Teſtament eine Anzahl hinzu‑
gefügt werden, wie das Thudichum und Kliß im Anhang und Völker
thun. Es wird nützlich ſein, dieſe Zahlen einmal tabellariſch
zuſammenzuſtellen, am beſten mit der S. 22 erwähnten Inhalts‑
überſicht verbunden wie bei Völker; Thudichum und Kliß bieten
Zeittafeln, die bei Thudichum nur zu viel enthalten.

Karten dürfen nicht fehlen; ſie ſind nur bei Völker und der
Glarner Bibel vorhanden, auch die Bremer Bibel wird einige
enthalten.

Aber nicht bloß inhaltlich, auch **ſprachlich** wird ſich eine
Schulbibel von der Lutherſchen unterſcheiden müſſen, denn Luthers
Sprache iſt auch älteren Schülern oft unverſtändlich. Gewiß
müſſen nun alle Äußerungen an dem gewaltigen Werk des großen
Reformators mit der größten Vorſicht vorgenommen werden,[1] nach
Mezger „in der pietät‑ und ſtilvollen Weiſe, wie man heutzutage
unſre gotiſchen Bauwerke des Mittelalters reſtauriert.“ Wer ſie
unternimmt, der möge daran denken, daß nach Luther zu einer
Bibelüberſetzung nötig iſt „ein recht fromm, treu, fleißig, furchtſam,
chriſtlich, gelehrt, erfahren, geübt Herz.“ Aber andererſeits darf
doch nichts ſtehen bleiben, was unverſtändlich oder mißverſtändlich
iſt. So muß die Sprache etwa in der Weiſe von Voigts Buch

---

[1] Zange, die nationale Bedeutung der Luth. Bibelüberſetzung, Kirchl.
Monatsſchr. VII 686. Freytag, Bilder a. d. deutſchen Verg. II, 2 , 89. 10ᵗᵉ
der 11. Aufl. Mezger Jahrb. für Philol. 112, 645.

in der Mitte stehen zwischen Hofmann und Völker einerseits, die
den Lutherschen Text ganz unverändert aufnehmen, ersterer mit,
letzterer ohne Berücksichtigung der Arbeiten der Revisionskommission,
und der Glarner Bibel andererseits, die „unter Zugrundelegung
der Lutherschen Übersetzung und mit Zuratziehung der Zürcher
Übersetzung und der Übersetzung von de Wette und Stier" ausgearbeitet ist. Ihre Sprache ist namentlich auch im Satzbau der
Sprache der Gegenwart mehr als nötig genähert und entfernt sich
von Luthers Sprache oft zu sehr.[1]

Man hätte nun erwarten sollen, daß die im Februar 1892
erschienene „durchgesehene Ausgabe" der Bibel, von der ein Probe-
druck, die sogenannte Probebibel, 1883 herausgegeben wurde, den
Wünschen nach einer maßvollen Umgestaltung der Lutherschen Übersetzung Rechnung tragen würde, um so mehr als die Cansteinsche
Bibelanstalt, von der das Revisionswerk ausging, einzelne abgestorbene Formen schon seit längerer Zeit leise und unmerklich beseitigt hatte. Ursprünglich sprach die Revisions-Kommission auch
wirklich solche Grundsätze aus und Rud. v. Raumer, dem zuerst
die sprachliche Bearbeitung des Textes übertragen worden war,
erklärte: „Die Gemeinde hat ein Recht darauf, daß die Übersetzung
ihrem Verständnis zugänglich erhalten werde, indem deren Sprache
der fortschreitenden sprachlichen Entwicklung sich anschließt. Fürchte
man doch nicht, das Wort Gottes zu alltäglich zu machen, wenn
man es den Sprachformen der Gegenwart nähert. Das religiöse
Bedürfnis fordert, daß das Verständnis der Bibel nicht ohne Not
erschwert werde. Die Schule muß wünschen, daß das Hauptlese-
buch des Volkes sich möglichst der Sprache anschließe, welche die
Schule für den schriftlichen Gebrauch zu lehren und einzuprägen
hat." Jedoch Karl Frommann, der inzwischen verstorbene Direktor
des germanischen Museums in Nürnberg, der als sprachlicher Be-
arbeiter des Textes bald an v. Raumers Stelle trat, folgte bei Feststellung des Wortlauts mehr und mehr seinen altertümelnden
Neigungen. Während Luther in seinem Briefe vom Dolmetschen
gesagt hatte: „Man muß nicht die Buchstaben fragen, wie man soll
deutsch reden, sondern man muß die Mutter im Hause, die Kinder
auf der Gassen, den gemeinen Mann auf dem Markt darum fragen

---

[1] S. unten S. 29. 31.

und denselben aufs Maul sehen", hat Fromann, als wenn es sich um die kritische Ausgabe eines griechischen Schriftstellers handelte, die Originalausgaben Luthers befragt und so veraltete Formen nicht bloß oft beibehalten, sondern aus den Originalausgaben der Lutherschen Übersetzung auch da aufs neue eingesetzt, wo sie viele Bibelgesellschaften inzwischen beseitigt hatten. Diese Gesellschaften ziehen sich dafür von einem Verteidiger des Fromannschen Textes, Professor Zacher,[1]) den Vorwurf zu, daß sich eine „auf sprachlicher Unkenntnis beruhende Prinziplosigkeit längst in die Bearbeitungen des deutschen Bibeltextes eingeschlichen habe." Fromanns Verfahren wurde in der Kommission, den Versammlungen der Bibelgesellschaften[2]) und den Beurteilungen der Probebibel[3]) heftig getadelt, und auf der preußischen Generalsynode,[3]) wo dieser Punkt wiederholt zur Sprache kam, sagte der Vicepräsident des Oberkirchenrats Brückner: „Ich bitte noch einmal die Herren von der Kommission, doch recht ernstlich auf die sprachliche Seite der Revision zu achten. Es ist etwas Schönes und Edles um die Liebe zu der alten Luthersprache, aber verhüten Sie doch ja, daß diese Liebe sich wandle in ein archaistisches Interesse." In demselben Jahre setzte die preußische Hauptbibelgesellschaft die Bildung einer sprachlichen Kommission durch, in die auch Frick und Max Rieger gewählt wurden. Diese hat allerdings eine Anzahl altertümlicher Formen des Fromannschen Textes aufgegeben,[4]) aber doch nicht erkannt, daß das Verfahren, bereits beseitigte abgestorbene Formen aufs neue aufzunehmen, gänzlich zu verwerfen ist. In dem endgültigen Druck der durchgesehenen

---

[1]) Bei Schlatmann, Deutsch-ev. Blätter 1885, 129 und Wider Kliefoth und Luthardt. [2]) Vgl. z. B. die Konferenz von 1890 in den Mitteil. f. Bibelgesellsch. [3]) Kromphardt, Kirchl. Monatsschrift III 576. 631. Meyer, ebenda VI 96. Jödler, Ev. Kirchenzeitung 1885, 29. Nathmann, zur Beurteilung der Probebibel in den Zeitfragen des christl. Volkslebens XI, 2. Zittel, Revision der Lutherbibel (Zeitfragen von Holtzendorff 210) und die in diesem Schriften angeführte Litteratur. Verhandl. d. Generalsynode 1885, 154. 169—181. Wohl mit Beziehung auf die Probebibel sagt Ludwig Wiese in der 2. Auflage seines Vortrags „Über den Mißbrauch der Sprache": „Die Bibel muß als Volksbuch, was sie auch nach Luthers Absicht vor allen Dingen sein sollte, durchweg ein verständliches Deutsch reden. Der Zumutung, sich mit Selbstverleugnung in die alten Sprachformen und Ausdrücke hineinzulesen, können nur wenige nachkommen."
[4]) Frick in der Kirchl. Monatsschrift VI 803: Die Superrevision des Textes der sogenannten Probebibel in sprachlicher Beziehung.

Ausgabe sind einige veraltete Formen der Probebibel beseitigt, jedoch vieles, was Frick in dem erwähnten Aufsatz preisgegeben hatte, ist dennoch beibehalten worden. Das Verfehlte des ganzen Standpunkts zeigt sich besonders darin, daß wie bisher ein „Register zur Erläuterung altertümlicher und wenig bekannter Wörter", das natürlich überhaupt nicht hätte nötig sein dürfen, angehängt ist; allerdings vermeidet die neue Ausgabe diesen der Probebibel entnommenen Ausdruck, auch zeigt das Verzeichnis verglichen mit dem der Probebibel eine kleinere Anzahl veralteter Wörter, jedoch sind diese oft nur im Verzeichnis weggefallen und im Text geblieben, so von den unten angeführten: greten, ausrichtig, thun für leihen.

Aus dem bisherigen Text der Lutherbibel ist in der neuen Ausgabe beibehalten worden: Zween Füße, zwo Hände; ihm, ihr, ihnen als Dativ statt sich, und diese Formen sind auch da oft wieder eingesetzt worden, wo sie infolge der erwähnten „Prinziplosigkeit" bereits beseitigt waren, z. B. Apostelg. 12, 11: Petrus kam zu ihm (zu sich); die Scheitel als Einzahl; die Schmachen als Mehrzahl; nie keine Stadt; ich muß allerdinge (durchaus) das Fest zu Jerusalem halten; wer ärgert dieser Geringsten einen (zum Bösen verleitet); ausrichtig (geschickt); alsobald bestund (stockte, bisher bestand) ihr Blutgang; es umblickte mich ein Licht (umblitzte); fahen (fangen); fernig, firn (vorjährig); Aufsätze der Ältesten (Gebote); greten (die Beine spreizen); sie hielt ihn bei seinen Füßen (umfaßte seine Kniee) und Gehasi trat hinzu, daß er sie abstieße; Knabe (Jüngling, Knecht, Soldat); eitel tote Leichname; ihr löckt wider meine Schlachtopfer (ausschlagen, sich widersetzen); die die Seele nicht mögen (vermögen zu) töten; niedrigen (erniedrigen); die vier Örter des Erdreichs (Enden); der Bischof soll nicht pochen (hoffärtig sein, zanken); eile risch (rasch); ruchtbar (ruchbar); ich werde schier kommen (bald); Schnur (Schwiegertochter); ins Angesicht streichen (schlagen); Naeman taufte sich siebenmal im Jordan (untertauchen); du hast mir fünf Zentner gethan (geliehen); Wucher und Übersatz (Überforderung); er giebt stolze Teidinge vor mit Unverstand (leeres Gerede); Teidingsleute (Schiedsmänner); das unschlachtige und verkehrte Geschlecht (ungeschlacht, roh, bösartig); der König verschaffte (ordnete an); wacker (wachsam), wackerer

Stab (Stab vom früh wachen, früh blühenden Mandelbaum); ich will meine Hand über sie weben; ein Rohr, das der Wind hin und her webt; die Meereswoge, die vom Winde getrieben und gewebt wird. Von altertümlichen Verbindungen, die heute unverständlich geworden sind, erwähne ich: Ich bin nicht gesandt, denn nur zu den verlorenen Schafen vom Hause Israel; es sei denn, daß jemand von neuem geboren werde, kann er das Reich Gottes nicht sehen. Neu hinzugekommen ist z. B.: Wir haben missethan; es verbreußt; er vergeußt; die Begräbnis; ich kenne des Menschen nicht; was hülfe es den Menschen (Accusativ Singularis); es ist aber der Glaube eine gewisse Zuversicht des, das man hoffet, und nicht zweifeln; der Nutz; du wirst erstummen; es ist Friede und hat keine Fahr (Gefahr); nacket (nackend); daß ich flöge und etwa bliebe (irgendwo). Es mutet sonderbar an, wenn Zacher ein solches Verfahren damit verteidigt, „daß die Germanisten recht eigentlich dazu berufen seien, den unvergleichlichen Schatz der Luthersprache als einen unversieglichen Jungbrunnen deutscher Sprache und Nationalität gegen jede Verkümmerung und Verballhornisierung zu schützen und zu wahren."

Veraltete Formen also muß eine Schulbibel aufgeben, weitere sprachliche Änderungen sind dagegen möglichst zu meiden. Übersetzungsfehler sind natürlich zu berichtigen und man kann darin noch etwas weiter gehen als *die Revisionskommission, dagegen hat diese sich mit Recht nicht das Ziel gesteckt, genauer und wörtlicher als Luther übersetzen zu wollen. Das haben Thubichum und Lahrssen geglaubt thun zu müssen, nicht zum Vorteil ihrer Bücher. Bei Thubichum lautet z. B. Ps. 90, 10 ff: ‚Unser Leben währet siebenzig Jahre und wenn es hoch kommt achtzig; und ihr Stolz ist Mühsal und Not; Denn vorüber eilt es und wir fliegen. (11 fehlt.) So lehre uns unsre Tage zählen, Daß wir ein weises Herz erlangen'; bei Lahrssen 51, 9: ‚Entsündige mich mit Ysop, daß ich rein sei, wasche mich, daß ich weiß werde mehr denn Schnee. 14: Gieb mir wieder die Freude deines Heils, daß ein freudiger Geist mir werde. 19. Ein gebrochenes und zerknirschtes Herz, o Gott, verachtest du nicht.' Wie man sieht, ist der Wortlaut gänzlich verändert, auch sehr bekannte Sprüche, die in der Fassung Luthers Gemeingut geworden sind und denen gegenüber die Revisionskommission mit Recht mit besonderer Vorsicht verfahren ist, sind nicht mehr wiederzuerkennen. Der Ausdruck ist zum Teil unschön und schwerfällig, und das Bemühen Luthers, den Parallelismus auch in der Wortstellung hervortreten zu lassen wie im Hebräischen, ist von Lahrssen nicht gewürdigt worden. Auch in den Geschichtsbüchern hat bei beiden der Text eine ganz veränderte Gestalt erhalten, zum Teil infolge des Bestrebens die Satzfügung verständlicher zu gestalten, vor allem aber, weil sie die breiter dahinfließende Erzählung der Grundschrift nach Art einer biblischen Geschichte kürzer zusammenziehen. Das ist zu tadeln, denn die epische Breite gehört mit zu den Eigentümlichkeiten und Schönheiten der alten Schriften, und der Schüler muß sie kennen lernen.

Zur leichtern Übersicht **bespreche ich die Schulbibeln**, die für eine Einführung nach meiner Meinung allein in Betracht kommen, **nochmals kurz** unter Angabe der Seiten, auf denen sie oben erwähnt sind; bei den übrigen beschränke ich mich auf die Zusammenstellung der Seitenzahlen.

Das Buch von Hofmann S. 4 (an 2 Stellen), 13, 14 ist die gediegene Arbeit eines gründlichen Gelehrten, nützlich sind manche Beigaben 22, 23, die Überschriften 22, die Hervorhebung der Abschnitte einer Erzählung durch Absatz im Druck 22; Mängel sind die häufige Beibehaltung anstößiger Stellen 15, 16 und veralteter Sprachformen 24, der große Umfang 18,2), die Zusammenziehung der Evangelien 20, das Fehlen der Apokryphen 20, die Veränderungen der Reihenfolge der Bücher 21 und das Fehlen der Versszahlen 16, 22, so daß der Schüler an diesem Buche nicht lernen kann in der Bibel heimisch zu werden, endlich das Fehlen von Karten 23.

Das Buch von Lahrssen 5, 19, 20, 21, 22 ist eine gründliche und sorgfältige Leistung, jedoch weicht die Sprache unnötig von der Luthers ab 27, 28 und sehr wenig geschickt ist die bei einem Schulbuch so wichtige äußere Einrichtung. Ich gab oben ein Beispiel, in welcher Weise der Text durch allerlei Einschiebsel unterbrochen wird 22; sehr unzweckmäßig ist noch etwas anderes. Die Kapitelzahl wird jedesmal, oft dreimal, in demselben fetten

Druck wiederholt, so oft inmitten des Kapitels eine neue Erzählung mit neuer Überschrift beginnt, die Überschriften haben fortlaufende Nummern in demselben fetten Druck, und dieselben Zahlen stehen endlich als Verszahlen, wenn ein neuer Abschnitt einer Erzählung beginnt. Dieselbe fett gedruckte Zahl kann also drei verschiedene Bedeutungen haben.

Die Glarner Bibel 4, 13, 15, 18, 19 (2), 20, 22 23 ist die beste der vorhandenen Schulbibeln, jedenfalls eine sehr gute Familienbibel, die sich auch durch vortreffliche äußere Ausstattung empfiehlt. Zu tadeln ist die Weglassung manches geschichtlich wichtigen Abschnitts 19 und der Apokryphen 20, die teilweise Zusammenziehung der Evangelien 20, sowie die von Luther zu sehr abweichende Sprache 24, 29, 31.

Völkers Schulbibel 5, 20, 21 (2) enthält manche nützliche Beigaben 22, 23 (2), darunter vier Karten; zu tadeln ist der große Umfang 18 (2), die ungenügende Veränderung anstößiger Stellen 15, 16 und veralteter Sprachformen 24, die Nichtberücksichtigung der bereits 1883 erschienenen Probebibel bei Feststellung des Textes wie des Registers 24, die Aufnahme legendenhafter Erzählungen 22.

Die meisten dieser Mängel wie den Vorzug der trefflichen Ausstattung teilt das Lesebuch 5, 18, 22, in dem man außerdem manches Wichtige vermißt, z. B. Pred. 4, 17. 2 Kor. 13, 13, während andererseits manches Entbehrliche aufgenommen ist, so Abschnitte aus fast sämtlichen Apokryphen 20.

Thubichum S. 18, 20 (3), 21, 22, 23 (2), 27, 28.
Voigt 18, 19 (2), 20 (3), 22, 23.
Biblische Lesebücher im allgemeinen 5, 18, 22.
Schulz-Kliz 5, 14, 18, 23.
Hollenberg 5, 21.
v. Schütz 13, 18, 22.

Die Schulbibelfrage ist sonach noch keineswegs als gelöst anzusehen. Die Bremer Bibelgesellschaft hat nun, da in Bremen bei den Schulbehörden die Einführung einer Schulbibel beschlossene Sache war und sie den Gebrauch der in Aussicht genommenen Glarner Bibel wegen der Sprache derselben für nachteilig hielt, versucht, durch die Gesamtheit der Bibelgesellschaften eine Schulbibel zustande zu bringen. Da ihr Antrag abgelehnt wurde, hat sie unter Leitung des Pastor Zauleck allein die Sache in Angriff genommen.¹) An ungefähr vierzig Mitarbeiter, unter denen elf Geistliche, die übrigen Direktoren und Lehrer höherer und niederer Schulen sind und zu denen auch der Verfasser dieser Abhandlung gehört, ist der Stoff in der Weise verteilt, daß derselbe Abschnitt immer von zweien, von dem einen mit Rücksicht auf die höheren, von dem andern mit Rücksicht auf die Volksschulen bearbeitet wird. Die Ausarbeitungen unterliegen dem Urteil der aus vierzehn Männern, Geistlichen, Schulvorstehern und Gymnasiallehrern gebildeten Kommission, die sich zu dem Zweck in sechs Unterkommissionen, vier für das alte Testament, zwei für das neue Testament geteilt hat. Nachdem jetzt die revidierte Lutherbibel im Februar 1892 erschienen ist, soll die Arbeit zum Abschluß gebracht werden und Ende 1892 im Druck vorliegen. Die Bibelgesellschaft gedenkt sich bei Herstellung der Schulbibel nach folgenden Grundsätzen zu richten: 1. Die Schulbibel soll lediglich die Bedürfnisse des Jugendunterrichts berücksichtigen, nicht aber die des christlichen Hauses. Nur pädagogische, keinerlei dogmatische Gründe werden bei der Bearbeitung maßgebend sein. 2. Die Schulbibel muß in Anordnung und Einrichtung der Vollbibel so weit gleichen, daß die Jugend an ihr lernen kann, sich in der Bibel zurecht zu finden; sie muß also in altes und neues Testament, kanonische und apokryphische Bücher gegliedert werden, auch die biblischen Bücher, soweit sie Aufnahme finden, in der herkömmlichen Reihenfolge enthalten, sowie dieselben Kapitel- und Verszahlen, fettgedruckte Kernstellen, Parallelstellen (Nachtrag: sämtliche der revidierten Bibel) u. s. w. aufweisen wie die Vollbibel. (Fortlaufender Satz wird möglicherweise verwendet.) Demnach sind auch die drei synoptischen Evangelien selbständig zu belassen und nicht in eins zu verarbeiten. Wird dieselbe Geschichte in zwei Büchern des alten Testamentes zweimal erzählt, z. B. den Büchern der Könige und der Chronika, so wird die eine für den Schulgebrauch zweckmäßigste Relation aufgenommen und nur sehr bedeutsame Varianten der andern in

---

¹) S. oben S. 5, 6, 18, 19, 20, 21, 23. Zeitschr. f. ev. Religionsunterr. I 3, 214. 4, 338. II. 1, 95. 4. 323, 385. Mitteil. für Bibelgesellsch. 1890, 1 S. 3. 6. 9. 18. 1892, 2, 24.

Fußnoten beigefügt. Nicht aufgenommen werden: Esther, Hohes Lied, Obadja, Nahum; Baruch, Stücke in Esther, Susanna, vom Bel, vom Drachen zu Babel, das Gebet Asarja, der drei Männer, Manasse.) Wo Bücher ausgelassen sind, ist dies an der betreffenden Stelle ausdrücklich zu bemerken (und wo nötig der Inhalt kurz anzugeben). 3. Die Schulbibel muß klar und deutlich auf dem Titel und in ihrer ganzen Einrichtung als Bibelauszug für den Jugendgebrauch zu erkennen sein, sollte darum auch in ihrem Format und Umfang mehr einem Schulbuch als der Vollbibel gleichen, damit sie in keiner Weise geeignet sei, die Vollbibel aus dem Gebrauch der christlichen Gemeinde zu verdrängen; dagegen muß sie in ihrem Einband als ein heiliges Buch kenntlich sein. 4. Sie muß den von den deutschen Landeskirchen rezipierten oder jetzt neu zu rezipierenden Text beibehalten, darf jedoch an Stellen, die eine Auslassung nicht gestatten, ungeändert aber für die Jugend anstößig erscheinen, vorsichtige Umschreibungen, die den Sinn nicht ändern, enthalten. Die neue Orthographie ist anzuwenden. (In der Sprache wird die Bremer Bibel nach der Stellung, die Pastor Jauled auf der Konferenz von 1890 einnahm, ungefähr in der Mitte stehen zwischen der Probebibel, von der er befürchtete, daß „die Bewohner Norddeutschlands die Beibehaltung der veralteten Sprachformen gar nicht verstehen" würden, und deren „schwer verständliche Ausdrücke" er durch „gebräuchliche" ersetzen wollte, und der Glarner Bibel, gegen deren Textgestaltung er sich entschieden erklärte.) 5. Auszulassen sind alle diejenigen Teile der Schrift, die nach dem Urteil der Kommission für den Jugendunterricht überhaupt nicht verwendbar sind oder im allgemeinen thatsächlich nicht verwendet werden, so namentlich viele Stellen aus dem Leviticus, den Propheten, den Episteln, der Offenbarung, doch ist darauf Rücksicht zu nehmen, daß die Schulbibel möglichst allen Bedürfnissen des Jugendunterrichts, auch in höheren Schulen und im Konfirmandenunterricht genügen kann. (Wenn bei dem Bestreben, eine Schulbibel für die höheren Schulen und die Volksschule herzustellen, Konflikte eintreten, so neigt die Kommission dazu, die Volksschule in erster Linie zu berücksichtigen.) 6. Auszulassen sind ferner alle diejenigen Teile der Schrift, welche durch Besprechung der geschlechtlichen Verhältnisse oder sonstwie der Jugend Anstoß bereiten können und nicht durch Umschreibung etlicher Worte und Sätze unanstößig gemacht werden können. In allen Geschichten, die für den Jugendunterricht unentbehrlich sind und dennoch für die Jugend anstößige Stellen enthalten wie Josephs Verführung, Davids Ehebruch, die Advents- und Weihnachtsgeschichte und viele andere, sind die anstößigen Stellen durch zweckentsprechende Umschreibung oder kleine Auslassungen unanstößig zu gestalten. 8. Sach- und Namenerklärungen sind in Parenthesen oder Fußnoten an all den Stellen einzufügen, die ohne dieselben völlig unverständlich bleiben würden. 9. Scharfe und klare Karten dürfen nicht fehlen. 10. Der Preis für eine auf haltbarem Papier gedruckte und dauerhaft gebundene Schulbibel sollte möglichst nicht mehr als oder wenig über 1 ℳ betragen. Es folgen in dem an die Mitarbeiter versandten Abdruck der „Grundsätze" Vorschläge zur Änderung von vierzig anstößigen Wörtern (s. oben S. 6).

Zum Schluß gebe ich eine möglichst vollständige **Zusammenstellung der Litteratur**; kürzere Übersichten bieten besonders die unten genannten Schriften von Weidemann, Sander, Zange, Martin und Tix.

Schulbibeln verfaßten Basedow 1766; Cannabich; Generalsuperintendent Zerrenner Schulbibel für Lehrer und Kinder, auch für andere verständige Bibelfreunde; Seiler Die Heilige Schrift des alten Testamentes im Auszuge 1783, 5. Aufl. und Geist und Kraft der Bibel für die Jugend 1801; Natorp Kleine Bibel 1802; Scherer Kleine Bibel für die Jugend, auch für Erwachsene brauchbar 1803; Diacon Engel Geist der Bibel für Schule und Haus 1824, 434 S.; Subdiaconus Kriz Das alte Testament im Auszuge für Schule und Haus 1830; Bürgerschullehrer Sparfeld Bibel für Schule und Haus 1845; Oberpfarrer (früherer Seminardirektor) Beyer; Lehrer Bauriegel. — Die heil. Schrift im Auszuge für Schule und Haus, erschienen Cöthen 1868 ohne Namen des Verfassers, verfaßt von Wirth, Töchterschullehrer in Guben, besprochen von Schulze im Jahresbericht von Lüben 1870, 99. — Schulbibel von Georg Thudichum, neue Ausgabe der bibl. Geschichte für Schule und Haus, 293 + 196 S. Heidelberg 1870. Preis ℳ. 1,50. — Lehrer Voigt 281 S. Hamburg 1876 2. Aufl. ℳ. 2,40, geb. 3 ℳ. — Rudolf Hofmann, Professor der Theologie in Leipzig, Biblische Geschichte und Lehre in urkundlichem Wort. Dresden, Meinhold. 1875 in erster, 1887 in dritter Auflage. 724 + 263 S. Preis ℳ 1,80 + 0,70, geb. ℳ 2,60 + 1,40, in einem Band ℳ 3,50, bei 30 Exemplaren billiger. Vorwort für Lehrer und Erzieher 10 ₰ Bespr. von Mezger, Jahrb. für Philol. 112, 549. Augsb. allg. Zeitung 1875 Nr. 98, v. Schütz s. unten, Heinzeler und Rieger s. unten, Hollenberg Jenaer Litteraturz. 1874, 815 und 1875, 303, Böttger s. unten; in Preußen nur an drei höheren Lehranstalten, in Sachsen an zahlreichen Schulen im Gebrauch. — Friedrich Lahrssen in Brake a. W., Die Bibel im Auszuge für Schule und Haus. Oldenburg 1883. 4 ℳ., für spätere Auflagen ist ein Preis von 2 ℳ in Aussicht genommen, 408 + 249 S., besprochen nur bei Dix; ein Begleitwort ist nicht erschienen. — Karl Völler, Rektor in Berlin, der 1887 einen Entwurf hatte erscheinen lassen, Die Bibel für Schule und Haus, Gera und Leipzig 1889, 800 + 375 S. ℳ 2,50. geb. 3 ℳ. Begleitwort unentgeltlich. Besprochen bei Rethwisch, Jahresbericht für das höhere Schulwesen für 1888, 22 von Witte; von Schütz Progr. 9, Zange s. unten 272, weitere Besprechungen Begleitwort 10 f. — (Glarner) Familienbibel, Auszug aus der heiligen Schrift für häusliche Erbauung und Jugendunterricht (verfaßt von fünf Geistlichen), Glarus 1887 in erster Auflage, 384 + 271 S. ℳ 1,75. Begleitwort: Zweck einer Familienbibel von Heer. 1 ℳ. Besprochen bei Rethwisch für 1888, 27, Deutsch-evang. Blätter XIV 2, 117 von Jakobi mit einem Nachwort von Beyschlag, Völter 8, Christl. Welt s. u.; das Buch, dessen erste und zweite Auflage zusammen 42000 Exemplare umfaßten, und das jetzt schon in dritter vorliegt, ist in mehr als hundert schweizerischen Gemeinden eingeführt und wird auch in Deutschland viel gebraucht.

Biblische Lesebücher sind verfaßt worden von Provinzial-Schulrat Otto Schulz 1841, neu herausgegeben von Provinzial-Schulrat Kliz, Berlin 1891 in 30. Auflage 211 S. (damit verbunden ein Hilfsbuch für den Religionsunterricht. S. 214—304.) ℳ 1,40. geb. ℳ 1,65. Eingeführt an 99 preußischen höheren Lehranstalten besonders Brandenburgs und Schleswig-Holsteins. Besprochen bei Rethwisch 1889, 24; Zeitschrift für evang. Religionsunterricht II 4, 374 und sehr ausführlich von Pausch s. unten. — Gymnasialdirektor Hollenberg, Bibl. Lesebuch für Schule und Haus, Berlin 1877 in 2. Aufl. 259 S. 1 ℳ. — Dächsel, Bibl. Historienbuch 1890, 404 S. 2 ℳ, nach Rethwisch V, 33 nur die Geschichtsbücher umfassend. — Völter, dessen Schulbibel ich oben erwähnte, Gera 1890. 544 S. ℳ 1,25, geb. ℳ 1,60. — Biblisches Lesebuch für die höheren Schulen Württembergs (von Dir. Pressel) nach der amtlich festgestellten Auswahl (s. oben S. 4), Heilbronn 1889. ℳ 1,20 + ℳ 1,20.

Eine Schulbibel hatte ausgearbeitet, ohne sie jedoch zu veröffentlichen, der bekannte Seminardirektor Zahn in Mörs; angekündigt sind solche von Zart, Jahrb. f. Philol. 130, 222, v. Schütz, Programm von Glückstadt 1888, 264: Vorläufiger Prospekt einer Schulbibel nebst ausgewählten Probestücken, und über den gegenwärtigen Stand der Schulbibelfrage, Zeitschr. für ev. Religionsunterr. II, 315, wo viele der hier erwähnten Bücher besprochen sind, und der Bremer Bibelgesellschaft.

Von Vereinen und Versammlungen ist die Frage oft behandelt und meist in bejahendem Sinn beantwortet worden. Dagegen sprach sich aus der Frankfurter Kirchentag (Vortrag des Generalsuperintendenten Hoffmann: Über den rechten Gebrauch der Bibel in Kirche, Schule und Haus, Berlin 1855); dafür die Pädagogischen Vereine in Chemnitz 1867 (Stahlknecht, die Einführung der Schulbibel, Leipzig 1867; Gegenschrift von Oberlehrer Schmeißer; Gelbe, Stahlknecht-Schmeißer oder der Schulbibelstreit 1868) und Dresden, die Thüringische Lehrerversammlung in Jena 1872, der Verein Hamburger Volksschullehrer, der Berliner und Leipziger Lehrerverein (Böttger, Über Bibelauszüge, Leipzig 1880), der Pommersche Prov.-Lehrer-Verband, der Görlitzer Pädagogische Verein (die Beschlüsse der letzten vier bei Völter), die Brakler Bezirks-Lehrer-Konferenz, auf deren Antrag Lahrssen sein Buch verfaßte, die Seminar-Konferenz in Eisleben 1888 (Seminardirektor Martin, Die Schulbibelfrage, Velhagen u. Kl.), die Konferenz der Religionslehrer der Provinz Sachsen 1889: Zeitschr. für ev. Religionsunterricht I 69. 115. II 4, 155. 321. Methwisch 20. (Vortrag des Direktor Zange in der Kirchl. Monatsschrift von Pfeiffer 1890 IX, 4, 269. 5, 329, das Beste, was über die Sache geschrieben worden ist, leider nicht besonders erschienen. Frick, der leider zu früh verstorbene Direktor der Franckeschen Stiftungen, sprach sich hier gleichfalls für eine Schulbibel aus.) Auf der Konferenz deutscher Bibelgesellschaften 1890 beantragte die Bremer Gesellschaft die Herstellung einer Schulbibel. Dabei sprach sich Frick für eine Schulbibel, Generalsuperintendent Rogge für eine erweiterte biblische Geschichte (biblisches Lesebuch) aus. Die Versammlung erkannte die Bedeutung der Frage an, lehnte jedoch den Antrag „für jetzt" und „für sich" ab. Zeitschr. für ev. Religionsunterr. I 3, 324; ausführlicher in den in Berlin erscheinenden Mitteilungen für Bibelgesellschaften 1890.) Endlich wurde die Frage behandelt auf der ersten Versammlung deutscher Lehrerinnen in Friedrichsroda 1890 (Mitteil. für Bibelgesellsch. 3, 41—44) und der ersten Versammlung schlesischer Religionslehrer in Breslau 1891 (Vortrag des Senior

Decke, wo sich der Generalsuperintendent **Erdmann** und die Provinzialschulräte **Hoppe** und **Eismann** gegen eine Schulbibel aussprachen. (Zeitschr. f. ev. Religionsunterr. II 4, 356 und genauer Schles. Ztg. Nr. 228.) Dagegen erklärte sich auch eine Lehrer-Versammlung in Bremen, Mitteil. f. Bibelgesellsch. 1892, 2, 27.

Für eine Schulbibel sprachen sich ferner aus: v. **Ammon, Wilmsen, Stern, Kell,** Die Schulbibel, Notwendigkeit und Ausführbarkeit eines gemeinsamen der Kirche als Entwurf und zur Prüfung vorzulegenden Auszugs 1845, **Kehr, Schütze, Dittes,** Superintendent **Schulze** in dem Pädagog. Jahresb. v. Lüben 1868—74, **Lüben,** Der Rel.-Unt. in der Volksch. 1870, **Wiese,** Briefe über engl. Erziehung II, 257, Neue Blätter aus Süddeutschland von **Burk** und **Horn** I 1872, 190: Vollständige Bibel oder Bibelauszug als Schulbibel von ***; I 282, Eine Schulbibel von A. K.; V 1876, 81 Eine Schulbibel mit besonderer Bezugnahme auf Hofmanns Schulbibel von Pfarrer **Heintzeler;** IX 1 Zur Schulbibelfrage von **Rieger;** Mezger Württ. Korrespondenzblatt 1873, 175, Hilfsbuch zum Verständnis der Bibel I 55, Jahrb. für Philol. 112, 543, **Weisles** Ztg. für das höhere Unterrichtswesen 2, 361. **Meyer,** der ev. Religionsunterr. Hannover 1878; **Delius,** deutsche Blätter für erziehenden Unterricht von Mann XI 1884 Nr. 20. Christl. Schulbote 1888, Nr. 21. Pädag. Blätter (Gotha) 1889 VI von Seminardirektor **Bech,** (Pfarrer **Gerber**) in der Christl. Welt 1890, 6, 124: Die Schul- und Familienbibel ein unabweisbares Bedürfnis; 8, 176 Anforderungen an eine Schul- und Familienbibel: 27, 638. **Witte** bei Rethwisch Jahresbericht für das höhere Schulwesen 1888, 20. **Pansch,** Einige Bem. über Lehrbücher der biblischen Geschichte (besonders über Schulz-Klix) Programm von Buxtehude 1887, 313. **Schiller,** Handb. der prakt. Päbag. § 14 u. 23. S. 136f., 243, 246, 252. **Sander,** Lexikon der Päd. unter Bibelauszug und Schamhaftigkeit. Töchterschuldirektor **Dix,** Geschichte der Schulbibel, wo sehr viele der genannten Bücher besprochen sind, (Gotha 1892, 60) ✠ **Wächter,** Über den evang. Rel.-Unterr. Programm von Rudolstadt 1889. **Rieger,** Die Abnahme der Bibelkenntnis in der Gemeinde, Darmstadt 1889. **Schwalb,** Kritik der revidierten Lutherbibel 1884 und Deutsches Prot.-Blatt 1888, 28--31.

Eine Mittelstellung nahmen ein **Niemeyer** Grundsätze der Erziehung, **Denzel, Palmer** (s. unten).

Dagegen sprachen sich aus **Dinter, Dittmar, Marheinele, Bormann, Schwarz, Curtmann,** Direktor **Peschel,** Was hast du von deiner Bibel zu halten? Leipzig 1869 (besprochen

Jahresbericht v. Lüben 1871); Steglich, Die vorgeschlagene Verdrängung der vollständigen Bibel, Leipzig 1869; Kalcher, Bibellesen in der Volksschule, Wittenberg 1870; Lechler in Schmids Encyklopädie unter Bibel und Hausgottesdienst; Weidemann ebenda unter Bibellesen; Raumer, Geschichte der Päbag. III 1,30; Schraber, Erziehungs- und Unterrichtslehre § 43, 57; Seminardirektor Bünger, Päbag. Blätter (Gotha) 1889 V: Erörterungen über die neuesten Erscheinungen auf dem Gebiet der Bibelauszüge; Ev.-luth. Kirchenz. 1890, 13.

Die Frage wird ferner besprochen von Engelmann, Die Schulbibelfrage 1862; Palmer Päbag. 294, 2. Aufl., Katechetik 174, 5. Aufl. und von demselben in Schmids Encyklopädie 1. Aufl. unter Ärgernis, Laster, Schamhaftigkeit, Keuschheit; Schulrat Hempel, Päbag. Jahresbericht 1889; Ziller, allgem. Päd. § 29², S. 419; Schiller, Geschichte der Päd. § 24. 257 der ersten, 272 der zweiten Auflage, bei Schmib ohne Namen des Verfassers unter Geschlechtertrennung, Religionsunterricht, Philantropismus.

Was das Verhalten der Staatsregierungen anlangt, so ist zu dem oben S. 4 Gesagten noch hinzuzufügen, daß in Sachsen Kell (s. oben S. 35) 1846 auf seine Anfrage beim Minister, ob er einen Bibelauszug fertigen und vorlegen dürfe, abschläglich beschieden wurde; 1853 wurde auf Anregung von Direktor Hauschild ein Gesuch um Einführung einer Schulbibel von Geistlichen, Lehrern und Bürgern beim Ministerium eingereicht, ebenso 1862 vom Rat und den Stadtverordneten von Chemnitz; 1867 erklärte der Landtag auf ein Gesuch des Chemnitzer Päd. Vereins „eine Bibel im Auszuge oder eine Bibel fürs Volk für ein bringendes Bedürfnis" und empfahl dem Ministerium durch einen „Verein von Theologen, Pädagogen und sachkundigen Laien" einen solchen herstellen zu lassen, und auch das sächsische Konsistorium erkannte die im Gebrauch der Vollbibel liegende Gefahr an (s. oben S. 12). 1872 wurde die Herausgabe eines Bibelauszugs für Schule und Haus im Landtag wieder mit Stimmenmehrheit als Bedürfnis anerkannt, und aus diesen Verhandlungen ging endlich die Schulbibel von Hofmann hervor.

Zeitfragen des christlichen Volkslebens.

Band XVII. Heft 7.

Zur Judenfrage.

Von

E. Frhr. v. Ungern-Sternberg.

Stuttgart.
Druck und Verlag der Chr. Belser'schen Verlagshandlung.
1892.

Alle Rechte vorbehalten.

Seit dem Erscheinen der Marr'schen Schrift: Der „Sieg des Judentums über das Germanentum", welche vor etwa 13 Jahren die antisemitische Bewegung in der Gestalt eingeleitet hat, die sie gegenwärtig zeigt, sind dem Gegenstande hunderte, ja vielleicht tausende von Veröffentlichungen aller Art gewidmet worden. Daß nach diesen Umständen zur Judenfrage noch etwas wesentlich Neues gesagt werden könnte, wird niemand glauben, der die hier in Frage kommenden Verhältnisse einigermaßen kennt. In ihrem letzten Grunde ist die Judenfrage aber eine sittliche Frage, oder wie man es auch schon ausgedrückt hat, eine Christenfrage im tiefsten Sinne. Für die Beurteilung dieser Frage bietet uns die heilige Schrift längst alle Anhaltspunkte, die wir brauchen. Neu könnte nur etwa sein, was das Leben selbst unmittelbar erzeugt, auch dafür aber werden sich Analogien in Menge finden, denn der Grundcharakter der Zeit steht doch wohl fest.

Im Nachstehenden kann es sich also nur um eine kurze Zusammenfassung der wesentlichen Gesichtspunkte handeln, wie sie sich vom christlichen und sozial-konservativen Standpunkt bei der Beurteilung der Zustände und Verhältnisse aufdrängen, welche wir unter dem Sammelnamen der „Judenfrage" zusammenfassen. Dabei mußte auch die Politik gestreift werden, doch ist dies nur in dem durchaus erforderlichen Maße geschehen. Daß die „Zeitfragen" nicht die Aufgabe haben, die Geschäfte einer bestimmten Partei als solcher zu besorgen, ist gewiß. Nur insofern als diese Partei sich in den Dienst des christlichen Gedankens stellt, darf sie auf vorzugsweise Berücksichtigung Anspruch machen, und nur insofern wird ihr diese zu teil.

Auf Vollständigkeit muß diese Zusammenfassung verzichten. Der zu Gebote stehende Raum gestattet dies selbst bei größter Knappheit nicht. Denn die „Judenfrage", das sei hier wiederholt, ist im Grunde mehr die „Christenfrage", das heißt die Frage nach dem Leben unseres Volkes im weitesten Sinne. Das aber ist ein unermeßliches Gebiet, das kein einzelner je erschöpfend behandeln könnte.

Manches, was recht bedenklich scheint, ist absichtlich kaum berührt worden, weil es vorerst noch an festen Anhaltspunkten fehlt. So die an manchen nur zu bekannt gewordenen Fällen der jüngsten Vergangenheit beobachtete Neigung einflußreicher Kreise, zu Gunsten des Judentums einzuschreiten, wo es irgend geht. Das sind aber Dinge, die im Interesse der Gesamtheit selbst mit Vorsicht und Zurückhaltung behandelt werden müssen. An dieser Stelle genügt vorerst ein Hinweis allgemeiner Art.

Zu greifbaren abschließenden Ergebnissen kann eine Erörterung wie diese nicht gelangen. Die Natur der Sache selbst läßt das nicht zu. Was sie will und bezweckt, ist, zum Nachdenken anzuregen und zur Einkehr in sich selbst. Wenn ein jeder von uns mit dem „inneren Juden" fertig werden könnte, würde der „äußere" nicht zu fürchten sein.

Am 17. November 1891 sind es zehn Jahre geworden, seit sich die deutsche wie die außerdeutsche Welt durch jene kaiserliche Botschaft überrascht sahen, die damals Vielen als der erste Gruß einer neuen Zeit erschien. Damals — jetzt nicht mehr? Nicht in dem Sinne wenigstens wie am 17. November 1881 — das steht fest. Ein großer Tag wird dieser 17. November immer bleiben; zweifelhaft aber ist es uns geworden, ob der unbekannte Weg, der der Welt von jener hohen Stätte gewiesen wurde, wirklich nach Oben führt, wie es bereinst uns schien, oder nicht etwa nach Unten, wie es heute manchem vorkommt. „Was er webt, das weiß kein Weber." Auch Kaiser Wilhelm I. konnte nicht weit genug ins Dunkel der Zukunft blicken, um sich darüber klar zu werden, wie das von unberechenbaren Einflüssen beherrschte moderne Leben sich unter der Einwirkung des von Oben kommenden Rufs nach Einführung der Massen in die Weltgeschichte — denn etwas anderes kann eine Sozialreform, die im Zeichen des allgemeinen Stimmrechts steht, nicht bedeuten — in Wirklichkeit gestalten würde.

Dieses Moment wird auch heute noch, wo wir in Deutschland — von anderen Ländern reden wir nicht — in diesem Stücke die Erfahrung eines Viertel Jahrhunderts schwerer innerer Kämpfe hinter uns haben, nicht genug beachtet, in seiner ganzen Tragweite weitaus noch nicht erkannt. Weil wir nicht alle Tage wählen, sondern nur alle 5 Jahre, verstehen viele von uns nicht darauf zu achten, daß die unsichtbare Wirkung des durch die Einführung des allgemeinen Stimmrechts geschaffenen Standes der Dinge, unaufhaltsam weiter geht; nicht in der Presse und durch dieselbe allein, sondern auch durch tausend und abertausend andere Kanäle, die freilich nur der kennen lernt, der die sog. „niederen Klassen" der Gesellschaft, die hier am nächsten beteiligt sind, in ihrem Thun und Treiben eifriger belauscht, als es die bloße äußere Geschäftsbeziehung mit sich bringt.

Man braucht nur das heutige Geschlecht mit dem zu vergleichen, welchem das allgemeine Stimmrecht im Jahre 1867 verliehen wurde. Damals und noch lange hernach kam es häufig vor — vielleicht war es sogar die Regel — daß das Gesinde, wenn es zur Urne ging, sich seine Anweisung gewissenhaft vom Herren holte. Jetzt kann man Kutscher und Diener in Livrée sich ihre Wahlzettel unbedenklich vom sozialdemokratischen Zettelverteiler holen sehen. Die innere Abhängigkeit der unteren Klassen von den oberen ist gebrochen, hat in dem weitaus größten Teil des Reiches so gut wie gänzlich aufgehört; nur die äußere besteht noch fort. Wird es gelingen, an die Stelle jener altererbten, vielfach unbewußten Pietät das Gefühl der Zugehörigkeit zu setzen, die in dem Bewußtsein gemeinsamen Interesses ruht? Darauf kommt alles an; mehr kann unter den Verhältnissen der Gegenwart nicht erreicht werden; mehr darf man vernünftigerweise auch nicht erwarten. Die Zukunft kann, menschlichem Ermessen nach, nur Fortentwicklung im Sinne freiwilliger Unterordnung oder noch schärfere Ausbildung der vorhandenen Gegensätze bringen. Rückkehr zum Alten ist unmöglich, weil alle äußeren und inneren Vorbedingungen des Daseins, wie es noch vor einem Menschenalter vielfach war, andere geworden sind. Niemals werden wir das stille, in sich abgeschlossene Leben wieder sehen, das wenigstens die Älteren unter uns zum Teil noch gekannt; eben deshalb aber

auch werden wir dem pietätvollen Geschlecht jener Tage nicht wieder
begegnen, denn der **Vergleich** läßt kein irdisches Ansehen unberührt. Heute aber kann jedermann in seiner Weise selbständig
urteilen lernen. Der Dampf macht die Dinge nicht **gleich**; in
dem Maße wenigstens nicht als insgemein behauptet wird, aber er
bringt sie einander **nah**, er stellt sie **neben einander**; da aber
zeigt sich stets, daß, was für groß angesehen wird, es nur so lange
bleibt, als es nicht **verglichen** werden kann. Jede neue Eisen-
bahn-, Dampfer- und Fernsprechlinie muß dieses „vergleichende
Studium" der Menschen und Dinge leichter machen; damit aber
auch die Neigung zu trotziger Selbstgenügsamkeit und persönlicher
Ueberhebung fördern, welche der Gegenwart gerade in ihren jüngsten
Sprossen am meisten eigen ist. Das aufwachsende Geschlecht, welches
noch in den Kinderschuhen steckt, ist **noch viel pietätloser als**
jenes, mit dem wir es augenblicklich zu thun haben. In dieser
Hinsicht kann es nur eine Stimme geben.

Bei großen Weltenwenden ist es immer so gewesen und hat
so sein müssen, weil das Alte nur vergehen kann, wenn es sozu-
sagen seinen **Kredit verloren** hat. Mit der berechtigten Kritik
geht aber jederzeit die unberechtigte Hand in Hand; eine allgemeine
Auflehnung gegen das, was ist, entsteht und daraus wächst das
Neue langsam und allmählich, schwer und schmerzlich oft hervor.
Die Reformationszeit, die Jahre, welche der **französischen
Revolution** vorausgingen, bieten Erscheinungen dar, welche sich
in diesem Sinne mit denen der Gegenwart nah berühren. Die
Klagen Luthers und seiner Mitstreiter über die Zuchtlosigkeit des
Volkes, über die Verachtung jeglicher Autorität im Himmel und
auf Erden, wie sie damals im Schwange waren, klingen gerade so
wie die unserer Schwarzseher von heute, nur daß sie eher noch
düsterer gefärbt erscheinen. Ebensowenig braucht über den vollendeten
Cynismus der Vorläufer von 1789 ein Wort verloren zu werden.
Noch fünfzig Jahre früher war es anders, fünfzig Jahre später
auch, weil die Welt damals in Zuständen lebte, an deren Wert sie
bis zu einem gewissen Grade wenigstens glaubte. Die Älteren
unter uns haben diese Zeit noch miterlebt. Es war ein Wahn, in
dem die Welt sich bewegte; heute sehen wir sie daraus erwacht.
Die Einen kämpfen zwar noch für das Bestehende, aber nur, weil

es ihnen in ihrer besonderen Lage nützt, nicht weil sie es an sich für gut halten; die anderen stürmen voll Ingrimm dagegen an, weil sie sich für die Betrogenen dieses Standes der Dinge ansehen. Wer der Sieger sein wird, steht bei oberflächlicher Betrachtung noch nicht fest; der tiefer Blickende aber kann schon aus der Steigerung des Mißbrauchs daraus schließen, den das herrschende System teils aus Angst vor dem instinktiv Geahnten, teils deshalb treibt, weil die vermehrten Hilfsmittel des Systems selbst zu der äußersten Ausnutzung reizen, die nur möglich ist. Mißbrauch der Macht hat es zwar stets gegeben; in den Zeiten selbstbewußter Kraft aber pflegt er nicht übertrieben zu werden. Erst dann nimmt er überhand, wenn der Boden zu wanken beginnt, auf dem man steht, und das Gefühl der Sicherheit verloren geht.

Der Feudalismus hat seine unleidlichsten Formen erst kurz vor dem gänzlichen Zusammenbruch entwickelt; vom Zunftwesen gilt, wie jeder weiß, dasselbe. So erscheint auch der Kapitalismus, die heute herrschende Form der gesellschaftlichen und wirtschaftlichen Gliederung, gegenwärtig viel gehässiger als vor nicht allzu langer Zeit. Insbesondere die überhandnehmende Neigung zu monopolistischer Ausbeutung, zur „Ring"bildung, wie man es in Amerika zu nennen pflegt, ist eine in Europa wenigstens noch ziemlich neue Erscheinung, die sich aber überraschend schnell Eingang verschafft hat und so den schon ohnehin gewaltig lodernden Haß der Ausgebeuteten bis ins Ungemessene steigert.

Wenn dies schon auf das nahende Ende deutet, so läßt etwas anderes den sich vorbereitenden Umschwung noch schärfer voraussehen. Indem der Kapitalismus durch seine monopolistischen Bestrebungen immer mehr einzelne Vermögen enteignet, d. h. in den Besitz großer Vereinigungen überführt, bereitet er, wie schon Karl Marx ausgeführt hat, deren Enteignung durch die Gesamtheit vor, d. h. er sorgt selber dafür, daß der Individualismus, in dem das kapitalistische System wurzelt, in den Sozialismus umgewandelt, dessen Herrschaft angebahnt werde. Da haben wir die „List der Idee", daß der alte Hegel seine Freude daran haben könnte.

Unter den „Zeichen der Zeit" nehmen die „Ringe", Kartelle, Syndikate und wie sie alle heißen, deshalb eine äußerst wichtige Stelle ein; das wird die Geschichte dereinst anerkennen müssen.

Die Gegenwart freilich redet nicht gerne davon; wenigstens hütet sie sich, die Dinge beim **richtigen Namen** zu nennen. Jede Zeit hat ihre eigenen Götter. Der Gott der unseren ist der **Mammon**. Man kann diesen Götzen von seinem Throne stürzen, und so Gott will wird es einst geschehen. So lange er aber auf dem Throne sitzt, wird er angebetet werden und jede seiner Äußerungen unantastbar sein.

Der „Thron Mammons", im eigentlichen Sinne des Wortes, ist die **Börse**, an die man auch immer zuerst wird denken müssen, wenn man von den hervorragenden Eigentümlichkeiten des neunzehnten Jahrhunderts spricht. Jede Zeit zuckt die Achsel über das, was die andere hoch gehalten oder auch nur geduldet hat. Nichts aber wird der Zukunft unbegreiflicher erscheinen, als daß die Tage der „Aufklärung" zugleich die gewesen sind, wo die plumpste Ausbeutung so zu sagen „mit hoher obrigkeitlicher Bewilligung" hat betrieben werden dürfen. Denn die Ausbeutung an der Börse ist plump, man muß sie nur nicht durch die Brille künstlich großgezogener Bewunderung ansehen, sondern mit dem kalt kritischen Auge betrachten, das hier allein am Platze ist. Welchen vernünftigen Sinn kann es für eine solche Betrachtung haben, daß sich täglich ein Haufe meist ungebildeter, innerlich haltloser, sittlich niedrig stehender Menschen in einem Saal vereinigt, um sich stundenlang gegenseitig anzuschreien? Der Durchschnitt aber, der sich aus diesem Schimpfen, Toben und Stampfen ergiebt, das sind die Kurse d. h. die unter dem Eindrucke der unsinnigsten Gerüchte, Mutmaßungen und Lügen zu stande gekommene „Bewertung" von Staats-, Bank- und Industriepapieren aller Art.

Freilich findet hier eine verhängnisvolle Wechselwirkung statt. Die Börse könnte und würde nicht sein, was sie ist, wenn die sittliche Schwäche der Zeit nicht Staaten, Gemeinden und Einzelne im scheinbaren Interesse der Gegenwart zur Belastung der Zukunft verleitete und so ein allgemeines Schuldenmachen begünstigte, wie es die Welt in diesem Umfange noch nie gesehen. Daß diesem ungeheueren „Pumpwerk" ein eigener Gläubigerpalast gebaut werden würde, der eben die Börse ist, das hätte mit einigem Scharfblicke längst vorausgesehen werden können. Vielleicht ist es auch geschehen. Die ihrer Zeit vorauseilenden Leute, die das gethan, sind aber totgeschwiegen und vergessen worden, wie es den meisten geht, die klüger sind, als der Durchschnitt um sie her. Ein Jahrhundert lang hat sie diesem Durchschnitt als eines der größten Triumphe des menschlichen Geistes gegolten; noch heute aber wird sie von Unzähligen zum mindesten als notwendiges Übel angesehen, ohne daß es diese Unzähligen der Mühe wert achteten, darüber nachzudenken, worin das eigentlich begründet ist. Die Ansichten haben eben ihren Kurs wie die Papiere; sie werden ohne Prüfung hingenommen und gehen als bequeme Scheidemünze rasch von Hand zu Hand.

Daß diese gangbare Münze, so weit es sich um die Börse handelt, jetzt ein wenig mehr auf ihren wahren Wert geprüft wird als sonst, ist auch ein Anzeichen dafür, daß die Herrschaft des Kapitalismus nach und nach ins Wanken kommt. Jedes Ideal muß innerlich gebrochen sein, ehe sich der Zusammensturz seiner äußeren Erscheinungsform vollziehen kann. Noch ist freilich nichts Ernstliches geschehen, um diesen Zusammenbruch herbeizuführen. Was die deutsche Reichsregierung, die hier allein genannt zu werden verdient, für die Börsenreform gethan hat, streift bis jetzt die Oberfläche kaum. Selbst wenn sie aber mit größerer Entschlossenheit eingriffe, als nach den bisherigen Erfahrungen erwartet werden darf, würde das so lange vergleichsweise nur wenig fruchten, als ihr die übrigen Staaten auf diesem Wege nicht zu folgen wagten, wie sie ihr ja auch auf dem Gebiete der internationalen Arbeiterschutzgesetzgebung nur so zögernd und widerwillig gefolgt sind, daß der Berliner Internationale Kongreß von 1890 bis jetzt im Großen und Ganzen ohne greifbare Früchte geblieben ist. Was die Börse vor allem gefährlich macht, ist eben ihr internationaler Charakter, die enge Verbindung, die sie mit Hilfe der modernen Verkehrsmittel aller Art, vornehmlich aber des Telegraphen, über die weite Welt mit allen Organisationen verwandter Art zu pflegen weiß, was ihr, Dank der gerade auf dem Gebiet des Geldwesens unendlich ausgebildeten Technik der Gegenwart, eine Beweglichkeit und Schnelligkeit des Vorgehens erlaubt, die aller Hindernisse, auch der gesetzlichen, nicht ausgenommen, spottet. Diese gesetzlichen Hindernisse bestehen freilich fast nur dem Namen nach. Wo sie früher etwa in wirksamer

Weise vorhanden gewesen sind, wie z. B. in Frankreich, hat man sie in neuester Zeit beseitigt, weil die Börsenorgane ihre praktische Nutzlosigkeit „nachgewiesen" hätten. Wenn man diesen „Nachweis" näher ansieht, stellt sich freilich heraus, daß es sich um bloße Behauptungen handelt. Wer aber nimmt sich im Drängen und Jagen der Zeit die Mühe, das eingehender zu prüfen? Der Börse stehen unzählige Organe der Öffentlichkeit zur Verfügung, die teils bewußt, d. h. „gegen bar" ihre Sache führen, teils unbewußt, indem sie mit dem Strome schwimmen und gedankenlos weitergeben, was ihnen von den großen Weltblättern vorgeredet wird.

In diesem Sinne ist die Börse, als weltumspannende Gesamtheit gedacht, selbst die großartigste Ausgestaltung des monopolistischen Gedankens, in welchem der Kapitalismus die letzten Folgerungen seines Wesens zieht, der „riesenhafteste Ring", der die Erde je umfaßt hat, unter dessen Herrschaft sie stöhnt und seufzt, wenn auch zum Teil noch ohne genau zu wissen, wo das Übel sitzt, wo der Fluch seinen Ursprung nimmt, der bald willkürlich anhäufend, bald ebenso willkürlich zerstörend auf dem modernen Erwerbe lastet.

Vom „wissenschaftlichen" Standpunkt kann man das hinnehmen, wie man jede Thatsache hinnimmt, insofern sie sich als notwendige Entwicklungsstufe darstellt, das Ergebnis einer Gedankenreihe bildet, die unter dem unwiderstehlichen Einflusse der ihr innewohnenden Logik steht. So kann man auch sagen, daß der Kapitalismus als solcher, ganz abgesehen von den zufälligen Einwirkungen besonderer Umstände, wie es die Eigenart der beteiligten Elemente bedingt, im Großen und Ganzen so erscheint, wie er seiner Grundidee nach erscheinen muß, d. h. als wirtschaftlicher und sozialer Ausbeuter, der nur den eigenen Vorteil kennt, dem jedes aus andern Beweggründen stammende Thun an sich fremd, unverständlich und gegensätzlich vorkommt und in der That mit diesem Maßstab gemessen, nicht anders vorkommen kann.

Das Leben selbst, die praktische Erfahrung reden bei alledem eine andere Sprache. Sie lehren uns, daß kein Gedanke, kein Grundsatz, kein System rein und ungefärbt in die Erscheinung tritt, sondern stets mehr oder weniger den Charakter wiederspiegelt, der den ausführenden Organen, d. h. den Menschen eigen ist, während diese ihrerseits unter dem Einflusse der sie umgebenden Naturmomente stehen.

An diesem Punkte nun kommen wir auf den Einfluß des Judentums, der von wissenschaftlicher Seite nicht selten, wenn gleich nicht geleugnet, so doch für ungleich geringfügiger erklärt wird, als er den Männern der wirtschaftlichen und sozialpolitischen Praxis schon lange gilt. Es wird unsere Aufgabe sein, im Folgenden, wenn auch nur in großen Zügen, näher auszuführen, daß und weshalb wir den Letzteren den Vorkämpfern der Theorie gegenüber Recht zu geben genötigt sind.

Die Praxis, soweit sie ehrlich zu Werke geht, beginnt die Judenfrage, d. h. die Frage nach der Ausdehnung und der Tragweite des jüdischen Einflusses in der Welt und auf dieselbe, mehr und mehr in den Mittelpunkt der sozialen Frage überhaupt zu schieben. Sie ist so weit, oder nicht mehr weit davon, die Lösung der letzteren, wenn davon überhaupt geredet werden darf, (das will sagen, insofern wir hoffen dürfen, aus dem Uebergangszustande der Gegenwart eine neue bessere, weil an sich selbst glaubende Weltordnung hervorgehen zu sehen) — von der Lösung der Judenfrage, d. h. von der Zurückdrängung des jüdischen Einflusses abhängig zu machen, wie sie am Ausgang des Mittelalters im 15. Jahrhundert fast allenthalben in Europa stattgefunden hat, um erst mit Anbruch der neuen Zeit, die in diesem Sinne von 1789 stammt, wieder der entgegengesetzten Strömung zu weichen. Diese hat seitdem ununterbrochen an Stärke gewonnen, bis sie am Ausgange des 19. Jahrhunderts abermals auf einem Höhepunkt angelangt scheint, der auf eine Katastrophe deutet, ohne daß freilich irgend jemand behaupten dürfte, daß diese Katastrophe nicht noch ein halbes Jahrhundert und noch länger auf sich warten lassen werde. Auch die französische Staatsumwälzung ist 50 Jahre vor ihrem wirklichen Ausbruch mit der größten Bestimmtheit vorausgesehen und vorausgesagt worden. Allerdings ist der Gang der Ideen, ihre Verbreitung über die Welt, ihr Einbringen in die Massen ein ungleich rascherer geworden, als er es bei den mangelhaften Verkehrsmitteln des 18. Jahrhunderts sein konnte, wo es keinen Dampf und keine Telegraphie gab, während auch die Technik des Buchdrucks gegen heute unendlich zurückstand. Dafür stehen dem Judentum zur Verteidigung seiner Machtstellung in der Gegenwart nicht nur im Kapitalismus als solchem, sondern auch außerhalb desselben zahllose Kräfte der verschiedensten Art zu Gebot, über welche der alte Feudalismus zu keiner Zeit verfügt hat; am wenigsten aber gerade in der Zeit, welche der großen Katastrophe unmittelbar vorausging. Nicht nur hat es ihm an geistigen Vorkämpfern gänzlich gefehlt: was in seinen eigenen Reihen auf diesem Gebiet Anspruch an Bedeutung erhob, ist fast ausschließlich bemüht gewesen, die Wurzeln seines Daseins zu untergraben. Voltaire und seine Gesinnungsgenossen unter den Encyklopädisten haben ihre eifrigsten Bewunderer unter den Vertretern des „blauesten Blutes" von Frankreich und nicht von Frankreich allein gezählt. Die größte Erscheinung der Revolution aber ist ein Aristokrat wie Mirabeau gewesen und zu ihren am meisten verhätschelten Kindern hat der Marquis von Lafayette gehört. Solche Gegner im eigenen Lager, d. h. des Liberalismus, der nichts anderes darstellt, als die politische Organisation des kapitalistischen Systems, sind dem Judentum bisher noch nicht erstanden. Allerdings täuscht es sich selbst darüber nicht, daß diese Zurückhaltung mehr auf äußeren als auf inneren Gründen beruht, d. h. daß der Philosemitismus der gebildeten und besitzenden Klassen, so weit sie selbst nicht jüdisch sind, durchaus nicht idealer Natur ist, sondern in Erwägungen des Eigennutzes wurzelt. Dies geben die für das große Publikum bestimmten jüdisch-liberalen Blätter zwar niemals zu; in den spezifisch jüdischen Organen dagegen kann man es häufig lesen.

Wie dem aber auch sein möge: daß das Judentum, wie man sich ausdrückt, das „Geld hat", bezweifelt niemand. Damit ist gesagt, daß Judentum und Kapitalismus zum mindesten eine Personalunion darstellen, d. h. daß die Juden als Einzelne im Großen und Ganzen die Vertreter des Systems, wenn nicht immer gewesen, so doch mit der Zeit geworden sind. Im Großen und Ganzen — denn auch heute noch giebt es in der Welt großen Kapitalbesitz, der nicht in jüdischen Händen ist. In den Vereinigten Staaten z. B. sind die größten Vermögen, die von Gould, Vanderbilt, Astor, Stewart, Malay u. s. w., in „christlichem" Besitze. Ebenso giebt es in Großbritannien eine bedeutende Anzahl von nicht jüdischen Millionenmännern. Auch auf dem europäischen Festlande kommen noch ansehnliche christliche

Vermögen ersten Ranges vor. Aber diese Ausnahmen bestätigen doch nur die Regel: das Geld ist heute im Wesentlichen jüdisches Geld geworden. In diesem Sinne vorbildlich ist die Weltstellung des Hauses Rothschild, mit der im ganzen weiten Bereich der Geschichte, sei es im Altertum, im Mittelalter oder in der Neuzeit, nichts verglichen werden kann. In kaum minderem Grade gilt dasselbe von der Rolle, welche „Baron" Hirsch in Europa spielen darf, obwohl der Ursprung seines Reichtums, der ungefähr auf 1 Milliarde Franken geschätzt wird, für niemanden ein Geheimnis ist. Obwohl oder vielleicht weil. Wo es sich um so riesenhafte Summen handelt, tritt nicht nur das: non olet in sein Recht, an der Stelle der Mißachtung sehen wir sogar die Bewunderung erscheinen. Thatsache ist jedenfalls, daß diesem „Milliardenmenschen", wie übrigens allen seinesgleichen, sämtliche Gesellschaftskreise, selbst die höchsten nicht durchweg ausgenommen, offen stehen, nur die eigentlich christlichen nicht, um die er sich aber freilich ebenso wenig kümmert als sie um ihn!

Daneben stehen eine Menge Vermögen zweiten Ranges, die aber auch noch alle hoch in die Millionen gehen, und deren Inhaber überwiegend Juden sind. Die haute banque von Paris, d. h. die Börse im wahren Sinne des Wortes, setzt sich, wie E. Drumont klagt, fast ausschließlich aus Kölner und Frankfurter Semiten zusammen, vor denen die Franzosen seit 1870 mehr und mehr zurückzuweichen genötigt sind. Die Börsen von Berlin und Wien gehören, wie schon Otto Glagau nachgewiesen hat, zu etwa 90 Prozent den Juden und würden ohne diese nichts bedeuten. In demselben Verhältnis ist die Judenschaft auch unter den kleineren „Banquiers" vertreten und ihr Übergewicht auf diesem Gebiet verstärkt sich von Jahr zu Jahr. Nur die Londoner Börse würde ihre Stellung in der finanziellen Welt, wie die Dinge heute noch zu liegen scheinen, ohne die Juden allenfalls behaupten können. Wie lange aber, ist ungewiß geworden, seitdem es den Rothschilds gelungen ist, die unbesonnene Einmischung des Hauses Baring in die heillose Finanzpolitik Argentiniens und seinen damit zusammenhängenden Zusammenbruch zur Befestigung seiner eigenen Machtstellung auf dem größten Handelsplatz der Welt, zu benutzen, so daß auch dort jetzt nichts mehr gegen seinen Willen geschieht.

Ebenso beginnen sich in New York und den übrigen großen Geldplätzen der Vereinigten Staaten, die Juden zu immer wachsenderem Einfluß empor zu schwingen. In der Manhattan-Stadt wohnen ihrer jetzt schon 300000, mehr als an irgend einem anderen Ort der Welt; selbst Warschau, Odessa, Wien und Berlin stehen hier zurück.

Das Judentum beschränkt sich dabei schon längst nicht mehr auf das sogenannte „reine Börsengeschäft", d. h. die Vermittlung von Anleihen und das Spielen in allen möglichen „Werten". Es hat sich im Laufe der letzten 2 Jahrzehnte zumal auch des Großgewerbes schon zum guten Teil bemächtigt, indem es eine Fabrikanlage nach der andern, mit der Zuhilfenahme unverhältnismäßig hoher Angebote, in Aktiengesellschaften verwandelt und deren Papiere an die Börse bringt, wo sie als Gegenstand des Spieles dienen, durch alle möglichen Gerüchte oder lügenhafte Erfindungen, oft der frechsten Art, ohne jeden in der Sache selbst liegenden Grund, bald hinaufgeschnellt, bald hinabgeworfen werden, wie es den Jobbern gerade paßt, von denen es heißt, daß sie die eigentlichen Anstifter des großen Ausstandes der rheinisch-westphälischen Kohlenarbeiter im Mai 1889 gewesen seien. Um die Bergwerke ist es ihnen eben vor allem zu thun, weil die Leistungsfähigkeit des gesamten Gewerbebetriebes mit deren Thätigkeit im engsten Zusammenhang steht. Wie zuverlässig verlautet, giebt es im ganzen rheinisch-westphälischen Kohlenbecken gegenwärtig keine einzige Zeche mehr, die von der Börse unabhängig wäre.

Die kapitalistische Wirksamkeit des Judentums erstreckt sich aber auch noch auf andere umfassendere Gebiete. Die großen Monopolbestrebungen der Gegenwart im engeren Sinne sind ebenfalls mit der Zeit mehr und mehr unter jüdische Einflüsse geraten. Hier sei nur an den großen Pariser „Kupferring" erinnert, bei dem das Haus Rothschild in erster Reihe beteiligt war. Den Zusammenbruch dieses die Welt umspannenden Unternehmens hat dasselbe bei aller seiner Kapitalkraft freilich nicht verhindern können; wohl aber ist es ihm gelungen, sich der strafrechtlichen Verantwortlichkeit zu entziehen, der die minder einflußreichen Mitglieder des „Ringes" unterliegen mußten. Sehr bemerkenswert in diesem Sinne sind auch die Rothschildschen Wollgeschäfte, vor allem aber die, wie es scheint, noch immer nicht aufgegebenen Versuche des Welthauses, die gesamte außeramerikanische Petroleum-Erzeugung, namentlich die russische in Baku, unter „seine Kontrolle" zu bringen, wie man es in den Vereinigten Staaten nennt. Bei unzähligen anderen Geschäften dieser Art, die wir eben ihrer Unmenge wegen hier nicht alle im einzelnen aufführen können, sind ebenfalls Juden beteiligt und zwar wissen sie sich in der Regel die leitende Stellung zu sichern, die den Charakter des Ganzen bestimmt.

Wenn die Juden so im Großen die Hauptvertreter des Kapitalismus sind, so zeigen sie sich auch auf den mittleren Höhen des Daseins und selbst in den kleinsten und engsten Verhältnissen in demselben Sinne thätig. Überall sieht man sie als Unternehmer, Zwischenhändler, Vermittler, Geldverleiher, endlich auch als unermüdliche Kleinkrämer auftreten. Ganze Länder wie Polen, Rußland, Österreich-Ungarn, Rumänien könnten ohne die Juden geschäftlich überhaupt nicht mehr bestehen, während sie in Mittel- und Westeuropa zwar keineswegs für unentbehrlich gehalten werden, auch dort aber nicht mehr los zu werden sind. Ganze Geschäftszweige sind dermaßen abhängig von ihnen geworden, daß ohne oder gar gegen ihren Willen überhaupt nichts mehr geschehen kann. Die Fabrikanten sind gezwungen, ihre Warenlieferungen nach jüdischen Gesichtspunkten einzurichten, d. h. um es kurz auszudrücken, mehr auf den Schein zu sehen, als auf das Sein, und die Händler müssen abnehmen, was man ihnen schickt, um sich am verbrauchenden Publikum schadlos zu halten, so gut es geht. Kein Wunder da, daß der Ruf der Erzeugnisse sinkt und große Absatzgebiete verloren gehen. Der Grundsatz des Judentums im Handel ist nicht der, preiswürdig zu liefern, sondern teuer zu verkaufen, wo es möglich ist, unter allen Umständen aber die Ware an den Mann zu bringen, sie mag sein, wie sie wolle. „Les juifs ont deshonoré le commerce français", — klagt darum Drumont, d. h. sie kennen die Ehre der Arbeit nicht.

Damit ist der Geist bezeichnet, der sie beim Geschäft erfüllt und treibt. Es ist der Geist des Gewinnenwollens um jeden Preis, den nichts zu hemmen vermag, als die äußere Unmöglichkeit, sein Ziel zu erreichen, weil er innere Schranken nicht mehr anerkennt.

Damit aber hat dieser jüdische Geist in einem Maße „Schule"
gemacht, daß man es in den großen Verkehrsmittelpunkten zumal
in erschreckender Weise merkt. Auch dem **deutschen** Geschäfts-
mann, mit dem wir es hier ausschließlich zu thun haben, dem
großen wie dem kleinen, ist der Begriff der Arbeitsehre vielfach
verloren gegangen. Auch er sieht häufig mehr darauf, ob sich in
einem bestimmten Falle etwas „herausschlagen" lasse, als es ihm am
Herzen liegt, seiner Verpflichtung nachzukommen, Leistung und
Gegenleistung in ein richtiges Verhältnis zu stellen. Er hält es
„geschäftlich" für „erlaubt", dem Kunden aufzureden, was er sich
aufreden läßt, sich zu diesem Zwecke jeder Täuschung und jeder
Unwahrheit zu bedienen, die nicht gerade im strafrechtlichen Sinne
als Betrug erscheint. Das gewöhnliche Lügen, der Bruch der
gegebenen Zusage fallen vielfach kaum mehr auf und werden nicht
übel genommen, ja nicht einmal bemerkt. Sie gelten einfach als
ein Mittel mehr, sich den geschäftlichen Verkehr zu erleichtern und
unbequeme Mahner vorübergehend los zu werden.

Im Großverkehr tritt dieser Zug, den verfeinerten Formen
entsprechend, nicht so kraß hervor; er herrscht darum aber nicht
weniger als in den unteren Schichten der Gesellschaft und richtet noch
größeren Schaden an als dort. Daß die **Bank**, welche ihren Kunden
unter Vorspiegelung falscher oder Verschweigung wichtiger Thatsachen minderwertige Papiere aufschwätzt, sich, so lange das Geschäft
sonst nur geht, dadurch um Achtung und Vertrauen brächte — wo
käme das wohl vor? Es gehört eben zum „Geschäft", daß sie die
übernommenen Anleihen an den Mann zu bringen sucht; wer
verdenkt es ihr da, daß sie die Mittel nimmt, wo sie sie findet?
Ob sie im guten Glauben gehandelt habe oder nicht, läßt sich in
den seltensten Fällen nachweisen; so lange das **Gericht** sein ver-
urteilendes Wort aber nicht gesprochen hat, drückt alle Welt gerne
ein Auge zu. Wie ließe es sich denn bei dem ungeheueren Mitbewerb überhaupt noch vorwärts kommen, wenn man das Gewissen
allzukräftig mitreden ließe?

Wenn der Umfang des Übels so groß geworden ist, wird man
einwerfen, — läßt sich denn da mit Aufwerfung der Judenfrage
noch etwas erreichen? Oder dient das nicht vielleicht dazu, die
Aufmerksamkeit von der wahren Quelle des Übels abzulenken,

17

pharisäische Stimmungen zu erzeugen, die alles auf die Juden
schieben, was am Ende durch sie doch nur entwickelt worden ist?
Diese Gefahr kann nicht geleugnet werden, sie besteht. Gewiße
antisemitische Strömungen, die mit dem Christentum zum
Teil auf mehr denn gespanntem Fuße stehen, erhöhen sie sehr, indem sie überall nach Juden suchen, auch wo diese weder vorhanden
sind noch vorhanden sein können, und die Leute dadurch verhindern,
im eigenen Herzen Einkehr zu halten und sich durch ernste Prüfung
zu überzeugen, daß der wahre Feind trotz alledem der innere
Jude ist, d. h. das schwache, selbstsüchtige Herz, das der Versuchung unter dem ersten besten Vorwand weicht, nicht der Jude,
der von außen mit listig lächelnder Miene naht, um den biederen
„Urgermanen" zu verführen. In neuster Zeit hat besonders
Adolf Wagner darauf hingewiesen und sich so in gewisser Weise
ein Verdienst erworben, nicht ohne dasselbe freilich selbst zu mindern,
indem er die auch bei Berücksichtigung der erwähnten Umstände
übrig bleibende verderbliche Wirkung des jüdischen Einflusses nicht
in dem Maße anerkennt, als es die Natur der Sache selbst verlangt. Er giebt sich sogar alle Mühe, die Bedeutung dieses Einflusses möglichst gering erscheinen zu lassen, weil ihm, wie wir gesehen, das System über dessen Träger geht. Deshalb hat er mehr
Widerspruch als Zustimmung gefunden, vornehmlich wohl, weil er
mit seinen Einwendungen seltsamerweise gerade in dem Augenblick
besonders scharf hervorgetreten ist, — denn auch früher schon hat
er ähnliches gesagt — wo die konservative Partei sich anschickte,
ihr Programm von 1876 umzugestalten und durch Berücksichtigung
der Judenfrage den veränderten Zeitverhältnissen gemäß zu erweitern.

In dieses neue Programm der Konservativen gehört die Judenfrage schon deswegen herein, weil sie thatsächlich in den Massen
lebt, mag man damit an sich nun einverstanden sein oder nicht.
Keine große Partei aber, die ihre Zeit versteht, darf an solchen
Erscheinungen vorübergehen, ohne sich auf die Dauer den schwersten
Schaden zuzufügen; am wenigsten darf es die konservative Partei,
weil gerade an sie aus der Mitte der „kleinen Leute" heraus unausgesetzt der Hilferuf ergeht. An die Liberalen wagen sich
diese „kleinen Leute" schon längst nicht mehr heran, weil sie im
Verkehr mit ihnen täglich die Erfahrung machen, daß sie dem

Liberalismus lediglich als Vasallen und Hintersassen gelten, die den Fahnen des Kapitals zu folgen gezwungen sind, wenn sie leben wollen. Auf statistische Zahlen gestützt, möchte Professor Wagner auch diese Abhängigkeit leugnen. Seiner Ansicht nach ist es mit der Zerbröckelung des kleinen Mittelstandes nicht so schlimm bestellt, als dessen Vertreter stets behaupten. Hinter die Koulissen aber muß man blicken. Da reicht es im Grunde schon aus, wenn man sich die Wahlergebnisse in unseren Städten ansieht. Was findet man da? Daß der Liberalismus, obwohl er in der Öffentlichkeit nicht mehr viel gilt, seinen Nimbus längst verloren hat, bei den städtischen Wahlen zumal, doch noch ziemlich unbestritten herrscht. Weshalb? Weil die „kleinen Leute" dem mittelbar wie unmittelbar geübten wirtschaftlichen Drucke des Großkapitals nicht widerstehen können, oder doch erst dann, wenn sie in die Reihen der Sozialdemokratie übergegangen sind. Das sieht seltsam aus, erklärt sich aber leicht genug. Es steht nämlich völlig fest, daß der in den meisten großen Städten herrschende Freisinn der Sozialdemokratie, die er öffentlich bekämpft, im Stillen recht viel Wohlwollen erweist, wo er irgend kann; so daß z. B. der Reichstagsabgeordnete und Stadtverordnete Singer im „roten Hause" zu Berlin trotz der kaum ein Dutzend betragenden sozialdemokratischen Stimmen, über die er in der Stadtverordnetenversammlung verfügt, eine äußerst einflußreiche Rolle spielt, während schon die bloße Thatsache der konservativen Gesinnung, besonders aber der Verdacht, mit Stöcker zu sympathisieren, genügt, um viele freisinnige Stadtväter zur Ablehnung jedes von dieser Seite kommenden Antrages zu veranlassen, auch wenn er sachlich tadellos begründet ist. Mit anderen Worten: dagegen, daß der Handwerker, Kleinkrämer, oder was er sonst sein mag, bei städtischen wie bei politischen Wahlen sozialdemokratisch stimme, hat man nichts, das bringt ihm geschäftlich keinen Schaden; derselbe Mann aber vermag im Interesse seines bürgerlichen Fortkommens nichts Gefährlicheres zu thun, als mit den Konservativen zu gehen. Was Wunder, daß viele Leute, die sich dem Gesinnungsdruck entziehen möchten, ohne dabei ihr ganzes äußeres Fortkommen aufs Spiel zu setzen, unter die Fahne Singers treten.

Daß es sich hier nicht um bloße Vermutungen handelt, hat

u. a. der Prozeß Ahlwardt dargethan, wenn derselbe es auch nicht unmittelbar mit den Beziehungen der Berliner Kleingewerbtreibenden zu der städtischen Verwaltung zu thun hatte. Hier darf wohl unbedenklich per analogiam geschlossen werden. Im letzten Grunde geht auch dabei freilich alles auf den „Rütlibund des Atheismus" zurück, der das heutige Berlin beherrscht. In diesem Bunde aber ist, wie jedermann weiß, die Sozialdemokratie die „dritte."

Seit dem Tode des Stadtverordneten-Vorstehers Dr. Straßmann und Ludwig Löwe's tritt die Bedeutung des Judentums in dem Bunde und für denselben nicht mehr so offen hervor als ehedem. Der gegenwärtige Stadtverordneten-Vorsteher Dr. Stryk ist ein „Christ" und man kann nicht behaupten, daß die Juden, so unverhältnismäßig stark sie im städtischen Parlament auch vertreten sind, dort eine äußerlich leitende Stellung hätten. Hinter den Koulissen aber hat sich nichts geändert. Man kann sogar sagen, daß je weniger die Juden in Berlin wie anderswo als einzelne durch Geist und Charakter hervorragen, ihr Einfluß als Gesamtheit um so größer wird, weil der Geist bei den Erwägungen der Gegenwart keinen maßgebenden Einfluß mehr übt, und weil das gegenwärtige Geschlecht der Juden erst in den vollen Genuß der Güter getreten ist, welche ihm die Arbeit seiner persönlich hervorragenderen „Väter" gesichert hat. Für dieses Geschlecht handelt es sich der Hauptsache nach nur darum, die in der Vergangenheit eingeleiteten Beziehungen zu den Mächten der Zeit zu erhalten und je nach Gelegenheit und Bedarf fester zu knüpfen; mit einem Wort: das Haus, dessen Grundmauern schon Lessing und Moses Mendelsohn gelegt, und das der „Völkerfrühling" des „tollen Jahres" unter Dach gebracht, im Innern einzurichten und mit dem Schmuck und Behagen des Daseins zu erfüllen, welches die Welt vergessen macht, daß die Bewohner dieser herrlich gebauten Räume die Söhne und Enkel von Hausierern sind, für die unsere Vorfahren kein anderes Gefühl als im besten Falle das des Mitleids übrig hatten. Diese Arbeit des Ausbauens und Ausschmückens aber ist, wie man zu sagen pflegt, „keine Hexerei". Als „Mann zweier Welten" erscheint dabei vor allem Herr Paul Singer, der Höchstkommandierende der deutschen Sozialdemokratie", und als solcher eine Persönlichkeit, die auch in der Gesamtleitung der „roten Internationale", in soweit von einer solchen die Rede sein kann, nicht geringen Einfluß beanspruchen darf. Mit diesem „Stammesgenossen", der zu den Berliner Millionären zählt, brauchen die freisinnigen Juden der Stadtvertretung nur von ferne zu drohen, um die freisinnigen Christen „butterweich" zu machen. Ob zwischen ihnen und Herrn Singer unmittelbare Beziehungen bestehen, ob Verkehr von „Mann zu Mann" gepflogen wird, würde sich schwer ergründen lassen und mag deshalb dahingestellt bleiben. Dieser persönlichen Beziehungen bedarf es aber auch gar nicht. „Ils s'entendent comme larrons en foire" — sie brauchen sich bloß anzusehen, um sich zu „begreifen."

Aus Berlin aber fliegen die Stichworte nach allen Ecken und Enden des Reichs; deshalb sieht, was hier geschieht, einem Mikrokosmus gleich, der in seinen verschiedenartigen Erscheinungsformen als pars pro toto dienen kann, als Probe, nach der sich die Gesamtheit des jüdisch-liberalen Treibens in allen wesentlichen Punkten sehr wohl beurteilen läßt. Wenn man diesen Mikrokosmus aber in dem hier bezeichneten Sinne betrachtet, so zeigt sich sogleich, daß man es mit einem förmlichen „Ring" nicht nur in den einzelnen Städten, sondern auch der meisten Städte unter einander zu thun hat, der einen immer unseidlicher werdenden, im letzten Grunde von den Juden ausgehenden, politischen und geschäftlichen Druck auf die gewerblichen Klassen der Bevölkerung ausübt, um diese, die in hohem Maße darauf angewiesen sind, von städtischen Lieferungen u. s. w. zu leben, in der schon oben geschilderten Weise in den Dienst des liberalen Parteiinteresses zu zwingen; wohl verstanden, in so weit derselbe sich dem eben nicht durch Übertritt zur Sozialdemokratie zu entziehen versteht oder sonst vom christlichen oder konservativen Standpunkt aus, einen Widerstand zu leisten wagt, der sittlich um so höher angeschlagen werden muß, je weniger praktisches Verständnis für dieses im besten Sinne patriotische Verhalten oft gerade da gefunden wird, wo man das stärkste Interesse an der Erhaltung eines kräftigen Mittelstandes hat.

Von Jahr zu Jahr sehen wir den Zerbröckelungsprozeß, den Professor Wagner leugnet, stärker werden, die Zahl derer zunehmen, welche die Flinte verzweiflungsvoll ins Korn werfen, weil sie den zersetzenden Mächten ringsum, selbst bei äußerster Anspannung aller Kräfte des Leibes und der Seele, keinen Widerstand mehr zu leisten vermögen. Der wirtschaftlich besser gestellte oder mit kräftigeren Nerven ausgerüstete Rest ist zum **Antisemitismus** übergegangen und nimmt von diesem Standpunkt aus eine grundsätzlich starke Stellung ein, vorausgesetzt natürlich, daß dieser Antisemitismus von der richtigen Art sei. Davon wird weiter unten noch gehandelt werden.

Nicht aus den Städten, nicht aus den Kreisen der Handwerker und der sonstigen kleinen Leute allein, hören wir jedoch den sozialen Notschrei ertönen, den die konservative Partei als solche nicht unbeachtet lassen darf; auch vom platten Lande erhebt er sich immer stärker; im **Westen** des Reiches zumal, wo die jüdische Güterschlächterei und der nicht minder meist von Juden betriebene wucherische Hausierhandel aller Art vielfach ähnliche Zustände hervorbringt, wie sie in den Städten infolge des vom Großkapital verübten Drucks bestehen. In **Baden**, in **Hessen-Darmstadt**, im ehemaligen **Kurhessen**, in einem Teil von **Westfalen** ist die Durchsetzung der Dörfer mit jüdischen Elementen am stärksten ausgebildet, weshalb die antisemitischen Bestrebungen dort auch einen besonders gut vorbereiteten Boden finden. Aber auch im **Osten** und in **Mitteldeutschland**, neuerdings sogar im **Süden** des Reichs, wo die Juden vergleichsweise nur schwach vertreten sind, beginnt sich unter dem Landvolk eine immer wachsendere Abneigung gegen das Semitentum geltend zu machen. Wo sich der Bauer mit seinesgleichen zu Schutz und Trutz zusammenthut, wie das seit einigen Jahren durch die Bildung besonderer Bauernvereine in den verschiedensten Teilen von Deutschland geschieht, kehrt sich die Spitze fast regelmäßig, sozusagen instinktiv gegen den Juden, dessen wirtschaftliche Überlegenheit der einzelne fürchtet, ohne ihr doch als solcher widerstehen zu können.

Diesen Stand der Dinge können die Konservativen als vorwiegend ländliche Partei erst recht nicht länger auf sich beruhen lassen. Hier, wenn irgendwo, ist die Handhabe geboten, um dem Bauern zu zeigen, daß Großgrundbesitz und Kleingrundbesitz der Ausbeutung gegenüber das gleiche Interesse haben, und daß es nichts als tendenziöse Erfindung ist, was von der rücksichtslosen Selbstsucht der „Agrarier" gefabelt wird, die sich auf Kosten der Allgemeinheit füttern lassen wollten.

Diese Verpflichtung bleibt auch dann bestehen, wenn den Konservativen nicht nur von den grundsätzlichen Gegnern, sondern wie das in leider nicht ganz vereinzelten Fällen vorkommt, auch aus der eigenen Mitte heraus entgegen gehalten wird, daß der Antisemitismus, gleichviel, in welcher Form er auftreten möge, mit demagogischer Aufhetzung des Volkes gegen die Besitzverhältnisse der Gegenwart gleichbedeutend sei. Daß es nicht leicht sein kann, eine Bewegung wie diese unter allen Umständen in ruhigen, gesetzlichen Bahnen fest zu halten, läßt sich nicht leugnen. Gerade weil es sich hier nicht sowohl um politische Formen als um soziale Verhältnisse d. h. um Dinge handelt, die wenn auch nicht immer dem vollen Verständnis, so doch dem Interesse der wirtschaftlich schwächeren Massen nahe stehen, muß es schwer genug sein, die Linie inne zu halten, welche das berechtigte Moment des Selbstschutzes von dem unberechtigten Übergriffe auf Gebiete trennt, die Anderen gehören und von ihnen mit gutem Fug verteidigt werden. Auf der anderen Seite ist nicht minder klar, daß die leitenden Klassen der Gesellschaft, wie sie geschichtlich und thatsächlich mit in erster Reihe in der konservativen Partei vertreten sind, sich gerade da am wenigsten passiv verhalten dürfen, wo es sich um die richtige Abgrenzung solcher zweifelhafter Gebiete handelt. Thäten sie es, dem Rate kleinmütiger Genossen folgend oder von Gegnern eingeschüchtert, bei alledem, so würden sie die schwere Verantwortlichkeit auf sich nehmen, die Leitung der Massen in einer kritischen Stunde ihres Daseins solchen Elementen zu überliefern, die mit Recht demagogische zu nennen wären, weil sie die soziale Pflicht zu einem bloßen Geschäft machen und somit ihres sittlichen Inhaltes berauben. An solchen „katilinarischen Existenzen", denen es weder an Talent für den „Geschäftsantisemitismus" fehlt, noch an der Neigung dazu, mangelt es auch in Deutschland keineswegs. Ganz abgesehen von Beispielen aus älterer Zeit, mag hier nur auf das sattsam bekannte Treiben gewisser Berliner Persönlichkeiten hingewiesen sein, denen es gelungen ist, sich binnen wenigen Jahren einen gewissen Weltruf, wenn auch nicht Weltruhm zu erwerben. Wie verlockend das wirken, wie sehr es verwandte Geister zur Nachfolge anspornen muß, braucht nicht näher ausgeführt zu werden. Die Gefahr ist groß, dringender vielleicht, als man vielfach ahnt, weil in der That nichts näher liegt, als die Vermutung, daß das Judentum und seine politische Gefolgschaft die nicht immer tadellose sittliche Beschaffenheit der antisemitischen Agitatoren genannten Schlages dazu benutzt, um sich „Lockspitzel" zu verschaffen, deren Aufgabe es wäre, den Antisemitismus systematisch auf Irrwege zu führen und so der „roten Reaktion" die Wege zu bahnen, d. h. das besitzende Philistertum zu erschrecken und einen gründlichen Rückschlag zu Gunsten des kapitalistischen Liberalismus herbeizuführen. Was dem gebildeten Durchschnittsstaatsbürger unserer Tage hauptsächlich, ja vielfach allein am Herzen liegt, ist eben der Besitz. Diesen schlägt er vielfach höher an als die Ehre, in gewissem Sinne sogar höher als das Leben selbst, d. h. er zieht unter Umständen den Tod der Armut vor. Kann man ihn also davon überzeugen, daß der Antisemitismus als solcher „besitzfeindlich" sei, die bestehende Ordnung ernstlich bedrohe, so wird er sich mit aller ihm zu Gebote stehenden Thatkraft gegen den Antisemitismus kehren, und dessen grundsätzliche Gegner hätten auf eine Zeit lang wenigstens gewonnenes Spiel.

Zu diesen grundsätzlichen Gegnern gehören vor allem natürlich die Juden selbst und zwar ist dabei zwischen Orthodoxjuden und Reformjuden kaum zu unterscheiden. So heftig sie sich unter sich befehden, so wenig Schonung sie zu üben gewohnt sind, wo und so lange es sich um innere Fragen des Judentums handelt, so fest und einmütig stehen sie zusammen gegen alles, was die politische und soziale Stellung der Gesamtheit zu bedrohen scheint. Dabei aber sehen sie sich von zahllosen anderen nicht jüdischen Elementen unterstützt, die man in Deutschland seit einem Jahrzehnt, d. h. seit dem Beginn der antisemitischen Bewegung unserer Tage, mit einem Wort als „Judengenossen" oder, um es kräftiger auszudrücken, als „Judenknechte" zusammenfaßt und die sich im Wesentlichen mit den Bekennern des Liberalismus aller Schattierungen, vom Dunkelblau der Mittelparteier bis zum Blutigrot der Sozialdemokratie, decken. Unter Liberalismus verstehen wir unter diesem Zusammenhang die materialistisch-naturalistische Weltanschauung, die ihre Theorie ausschließlich auf das

Diesseits gründet. In den Reihen dieser „Judengenossen", wenn man sie als einzelne betrachtet, fehlt es an heimlichen Gegnern des Judentums zwar so wenig, daß ein spezifisch-jüdisches Blatt, welches dem großen liberalen Publikum nicht vor Augen kommt, wie schon angedeutet wurde, vor nicht langer Zeit das harte Geständnis abgelegt hat, unter den deutschen Philosemiten werde nur eine verschwindende Minderheit von Beweggründen uneigennütziger Art geleitet. Im Sinne unserer Betrachtung zählen diese „Salonantisemiten" aber freilich zu den schlimmsten Schleppenträgern des Judentums, weil sie ihre private Meinung in der Öffentlichkeit fast niemals zu vertreten wagen und sich damit zu einer inneren Unehrlichkeit und Feigheit bekennen, die man den Juden selbst auf diesem Gebiet nicht vorwerfen darf, insofern sie eben nur thun, was sie von ihrem Standpunkt für richtig und geboten ansehen und in gewisser Weise auch anzusehen berechtigt sind. Noch vor 1 1/2 Jahrzehnten zurück war es mit unseren Liberalen in dieser Hinsicht nicht so schlecht bestellt als jetzt, da sie damals zum guten Teil noch ehrlich philosemitisch dachten oder sich doch des Gegensatzes zum Judentum noch nicht voll bewußt geworden waren. Die antisemitische Bewegung hat dieses Bewußtsein, wenn auch nur sehr langsam und schwer, in ihnen geweckt, ohne ihnen zugleich den Mut einzuflößen, der dazu gehört, um die Folgerungen des Gesinnungswechsels rückhaltlos zu ziehen. Dadurch ist aber eine Unwahrheit in unser öffentliches Leben herein getragen worden, die es ärger vergiftet, als es aller Haß der Parteien vermag, so lange er sich offen und rückhaltlos als das giebt, was er ist. Und zwar durchdringt diese Unwahrheit und Heuchelei nicht nur das geschäftliche Leben im engeren Sinne, auch das politische, gesellschaftliche und geistige Dasein wird in diesen Bann gezogen und verfällt demselben in gewissem Sinne mehr und mehr.

In einem deutschen Bürgerhause findet sich ein Kreis von Bekannten zusammen; das Judentum wird in der schärfsten Weise kritisiert, auf seine Kosten wird laut gespottet und gelacht. Tags darauf finden die Wahlen zur Stadtverordnetenversammlung statt; Wirt und Gäste treffen dabei zusammen und geben ihre Stimmen Mann für Mann für den liberalen Kandidaten ab, der ein Jude ist. Hält man ihnen vor, daß dies einen inneren Widerspruch bedeute, so begreifen sie es kaum, oder wenn sie es begreifen, gehen sie in dem falt frivolen Ton darüber weg, den sich die moderne Welt für solche Fälle angeeignet hat. „Das geht nun einmal nicht anders, ich darf mich mit den Juden nicht überwerfen. Wähle ich konservativ oder enthalte ich mich auch nur der Stimme, so bekomme ich die Eisenträger-Lieferung für den Gemeindeschulbau in der X.-Straße nicht, das weiß ich ganz genau. So etwas, wissen Sie, läßt man sich doch nicht entgehen. Gewählt wird der Jude doch, auch ohne mich; ein Narr wäre ich, mich für nichts und wieder nichts zu opfern." Der Andere stimmt entweder schließlich zu oder ist höflich genug, zu schweigen. Daß jemand eine Geschäftsrücksicht nicht in der einen oder anderen Weise gelten läßt, kommt selten vor; selbst in nicht liberalen offen antisemitischen Kreisen läßt man sie mehr oder weniger passieren und es giebt ja auch, wie zugegeben werden muß, Fälle genug, wo vom Standpunkt der Selbsterhaltung nichts oder doch nicht viel dagegen eingewendet werden kann. Die geschäftliche Überlegenheit des Judentums schafft eben Notlagen aller Art, denen sich unter Umständen selbst der stärkste Wille und die kräftigste Überzeugung beugen müssen, weil eine höhere Pflicht es so verlangt. Nur ist alsdann der „Salonantisemitismus" nicht am Platz, der sich freilich gerade dort am lautesten gebärdet, wo er sich im Grunde ohne Gefahr in den Antisemitismus der That umsetzen könnte, d. h. in den höheren Gesellschaftskreisen, während sich der meiste Mut zum Widerstande noch bei den „kleinen Leuten" findet, denen das Gegenteil weit weniger vorgeworfen werden dürfte. Thatsächlich besteht die große Mehrzahl der antisemitischen Vereinigungen in Deutschland, deren es gegenwärtig schon mehrere Hunderte giebt, aus Angehörigen des niederen Mittelstandes. Der Großkaufmann, der Fabrikherr, der Gelehrte, der Beamte fehlen noch fast ganz, während, wie gesagt, der „Salonantisemitismus" gerade in diesen Kreisen „Mode" ist und sich immer mehr und mehr verbreitet. Das geht so weit, daß z. B. der vornehmste Klub in Breslau, der drittgrößten deutschen Stadt, die sich sonst dem Judentume willig beugt, keinen Juden aufnimmt. Das Gleiche gilt auch von der Hauptfestung der Nationalliberalen in Mannheim, der sogenannten „Räuberhöhle", deren Mitglieder politisch und geschäftlich unbedenklich mit den Juden gehen und überall, wo deren öffentliche Interessen in Frage kommen, zu ihnen stehen „wie ein Mann". Noch viele Beispiele dieser Art ließen sich anführen; sie verschwinden aber gegen die Zahl der Einzelfälle, die dasselbe zeigen. Wo wäre z. B. der Buchhändler zu finden, der es wagte, antisemitische Schriften in sein Schaufenster zu stellen? Zwar haben sich seit einiger Zeit besondere antisemitische Handlungen aufgethan, weil eben die wachsende Nachfrage es verlangt und lohnend macht. Das Geschäft als solches, wie gesagt, lehnt alles derartige eben nach wie vor mit jenem anscheinend überlegenen Lächeln ab, das im Grunde nichts als blasse Furcht bedeutet; denn vor allem, was philosemitisch ist, beugt man sich nach wie vor „ergebenst" in den Staub, wie ja auch die ärgsten Schmähungen des Christentums und der Monarchie ungescheut verbreitet werden, während die christliche Litteratur als solche besten Falles im Winkel bleibt.

Noch unumschränkter sehen wir das Judentum auf der Bühne und im Musikleben herrschen, weil fast alle Direktoren von Privattheatern und Konzertunternehmer entweder Juden sind oder sich von dem halben Dutzend maßgebender Juden abhängig fühlen, die von Berlin aus alles „besorgen", „so weit die deutsche Zunge klingt", ja genau genommen, noch darüber hinaus, da der Bedarf an deutschen Theaterstücken mit dem Berliner Stempel, im Auslande, namentlich aber in Nord-Europa, unaufhörlich wächst, während sich gleichzeitig alle Musikvirtuosen der Welt in Berlin zusammenfinden, wo sie ohne die „Konzertunternehmung Wolff" keinen Schritt zu thun im stande wären.

Der deutsche Theaterdichter oder Komponist, der dem Antisemitismus auch nur das leiseste Zugeständnis machen wollte, würde sich damit also selbst zu ewigem Schweigen verdammen, seinen eigenen Ausschluß von den Brettern verkünden, „die die Welt bedeuten." In noch mehr — auch aus der Publicistik, so weit sie in liberalen Händen ist, würde er sich selbst verbannen, damit aber in vielen Fällen auf jede Möglichkeit des Fortkommens überhaupt verzichten. Was folgt daraus? Daß die Schriftstellerwelt, besonders insofern sie von der Bühne angezogen wird, wo heutzutage allein noch große „Treffer" möglich sind, — jede Äußerung ihrer wahren Denkweise unterdrückt und sich dem Judentum gegenüber ein höflich glattes, oft auch kriecherisch unterwürdiges Wesen angewöhnt, während der innere Mensch von Zorn und Ingrimm bebt, und der ganze Verkehr zu einer ungeheueren Lüge auswächst, deren vergiftende Wirkung natürlich auch auf andere Gebiete übergreift. Wie wäre es denn auch denkbar, daß diese Gewöhnung an eine heuchlerische Maske im Geschäftsverkehr nicht auch das Privatleben des einzelnen nach und nach gegen den Wert der Wahrheit und ihre Stellung im Mittelpunkt unseres Daseins abstumpfen sollte? Was der Mensch täglich thut, das hält er schließlich für Recht, oder doch vom Standpunkt der Notwehr für erlaubt, und nur natürlich muß es erscheinen, daß er diese Anschauung um seiner Selbstrechtfertigung willen auf die überträgt, die von ihm ihre Lehren zu empfangen haben. So wuchert das Übel weiter und wächst von Geschlecht zu Geschlecht, bis der Sinn für das Wahre und Echte endlich ganz erstirbt.

Übrigens aber spielen bei diesen Beziehungen noch eine Menge anderer Momente mit, die nicht ohne weiteres dem Zwang der Lage auf die Rechnung gesetzt werden dürfen, wohl aber mit den Verlockungen in engem Zusammenhang stehen, die diese Lage bietet. Wenn der jüdische Kapitalismus auf der einen Seite als der unbarmherzige Büttel erscheint, der alle Arbeit, sei sie nun körperlicher oder geistiger Art, in seine Dienste zwingt, so stellt er sich auf der anderen Seite auch als der Versucher dar, aus dessen Händen der schwache, nach Genuß und Ehre lechzende Mensch alles zu erwarten hat, was diese Erde bietet. Der Schriftsteller, der ein Theaterstück, einen Roman, oder auch nur ein Zeitungsfeuilleton anbringen will, sieht sich in erster Reihe an die Kräfte gewiesen, über die der Liberalismus und das hinter ihm stehende Judentum gebieten. Ohne oder gegen sie vermag er, wie wir gesehen, in den meisten Fällen nichts, in anderen, äußerlich betrachtet, wenig genug. Auf Lohn und Ruhm in modernem Sinn darf niemand rechnen, der nicht mit diesem Strome schwimmt. Selbst hervorragende Talente, wenn sie sich dem Dienst der christlichen und konservativen Ideen widmen, und dabei politisch wie schriftstellerisch an sich Bedeutendes leisten, werden, wenige Ausnahmen abgerechnet, die dann sämtlich zu den rednerischen Talenten ersten Ranges gehören, die Erfahrung machen, daß die Erfolge, die sie erringen, eng begrenzte sind, daß ihr Ruf sich nur schwer über den Kreis der näheren Gesinnungsgenossen verbreitet, und daß ihnen nichts von dem zu teil wird, was für die meisten Menschen, in der Jugend zumal, nicht nur verlockend, sondern berauschend und verführerisch erscheint. Diese Ehren und diese Anerkennung werden von den Schildhaltern des Kapitalismus unter ihre F r e u n d e, oder je nachdem auch unter ihre M i t s ch u l d i g e n verteilt, die ihrerseits mit zorniger Eifersucht darüber wachen, daß keinem Unberufenen etwas von der Beute anheim falle, und daß sich niemand rühme, ohne oder gegen sie etwas geworden zu sein in dem Reiche, über das sie gebieten, und wo ihnen alles zu Füßen liegt. Die Zahl dieser Mächtigen ist viel kleiner, als die meisten, die den Dingen als Laien gegenüber stehen, ahnen. Auf fast allen Prospekten litterarischer Neugründungen der verschiedensten Art kann man ihre Namen beisammen sehen. Es sind immer und unvermeidlich dieselben; einige Dutzende, mehr nicht; nur selten treten neue hinzu, fügen sich der alten Garde ein und gehen mit ihr im gleichen Schritt. Thun sie es aber, entschließen sie sich zu Gunsten des „Ringes", jeder inneren wie äußeren Selbständigkeit zu entsagen, so werden sie gleich im ersten Jahr, ja wohl auch früher noch „bekannt", im zweiten und dritten, wenn sie sich nach Vorschrift halten, „berühmt". Das Publikum aber nimmt das in der Regel hin und „glaubt" es, ohne näher nachzuforschen, einfach auf einige Zeitungsreklamen hin, die es gedankenlos wie immer liest, und von denen es vorzugsweise in den eigentlichen Judenblättern wimmelt. Diese Presse weiß sehr wohl, daß P e r s o n e n v e r g ö t t e r u n g das Mittel ist, mit dem die Menschen am leichtesten gewonnen werden, während es gleichzeitig zum liberalen Grundsatze paßt, für den die P e r s o n das höchste ist, um das sich hier auf Erden alles dreht.

Die christliche konservative Anschauung weist das zurück und muß es zurückweisen, weil ihr aller Kultus des F l e i s ch e s Sünde ist. Eben damit verzichtet sie aber von vornherein darauf, die wirksamsten Hebel anzuwenden, die in den Händeln dieser Welt zur Geltung kommen. Vielfach muß sie es sogar solchen Kreisen gegenüber thun, die ihr theoretisch bis zu einem gewissen Grade nahe stehen, oder doch zu stehen behaupten, und zu denen vor allen die schon erwähnten höheren Gesellschaftskreise zählen. Diese sind äußerlich meist noch so gestellt, daß sie sich vom Judentum und seinen Einwirkungen unabhängig halten könnten. Im rein gesellschaftlichen Sinne, wie gesagt, thun sie es ja auch mitunter. Im großen und ganzen jedoch fühlen sie sich durch das, was ihnen der jüdische Reichtum und die jüdischen Einflüsse überhaupt an Genüssen und Vorteilen zu bieten vermögen, zu sehr angezogen, als daß sie sich entschließen könnten, diesen Einflüssen mit der Entschiedenheit entgegen zu treten, ohne die keine durchgreifende Wirkung erzielt werden kann. Der Widerstand der „kleinen Leute" gegen das Judentum reicht nicht aus; einmal, weil er bei deren geringen Mitteln der nötigen sozialen Wucht entbehrt, das anderemal, weil der Antisemitismus, so lange er auf die Kreise der Kleinen und Geringen beschränkt bleibt, in dem aristokratisch denkenden, von Standesvorurteilen stark beherrschten Deutschland nicht recht „imponiert". Auch die Sozialdemokratie zwar ist eine Partei der „kleinen Leute"; sie ist es sogar in noch höherem Maße, als es die Antisemiten sind, zu denen sich gegenwärtig immerhin doch schon eine Anzahl Angehöriger der oberen Klassen rechnet. Vergessen darf man indessen nicht, daß die sozialdemokratische Bewegung sich im entschiedensten Sinne des Wortes auf alle Triebe und Instinkte des natürlichen Menschen stützt, ja diese noch über die liberale Lehrmeinung hinaus als berechtigt anerkennt, daß sie um etwa 1½ Jahrzehnte älter ist als der Antisemitismus, endlich aber, und das steht hier mit voran, daß ihr in der Stille der ganze Einfluß des Judentums zu statten kommt, welches sich in ihr eine neue Waffe zu schmieden bestrebt ist, nachdem es ihm klar geworden, daß es in den Formen des politischen Liberalismus keine wirksame Schutzwehr mehr besitzt. Die Sozialdemokratie schwimmt also in jedem Sinne mit dem Strom, während der Antisemitismus dies nur insofern thut, als er in der natürlichen Abneigung der arischen Völker gegen das jüdische Wesen wurzelt. Alle übrigen Momente, die der Sozialdemokratie zu statten kommen, hat er gegen sich; vor allem die Thatsache der von den Juden beherrschten kapitalistischen Weltordnung selbst, die von der Sozialdemokratie programmmäßig zwar ebenfalls angegriffen wird, aber nur in der negativen Form, die ihr den Kampf erleichtert, während der Antisemitismus auf eine positive Abänderung der herrschenden Zustände ausgeht, und eben deshalb mit an deren Erhaltung Interessierten viel leichter in Widerstreit gerät, als die

Sozialdemokratie, die sich auf allgemeine Verdammungsurteile beschränkt, mit denen praktisch nicht viel ausgerichtet wird.

An der innerlichen Berechtigung des Antisemitismus im Sinne der vorstehenden Darlegungen wird wohl nicht gezweifelt werden. In diesem Sinne ist es nichts anderes und soll nichts anderes sein als Kampf gegen die widergöttliche Ausgestaltung, die das moderne Dasein unter der durch jüdische Einflüsse vergifteten Herrschaft der naturalistisch-kapitalistischen Weltanschauung erhalten hat. Freilich aber muß zugegeben werden, daß diese Begriffsbestimmung sich mit den üblichen nicht ganz deckt, und daß dem Antisemitismus hier eine Aufgabe zugewiesen wird, die man sonst schlechtweg dem christlichen Konservatismus zu stellen pflegt. In der That läßt sich auch nicht behaupten, daß sich der Antisemitismus in seinen bisherigen Erscheinungsformen dieser Aufgabe schon ganz gewachsen zeige. In manchen seiner Abzweigungen ist er sich ihrer nicht einmal bewußt, weist er sie sogar grundsätzlich zurück. Vom religiösen Standpunkt, von dem der sogenannten „konfessionellen Unduldsamkeit", den das Judentum und seine Anhänger ihrerseits den antisemitischen Bestrebungen unterschieben möchten, geschieht das zwar keineswegs und kann es nicht geschehen, weil diese Art von Antisemitismus — wir haben dabei vorzugsweise die von dem Reichstagsabgeordneten Dr. Böckel im Auge — selbst keinerlei religiöse, bewußt christliche Auffassung kennt, sondern sich auf den Boden eines naturalistischen Rassenhasses stellt und das Judentum von diesem aus bekämpft. Dabei berufen sie sich auf die Unvereinbarkeit von dessen im Talmud niedergelegten sozialen und sittlich rechtlichen Anschauungen mit denen der „arischen" Völker, unter denen sich die Juden notwendig fremd fühlen müßten, und die sie deshalb ganz folgerichtig zum Gegenstande ihres angeborenen semitischen Ausbeutungstriebes machten. Daß dieser Standpunkt nicht ausreicht, noch ausreichen kann, braucht kaum erst dargelegt zu werden. Er unterscheidet sich von dem der Gegner mehr äußerlich als innerlich, weil er auf demselben Naturboden steht und sich somit der gleichen fleischlichen Waffen bedient. Eine gewisse Empfindung hierfür scheint sich im Verlauf des Kampfes mehr und mehr geltend zu machen. Wenn auch noch viel daran fehlt, daß die von Dr. Böckel geführte „antisemitische Volkspartei" christliche Grundsätze betont, so läßt sich in ihrem Verhalten neuerdings im allgemeinen doch mehr Achtung vor dem Christentum wahrnehmen, als sie ihm früher zu erweisen für nötig hielt; damit aber hängt es eng zusammen, daß die Partei sich auch politisch weniger radikal gebärdet als sonst, wo sie sich von den Sozialdemokraten vielfach nur durch ihren offen zur Schau getragenen Judenhaß unterschied, während sie sich jetzt zu monarchischen Anschauungen bekennt und in den meisten Fällen auch die sich hieraus ergebenden Schlußfolgerungen zieht. Bei alledem fehlt es, wie gesagt, zwischen ihr und ihren liberalen Widersachern auch heute noch nicht an Berührungspunkten mannigfacher Art, weshalb die „antisemitische Volkspartei" auch verhältnismäßig weniger von dem Hasse dieser Widersacher zu leiden hat, als die deutschsoziale Richtung, deren Führer und Hauptvorkämpfer wir in dem Reichstagsabgeordneten Liebermann von Sonnenberg erblicken. Wenn wir das Programm dieser Richtung, wie es in Bochum — irren wir nicht im Jahre 1898 — beschlossen worden ist, mit dem der Deutsch-Konservativen vom 13. Juli 1876 vergleichen, so finden wir, daß beide sehr vieles, ja das meiste gemein haben, nur daß das Bochumer Programm, weil es um 12 Jahre jünger ist, den sozialen Forderungen der Zeit einen ungleich breiteren Raum bietet, als das andere, das eben noch aus der Zeit vor der kaiserlichen Botschaft vom 17. November 1881 stammt und eben aus diesem Grunde reformbedürftig geworden ist. Den Unterschied zwischen beiden Programmen, der für uns hauptsächlich in Betracht kommt, finden wir in den Punkten, die sich auf das Verhältnis zu Christentum und Kirche beziehen. § 4 des deutsch-konservativen Programms lautet wie folgt:

„Das religiöse Leben unseres Volkes, die Erhaltung und Wiedererstarkung der kirchlichen und christlichen Einrichtungen, die seine Träger sind, — vor allem die konfessionelle christliche Volksschule erachten wir für die Grundlage jeder gesunden Entwicklung und für die wichtigste Bürgschaft gegen die zunehmende Verwilderung der Massen und die fortschreitende Auflösung aller gesellschaftlichen Bande."

Dem gegenüber hat § 4 des deutsch-sozialen Programms folgenden Wortlaut:

„Möglichste Befreiung der christl. Kirche von staatlicher Bevormundung, völlige Glaubens- und Gewissensfreiheit: Duldung aller Gewissensüberzeugungen, soweit sie nicht gegen Sitte und Recht widerstoßen.'

§ 5 fordert ferner: Wahrung des christlichen, nationalen und praktischen Gesichtspunktes in der Jugenderziehung.

Man sieht, daß das deutsch-soziale Programm in diesem wichtigsten Punkte bedeutend kühler und zurückhaltender ist als das deutsch-konservative und eben damit hängt es wohl hauptsächlich zusammen, daß an eine förmliche Verschmelzung beider Parteien weder gedacht werden kann, noch unseres Wissens bis jetzt gedacht worden ist. Bei alledem steht die deutsch-soziale Partei dem christlichen Konservatismus bedeutend näher, als die antisemitische Volkspartei; vor allem aber gilt das von ihrem bereits erwähnten Führer, dem Abgeordneten Liebermann von Sonnenberg, der sich mit den Deutsch-konservativen schon als Edelmann und Offizier so eng berührt, daß ihn eigentlich nichts von ihr scheidet als das äußerliche Moment seiner Sonderstellung als Führer der „Deutschsozialen". Von anderen leitenden Persönlichkeiten dieser Richtung läßt sich zwar dem ganzen Umfange nach das gleiche nicht behaupten; in einzelnen Fällen hat die konservative Presse sich sogar genötigt gesehen, die ungehörigen Angriffe deutsch-sozialer Blätter gegen das alttestamentarische Judentum scharf zu tadeln. Bei alledem, wie gesagt, vertritt die „deutsch-soziale" Richtung eine Stufe der Erkenntnis mehr auf dem Wege zur vollen Klarheit über das, was uns not thut, wenn wir das Judentum mit wirksamen Waffen bekämpfen wollen; sie stellt einen erfreulichen Fortschritt dar, der das Beste verheißt. Das Ganze aber hat sie freilich noch nicht erfaßt.*) Eben deshalb ließ sich ein Schritt weiter nicht vermeiden. Dieser Schritt aber soll in der Umgestaltung des „deutsch-konservativen" Programms bestehen, das damit freilich nur in die Fußstapfen der „christlich-sozialen Partei" treten würde, die unter der Führung Stöckers ihrerseits schon am 3. Januar 1878 grundsätzlich alles gethan hat, was auf diesem Gebiet überhaupt geschehen kann, um es, insoweit es in ihren Kräften stand, auch ins Praktische zu übertragen.

Das Programm selbst, wie dessen Durchführung im einzelnen,

---

*) Dies muß gerade jetzt betont werden, wo sich Elemente in die „deutschsoziale Partei" einzudrängen suchen, deren Einfluß nur sehr schädlich wirken kann. D. L.

dürfen als bekannt vorausgesetzt werden; auf eingehende Darlegungen lassen wir uns also hier nicht ein.

Überflüssig aber wird es bei alledem nicht sein, gerade an dieser Stelle besonders hervor zu heben, daß die „christlich-soziale" Bewegung in Berlin außerordentliche Erfolge davon getragen hat, ohne den sehr maßvollen Standpunkt zu verleugnen, den Stöcker in der Judenfrage von jeher eingenommen und noch heute einnimmt, und der ihm von seiten der radikalen Antisemiten jahrelang die heftigsten Anfeindungen eingetragen hat. Seine ursprüngliche Mahnung an die Juden lautete einfach dahin, sie möchten „ein wenig bescheidener" werden. Angesichts der nahezu alles beherrschenden Stellung, die das Judentum einnimmt, und der mehr als dreisten Selbstgefälligkeit und Taktlosigkeit, mit der es sich dieses seines Einflusses rühmt und auf denselben pocht, hätte er sich unmöglich mit größerer Zurückhaltung ausdrücken können — (Heinrich von Treitschke hatte von den Juden bekanntlich zu derselben Zeit, d. h. am Ausgang der siebziger Jahre gesagt, daß sie „unser Unglück" seien) — und dieser Grundzug seiner Anschauungsweise ist unverändert geblieben, wenn sich dieselbe mit der Zeit auch notgedrungen in andere Formen gekleidet hat. Auf die Juden hatte das Wort von der „Bescheidenheit" aber gewirkt wie das „rote Tuch" auf den Stier; eine ganze Hölle von Haß, nicht nur gegen Stöckers Person, sondern auch gegen die gesamte christliche Weltanschauung, die er vor der großen Öffentlichkeit mit bisher ungekannter Schärfe und Entschiedenheit vertrat, war dadurch entfesselt worden, und das wiederum hatte Stöcker genötigt, die Judenfrage als solche, d. h. die Gesamtstellung des Judentums innerhalb der christlichen Kultur und zu derselben „schärfer" unter die Lupe zu nehmen, — als dies ursprünglich seine Absicht gewesen; vergessen dürfen wir nicht, daß es sich bei der Gründung der „christlich-sozialen" Partei um den Kampf gegen die Sozialdemokratie handelte, die damals dem Judentum keineswegs so nahe stand, wie jetzt, wenn es gleich an grundsätzlichen Berührungspunkten bei der beiden gemeinsamen Abneigung gegen das Christentum nicht fehlte. Das Judentum fühlte sich jedoch vom ersten Tage an mit getroffen und nahm den Handschuh mit einem Eifer auf, der keinen denkenden Menschen darüber im Zweifel lassen konnte, wo der Kernpunkt der von Stöcker angeregten Fragen lag, daß es sich dabei im letzten Grunde um die Entscheidung handelte, die sich in die zwei Worte zusammenfassen läßt: Hic Christus — hic Belial. Trotzdem, wie gesagt, hat sich Stöcker hierdurch in seiner maßvollen Behandlung der Judenfrage keinen Augenblick irre machen lassen. Grundsätzlich nicht, weil das Christentum überall Milde gebietet; auch da, wo es haarscharf scheidet, so scharf, wie eben zwischen Gott und Welt geschieden werden muß; praktisch nicht, weil es klar zu Tage liegt, daß dem jüdischen Einfluß bei dessen ungeheueren Ausdehnung in der modernen Welt unmittelbar, d. h. auf dem Wege der Gesetzgebung und der starren Formel kaum mehr beizukommen ist, während es gleichzeitig nicht angeht, den Juden, der sich zum Christentum bekennt, seines Blutes und seiner Abstammung wegen als einen Fremdling zu behandeln. Dies ist der Punkt, der von jeher zwischen Stöcker und den christlichen Antisemiten überhaupt und den mehr naturalistisch gesinnten zu einem Widerstreit der Meinungen Anlaß geboten hat, der auch heute noch nicht gänzlich ausgetragen ist und wahrscheinlich niemals ausgetragen werden wird, so lange es Antisemiten giebt, die sich einbilden das Judentum mit äußeren Mitteln bekämpfen zu können, d. h. mit solchen, in denen es ihnen der Natur der Sache nach weit überlegen ist. Wie sich das in dem vorliegenden Falle zeigen würde, ist für jeden unbefangenen Beurteiler jüdischer Denkweise schon jetzt ganz klar. Sobald das äußere Bekenntnis zum Christentum wieder als Voraussetzung gesetzlicher Vorteile erschiene, würde die große Mehrzahl der in Deutschland überwiegend vertretenen Reformjuden keinen Anstand nehmen zum Christentum überzutreten. Wo aber würde die Grenzlinie zwischen Juden und Nichtjuden da noch gezogen werden können? Selbst in Rußland, wo das orthodoxe Judentum vorherrscht, und die Anhänglichkeit an das Bekenntnis der Väter deshalb weit größer ist als bei uns, scheinen alle Bemühungen, jüdische Übertritte zur Staatskirche, die in rein äußeren Beweggründen wurzeln, zu verhindern, fruchtlos zu bleiben. Und das, obwohl es jenseits des Niemen nur eines Federstrichs bedarf, um dem jüdischen Übertritt gesetzliche Hindernisse in den Weg zu legen, von denen in West- und Mitteleuropa nie die Rede sein könnte.

Vornehmlich aus diesen Gründen, denen sich aber noch manche andere hinzufügen ließen, müssen wir der mittelbaren Einschränkung des jüdischen Einflusses vor der unmittelbaren den Vorzug geben. Das bedeutet aber nichts anderes, als den Weg der Sozialreform betreten, wie ihn das Programm der „christlich-sozialen" Partei bereits vor dem Erlaß der kaiserlichen Botschaft vom 17. November 1881 gewiesen hat und den sie, wie schon bemerkt, mit großem Erfolge zu gehen wußte, bis man ihr, aus Rücksichten parteipolitischer Natur, die hier nicht näher beleuchtet werden können, in den Arm fiel und ihr das Ringen mit Sozialdemokratie und Fortschritt von oben herab dermaßen erschwerte, daß sie endlich nicht mehr vorwärts konnte, sondern einen Teil des gewonnenen Bodens wieder aufzugeben genötigt war.

Mit diesen thatsächlichen Vorgängen haben wir es hier indessen nicht zu thun; was uns an dieser Stelle beschäftigt, sind allein die ideellen Gesichtspunkte, die wir auf ihre Richtigkeit prüfen müssen, um uns über ihre Anwendbarkeit im öffentlichen Leben klar zu werden.

In der „christlich-sozialen" Partei mithin dürfen wir das Vorbild erblicken, dem die Konservativen, wenn sie die Judenfrage in angemessener Weise behandeln wollen, zu folgen haben werden. Damit ist nicht gesagt, daß dieses Vorbild für alle Zeiten unverrückbar dasselbe bleiben müsse. Unsere inneren Zustände sind in gewaltiger Gährung begriffen; das Endergebnis läßt sich in keiner Weise übersehen. So vermögen wir uns heute auch schlechterdings keine Vorstellung davon zu machen, wie weit die antisemitische Bewegung um sich greifen und welche Forderungen sie zeitigen wird. Nur so viel ist gewiß, daß zwischen ihr und der Sozialreform, die bei uns ja auch amtlich auf der Tagesordnung steht und auf die das Wort ebenfalls paßt, daß man niemals weiter gehe, als wenn man nicht weiß, wohin man geht — eine Wechselwirkung engster Art besteht, weshalb das Judentum der Sozialreform auch eine Abneigung entgegen bringt, die sich oft ganz unverhohlen äußert. Dem gegenüber muß sich die konservative Partei die Hände frei halten; nur eins muß für sie unter allen Umständen feststehen: daß sie sich weder in der Judenfrage noch sonst in irgend einem Punkte ihres Programms, sei es nun nach oben oder nach unten, der Regierung oder den Massen gegenüber, zu einem Zugeständnisse verleiten lasse, das mit den Grundanschauungen des praktischen

Chriſtentums im Widerſpruche ſteht. Daß ihrer ganzen Zuſammen=
ſetzung nach die erſte Gefahr für ſie die größere iſt, braucht kaum
erſt bemerkt zu werden. Sozial und geſchichtlich hängt ſie mit den
leitenden Kreiſen in Staat und Geſellſchaft eng, ja man kann ſagen,
unlösbar zuſammen. So lange wenigſtens thut ſie es, als das
Ziel, ſie aus einer überwiegend ariſtokratiſchen in eine Volks=
partei umzuwandeln, noch nicht erreicht iſt. Einer ſolchen ariſto=
kratiſchen Partei aber muß es unter allen Umſtänden ſchwer fallen,
ſich mit der „Staatsraiſon" in Widerſpruch zu ſetzen, die es zur
Zeit in Deutſchland noch für bedenklich anſieht, der Juden=
frage in irgend poſitiver Weiſe näher zu treten, ja überhaupt zu=
zugeben, daß eine ſolche Frage aufgeworfen werden dürfe. Die
verfaſſungsmäßigen Skrupel, die dabei gewöhnlich in die erſte Reihe
treten, werden in den meiſten Fällen kaum mehr als bloßer Vor=
wand ſein. Was die Krone im Verein mit den parlamentariſchen
Mehrheiten gegeben hat, kann ſie offenbar auch nehmen, d. h.
ſie kann die geſetzliche Gleichberechtigung des Judentums, wenn ſie
es ſonſt für zweckmäßig hält, wieder aufheben, ohne eine „geheiligte
Form" zu verletzen.

Ob die konſervative Partei dieſer Schwierigkeiten nicht nur
der Form, ſondern auch der Sache nach Herr zu werden vermag,
d. h. ob ſie Verſtändnis und Entſchlußfähigkeit genug beſitzt, um die
Judenfrage nicht nur in ihr Programm aufzunehmen, was der
kleinſte Teil der verlangten Leiſtung wäre, ſo ſchwer auch das ſchon
erſcheint, ſondern ſich auch bei den Wahlen und im parlamentariſchen
Leben den praktiſchen Anforderungen dieſes Programms gemäß zu
verhalten, — davon wird, wie kein Kundiger heute mehr bezweifelt,
ihre Zukunft abhängen. Allein es handelt ſich um mehr als das.
Nicht nur die Zukunft einer politiſchen Partei, die als ſolche ja
nicht unerſetzlich wäre, ſteht auf dem Spiel, ſondern in dem Sinne,
wie wir die Judenfrage behandelt wiſſen wollen, auch die Zukunft
der Nation. Haben wir es hier im letzten Grunde mit nichts
Geringerem zu thun, als mit dem Kampfe der chriſtlichen Welt=
anſchauung gegen die widerchriſtliche, des Geiſtes wider das
Fleiſch, das in dem modernen Judentum ſeine ausgeſprochenſte und
thatkräftigſte Verkörperung findet, ſo muß es von höchſter, ja aus=
ſchlaggebender Bedeutung ſein, ob dieſer Kampf innerhalb der

Parteien wie außerhalb derselben mit den rechten Waffen geführt wird oder nicht, b. h. ob die „chriſtliche Ritterſchaft", die hier gegen Belial zu Felde liegt, Thaten thut oder ſich wohlfeiler Worte bedient. Die Gefahr des bloßen Wortchriſtentums iſt vielleicht zu keiner Zeit unſerer Geſchichte größer geweſen, als eben jetzt, weil unſere ganze Kulturentwicklung dafür ſorgt, daß ein wirkliches Märtyrertum entweder gar nicht mehr möglich iſt, oder ſich dem Verſtändnis der Menge entzieht und eben deshalb nicht die Wirkung zu üben vermag, die ihm in rauheren Zeitaltern beiwohnen konnte. Nicht minder bringt es dieſe Kulturentwicklung mit ſich, daß dem gedruckten Wort eine Machtfülle zugeſchrieben wird, die es ſchon deshalb nicht beſitzen kann, weil die einzelne Erſcheinung durch die Unmaſſe des Gebotenen erdrückt wird und ſo zu Grunde geht. Dies macht ſich auf allen Gebieten geltend. Wo man auch hinblicken mag, ſieht man die Welt von bedrucktem Papier überſchwemmt; damit ſollen beſtimmte Zwecke gefördert werden, die mit anderen ebenſo beſtimmten Zwecken in Widerſtreit geraten, woraus ſich ſchließlich nichts anderes ergiebt, noch ergeben kann, als ein chaotiſches Durcheinander von Beſtrebungen aller Art, deren Endergebnis, wenn man von einem ſolchen reden darf, kaum etwas anderes ſein dürfte, als Blaſiertheit und Ermüdung, Gleichgiltigkeit gegen alles, was nicht dem Genuſſe des Augenblicks dient. Den lernt die Welt nach und nach als das allein Greifbare anſehen, ſo weit ſie nicht damit beſchäftigt iſt, nach den Mitteln zu trachten, welche dieſen Genuß verbürgen.

Innerhalb der poſitiv chriſtlichen Lebenskreiſe kann ein ſolcher Wirrwarr der Standpunkte und Meinungen nun zwar nicht beſtehen. Wenn hier aber das Durcheinander nicht ſo groß iſt wie draußen in der Welt, ſo tritt das Zuviel des Nebeneinander doch auch ſehr ſcharf hervor. Die Maſſenarbeit in Vereinen und Preſſe hat auch bei uns allmählich eine Ausdehnung erlangt, die um ſo bedenklicher erſcheint, als ſie ihrer Natur nach nicht geeignet ſein kann, die innere Herzenswärme zu nähren, wie ſie doch nur im Verkehr von Menſch zu Menſch zum rechten Ausdruck kommt. Ja, ſie nährt ſie nicht nur nicht: ſie erdrückt ſie ſogar oft genug, und ſie muß es thun, weil es unſerer natürlichen Organiſation verſagt iſt, das flüchtig an uns vorübergleitende Bild mit der Teilnahme anzuſehen, die wir dem Bruder und Verwandten widmen. Je häufiger hiernach der einzelne in seiner Bedrängnis nicht nur fühl, sondern selbst mit Schärfe und Mißtrauen behandelt wird, desto mehr gewöhnt man sich begreiflicherweise, von der Organisation der Arbeit Alles zu erwarten, das Hauptgewicht auf die Artikel zu legen, die man in dem Vereinsorgane schreibt, oder Vorträgen und Versammlungen Wunderkräfte zuzuschreiben, mit einem Wort, dem äußerlichen Moment, das man draußen in der Welt als „Mache" bezeichnet, eine Bedeutung beizulegen, die es auf diesem Gebiet nicht beanspruchen kann und in der That auch nicht besitzt. Die Erfahrung jedes Tages lehrt, daß die Frucht der Arbeit hinter den Anstrengungen, die sie kostet, stark zurück bleibt, und daß Schein und Sein sich durchaus nicht immer decken. Dennoch ist bis jetzt nicht wahrzunehmen, daß die eingeschlagenen Wege als falsch erkannt würden, und daß Aussicht sei, auf diesem Felde einen Umschwung zu erleben. Im Gegenteil: unausgesetzt werden neue Arbeiten unternommen, neue Anstalten, neue Vereine, neue Zeitungen begründet, ohne Rücksicht darauf, ob das Bestehende lebensfähig ist und Dauer verspricht. Man befolgt hier vielfach das Beispiel der Welt, die man bekämpft, und auch die Methode, die Technik, so zu sagen, ist dieselbe; ja selbst in der Reklame bleibt man nicht immer hinter ihr zurück, ohne zu bedenken, daß sie mit ihren eigensten Waffen schon deshalb nicht geschlagen werden kann, weil der rechte Gebrauch dieser Waffen, wie sie ihn versteht, mit der Unwahrhaftigkeit und Lüge untrennbar zusammenhängt, die die Vertreter des Christentums, sei es kirchlich oder politisch, unter allen Umständen zurückweisen müssen. Die Erfolge der modernen Öffentlichkeit würden ohne diese maßlose Zuhilfenahme der Lüge gar nicht erklärt werden können. Wer die liberale Presse (im weitesten Umfang des Worts) berufsmäßig studiert, weiß, daß nicht der hundertste Teil von dem, was sie sagt, der Wahrheit, auch nur im gewöhnlichsten Sinne des Wortes, entspricht. Die öffentliche Meinung, so weit sie von dieser Presse beherrscht wird, geht fast von durchweg falschen und verkehrten Voraussetzungen aus, wobei der unbewußte Irrtum hinter der bewußten Fälschung stark zurücksteht. Diese bewußte Fälschung fällt aber um so schwerer ins Gewicht, als sie unter dem immer wachsenden Einfluß des internationalen Judentums selbst längst international geworden ist und mit internationalen Waffen kämpft, zu denen vor allem die modernen Verkehrsmittel gehören. Sie, die überwiegend vom jüdischen Kapital beherrscht werden, darf man ihrer sachlichen Wirkung nach unbedenklich als eine „Handhabe Satans" bezeichnen. Der Weltorganismus der Börse, der ganze, alles verwüstende Mammonsdienst der Gegenwart wäre ohne den Telegraphen gar nicht mehr zu denken. Eisenbahnen, Dampfschiffe, Fernsprecher wirken in demselben Sinne. An sich sind sie freilich alle neutral, wie es nach einem bekannten Dichterwort ja auch der „Teufel" ist; im gegebenen Falle gehören sie aber doch immer dem, der den größten Beutel besitzt, und das sind die Vertreter des Christentums nicht.

Soll damit nun gesagt sein, daß die auf dem Boden des Christentums stehende öffentliche Thätigkeit der Gegenwart als eine schlechthin verfehlte angesehen werden müsse, die als solche nicht fortgesetzt werden dürfte, sondern durch ein anderes wirksames System zu ersetzen wäre? Keineswegs; welches könnte dann unter diesen Verhältnissen, die es nun einmal in ungleich größerem Maße als irgend ein anderer Zeitraum der Geschichte mit den Massen zu thun haben, ihnen ihre ganze Sorge zuzuwenden genötigt ist, dieses neue, bessere System wohl sein? Nein, nicht darum kann es sich handeln, neue Methoden zu erfinnen, die doch auch den Stempel der Unvollkommenheit von vornherein an sich tragen würden; nur das kann und muß vielmehr die Aufgabe sein, mit scharfer Selbstkritik an die Leistungen heranzutreten, die das herrschende System zu Tage fördert, sich von seinen Auswüchsen, die vornehmlich nach der Seite der Oberflächlichkeit und Flüchtigkeit liegen, nach Kräften frei zu halten und dafür in die Tiefe zu gehen, so weit man es vermag, mit anderen Worten: von dem Marthasinn, vor dem uns der Heiland selber warnt, nicht allzuviel zu erwarten und statt dessen dem Mariensinn, der sich die Arbeit an der eigenen Seele, die volle Hingabe an den Herrn, zur ersten Aufgabe macht, mehr zu vertrauen, als es die Vielgeschäftigkeit dieser Tage im Großen und Ganzen erkennen läßt. Ohne diese Einkehr in uns selbst, ohne dieses beständige Fegen vor der eigenen Thüre wird alles Laufen, Rennen, Schreiben und Reden wenig nützen. Von innen heraus muß die Erneuerung unseres Volkslebens kommen, wenn sie mehr bedeuten soll als eine bloße Form; von außen läßt sie sich nur zum Schein herein tragen, weil niemand in Wahrheit geben kann, was er selbst nicht hat.

Daß die Aussichten des Kampfes, den wir führen, hiernach nicht allzu günstig stehen, kann niemand, dem es ernst ist und der den Selbstbetrug verabscheut, leugnen. Im einzelnen wird auf dem kirchlichen wie auch auf dem politischen Gebiet, unzweifelhaft viel Tüchtiges geleistet. In der nun halb hundertjährigen Arbeit der evangelischen inneren Mission steckt ein gewaltiges Stück Liebeskraft und Mut; wenn irgend wo, so hat sich gerade hier das Wort vom „Scherflein der Witwe" recht bewährt; denn nicht vom Überflusse ist materiell wie geistig genommen worden und wird es noch genommen, was diesem großen Werke dient, sondern von dem Mangel stammt es her. Das Geld wie die Zeit, sie werden der Notdurft abgerungen. Der Geber, die es reichlich haben, in diesem wie in jenem Sinne, sie sind so selten, daß sie fast verschwinden. Und hat nicht auch die politische Arbeit, wie sie Stöcker mit seiner „christlich-sozialen" Partei in Berlin wie auf dem Lande gethan und thut, Erhebendes geschaffen? Ist es eine geringe Sache, daß das evangelische Deutschland jetzt von einem Netz christlicher Jünglingsvereine und evangelischer Arbeitervereine überzogen ist, von denen vor 1 ½ Jahrzehnten nur dürftige Anfänge vorhanden waren? Dürfen wir es übersehen, daß die konservative Partei, die um eben diese Zeit fast ohne alle Organisation bastand, heute in den meisten deutschen Staaten fest gegliedert ist und, wenn auch in bescheidenen Formen, neben den alten anerkannten Organen aus früherer Zeit eine selbständige Provinzialpresse besitzt, die sich ihrer Haut zu wehren weiß? Auch das endlich gehört von unserem Standpunkt zu den günstigen „Zeichen der Zeit", daß die antisemitische Bewegung, die noch zu Anfang der achtziger Jahre einem wild tobenden Bergstrom glich, der mehr verwüstet als Nutzen schafft, seitdem in ruhigere Bahnen eingelenkt ist und sich bestrebt zeigt, die festen Formen zu gewinnen, die bei stetiger Arbeit allein den Erfolg verbürgen. Daß die Ziele, denen die Bewegung nachgeht, wie die Mittel, deren sie sich vielfach noch bedient, von unserem Standpunkt nicht immer als die richtigen erscheinen, haben wir bereits gesehen. Selbst in dieser unvollkommenen Form deutet die Bewegung aber darauf hin, daß das deutsche Volk zum Bewußtsein der sittlichen und sozialen Notwehr zu erwachen beginnt, die wir für die einzige, dafür aber auch vollberechtigte Form des Antisemitismus halten. Daß dabei auch andere, weniger lautere Triebfedern thätig sind, daß der Strom, je größer er wird, desto mehr trübe Elemente in sich aufnehmen muß, die sich gerne von ihm tragen lassen, so lange es geht, wissen wir wohl; das kann uns indessen nicht irre machen, weil es das unfehlbare Los jeder mächtigen Bewegung ist und immer sein wird, so lange es selbstsüchtige Menschenherzen giebt, denen es nicht um die Sache zu thun ist, sondern nur um die eigene Person. Auf den Charakter der Bewegung kommt dabei wenig an; allein ihr äußerer Erfolg entscheidet. In diesem Sinne aber muß es als ein Zeichen der Kraft angesehen werden, daß sich neuerdings auch das „Geschäft" an den Antisemitismus klammert.

Allein wie aus den herrlichsten Bausteinen kein Dom wird, so lange die ordnende Hand des Meisters fehlt, die sie einem Gedanken folgend zusammenfügt, so helfen auch beim Kampfe gegen die widerchristlichen Bestrebungen, als deren treibende Kraft das moderne Judentum erscheint, die besten Einzelleitungen wenig, wenn sie nicht in einheitlichem Sinne auf dasselbe Ziel gerichtet sind. Daran aber fehlt in dem heutigen Deutschland noch gewaltig viel. Nicht einmal die Kräfte, über die das kirchlich organisierte Christentum gebietet, wirken zusammen, wie es sich gehört; Evangelische und Katholische lassen sich nur ausnahmsweise unter einen Hut bringen, wie es z. B. in der Frage des preußischen Volksschulgesetzes geschehen ist, und dieses Zusammengehen hat zu keinem positiven Ziele geführt; gewiß auch deshalb nicht, weil die rechte innere Einigkeit eben noch nicht da war. Wir wissen ja, daß der Evangelische Bund wegen des Zusammengehens mit den Katholiken gegen das Volksschulgesetz eingetreten ist und daß der Evangelische Oberkirchenrat in Berlin aus Gründen verwandter Art ein Gutachten im verneinenden Sinne abgegeben hat. Andererseits sind auch auf katholischer Seite Stimmen genug laut geworden, die sich über das Bündnis mit den Evangelischen keineswegs erfreut ausgesprochen haben. Im Vergleich zu dem dauernden Gegensatz beider Kirchen, dessen wir schon erwähnt, will dies freilich nicht viel bedeuten. Namentlich auf dem

Gebiet der äußeren Mission nimmt dieser Gegensatz einen Raum ein, der schlechterdings nicht überbrückt werden kann. Was sich in Uganda kürzlich zwischen katholischen Franzosen und protestantischen Engländern zugetragen (denn im Grunde handelt es sich nur um diese), könnte sich auch dann wiederholen, wenn deutsche Katholiken und deutsche Protestanten auf afrikanischem Boden zusammenträfen.

Wenn nicht dieselbe, so doch eine annähernd ähnliche Gegnerschaft tritt auch noch in der Heimat oft genug hervor. Wie die Mischehenfrage zu unaufhörlichen Reibungen Anlaß bietet, so macht sich die konfessionelle Eifersucht auch in der Krankenpflege und auf einer Menge verwandter Gebiete geltend. Unterstützung fremder Wohlthätigkeitsanstalten wird hüben und drüben schier als „Verrat" an der eigenen Sache angesehen und kommt jetzt wohl kaum mehr vor. Besonders aber ist es die „Jesuiten- und Ordensfrage" überhaupt, die beständig heftige Anfeindungen hervorruft und vor ein paar Jahren erst wieder einen Adressensturm von unerhörter Gewalt erregt hat, bei dem sich die Kräfte etwa gleich geblieben sind.

Wir gehen auf den Gegenstand nicht näher ein. Er gehört aber in sofern her, als er die Schwierigkeiten klar machen hilft, die einer einheitlichen Behandlung der „Judenfrage" im christlichen Deutschland entgegenstehen. Diese Schwierigkeiten werden dadurch noch erhöht, daß die Katholiken, weil sie selbst eine Minderheit darstellen und deshalb vor allem Scheu haben, was an Ausnahmemaßregeln erinnert, bis jetzt nur wenig Neigung haben, dieser Frage auf den Grund zu gehen und Stellung zu ihr zu nehmen, wie es sich gehört. Hie und da stößt man in katholischen Blättern zwar auf antisemitisch gefärbte Äußerungen, ohne daß daraus aber die Folgerungen gezogen würden, die sich vom Standpunkte der evangelisch-konservativen Presse ganz von selbst ergeben. Es scheint mit solchen Äußerungen eben nicht mehr beabsichtigt zu sein, als die Juden, die sich der katholischen Kirche gegenüber besonders gern gehen lassen, zu warnen, ihnen freundschaftliche Winke zu geben, wie sich ein Kampf vermeiden ließe, den man im ultramontanen Lager durchaus nicht wünscht. In der That sind die Juden auch heutzutage noch in der Lage, sich darauf zu berufen, daß die katholische Hierarchie den Antisemitismus verdamme. Allerdings geschieht dies durchweg von Gesichtspunkten aus, die nur als völlig irrtümlich bezeichnet werden können. Regelmäßig berufen sich die geistlichen Gegner des Antisemitismus auf das Gebot der „christlichen Liebe", welches es verbiete, „Andersgläubige zu hassen." Daß die Bewegung als solche mit Religionshaß aber nichts zu thun hat, muß, wenn die vorstehende Darstellung ihren Zweck anders erreicht hat, völlig klar geworden sein. Aus „religiösen Gründen" verfolgt man die Juden schon deshalb nicht, weil Gesichtspunkte dieser Art im öffentlichen Leben der Mittel- und Westeuropäer, vor allem also auch der Deutschen, keine entscheidende Rolle spielen, wenn man auch, wie wir gesehen, keineswegs behaupten kann, daß die kirchlichen Gegensätze nicht stark empfunden würden. Diese Gegensätze reichen aus, um die Katholiken zu einer eigenen politischen Partei zu vereinigen und die Evangelischen zur Bildung eines besonderen „Bundes" zu veranlassen. Aber mit „Haß" in dem Sinne, wie es hier gemeint ist, hat das wenig oder nichts zu thun. Eher könnte da von einem solchen Hasse der fremden Rasse gegenüber die Rede sein. Allein auch diese Empfindung würde keinenfalls ausreichen, um dem Antisemitismus die treibende Kraft zu verleihen, über die er thatsächlich verfügt. Daß erst die schon dargelegten sozialen Beweggründe dies zu Wege gebracht, läßt der eine Umstand schon erkennen, daß die antisemitische Bewegung mit der Zunahme des jüdischen Einflusses Hand in Hand geht, als ihr unzertrennlicher Begleiter erscheint, als die „schwarze Sorge", die man „hinter dem Reiter" sitzen sieht.

Das Judentum empfindet das innerlich sehr wohl, vor der Welt aber erkennt es nichts dergleichen an und in der unbeugsamen Hartnäckigkeit und zielbewußten Solidarität, mit der es seinen selbstgerechten Standpunkt verteidigt, besitzt es der Zersplitterung und Zerfahrenheit der durch zahllose Triebfedern mehr oder weniger selbstsüchtiger Art getrennten Christen gegenüber einen Halt, der bis jetzt noch nicht erschüttert ist. Die Macht, die ihm der Besitz verleiht, benützt es nicht nur, um sich zu bereichern, sondern auch um die erworbene Stellung zu sichern, und dabei zeigt es sich nicht minder skrupellos als im „Geschäft". Es ist hier nicht der Ort, auf die vielen einzelnen zum Teil „berühmt" gewordenen

Fälle einzugehen, an denen das in den letzten Jahren klar geworden ist. So viel steht jedoch leider fest, daß man durch diese Erfahrungen nachgerade auch in Deutschland, das sich seiner sittlichen „Unberührtheit" lange zu rühmen gewohnt war, die Empfindung bekommen hat, daß das Gesetz dem Judentum gegenüber nicht immer das bedeute, was es bedeuten soll, daß sich in der Stille Einflüsse geltend machen, von denen man ehedem mit Verachtung zu reden pflegte, an denen aber heute offenbar nicht mehr vorbei zu kommen ist, so daß wir keinen Grund und kein Recht haben, hochmütig auf das „verderbte Ausland" herabzusehen.

Wie weit ist der Zersetzungsprozeß vorgeschritten, den wir hier am Werke sehen? Darauf kommt alles an. Es giebt Zeitpunkte im Leben der Völker, wo man das: „Zu spät" in sein Recht treten sieht, wo die Gnade, die für den Einzelnen immer noch zu finden wäre, für die Gesamtheit verloren ist, wo der Leuchter umgestoßen wird und das ewige Dunkel folgt.

Gott wolle nicht, daß das deutsche Volk dem Gericht verfalle! Sodom und Gomorrha hätten erhalten werden können, wenn nur fünf Gerechte dagewesen wären. Die antisemitische Bewegung, insofern sie in echter Bußgesinnung wurzelt, bürgt uns dafür, daß es in Deutschland noch fünf Gerechte giebt, d. h. eine Minderzahl, die ihre „Kniee nicht beugt vor dem Baal" der Gegenwart, dem Mammon und seinen Dienern, sondern unentwegt und unverzagt zu dem Herrn ihrem Gott betet, daß er uns ein „neues Herz" gebe und „einen neuen gewissen Geist." Aus diesem „neuen Herzen" und diesem „neuen gewissen Geist" werden wir aber die Kraft schöpfen, die uns allein zur Erkenntnis des Übels und zur Bekämpfung desselben von innen heraus helfen und diesen Kampf siegreich bestehen lassen kann. „Es ist in keinem andern Heil" — dies Wort gilt auch hier. So lange wir den Juden und ihren Genossen, als den Kindern der Welt, Christum kreuzigen helfen, indem wir unseren Lüsten zügellos nachgeben und uns der Buße verschließen, so lange wird jeder Versuch, die Judenfrage zu lösen, vergeblich sein, und stünden dem Antisemitismus Millionen von Stimmen zu Gebot.

Zeitfragen des christlichen Volkslebens.

Band XVII. Heft 8.

Über unsere alte Losung:

„Mit Gott für König und Vaterland"

im Blick auf Frankreich und Rußland.

Eine historisch-politische Studie für die Gegenwart

von

Dr. Heinrich Rocholl,
Mil. Oberpfarrer des 10. Armeekorps.

Stuttgart.
Druck und Verlag der Chr. Belser'schen Verlagshandlung.
1892.

Aus einer aufgeregten, sturmbewegten Zeit in der Geschichte des Volkes Israel, als es mit den großen Ostmächten Asiens in Beziehung trat, welche es später zertrümmern sollten, wird uns im zweiten Buch der Chronika, Kapitel 30, Vers 12 berichtet, daß der Gott fürchtende König Hiskias noch einmal sein Volk unter Zucht und Ordnung, Religion und Gesetz zusammenbrachte und dessen nationales Glück aufs neue sicherte; seine segensreiche Regierung wird einfach in den Worten beschrieben: „Es kam Gottes Hand in Juda, daß er ihnen gab einerlei Herz, zu thun nach des Königs und der Obersten Gebot, nach dem Worte des Herrn." Da werden in schlichtester Weise drei Grundvesten eines Volkes aus Gottes Hand genannt, erstens die Einigkeit der Herzen im patriotischen Leben, in der Arbeit fürs Vaterland; zweitens die Majestät und Autorität der Obrigkeit in der Person des Fürsten; und drittens in der Durchgeistigung des Volkes durch Einflüsse eines höheren Geistes aus Gott und seinem Wort.

Wenn wir nun in unserem vaterländischen Sinnen und Streben gleichsam von hoher Warte aus eine Rückschau auf den wundersamen Gang unserer deutschen Geschichte halten, dann fürwahr merken auch wir, daß eine höhere Hand über uns gekommen ist. Gottes sichtbare Gnadenhand hat uns zunächst das große, einige Vaterland gegeben, als die schönste Frucht vieljähriger, friedlicher Arbeit, aber auch als Lohn ernster Blutarbeit im Kampf mit äußeren Feinden. Die beiden großen Lebensquellen deutschen Wesens, der Drang nach einem großen Staatsverband und die zähe Liebe, das bewährte Alte und das Einzelne je nach Land und Fürst in seiner Eigenart zu bewahren, sie haben sich vereint in dem Feuer des echten Patriotismus, der das deutsche Gesamtleben umfaßt und segnend befruchten will. Wenn heute unter uns der Dichter Lessing lebte und seine politische Überzeugung, wie vor hundert Jahren, dahin aussprechen wollte, daß das Weltbürgertum das einzig Wahre, daß dagegen das Nationalitätsgefühl eine Schwachheit sei, er würde von dem patriotisch gesinnten Deutschland nicht verstanden werden, sondern in seiner Meinung völlig allein stehen.*) Wir sind nun doch in dem letzten Jahrhundert seit Lessing im Deutschtum vorwärts geschritten. Welch große Errungenschaften haben wir gemacht! Das Ideal, welches die Dichter ahnend besangen, ist zur Thatsache geworden: „Wir wollen sein ein einig Volk von Brüdern!" Vor hundert Jahren glich das deutsche Vaterland einem schottischen Shawlmuster mit allerlei grell in die Augen fallenden Farben. 2000 kleine Gebiete gab es auf deutschem Boden, von denen 365 reichstagsfähig waren. Aber heute bilden Nord- und Süddeutschland gleichsam die beiden Schwingen des mächtigen, deutschen Reichsadlers, von dem es heißt: „selbst der Sonne weicht er nicht." Mehrere Millionen waffentragender Männer kann Deutschland als Heerbann aufstellen, wenn Kriegsgeschrei an seinen Grenzen sich erhebt. Eine deutsche Flotte bringt die deutsche Flagge, hochgeachtet von den Vertretern der ganzen zivilisierten Welt, bis an die Enden der Erde. Während bis zu den sechziger Jahren unseres Jahrhunderts die geschichtlichen Festtage nur Sehnsuchtstage nach nationaler Einheit gewesen sind, während wir lange Zeit nur in der Erinnerung an Tage der Knechtschaft, ja der Schmach, dem großen Dichter nachsangen: „Ans Vaterland, ans teuere schließ dich an!", sind unsere Feiern Ruhmestage geworden, Deutschland ist zum Selbstbewußtsein gelangt; ja Gottes Hand kam auch über uns Deutsche, wie damals über Juda, daß er uns gab einerlei Herz.

Und verkörpert ist dieses neu entstandene, deutsche Vaterland in der geheiligten Person unseres Kaisers. Gottes Hand hat uns einen Kaiser als Oberhaupt des großen Staatsverbandes gegeben, nicht einen Abenteurer, der von der Abstimmung des Volkes, von dessen Gunst, von dessen Los erkoren war, sondern einen Kaiser von Gottes Gnaden, aus dem legitimen Hause des erlauchten Hohenzollerngeschlechtes. Des Kaisers Thron inmitten deutscher Männer ist der Sammelplatz aller Getreuen, ist der Fels für Pietät und Autoritätsgefühl aller friedliebenden Bürger, ist eine Stätte gottgeweihter Majestät, sofern von ihm aus Recht und Gerechtigkeit im

*) Leider doch wohl nicht ganz. D. R.

Namen Gottes zum Heil des Volkes gehandhabt wird; der Thron ist die Schutzwehr des Friedens und der Wohlfahrt in deutschen Gauen, ja für alle Völker über die Grenzen des deutschen Vaterlandes hinaus.

Doch auf jeder Höhe ist die Mahnung wohl zu bedenken: „Wer da glaubt zu stehen, der sehe wohl zu, daß er nicht falle!" Auch des Adlers Fittige können im herrlichsten Sonnenglanz gelähmt werden; eine ganze Nation kann sich in Selbstruhm überheben; Preußens Armee schlief ein auf dem Ruhm des großen Friedrich. Bei aller äußeren nationalen Größe kann im Innern eines Volkslebens Unzufriedenheit um sich greifen; bei allem Hochschwung patriotischer Begeisterung kann ein düsterer Schatten revolutionärer Ideen sich manches Deutschen Herzen bemächtigen.

Und wahrlich, gerade unsere heutigen politischen Verhältnisse im Inneren unseres Volkslebens zwingen uns sicherlich, die Frage wohl zu überlegen: Deutsches Volk, was sind die starken Wurzeln unserer Kraft? Wir müssen prüfen, ob der Geist im Volke noch gesund ist, ob die deutschen Herzen noch schlagen in Treue, ob sie ein gutes Gewissen haben in der Arbeit am Vaterland, ob die lautere Gottesfurcht im strengsten Gegensatz zur rohen oder verfeinerten Gottlosigkeit die treibende Macht in unseren Bestrebungen und Unternehmungen ist? Die deutsche Nation sollte nicht müde werden gleich dem emsigen Wanderer, zuweilen Halt zu machen im Vorwärtsgehen, um einen Augenblick zurückzuschauen, welch einen Weg sie durch Gottes Gnade hat zurücklegen dürfen, um prüfend den Blick in die Zukunft zu richten, ob noch Weisheit uns regiert, Demut uns beseelt, und ob noch Stählung der Volkskraft da ist für ernste Aufgaben, deren Lösung uns zur Pflicht wird. Werden wir doch von zwei Seiten aufs schärfste bei Tag und Nacht von mächtigen Nachbarn beobachtet, im Osten von den Russen, im Westen von den Franzosen; beide sinnen nichts Gutes, beide führen Böses im Schilde!

Ein Volk kann nun sich, seine sittliche Macht, seine geistige Waffenrüstung am besten beurteilen, wenn es sich vergleicht mit anderen Völkern. Aber diese Vergleichung darf nicht den Ton annehmen, in welchem jener pharisäische Mann im Tempel sich selbst Weihrauch streute, so daß wir etwa sprächen: ich danke dir Gott, daß wir Deutsche nicht sind wie andere Völker, etwa wie die Russen

oder die Franzosen. Wenn beim Hause des Nachbars Risse und
Sprünge, klaffende Spalten bemerkbar werden, so dürfen wir nicht
gleichsam in die Hände klatschen, sondern sollen untersuchen, ob auch
das Fundament und der Bau unseres eigenen Hauses noch fest ist.
Und gehen wir dazu über, unser nationales Leben in einigen Zügen
mit dem der Franzosen und Russen zu vergleichen, dann muß das
Ziel der Untersuchung die Selbsterkenntnis sein, die Einkehr in die
tiefste Tiefe unseres deutschen Wesens. Doch bevor ich über die
Eigenart von Frankreich und Rußland spreche, habe ich die Vor-
bemerkung zu machen, daß ich wagen darf, über Frankreich ein
Urteil abzugeben, weil ich dieses Land selbst bereist und dieses Volk
mit eigenen Augen näher beschaut habe. Von Rußland kann ich
freilich nur vom Hörensagen berichten; was ich aber sage, beruht
auf dem Studium gediegener Werke und auf den Mitteilungen
glaubhafter Gewährsmänner, welche Land und Leute in dem Ost-
reiche selbst kennen gelernt haben.

Zur Norm unserer Untersuchung wählen wir die alte Losung,
welche der Preußenkönig Friedrich Wilhelm III. einst in
schwerer Zeit der Landwehr gegeben: „Mit Gott für König
und Vaterland"; liegt doch in ihr eine andere Fassung für
dieselben Mächte, die wir auf Grund jener alten Chronikstelle als
die drei Grundfesten eines Volkslebens aus Gottes Hand
zu Anfang hinstellten: Einigkeit in Volk, des Fürsten Majestät,
Gottes Geist aus Gottes Wort. Der Inhalt dieser alten Losung
ist so reich, so zentnerschwer; man kann sie vorwärts und rückwärts
betrachten. Wir wollen zunächst den letzteren Weg gehen.

Schon bei dem Worte: Vaterland sollte es uns Deutschen
klar sein, daß uns nicht Eigendünkel, Pharisäerstolz oder ein übertriebenes Selbstbewußtsein beseelen darf, wozu die Großthaten von
1870 und 1871 ja allzuleicht für uns eine Versuchung abgeben
könnten. Es giebt kein Volk der Erde, welches eine größere Liebe,
Hingabe und Verehrung für sein Vaterland hat, als die Franzosen.
Schon bei dem einfachen Klang der Worte: Patrie, Vaterland, und
La France, Frankreich, schlägt jedem Franzmann das Herz höher;
sie sind für ihn wahre Götzen, Abgötter, sicherlich Zauberworte,
welche ihn zu den größten Opfern, zur Aufrechterhaltung und
Verteidigung der Ehre und des Ansehens des französischen Namens

begeistern. Der Franzose wird nicht müde, auszudenken, rühmend darzulegen, ja auszuposaunen, was alles ihm „Frankreich" bedeutet. Für ihn ist es das eigentliche Kulturvolk der Welt, die große Nation mit seiner weltgeschichtlichen Aufgabe, überallhin die Zivilisation zu verbreiten. Frankreich ist, so meint man, vor allen Völkern berufen, in der Welt die Schiedsrichterstellung einzunehmen; nichts kann man im fränkischen Volke so schwer verschmerzen, als daß die Ereignisse von 1870 und 1871 Frankreich von dieser imponierenden Stellung im Völkerkonzert weggedrängt haben. Frankreichs Sprache ist die Weltsprache; wer sie versteht, kann allenthalben auf dem Erdball sich verständigen; in ihr kann er alles fordern. Daher gesellt sich zu den stolzen Begriffen Patrie, Vaterland und La France, Frankreich ein dritter hinzu, nämlich gloire, der Ruhm; nicht umsonst heißt es in dem Liede, das ganz Frankreich in Selbstüberhebung trunken macht, in der wilden Marseillaise: „Allons enfants de la patrie, le jour de gloire est arrivé." Diese unersättliche Ruhmgier des französischen Gemütes und Geistes ist die Triebfeder zu großen Thaten, aber auch zu großen Unthaten.

Es ist interessant, zu verfolgen, wie die Machthaber Frankreichs, nachdem die Weltanschauung eines Ludwigs XIV. mit dem Grundsatz: „Der Staat bin ich" durch die Revolution vernichtet worden war, durch das Erfassen der patriotischen Ideen und durch prunkhaftes Proklamieren der Zauberworte Patrie, La France und Gloire sich der Geister bemächtigten, so daß sie auf den neu gezimmerten Thron steigen konnten. Als Napoleon I 1799 den Zug der Konventsarmee gegen die Royalisten und Girondins mitgemacht hatte, gewann er die Volksgunst plötzlich durch folgende Proklamation: „Bürger, Repräsentanten! Vom Felde der Ehre, marschierend im Blute der Verräter, bringe ich euch mit Freuden die Kunde, daß Euere Befehle ausgeführt, und daß Frankreich gerächt ist. Die von den republikanischen Kanonen nur verwundet waren, sind durch das Schwert der Freiheit und durch das Bajonett der Gleichheit umgebracht worden. Brutus Bonaparte, Bürger Sansculotte." Und dieser „Brutus Bonaparte", „Bürger Sansculotte" wurde Präsident, erster Konsul, ja Kaiser der Franzosen; in allen seinen „Bulletins" wurde er nicht müde, allerlei Versprechungen für la France, für la patrie und la gloire dem Volke zu geben; er trieb mit diesen Worten eine diplomatische Kunst, die fast zur Spielerei wurde. Daher fiel ihm die Volksgunst zu und des Schmeichlers Wort gehörte ihm. Als er sich zum Kaiser emporgeschwungen hatte, schrieb der Bischof von Turin in größter Ehrerbietung: „Ew. Kaiserlichen Majestät war es vorbehalten, Frankreich seine wahren Bedürfnisse kennen zu lehren: einen Gott und einen Monarchen. Wie der Gott der Christen allein der Anbetung und des Gehorsams würdig ist, so ist Napoleon der einzigste unter den Menschen, der da würdig ist, die Franzosen zu beherrschen." Und ob Napoleon I. schließlich durch seine verworrenen Schicksale den Ruhm der großen Nation zu nichte machte, — was ihn mit allen Franzosen versöhnte, war der letzte Wunsch in seinem Testament von St. Helena aus: „Ich will, daß meine Gebeine ruhen an den Ufern der Seine."

Ja, das Volk, das die stolze, dreifache Losung gewählt hat: „Freiheit, Gleichheit, Brüderlichkeit", es läßt sich beherrschen, knechten, selbst tyrannisieren von Abenteurern, sobald sie verstehen, den Patriotismus der Menge zu entflammen, für die Größe, namentlich den Ruhm des Vaterlandes im Innern wie nach Außen einzutreten. Bei der ersten Kunde des Februaraufstandes 1848 hatte der Prinz Napoleon sich nach Paris begeben; er galt allgemein für den Schwindler von Straßburg und Boulogne, für den lächerlichen „Gefangenen von Ham". Er schrieb im Wagen, auf dem Knie seinen Hut als Pult gebrauchend, einen Brief an die provisorische Regierung: „kein anderer Ehrgeiz leitet mich, als zu dienen meinem Vaterlande", Worte, welche ihm die Herzen von Tausenden seiner Mitbürger öffneten. Als französischer Bürger erscheint er eines Tages in der Kammer, besteigt bei dem Beginn der Sitzung gelassenen Schrittes die Rednerbühne und verliest in sehr ruhigem Tone ein gut ausgearbeitetes Manifest, in welchem er sich mit Siegesbewußtsein dem erstaunten Frankreich als zukünftigen Präsidenten anbietet mit dem feierlichen Versprechen, die Consolidation der Gesellschaft herbeizuführen und den Ruhm Frankreichs zu erhöhen. Als er gewählt war, sagte er die denkwürdigen Worte: „Frankreich wird nicht unter meinen Händen untergehen!"

Und wirklich, achtzehn Jahre lang hat er es verstanden, das unruhig angelegte, leicht erhitzbare Volk der Franzosen zu zügeln, dessen Wohlstand zu heben, so daß es die erste Rolle im großen Völkerdrama spielen und eine Vorherrschaft über Europa, ja über die ganze zivilisierte Welt ausüben konnte. Kurz vor dem Ausbruch des Krieges im Jahre 1870 erklärte Napoleon III. in Bordeaux: „Wenn Frankreich zufrieden ist, so ist die Welt ruhig"; aber leider war es nicht zufrieden; im wilden Übermut erklärte es dem friedlichen Deutschland den Krieg.

Aber harte Schicksalsschläge haben damals den trotzigen Nacken der großen Nation nicht gebeugt; ihr stolzes Selbstbewußtsein blieb, selbst als sie am Boden lag. Ich erinnere an das Wort Jules Favre's, das er dem Sieger von Sedan entgegenhielt: „Kein Fuß breit unseres Landes, kein Stein von unseren Festungen", dem Paris, das Zentrum Frankreichs, hinzufügte: „Kein Frank aus unserem Schatze." Und ist es nicht immerhin zu bewundern, daß der Volkstribun Gambetta es fertig gebracht hat, nach dem Zusammenbruch des Napoleonischen Thrones das ganze Volk der Franzosen zu einem kämpfenden Heere aufzubieten, dem es eine heilige Sache war, die alte französische Gloire wieder zu gewinnen!

Und den glühenden, nie verlöschenden Herd alles patriotischen Feuers unter den Franzosen stellt die Hauptstadt Paris dar; in Paris ist ganz Frankreich zentralisiert; in Paris geht Frankreich auf. Ist Paris ruhig, dann herrscht im ganzen Volke Zufriedenheit; ist Paris aufgeregt, dann ist die ganze Nation nervös. Jeder wohlhabende Franzose hat den Drang, jedes Jahr wenigstens einmal die Hauptstadt zu besuchen; es ist für ihn ein non plus ultra an Wonne; dort weidet sich sein Blick an den Bildern und Statuen des Ruhmes; dort bewundert er die Fortschritte der Intelligenz, der Kunst, der Zivilisation; dort besucht er die weltberühmten Theater und Konzerte, dort kann er sich dem raffinierten Sinnengenuß hingeben; dort aber vor allem hört er das schönste Französisch reden. Der Franzose ist ganz vernarrt in seine Sprache, namentlich darin, wie man in Paris sie spricht; es ist für ihn ein wahrer Genuß, gut französisch sprechen zu hören und gut französisch selbst sprechen zu können. Im Jahre 1873 saß ich mit meiner Frau in dem großen Louvre-Hotel am Mittagstisch, und vor uns las ein älterer Herr eine große Zeitung. Auf die leise Frage meiner Frau an mich, was das wohl für eine Zeitung sei, antwortete ich irr-

tümlicherweise: „es ist die Times." Als der Franzose, der den
„Figaro" in der Hand hatte, dies gehört, wurde er sehr wild, zeigte
uns in angezogener Weise seine ganze gallische Zunge, rief den
Oberkellner, damit derselbe ihm einen anderen Platz anweise, und
verfolgte uns mit Blicken, wie wenn er uns ermorden wollte. Da
es im Jahre 1873 für uns Deutsche in Paris nicht geheuer war,
ließen wir den schier toll gewordenen Franzmann in dem großen,
von 200 Gästen besetzten Saal echt französisch gestikulieren, ohne
daß wir auf ihn Rücksicht nahmen, bis endlich Vernunft in sein
Gehirn gezogen war. Ja, die Sprache hat für die Franzosen eine
zauberhafte Macht. Von Madame de Maintenon wird erzählt,
daß sie, als sie noch Frau Scarron hieß, einmal bei einem armen
Dichter zu Gaste war. Bei dem Mittagessen, welches ziemlich
dürftig war, lauschte die ganze Gesellschaft auf die schöne Sprache
der berühmten Frau. Auf einmal trat der Diener auf und sagte:
„Madame, es fehlt der Braten; aber erzählen Sie dafür noch eine
Geschichte!" Der Pariser hat das Bewußtsein, der eigentliche
Ur-Franzose zu sein; in ihm stellt sich französisches Wesen,
Temperament, französischer Charakter, französische Bildung am voll-
kommensten dar. Ja für die ganze gesittete und gebildete Welt
scheint ihm Paris das Herz der Menschheit, die Hauptstadt der
Zivilisation, die Königin des Weltalls zu sein. Als ich im Jahre
1873 einem Droschkenkutscher den Auftrag gab: „Zeigen Sie mir
alle berühmten Orte der Weltstadt Paris!", hat dieser Mann mich
vier Stunden lang umhergefahren und an den sehenswertesten
Punkten wahrhaft interessante Reden über die Denkmäler und die
Geschichte der großen Stadt gehalten; auch der Droschkenkutscher ist
stolz, gerade in Paris fahren zu können.

Als in dem Jahre 1870 an der Seine das wüste Kriegsgeschrei anhob, berauschte sich Paris sofort in dem Gedanken, daß
es völlig unmöglich sei, daß Frankreich von den verdammten Prussiens
besiegt werden könnte. Da war von Demut oder von Nieder-
geschlagenheit keine Spur zu sehen. In den Theatern wurden schon
Siegeslieder gesungen, die ausziehenden Regimenter mit Kränzen
beworfen, wie wenn die Blutarbeit schon gethan worden wäre.
Sehr interessant schildert Zola in seinem neuesten Roman ‚Débâcle'
dieses patriotische Selbstbewußtsein der Franzosen. Die Scene im

Beginn des Buches, wo eine bei Mühlhausen lagernde Division mit
Seelenangst die Nachricht von einer Schlacht erwartet, welche, wie
sie weiß, in der Ferne geliefert und eine Entscheidung bringen
wird, ist ergreifend. Die alten Soldaten Italiens und Afrikas
können nicht an eine Niederlage glauben. Waren sie denn nicht
immer Sieger? Es wird da ein alter Soldat, der Lieutenant
Rochas, geschildert, der naiv sein Vertrauen dahin formuliert: „Es
ist einmal Bestimmung, daß Frankreich immer siegreich ist, warum
soll es heute anders sein, wenn es immer so gewesen ist? Wir
sollen heute Hiebe bekommen? Warum? Weshalb? Hat sich denn
die Welt geändert . . .? Was Ihr da sagt, ist blödsinnig . . . .
Erzählt das Rekruten, aber nicht mir, der siebenundzwanzig Jahre
gedient hat. . . ."

„Ihr erwartet Nachrichten? Na! Die will ich Euch gleich
geben . . . Die Preußen haben Hiebe gekriegt, Hiebe, daß ihnen
Hören und Sehen vergangen ist, Hiebe, daß sie ihre Knochen im
Schnupftuch zusammensuchen müssen . . ."

Plötzlich verbreitet sich im Lager in der That das Gerücht
eines großen Sieges. Der Kronprinz von Preußen ist zum Gefangenen gemacht, die ganze feindliche Armee zurückgeworfen worden . .

Alle Welt findet das natürlich und zeigt keinerlei Erstaunen
in der Freude. —

Ja, man muß auch wirklich den Patriotismus des Nachbar-
landes bewundern, daß die Stadt Paris mit 2 Millionen Ein-
wohnern eine Einschließung von 5 Monaten hat aushalten können.
Der Nationalstolz hat die Pariser auch nicht verlassen, als sie sich
endlich bezwungen sahen, als ihre Festungswerke den Siegern überlassen werden mußten. In jenen für sie fürchterlichen Tagen wagten
sie die Bitte an den König Wilhelm, daß er ihnen ihren Stolz
lassen, indem er von einer dauernden Besatzung der Hauptstadt und
von der Entwaffnung der Pariser Nationalgarde absehen möchte.
Und als der Einzug der Deutschen in einer für unser deutsches
Bewußtsein kümmerlichen Weise erfolgte, konnte man an den Straßenecken von Paris schwarzgeränderte Proklamationen lesen, welche die
Bevölkerung aufforderten, Trauer anzulegen, und so lautete die
Begründung: „Europa sieht auf uns." Es zeigt demnach der
Franzose, selbst an den Boden geworfen, noch einen feurigen Patrio-

tismus; großartig soll noch seine Haltung mitten im nationalen Elend sein; ohne von Europa bewundert zu werden, darf Paris sich niemals sehen lassen. Und auch in unseren Tagen zeigt Paris in alter Weise dieselbe Selbstüberhebung; es ist nun einmal für den Franzosen die Hauptstadt der Welt; der Pariser sagt ähnlich wie der Italiener von Neapel: „Sieh' Paris und dann stirb!" Die Worte der Berauschung Patrie, La France und Gloire tönen uns aus allen nationalen Kundgebungen der Gegenwart wieder entgegen. Der Präsident der französischen Republik, Carnot, der ruhigste aller Diplomaten im Nachbarvolk, versichert: Frankreich hat seine alte Stellung unter den Völkern wieder erlangt; die Agitatoren rufen Krieg und träumen von Sieg; die Volksmassen dürsten nach Ruhm; es genügen nur einzelne Bravourreden, und die wilden Rufe von 1870 erschallen von neuem: à Berlin, à Berlin, nieder mit Deutschland und Preußen!

Obwohl nun das ganze Bild des patriotischen Frankreichs ein großartiges ist, da wir sehen, daß ein großes, gebildetes Volk voll Glut und Feuer für seine eigene Größe einsteht, wie es bereit ist, für seine Ehre und seinen Ruhm alles zu wagen, wie es einen unvertilgbaren Glauben an sich selber, an seine scheinbar unerreichbare Überlegenheit hat, so ist es doch bei näherer Untersuchung ein ungesundes. Der französische Patriotismus beruht nicht auf sittlichen Ideen, auf ernster, treuer Arbeit am Gemeinwohl, auf der Pflege der wertvollsten Güter des Lebens, des Friedens, der Wohlfahrt des einzelnen und der Gesamtheit. Der französische Patriotismus ist nur eine andere Form für Eigenliebe, für Ruhmsucht und Effekthascherei. Wer recht erkennen will, wie eitel und wahrhaft schauspielerisch die Franzosen sind, muß einen Blick in die Nationalversammlung thun, wenn die Parlamentarier über das Wohl und Wehe des Volkes beraten. Der französische Redner ist ein wahrer Künstler in der äußeren Haltung, in der Haltung des Kopfes und der Hand, in der Hebung und Senkung der Stimme. Ich habe im Februar 1879 den berühmten Gambetta in Versailles reden hören, wie er den Abgeordneten eine seiner letzten Reden über die französische Staatsverfassung hielt. Er stand da, der waghalsige Volkstribune, in theatralischer Stellung, erhob die Hand und ballte die Faust, wie wenn er das ganze

Haus zum Kampf herausrufen wollte, und rief mit lauter Stimme
zum Schluß: Wir wollen weder die liberale noch die konservative
Republik; was wir wollen, Franzosen? wir wollen einfach „Republik." Kaum hatte der beredte Mund diese Worte ausgesprochen,
da erhob sich die zahlreiche Rechte, stürmte auf ihn los, wie wenn
sie ihn zerschmettern wollte, und streckte ihm die Hände bis ins
Gesicht. Aber auch die Linke drängte sich heran und gab ihm die
Zeichen der Bewunderung und hielt schützend die Hand über ihren
Führer. Er selbst aber nahm eine noch stolzere Miene und Haltung
an, wie wenn er nunmehr die ganze Welt in Schranken rufen
wollte. In einem Invalidenhospital wurden an einem Sonntag einer
großen Menge von Fremden allerlei Sehenswürdigkeiten gezeigt;
ich stand mitten unter ihnen. Auf einmal ergriff der Beamte eine
große Kugel und rief mit schmerzerfülltem Gesicht und mit weh-
mütiger Stimme: „Voilà une bombe prussienne! seht, eine
preußische Bombe!" Sie war in das großartige Gebäude während
der Belagerung gefallen. Die Menge staunte den Gegenstand wie
ein Wunder aus der andern Welt an. Der einzelne Franzose wird
in Ehrgeiz und Eitelkeit erzogen, sein ganzer Sinn geht auf äußeren
Glanz und äußeres Renommieren; er will gesehen werden; selbst
der Hund, der ihn begleitet, muß interessant sein. So stand vor
kurzem die neueste Handemode in Paris im „Gaulois" beschrieben:
Des Morgens Flanellhemd, weiß oder blau; kein Halsband. Für
den Spaziergang einen Überzieher aus englischer Cheviotte, gestreift
oder mit weißen Pünktchen; darüber einen langen Mantel, der die
Brust bequem bedeckt; der Koppelriemen aus Alfsilber. Die Wagen-
toilette für das Bois de Boulogne ist aus Tuch oder Plüsch, blau,
mausgrau oder gemsfarben; der Sammtkragen mit Schaumünzen
verziert, oder auch ein Pelzkragen. Der „Salonanzug" besteht
aus einem Deckchen von Kaschmir oder Sammt, mit Perlen bestickt
und unter dem Krägchen eine Krone oder ein Wappen. Über die
Theater- oder Ballanzüge scheint man noch nicht einig zu sein . . .
So ist denn der Hochmut eine nationale Krankheit der Franzosen
geworden; wir finden in allen Gebieten des Volkslebens eine
grenzenlose Selbstvergötterung, ihr sind alle Mittel, selbst die
schlechtesten, recht. Was einst der Papst Pius VII. von
Napoleon I. murmelte, als der Korse dem Kirchenfürsten in

ganz theatralischer Stellung seine großartige Weltmission darlegte: „Komödiant, Komödiant", dasselbe Urteil kann man über das ganze Volk der Franzosen, im großen betrachtet, fällen. Und dieser hochmütige, ehrliebende, ja lügnerische Nationalcharakter kann aus sich nicht die edeln patriotischen Tugenden hervorbringen, welche ein Volk nötig hat nicht bloß in den Tagen des Glücks, sondern auch in den Tagen nationaler Trübsal und Enttäuschung. Dem Franzosen fehlt die Treue, weshalb bei uns, so lange es eine deutsche Geschichte giebt, die „welsche Untreue" sprichwörtlich gewesen ist. Das patriotische Interesse für das Staatsoberhaupt und für die Obrigkeit und deren Vertreter schlägt so schnell in Haß und Bosheit um, wie das Wetter sich ändert. Grollend wendet sich der Bürger ab, nicht bloß Männer, sondern Frauen und Kinder läuten die Sturmglocken des Aufruhrs, ein wilder Geist gewinnt Macht über die Herzen, namentlich über den Verstand, sobald der Franzose glaubt, daß er in seiner nationalen Größe auf irgend eine Weise gekränkt sei. Die Unvernunft wird Siegerin; doch darüber später mehr.

Zunächst wollen wir den anderen nationalen Gegner näher beobachten, indem wir nach Osten blicken; es ist der Russe. Unsere Vorfahren haben in früheren Jahrhunderten mehr Unheil von Osten als von Westen her erwartet. Soll der Kriegssturm, dem wir nicht entgehen können, einmal losbrechen, dann wird er sicherlich von den Russen mit in Scene gesetzt werden; daher müssen wir nach Osten stets auf Wachtposten stehen.

Wie sieht es nun mit dem Patriotismus in einem Reiche aus, welches im Osten Europas, im Norden und im Mittel von Asien 395 000 Quadratmeilen, also fast ein Sechstel des ganzen Festlandes der Erde umfaßt, das 236 Millionen Menschen in sich birgt, das allein in Europa 85 Millionen Unterthanen zählt!*) Diesem europäischen Rußland kann man, was die Vergangenheit anlangt, durchaus nicht nationales Selbstbewußtsein und energische Vaterlandsliebe absprechen. Als im Jahr 1812 das Volk zum Heerbanne wider Napoleon I. aufgeboten wurde, da hatte der Kaiser Alexander I. recht, als er in seinem Manifest stolz der Nation das Lob erteilte: „Adel, du warst in allen Zeiten der Verteidiger des

---

*) Vergl. „Das russische Reich in Europa" 1884, Mittler u. Sohn, — Artikel in der „Christlichen Welt" von Rabe, Januar 1892.

Vaterlandes, heiliger Synod und du russische Geistlichkeit, durch eure inbrünstigen Gebete haben wir immer Gnade und Heil auf das russische Reich herabgerufen. Völker Rußlands, heldenmütige Enkel der tapferen Slovenen; dies wäre nicht das erstemal, daß ihr den Bären und den Tigern, die sich auf euch stürzten, die Zähne ausbrächet. Vereint euch alle, tragt das Kreuz in dem Herzen und das Eisen in der Hand, und keine menschliche Macht wird euch besiegen können."

Wir wollen absehen von den gewaltigen, blutigen Siegen, in welchen russische Heere wie Löwen für Rußlands Ehre und für den Ruhm des Zaren fochten, z. B. bei Zorndorf und Kunersdorf; wir erinnern nur an die Kämpfe in den Jahren der Befreiungskriege 1812, 1813, 1814 und 1815. Ist nicht zu jedem Opfer das ganze russische Voll bereit gewesen, in allen seinen Ständen, im Adel, im Großkaufmann, im Bauer? Man verlor alles, man gab gern das Leben hin, wenn nur Haus und Hof, Kirche und Altar, Geld und Gut dem Feinde nicht zur Beute würde. Die allgemeine Losung war damals: „Gott verleihe Sieg unserem Kaiser und Rußland!" Wie patriotisch hat sich doch der Statthalter von Moskau benommen! er hat ein Vorbild an Hingebung und Opferwilligkeit den Russen gegeben, das ewig denkwürdig in der Geschichte dasteht. Als der Franzose herannahte, da ging Rostoptschin*) mit seinen Leuten in den Palast; ein jeder hatte eine brennende Fackel in der Hand, und ein Gemach nach dem andern wurde in Brand gesetzt, so daß endlich das ganze geräumige und prachtvolle Schloß in Flammen stand. „Franzosen, hier sollt ihr nur Asche finden", mit diesem Ruf zündeten die Einwohner Moskaus ihre großartige Stadt an und riefen in dieser Weise das Gottesgericht über den frechen Korsen. Denselben Patriotismus haben die vielgestalteten, bunt durcheinander gewürfelten Kriegsvölker Rußlands gezeigt, sowohl während des Krimkrieges, als auch im letzten Feldzug gegen die Türken. Und auch heute noch würden sieben Zehntel der Nation wie ein Mann auftreten, wenn der Kaiser aller Reußen zu den Waffen ruft; denn in den sieben Zehnteln sind die russischen Bauern begriffen, die im größten Gegensatz zu den einfachen Bürgern der französischen Nation aufs

*) Rostoptschin selbst hat dies niemals zugegeben. D. L.

innigste mit dem russischen Kaiser sich verbunden fühlen, den sie „Vater oder Väterchen" nennen. Bis jetzt bildet das Bauerntum den eigentlichen Kern der russischen Nation. Bis zum Jahr 1861, in welchem Alexander II. allzu eilig die Leibeigenschaft aufhob, war der Bauer das verkäufliche Eigentum des Gutsbesitzers, des Edelmannes, in welchem er den Vertreter seines Kaisers achtete und ehrte. Obwohl für unser deutsches Gefühl der Name „Leibeigenschaft" an sich etwas Abstoßendes hat, so war sie in Wirklichkeit doch nicht so schlimm. Freilich herrschte oft auf dem Lande eine rücksichtslose Willkür, aber im allgemeinen bestand ein patriarchalisches Verhältnis zwischen dem Abeligen und Landbewohner. Letzterer sah im Abeligen seinen Brotherrn, nannte ihn gleich dem Kaiser gern „Väterchen"; an ihn wandte er sich wie an einen Vormund. Der Brotherr bestimmte alles, sogar den Lebensberuf der Kinder; er gab oder verweigerte die Erlaubnis zur Heirat. Infolge dessen war der Bauer sorglos und er blieb unselbständig wie ein Kind. Er war bis ins letzte Mark monarchisch gesinnt, da der Zar für ihn der Gegenstand des größten Vertrauens war. Er konnte niemals an dem Wohlwollen und an der Gnade des kaiserlichen Herrn und Gebieters zweifeln, selbst wenn die Verwaltungsbeamten durch treuloses Regieren ihn niederhielten. Freilich diese Anhänglichkeit an den Kaiser ist weniger eine treue Gemütsanlage, eine lebensvolle Herzensstellung, ein warmer Patriotismus; sie hat vielmehr darin seinen Grund, daß der Bauer jede Verbesserung seines Schicksals eben dem Kaiser zu verdanken hat. Dieser ist „das weise Väterchen" in der großen Zarenstadt, das ein schützender Vater für jeden armen Bauern ist. Seinem Kaiser dienen als Soldat, das ist die größte Lust und Ehre für den russischen Bauer; ihm schwören sie mit Hochgefühl den Fahneneid der Treue bis in den Tod. Und er ist auch wie zum Soldatenleben geboren. Er zeigt unbedingten Gehorsam, fast sklavische Unterwerfung dem Vorgesetzten gegenüber; er ist von Natur fähig, große Kälte, anhaltende Strapazen, Entbehrungen aller Art zu ertragen; hievon hat ja der Übergang über den Balkan im letzten russisch-türkischen Krieg einen rühmlichen Beweis gegeben. Aber was dem russischen Soldaten fehlt, ist das Ergreifen der Initiative; er ist fatalistisch gesinnt und sieht den Begegnissen mit dem größten

Freimut entgegen. Daher kommt in der russischen Armee alles auf die Offiziere an, welche über ein großartiges Massenmaterial gebieten, das nicht intelligent ist, sondern beständig gleichsam am Zügel geführt werden will.

Im Frieden begnügt sich der russische Bauer mit sehr wenigem für das tagtägliche Leben. Hat er Arbeit und Brot, so ist er schnell zufrieden. Der Familienhaushalt ist eine patriarchalische Arbeitsgenossenschaft.*) Das Familienhaus ist das Zentrum des Lebens. Söhne und Enkel, selbst wenn sie verheiratet sind, bleiben meist in diesem Hause und arbeiten zusammen, indem sie sich voll Pietät unter die Autorität des ältesten Familienmitgliedes stellen. Verhängnisvoll für den gesamten Bauernstand ist der Genuß des Branntweins, in den man zuweilen noch scharfe, ätzende Stoffe schüttet. Man trinkt in Rußland den Branntwein wie bei uns den Kaffee und das Bier. Unsere Großeltern wußten allerlei Geschichten von dem fürchterlichen Trinken des Alkohols zu erzählen, das die Kosaken zur Zeit der Befreiungskriege getrieben haben. In manchen deutschen Orten hat man verdünnte Salpetersäure mit Spiritus und anderen Ingredienzien zusammengegossen, was den Russen beim Verschlingen großer Massen von rohem Sauerkraut vortrefflich mundete. Es ist wohl ein alter Witz, aber es liegt ein Körnchen Wahrheit darin, daß die beste Verteidigung der Deutschen gegen die Russen darin bestehe, daß man einen tiefen Graben an der ganzen Grenze ziehe und ihn mit Schnaps fülle; kein russischer gemeiner Soldat würde das deutsche Land betreten. Aus Petersburg liegt eine klinische Mitteilung über diese Trunksucht der Russen vor, die dahin lautet: „Wissen Sie, was der Russe Trinken nennt? Wenn ihn der Teufel beim Kragen packt, dann trinkt er auch heutzutage nach alter Väter Art Schnaps und nur Schnaps wochen- und monatelang, ohne zur Besinnung zu kommen, und im besten Falle endet die Geschichte im Hospital. Trotz der Bemühung der Regierung, dem Bier einen weiteren Verbreitungskreis zu schaffen, ist der Alkohol der eigentliche nationale „Sorgenbrecher". Der Schaden, den dieses Getränk unter

---

*) Siehe die Schrift von Samson-Himmelstjerna: „Die Verlumpung der Bauern und des Adels in Rußland." Leipzig. Duncker und Humblot. 1892. D. L.

der Bevölkerung anrichtet, ist kaum zu beschreiben." Wie sieht das Volksleben an Sonn- und Feiertagen in kleinen Marktflecken oder auf den Straßen der russischen Städte aus? Scharen von trunkenen Personen, Männern und Weibern, treiben sich in größter Roheit lärmend umher, namentlich wenn lange Fastenzeiten den Durst nach dem Branntwein rege gemacht haben.

Aber trotz dieser Unmäßigkeit und Roheit seiner Bauern, wie würde der russische Kaiser Alexander III. sich glücklich preisen, wenn sein Riesenreich aus lauter so monarchisch gesinnten Leuten*) bestände, wie diese Landbewohner bis jetzt — ich betone „bis jetzt" — gewesen sind. Sie denken an ihn, als ihren Wohlthäter. Ein Augenzeuge erzählte mir, daß man allenthalben auf dem Lande unter freiem Himmel Dankgottesdienste abgehalten, als das letzte Eisenbahnattentat auf den Kaiser nicht geglückt sei. Angesichts dieser Sachlage verstehen wir, daß die Vorgänger des jetzigen russischen Kaisers in dem Bewußtsein, daß die Masse ihres russischen Reiches aus so einfach treuen Unterthanen bestehe, mit großer Geringschätzung und Verachtung auf die wetterwendischen, an Treue wenig gewöhnten Franzosen herabzusehen gewohnt waren.

Aber in diese an sich leblose Masse des russischen Bauerntums ist eine bösartige Gährung gekommen, eine Gährung, die dem Patriotismus für den Zaren auf dem Thron höchst ungünstig geworden ist. Bald nach dem Krimkriege hat Alexander II., von edler Humanität getrieben, am 19. Februar ä. St. 1861 die L e i b - e i g e n s c h a f t aufgehoben, den Bauern persönliche Freiheit zugesichert, der freigelassenen ländlichen Bevölkerung die Selbstverwaltung gegeben und die Ablösung des in bäuerlicher Nutzung, aber im Eigentum des Gutsherrn befindlichen Landes gestattet. Mit einem Schlage wurde der russische Bauer von seinem Brotherrn, dem adeligen Patron, frei. Wenige Federstriche einer bis dahin despotischen, bureaukratischen Regierung genügten, sieben Zehntel der Nation, in denen nur an die Scholle gefesselte, oft der Willkür rücksichtsloser Gutsherren preisgegebene Landleute zu finden waren, zu freien Leuten zu machen. Die Folgen dieser allzu schnell in Szene gesetzten „Emanzipation", der großartigen Befreiungsmaßregel,

*) Monarchisch in unserem Sinne nicht, sondern nur im orientalischen. D. L.

sind sehr bedenklich; der alte russische Patriotismus hat durch sie einen Stoß bekommen, von dem er sich kaum wieder erholen wird. Durch diese großartige Maßregel der Aufhebung der Leibeigenschaft ist das Band zwischen dem Gutsherrn und dem Bauer zerschnitten worden. 22 Millionen von Bauern sind in die größte Aufregung geraten. Sie können nicht begreifen, daß sie keine Herren mehr über sich haben; ein übertriebenes Freiheitsgelüst hat sich der Geister bemächtigt; man will noch größere Freiheit, ohne mehr arbeiten zu wollen. Man übernimmt allzu gern die Grundstücke der früheren Herren, ohne ihnen eine hinreichende Entschädigung zu geben. Der Bauer hat ein starkes Bewußtsein seiner Rechte bekommen, ein schwaches von seinen Pflichten. Ein alter Bauer sagte zu seinen Leuten auf einem Kirchenfest: „Wohl hat das Väterchen, der Zar, uns die Freiheit gegeben; aber sie paßt uns nicht, da unser Verstand nicht ausreicht. So laßt uns denn beten als rechte Christen, daß uns der Zar des Himmels und die heilige Mutter Maria den Verstand gebe, damit die Freiheit nicht verderbe." Infolge dieser Gährung unter den freiheitslüsternen Bauern ist der Stand, auf den der Kaiser wegen seiner Treue mit der größten Genugthuung blicken konnte, der der Adeligen und Großgrundbesitzer, dem reformierend auftretenden Oberhaupt des Staates sehr entfremdet worden. Der Adel sieht sich im Kampf mit den Leuten, die bisher ausschließlich aus seinen Händen das tägliche Brot bekamen, die von ihm allein regiert wurden, jetzt aber das Recht der Selbstverwaltung bekommen haben, mit Leuten, die ihre bisherigen Herren nunmehr mit dem größten Mißtrauen betrachten. Die Bauern halten denselben vor, ihnen, den bislang Bedrückten, sei endlich die volle Freiheit gegeben; nur die Adeligen und Beamten hinderten die Veröffentlichung der anderen Ukase des Kaisers, welche den Bauern noch weitere Rechte und Privilegien zusicherten. Diese Auflösung der alten patriarchalischen Verhältnisse auf dem Lande in Rußland benutzt eine revolutionäre Propaganda von Unruhstiftern, die sich zur Aufgabe gesetzt haben, das Band, welches jahrhundertelang zwischen Bauerntum, Adel und Thron bestanden, völlig zu zerreißen; es ist die neue Partei der Panslavisten oder Altrussen, welche eine neue Kulturepoche einführen wollen, indem sie die bisherige Gesellschaftsordnung zu zertrümmern suchen.

Und so sehen wir denn einen revolutionären Geist in die ländlichen Verhältnisse, die jahrhundertelang starr und unbeweglich waren, eindringen; ein Libertinismus verdirbt fundamental die sittliche Haltung der Bauern, macht sie irre in dem Autoritätsgefühl gegen die Obrigkeit, in der Treue gegen den Kaiser. Das Wechseln des Wohnsitzes kraft des Gesetzes der Freizügigkeit benimmt den Leuten die Ruhe. Das Eigentum wird nach etlichen Jahren wieder allgemeiner Gemeindebesitz; dadurch verliert der Besitzer jegliche Lust, an demselben zu arbeiten. Die Bande der Familie lockern sich, die patriarchalischen Sitten verfallen. Der Branntwein spielt mit jedem Jahr eine größere Rolle. Ja, es tauchen überall bedenkliche Mächte empor, welche die Bauern in sich unzufrieden, verbittert und anarchisch machen.

Die wirtschaftliche Lage der Großgrundbesitzer ist durch die Aufhebung der Leibeigenschaft eine sehr schwierige geworden; sie steht vielfach vor dem Bankrott. Der Adel, sonst die größte und treueste Stütze des Thrones, wird ebenfalls revolutionär unterwühlt. Seiner Rechte beraubt, pekuniär in Verlegenheit geraten, zerschlägt er seinen Grundbesitz und verkauft ihn an jedermann. Durch die Zerstückelung der Güter hat die Anzahl der Großgrundbesitzer beträchtlich abgenommen. In den adeligen Herzen regt sich nicht bloß die Opposition gegen die unverschämt gewordenen Bauern, sondern namentlich gegen den Kaiser und seine Bureaukratie. Alle Schuld an dem wirtschaftlichen Elend wirft man keinem anderen als der Regierung vor; ihr flucht man, anstatt daß man für sie betet.

Und so ist denn ein völliger Umschwung in Rußland eingetreten. Welch ein Unterschied zwischen einst und jetzt! Früher war es ein Land des orientalischen Despotismus und der sklavischen Knechtseligkeit, jetzt ertönen dort die Rufe der Revolution, der wildesten Freiheitsgier. Gerade aus den adeligen Kreisen rekrutiert sich die geheime Bande der Freiheitsschwärmer, die in anarchischem Sinne mit den Mitteln der Schrecken den Staatsumsturz anbahnen, die Familien- und die altrussische Gesellschaftsordnung aufheben wollen, die dem Thron in Petersburg Zertrümmerung und dem Kaiser den Tod schwören. Mit einem Wort, der Nihilismus ist der furchtbare Sturm, der sich in Rußland erhebt und der gerade die Stände ergreift, die sonst im Leben der Völker die Führerschaft der Massen übernehmen und die erste Autorität beanspruchen.

Freilich der Zar Alexander III. ist sich bewußt, noch der absolute Monarch zu sein, Selbstherrscher aller Reußen, Zar von Polen und Großfürst von Finnland; er giebt und übt die gesamte Gesetzgebung allein durch seine Regierung aus. Er ist umgeben von Gewaltigen, Dienern und Beamten, die ihn nach sklavischer Art wie ihren höchsten Gebieter, wie einen Abgott behandeln. Er ist voll Selbstvertrauen, daß es ihm gelingen werde, den Sturm des Nihilismus aufzuhalten und die Geister der Revolution zu bannen. Er will eine energische Handhabung der Regierung und der Polizeigewalt; er nimmt eine Säuberung in der Beamtenwelt vor, und er schickt unerbittlich Tausende seiner Unterthanen, falls sie des Aufruhrs verdächtig sind, nach Sibirien, unbekümmert, was dort aus ihnen werden möge. Und doch! hat Kaiser Alexander III. nicht seinen kaiserlichen Vater, der in gleicher Machtstellung, wie er sich befand, als ein Opfer des Nihilismus, von den Dynamitbomben der Verschwörer auf dem Straßenpflaster zerschmettert liegen sehen müssen? Und muß der kaiserliche Herr nicht jeden Morgen, mag er in seiner Haupt- und Residenzstadt Petersburg sich aufhalten oder die Stille und Zurückgezogenheit in Gatschino aufgesucht haben, mit der größten Furcht aufstehen? denn selbst am Hofe in der nächsten Nähe des Kaisers sind ja verdächtige Personen, denen man alles Schlechte zutrauen darf. Ja, Geister der Schrecken, Geister der Revolution halten ihn beständig in Atem; der Dolch des gedungenen Mörders erschreckt ihn; auf seinem eigenen Schreibtisch liegen Drohbriefe; unter seinen ersten Großen ist er nicht mehr sicher. Der Kaiser aller Reussen ist gezwungen, mit den Mitteln der Gewalt und der Schrecken zu regieren; denn er ist keinen Augenblick sicher, daß nicht die scheinbar Getreuen als verantwortliche Exekutivbeamte im Auftrage des geheimen Nihilistenkomites Dynamitbomben wider sein Leben unter der glänzenden, kaiserlichen Uniform tragen. Wahrhaft betrübend hört es sich an, „wie der Zar reist". Kein Sterblicher mit Ausnahme der dienstthuenden Beamten darf den Bahnsteig betreten. In Bobrihsk wurden zwei Männer getötet, weil sie nicht ahnten, daß der Kaiser gerade abfahren wollte. Zehn Stunden wurde ein Zug mit Passagieren auf freiem Felde stehen gelassen, bis des Kaisers Jagdzug passirt war; darob natürlich allgemeine Erbitterung, neues Planen von nihilistischen Angriffen! *)

Zu all diesen höchst bedenklichen Mächten ist eine neue Bundesgenossin des Nihilismus getreten, von der man behauptet, sie habe die alten Nihilisten bestärkt und an vierzig Millionen neue geschaffen; es ist die seit 1891 überall herrschende Hungersnot, welche man dem Kaiser als die Folge seiner Mißregierung vorwirft. Interessant in dieser Beziehung ist eine Zuschrift eines Mannes an die „Kreuzzeitung", der die russischen Zustände aus eigener Anschauung kennt. Er giebt im Januar 1892 folgende Schilderung:

Es giebt heutzutage auch in russischen Dingen so viel Sensations-Reporter für die Sensations-Blätter, daß man — ich mache mit meiner Person keine Ausnahme — von den Berichten über die Schrecken der Hungersnot immer eine gute Anzahl von Prozenten abzuziehen geneigt ist. Die Sache ist aber diesmal, wie ich mich überzeugt habe, trauriger, als man selbst nach den Berichten glauben möchte. Wenn Ihr Blatt schon mitteilte, daß die Schwere der Not auch auf die ganze innere Lage des Landes drückt, so ist dies nur der Wahrheit entsprechend. Ja mir macht die Sache hier und da den Eindruck, als wenn es schließlich zu schweren inneren Unruhen, wenn nicht gar Umwälzungen kommen könnte. Die Vorboten von Eruptionen in Gestalt von Scharen von Bettlern, welche aus Not getrieben Hof und Haus verlassen haben und in ihrer verzweifelten Stimmung bereits Gewaltthaten verübten, erheben hier und da schon drohend ihr Haupt; und wenn ich recht urteile, so werden Plünderungen und Zügellosigkeiten, dann Auflehnung gegen die öffentliche Gewalt auf die Tagesordnung kommen. Es versteht sich von selbst, daß der Nihilismus, der so viele Kreise durchsäuert, seinen Weizen blühen sieht, und auf jede Weise thätig und betriebsam ist, die kleinen Funken anzufachen und womöglich zu lichten Flammen aufzublasen. Die Agitatoren ziehen eine Anzahl sonst ruhiger Leute dadurch auf ihre Seite, daß sie ihnen vorstellen, daß auf loyalem Wege gesunde Zustände nicht zu erreichen seien, und daß erst aus den Ruinen der bestehenden Gesellschaft

---

*) Anscheinend wenigstens paßt das doch mehr auf die Vergangenheit als auf die Gegenwart. D. L.

neues Leben erblühen könne. Es liegt in der That etwas Gesundes in dieser fatalen Lehre; nur sind die Leute in der Wahl der Mittel nicht nur nicht wählerisch, sondern fast „unfreundlich"! Dynamit brauchen sie allerdings heute nicht, da die Wirkungen der Magenfrage stärker sind, als die der gefährlichsten Explosivstoffe; und diese Frage zu ihrem Vorteil auszunützen, verstehen jene Leute aus dem Grunde.

Die liberalen Theoretiker werden ihre weisen Häupter schütteln, wenn ich hier eine Wahrheit ausspreche, welche auf allen Seiten in Rußland bestätigt wird, daß nämlich die so kopflos überstürzte Aufhebung der Leibeigenschaft eine der wesentlichen Ursachen der Hunger-Kalamität bildet. Früher sammelte der Gutsbesitzer, der in Rußland an Mißernten gewöhnt ist, sein Getreide in den besseren Jahren an, um seine Leute durch den Winter hindurch zu bringen. Ja dies lag sogar in seinem eigensten Interesse; heute hat er natürlich keinen Grund mehr, seinen Roggen zu speichern. Die Freigewordenen aber sind bekanntlich zu leichtsinnig, um auch nur an die nächste Zukunft zu denken; sie verlaufen, verthun und vergeuden sofort, was sie geerntet haben. Der russische Staat andererseits ist zu verlottert, um an so etwas zu denken oder gar heranzugehen. Daß trotz aller dieser Reizmittel, welche den Agitatoren zu Gebote stehen, die Attentate ganz aufhören werden, glaube ich schon deshalb nicht, weil in neuester Zeit wieder zahlreiche Verhaftungen stattgefunden haben; hat man doch in der Weihnachtszeit sogar das in Paris gegen die russische Botschaft geplante Attentat nur noch eben verhindern können, was Ihr Blatt ja aus Frankreich bereits mitgeteilt hat.

Die Stunde, in welcher ernste Ereignisse in Rußland plötzlich eintreten können, ist nahe. Rußland gleicht einem Krater, in dessen geheimnisvollen Tiefen die feurigen Massen sich zu einem gewaltigen Ausbruch wirr durcheinander mischen. Rußland birgt wahrhaft haltlose Zustände in sich.

In manchen Beziehungen mag vielleicht das südliche Rußland hiervon eine Ausnahme machen; und dies hat es hauptsächlich den deutschen Ansiedlern zu verdanken, welche meist aus Württemberg und den deutschen Ostlanden dorthin ausgewandert sind und sich daselbst angesiedelt haben. Sie sind alle ebenso wie die Deutschen der Ostseeprovinzen rechtmäßige Unterthanen Rußlands geworden, ohne zur russischen orthodoxen Kirche übergetreten zu sein. Ihnen sind aber deutsche Familiensitte, deutsche Kultur und Sprache teuere natürliche Güter geblieben, so daß sie bei der Erhaltung und Verteidigung derselben den Haß der russischen Regierung auf sich gezogen haben. Sie sind der Mehrzahl nach Kolonisten, solide Ackerbauern. Sie zeigen Zucht und Ordnung in ihrer Selbstverwaltung; sie enthalten sich des Branntweingenusses; sie wohnen nicht in schmutzigen Lehmhütten, sondern in deutschen Holzhäusern. Ihr religiöses Leben wurzelt im württembergischen Pietismus nach Art des Lebens in der Brüdergemeinde; weil sie wöchentlich Andachtsstunden unter einander halten, werden sie auch **Stundisten** genannt. Diese Deutschen sind die treuesten Elemente im russischen Reiche und haben die nihilistische Propaganda von sich fern gehalten; unter ihnen finden Attentäter und Mörder keine Zufluchtsstätte. Freilich, die russische Regierung hat es ihnen bis jetzt sehr wenig gedankt; vielmehr legt sie den braven Leuten allerlei Schwierigkeiten in religiösen wie kirchlichen Dingen in den Weg, so daß manche bereit sind, den Wanderstab zu ergreifen und auszuwandern. Pastor Keller aus Berlin, der unter ihnen gelebt hat, schrieb zu Anfang des Jahres über sie in öffentlichen Blättern unter anderem folgendes: „Wie schwer viele dieser Leute unter den russischen Schul- und Gerichtsverhältnissen zu leiden haben werden, kommt noch nicht so allgemein in die Öffentlichkeit, wie die Vergewaltigung der Ostseeprovinzen, weil zum Glück das Interesse gewisser Kreise den Kolonieen noch nicht in dem Maße zugewandt ist, als daß wirklich in jedem Ort die Durchführung der neuen Bestimmungen stramm gehandhabt zu werden brauchte. Russifizierung vieler Ortsnamen, Übernahme der von den Kolonisten aus Privatmitteln erbauten und erhaltenen Schulen in Staatsverwaltung, und kleine Nadelstiche im Umgang mit den rein russischen Behörden — das und manches andere ist nur der Ansammlung dunkler, drohender Wolken am Horizont vergleichbar, und doch ist's für viele genug, „die Zeichen der Zeit" zu verstehen und sich vor dem ausbrechenden Unwetter bergen zu wollen. Schwer genug ist den Kolonisten der Umstand, daß ihre Söhne als russische Soldaten (ich hatte in Sebastopol allein gegen 400 solcher geistlich zu bedienen; im ganzen standen in der Krimm etwa 650 Deutsche in verschiedenen Regi-

meutern) eventuell bei einem Kriege gegen Deutschland ihren Stammes-
brüdern als Feinde gegenüber stehen sollten. „Was würde", so
bin ich unzählige Male gefragt worden, „das Los der vielen in
Rußland zerstreuten deutschen Dörfer sein, wenn ein Krieg zwischen
Deutschland und Rußland ausbräche?"

Religiöse Motive sind bei den Vätern und Großvätern der
jetzt lebenden Kolonisten es größtenteils gewesen, die sie in die
Ferne getrieben; es wäre merkwürdig, wenn die Nachkommen abermals gerade um der Wahrung ihrer Überzeugung willen aus Rußland flüchten müßten. Aber wohin? Posen kann nicht dem zehnten
Teil der in Frage kommenden Evangelischen angewiesen werden
(es wäre dankenswert, wenn dort wenigstens so bald als möglich
die Hand geboten würde). Mir haben seinerzeit manche meiner
Gemeindeglieder das Reisegeld angeboten, ich sollte nur nach Palästina oder Zentralasien reisen, um mich persönlich von den Verhältnissen zu überzeugen; es war damals so unmöglich für mich,
etwas nach dieser Seite hin zu thun, wie jetzt. Wenn aber be-
rufenere Männer die Hand bieten wollen, um Hunderttausenden
ihrer bedrängten evangelischen Stammesbrüder eine Zufluchtsstätte
zu öffnen, wo sie mit demselben Fleiß, wie in Südrußlands Steppe,
dem Boden ihr täglich Brot abgewinnen können, ohne fürchten zu
müssen, daß Glaube und Sprache und Sitte auf dem Spiele steht,
— dann segne sie Gott!

Ja, diese deutschen Ansiedler haben einen sehr üblen Stand
vor den Altrussen. Im März 1892 kam die böse Nachricht aus
Petersburg: Im Reichsrat wird soeben über eine sehr einschneidende
Maßregel gegen den Stundismus beraten. Die Anhänger dieser
protestantischen Sekte, welche von der Regierung als „staatsgefährlich"
und „widerchristlich" bezeichnet wird, sollen in Zukunft nicht mehr
berechtigt sein, die Ämter von bäuerlichen Gemeindeältesten, Gemeinde-
richtern und Gemeindeschreibern zu bekleiden, ebenso wird es ihnen
verboten, Dienstboten griechischer Konfession zu halten, es sei denn,
daß der orthodoxen Geistlichkeit Bürgschaft für die gewissenhafte
Erfüllung der griechischen Kirchenvorschriften seitens derselben geboten
wird. Der Stundismus gewinnt täglich mehr an Ausbreitung,
und gerade der Bauer, der kleine Mann, die sind es, welche in
großen Mengen sich ihm zuwenden. Diese Bewegung, die im

Grunde die Unterstützung der Regierung erfahren sollte, weil die Stundisten in musterhafter Weise ihre staatsbürgerlichen Pflichten erfüllen und wirtschaftlich weit besser vorwärts kommen, als die orthodoxen Bauern, bietet ihr eine bequeme Handhabe zum Einschreiten gegen die gleichfalls protestantischen, wenn auch nicht stundistischen deutschen Kolonisten. Die Lage derselben wird immer kritischer durch Willkürmaßregeln der örtlichen Verwaltung und auch durch gesetzliche Anordnungen, welche von Petersburg aus gegen sie erlassen werden. Jetzt hat es fast den Anschein, als wolle man eine förmliche Deutschenhetze in Südrußland veranstalten, wie wir vor Jahren bereits eine Judenhetze erlebt haben. Die Presse wenigstens überbietet sich in den wütendsten Schmähartikeln, von denen die Aufschriften mitunter so bezeichnend sind, daß einige derselben wert sind, hier Aufnahme zu finden. So lasen wir in der „Moskauer Zeitung" einen Aufsatz betitelt: „Was bedeutet dem Deutschen die russische Unterthanenschaft?" Ferner: „Die deutschen Eroberungen im südwestlichen Gebiete" und ebenso: „Deutsche Räuber, Sozialisten und Kolonisten in Südwestgebieten." Diese Bezeichnungen sagen genug, und es braucht wohl kaum noch erwähnt zu werden, daß in den betreffenden Artikeln die rücksichtslose Vertreibung der Deutschen aus Rußland gefordert wird, um für dieselben das Schlimmste befürchten zu lassen.

Während nun die deutschen Ansiedler eine höchst ehrenhafte Ausnahme unter den russischen Unterthanen bilden, neigen die übrigen Millionen mehr oder minder zu neuen Reformen im staatlichen Gebiet und lauschen den neuen Zukunftsplänen der Nihilisten mit begierigen Ohren zu.

Was wollen denn die Nihilisten? Sie wollen Abschaffung aller staatlichen Autoritäten und Gesetze, aller bisherigen gesellschaftlichen Ordnungen, Sprengung aller Bande, welche Pietät und Pflicht gebieten, Bekämpfung aller bestehenden Institute und Obrigkeiten: „die vollkommenste Freiheit von allen Begriffen, von allen ererbten Hindernissen und Störungen, welche das Vorwärtsschreiten des occidentalischen Verstandes mit seinem historischen Klotz am Fuß behindern." Bakunin, der radikale Nihilist, schlägt vor: Zerstörung aller Staaten, Vernichtung der Zivilisation der Bourgeois, Organisation der befreiten Volksmasse aller Völker, all-

gemeines Menschentum. In dem Jahre 1878 erließ die Partei
der Schrecken, die Terroristenpartei, einen Aufruf, der die
Grundzüge hatte: vor nichts zurückweichen! die Brandfackel überall
hingeworfen! Umsturz des Thrones, Kaisermord!
Der Geist dieser krassesten, vor keinen Folgen zurückbebenden
Revolution ist bei dem Russenvolke viel gefährlicher als bei den
Franzosen; denn der russische Charakter ist weit wilder, auf-
geregter, sanguinischer und grausamer, wenn einmal Erbitterung
und Erregung in ihn hineingefahren ist. Der Russe hat wohl eine
große Hingabe an das Vaterland wie der Franzose. Aber der
Franzmann ist patriotisch aus Begeisterung für die Größe seines
Vaterlandes, aus Ruhm- und Ehrsucht. Der Russe ist ein geborener
Egoist; er wird, wenn er einmal warm geworden, getrieben von
niederen Gelüsten nach Eigentum und Genuß. Der Franzose will,
selbst wenn er revolutionär wird, noch immer einen Sinn für höhere
Bildung und Zivilisation zur Schau tragen; der Russe hat eine
grenzenlose Verachtung alles dessen, was er nicht kennt, namentlich
gegen alles Ausländische schwelgt er im Geist des Vandalismus.
Untreu und rachsüchtig von Natur hat er Freude an groben Ausschreitungen wider das Gesetz. Wohl kann er sich äußerlich unterwerfen.
Sein Gehorsam ist ein reiner Leichengehorsam, im Hintergrund mit
teuflischer Abneigung gegen seinen Gebieter gepaart, sobald derselbe
in ihm das Gefühl der Unzufriedenheit erweckt. Der Nihilismus
ist ein Kennzeichen der russischen Gesellschaft; bei den im Elend
lebenden Volksmassen, namentlich auf dem Lande, herrscht stumpfe
Verzweiflung; bei den kleinen Leuten, den Handwerkern, Unmut und
Mißtrauen; bei den sogenannten Gebildeten, Offizieren, Kadetten,
Journalisten, Studenten, Studentinnen Indifferentismus, materialistische Weltanschauung, rohe Genußsucht. Diese Mächte erzeugen
den Fanatismus des Zerstörens und der Selbstvernichtung.*)
So ist denn nach allen Berichten ruhig denkender Beobachter
Rußlands das große Zarenreich innerlich krank; es frißt
an seinem innern Mark ein tötlicher Krebsschaden. Wir sehen
Rußland auf derselben schiefen Ebene, welche Frankreich beschritten
hat; es ist im Begriff und Willens, die zweite Grundfeste

---

*) Diese Darstellung dürfte doch nur teilweise zutreffend sein. Der be-
zeichnendste Charakterzug der russischen Massen ist Schlaffheit, nicht Bosheit. D. L.

einer Nation aus Gottes Haub, den Thron umzustürzen und den legitimen Besitzer des Thrones, den Kaiser, entweder wegzujagen oder zu ermorden.

Doch fragen wir, von dem Nachbarvolk im Osten eine Weile absehend, wie denn die Franzosen, deren ruhmreiche Geschichte gerade an Könige und Kaiser unzertrennlich gebunden ist, dazu übergehen konnten, den Thron umzustoßen und seine kaiserlichen und königlichen Oberherrscher wegzujagen, ja sich mit dem Morde eines Königs zu beflecken?

Ihm, dem ruhmbürstigen Volke, ist La France, Frankreich, gleichsam eine leibliche Gestalt und Person geworden; dagegen die Anhänglichkeit an wirklich große Monarchen und Personen, ja das Verständnis überhaupt für Persönlichkeiten hat es mit der Zeit verloren. Der Franzose hat einen lebhaften Sinn für seine nationale Größe, ist ganz Gefühl für sein Vaterland, aber dieses Gefühl ist so reizbar wie das eines nervös gewordenen Menschen, der wetterwendisch sich bald mit einem andern befreundet, bald ihn verwirft. Der Franzose hat eine wahre Lebensfreude daran, Könige, Kaiser, Fürsten, Minister und Abgeordnete ein- und abzusetzen, je nachdem sie ihm die richtigen Vertreter der Ehre und der Machtfülle des stolzen Frankreichs zu sein scheinen. Er macht sich seine obrigkeitlichen Personen ganz untertänig. Vor der Revolution von 1789 schmeichelte das Volk dem Herrscher, jetzt muß jeder Gewalthaber dem Volke schmeicheln. Wer möchte es zu leugnen wagen, daß der Kaiser Napoleon III. achtzehn Jahre im größten Segen für Frankreich regiert hat? Er selbst besaß ja den Eifer, für andere, für die große Nation zu leben; besaß er nicht Wohlwollen, Gerechtigkeitssinn, ja Dankbarkeit? Unter seiner machtvollen Regierung blühte ein glänzender materieller Wohlstand, die Industrie, Handel, Gewerbe, Ackerbau in nie gesehener Größe. Daher gaben am 8. Mai 1870 700000 Stimmen im Plebiscit ihm, dem Erwählten des Volkes, das Vertrauensvotum, so daß sein Minister ausrufen konnte: „Ja, Kaiser, deine Politik ist ganz recht!" Aber als die Katastrophe von Sedan über den Kaiser kam, da öffneten sich sämtliche Schleusen des Zornes wider den unglücklichen Mann. Die große Nation zerschlug den Thron der Napoleoniden in Stücke, sie fluchte ihrem Herrscher und prägte zu seinem Hohn Spottmünzen, kein Mitleid mit ihm im Herzen habend. Sie gab ihm, wie der Franzose sagt, den Eselstritt, le coup de pied de l'âne, und stürzte ihn nach seiner langen, ruhmreichen Regierung vom tarpejischen Felsen in den Abgrund. Derselbe Undank brachte den General Bazaine auf die Anklagebank und in die Verbannung; die verletzte Ruhmgier mußte durchaus ein Opfer haben. Ja selbst der Mann, dem Frankreich in der Zeit der höchsten Not so viel verdankte, welcher den Schrecken der Kommune ein Ende setzte und den vaterländischen Boden von der deutschen Okkupationsarmee schließlich befreite, der alte Thiers verfiel zum Schluß seines thatenreichen Lebens in Ungnade. Man schimpfte ihn „le sinistre vieillard", den albernen Greis, weil er einmal gewagt hatte, in einer Kammerrede seine Mitbürger zur Einigkeit aufzufordern.

Und doch, obwohl wir der Schrecken genug aus der französischen Geschichte kennen, wir betonen es, es wird, so weit Menschenaugen reichen, in Rußland schrecklicher zugehen, als bei den Franzosen. Wehe dem russischen Kaiser Alexander III., wenn wirklich die Hände der Revolution seinen Thron umfassen sollten. Seit dem Königsmord an Ludwig XVI. haben die Franzosen in leichterer Form ihre Könige und Fürsten verjagt; avec plaisir, gleichsam lachend, spielend haben sie über die Grenze befördert einen Louis Philipp, die Kaiserin Eugenie, die Mitglieder der Familie Bourbon, Orleans und Napoleons. Geht der Russe einmal los, dann sprechen die niederen Triebe der Menschennatur das Hauptwort; es handelt sich um mein und dein, um tabula rasa machen. In den Attentaten zeigt er eine größere Findigkeit in allerlei Grausamkeit. Der Koloß des russischen Reiches kann alsdann unter furchtbaren Zeichen der vertierten Menschheit allzu leicht zusammenbrechen.

Was nun die Fürstentreue anlangt, da können wir Deutsche ohne Selbstüberhebung sowohl den galanten, ruhmredigen Franzosen, als auch den verschmitzten, großprahlerischen Russen, die beide uns allzu oft für unzivilisierte, ungebildete Menschen ansehen, das altbekannte Dichterwort zurufen: „Wir Wilde sind doch bessere Menschen!" Unsere deutsche Vaterlandsliebe gipfelt in dem Glanzpunkt, daß sie Fürst und Volk, Herrscher und Vaterland, Kriegsherr und Heer nicht trennen kann. Für uns sind Fürst und Volk, König und Vaterland eins; unsere Vaterlandsliebe knüpft sich an die Liebe zum König; wir sprechen in einem Atemzug:

„Mit Gott für König und Vaterland!" Wir Deutsche haben ein sinniges Verständnis für außerordentliche Persönlichkeiten; das liebevolle Eingehen in ihr eigentümliches Wesen gehört ganz zur deutschen Natur. Unsere Altvordern hatten wohl ein großes Freiheitsgefühl, aber sie zeigten daneben die Mannestreue, die persönliche Hingabe an den Ersten des Stammes und des Volkes; darin sahen sie eine Ehrensache. Einst erschienen, so berichtet die Geschichte, germanische Abgeordnete zu Rom im Theater; sie fanden vor sich leere Plätze. Auf ihr Befragen erhielten sie die Antwort: diese seien Ehrenplätze, den Gesandten einer anderen Nation um ihrer besonderen Treue willen zuerkannt. Da erhoben sie sich und sprachen: „An Treue geht kein anderes Volk dem Deutschen vor." Unter dem Beifall der Versammelten schritten sie zum Ehrenplatz und nahmen ihn ein. Diesen Ehrenplatz hat das deutsche Volk im Lauf der Jahrhunderte zu behalten gesucht, namentlich was die Treue gegen den Fürsten anlangt. So berichtet der Römer Tacitus über die alten Deutschen in so anerkennenden Worten: „Für das ganze Land entehrend ist es, wenn einer seinen Fürsten überlebend das Schlachtfeld verläßt. Ihn zu verteidigen, ihn zu beschützen, selbst die eigene That seinem Ruhm zuzurechnen, ist ein besonderer Teil der Eidespflicht." Diese Mannestreue war eine Gabe für das Staatsleben, von welcher auch das herrschende Rom in seinen besten Tagen keinen Begriff hatte, ein wahres Kleinod in der germanischen Brust. Und dieses Kleinod bekam erst seinen vollen Glanz durch das Christentum; es umschloß König und Volk mit dem festesten Band der Treue bis in den Tod. Gerade das mitteldeutsche Nationalepos, das Nibelungenlied, verherrlicht in seinen Haupt-helden solche Helden der Mannestreue. Selbst der finstere Hagen muß die Treue halten; und daher greift er zur Sünde, zur Rache für seine bis ins Herz beleidigte, erzürnte königliche Herrin. Man könnte eine umfangreiche Poesie von der Treue aus der deutschen Litteratur zusammenstellen.

Eine großartige Bezeugung dieses deutsch-nationalen, monarchischen Gefühls, dieser Fürstentreue hat im Jahre 1871 im Schloß zu Versailles stattgefunden. Während in diesem Jahrhundert auf dem ganzen Erdball die Demokratie Fortschritte macht, hat in Deutschland, im Herzen

Europas, der monarchische Geist trotz aller revolutionären Opposition einen hohen Aufschwung genommen. Vom monarchischen Geist beseelt, erhoben deutsche Fürsten und Völker das altpreußische Königtum zum neuen deutschen Kaisertum. Frankreich dagegen, längst der Monarchie müde, da sie sich auch durch Gewalt und Selbstsucht um Liebe und Kredit gebracht hatte, wählte mit der Leidenschaft der Rachgier die Republik. Mit Recht konnte am Geburtsfest unseres Kaisers 1892 ein Festredner seinen Kaisertoast mit den Worten begründen: Wie in allen preußischen und deutschen Landen, sind auch hier in Hannover eine große Zahl von Männern versammelt, den verschiedensten Klassen und Berufsarten angehörend, zur Feier der Wiederkehr des Geburtstages Sr. Majestät unseres allergnädigsten Kaisers und Königs. Lebend in einem Zeitalter einer tiefen Erschütterung der alten überlieferten Ordnungen, auf denen das Wohl der Menschheit ruht, der Umwälzung der Verfassung und der Regierung großer Länder, erfreuen wir uns des hohen Segens eines machtvollen Königtums, welches unerschütterlich fest und aufrecht steht, seine Wurzeln tief getrieben hat, nicht bloß in die Geschichte, sondern in die Gemüter des deutschen Volkes; eines Königtums, welches emporragt über die Kämpfe der Meinungen der Menschen und der Parteien, welches weit entrückt ist in erhabener Stellung den leidenschaftlichen Kämpfen entgegenstehender Interessen und in der unerschütterlichen Fülle seiner Macht die Kraft sich bewahrt hat, den inneren Frieden und die sichere Entwicklung des deutschen Volkes zu gewährleisten, und zugleich in der Machtfülle des wiedererstandenen Deutschen Reiches der sichere Hort ist für den Frieden der Nationen untereinander.

An dem heutigen Tage richten sich unsere Augen in Treue, Ehrerbietung und Dankbarkeit auf den Herrscher, welchem das hohe, schwere und verantwortliche Amt des preußischen Königs und deutschen Kaisers anvertraut ist, und welcher dieser seiner ihm von Gott angewiesenen fürstlichen Stellung waltet mit der kraftvollen Entschlossenheit, mit der Thatkraft und mit der fürstlichen Hingebung, welche ein überliefertes Erbteil des hohenzollernschen Geschlechts ist. Um dieses deutsche Kleinod altbewährter Treue im Herzen zu sichern, heißt es im sonntäglichen Kirchengebet: „segne alle treuen

Diener des Kaisers und des Vaterlandes; lehre sie stets wie Christen ihres Eides gedenken und laß dann ihre Dienste gesegnet sein zu deiner Ehre und des Vaterlandes Besten. Ja, wir sehen in dem Fürsten, in dem Kaiser eine Majestät von Gottes Gnaden, einen Stellvertreter Gottes in der Führung des Schwertes, im Halten der Wage der Justiz, der Gerechtigkeit und Obrigkeit. Wer ihm die Treue hält, arbeitet mit an der Gottesordnung, die im vaterländischen Leben zur Erscheinung kommen soll.

Daher ist bei uns Deutschen das Verhältnis von Fürst und Volk ein inniges und unauflösliches. Und gerade im Unglück muß die Treue ihre Probe bestehen, gerade dann muß eine Nation zeigen, wes Geistes Kind sie ist. Als in dem großen Unglücksjahr die Monarchie Friedrichs des Großen zertrümmert da lag, die Festungen durch ungeschickte Generale übergeben waren, als eine nicht kluge Politik getrieben wurde, da war jeder Schmerz des schwer gekränkten Königs der Schmerz des ganzen Volkes; die Beleidigung des Korsen gegen die verehrte Dulderin Königin Luise, erregte den Zorn aller Stände und Volksklassen. Damals hörte man keine wilden Anklagen und Vorwürfe gegen den König; damals drohte keiner mit Untreue und Eidbruch; nein, der Grundzug ging durch alle deutsche und preußische Herzen, gerade im Unglück anhänglich zu bleiben und das Gold der Treue im Tiegel der Trübsal als echtes Gold blank und schön zu bewahren. Gerade damals entstand das Wort: „Mit Gott für König und Vaterland!", das herrliche Wort, auf welches hin die jungen Mannschaften noch heute den Fahneneid leisten, mit welchem unsere stolzen Heere auszogen über des Reiches Grenze, dem Tode entgegen. Für echte Deutsche ist es unmöglich, einen Unterschied zwischen König und Vaterland zu machen; wo der König, da ist das Vaterland, und wo das Vaterland, da ist der König.

Aber auch die deutschen Fürsten, namentlich die Könige auf Preußens Thron, haben keinen andern Lebenszweck gekannt und sich vorgenommen, als ganz ihren Völkern zu leben, die Väter des Vaterlandes, die ersten Diener des Volkes zu sein. Das Königtum der Hohenzollern ist stets ein soziales gewesen. Unsere Könige standen mitten im Getriebe des staatlichen und politischen Lebens; sie betrachteten ihre hohe Stellung nicht wie eine Domäne, deren Erträge allein für sie da seien. Sie waren die Vollstrecker des Rechts sowohl für Hohe wie für Niedrige; das Wohl der glücklichen wie klagenden Volksklassen hatten sie stets im Auge; daher haben sie eine große soziale Weisheit entfaltet; mit wahrhaft königlichem Sinne besorgten sie die Hebung des Volkslebens. Wir erinnern nur an den Großen Kurfürsten, welch' ein Held auf dem Throne; seine ganze vaterländische Regierung bedeutete den ersten mächtigen Flügelschlag des Hohenzollernaars. Sein königlicher Sohn und Nachfolger gab dem ganzen fürstlichen Geschlecht die schöne Losung: „Jedem das Seine". Unter dem Donner der Kanonen schrieb einmal der alte Fritz: „Es ist nicht nötig, daß ich lebe, sondern daß ich meine Pflicht thue und für das Vaterland kämpfe." Friedrich Wilhelm III. fragte einst einen Vater, dessen drei Söhne gefallen waren, dessen vierter Sohn im Lazareth schwer verwundet da lag: „Wie geht es eueren Söhnen?" „Drei gefallen, einer verwundet für Ew. Majestät", war die kurze Antwort. Aber der König entgegnete mit gehobener Stimme und mit ernstem Gesicht: „Nicht für mich, nicht für mich, nein fürs Vaterland." Die unvergeßliche Königin Luise starb im Schmerz ums Volk! Und ihre Söhne, Enkel und Großenkel glühen in feuriger Liebe fürs Vaterland; wahrlich, wenn ihnen eins nicht abgestritten werden kann von Feinden des deutschen Namens, dann ist es die Hingebung ans Gemeinwohl, ans Vaterland! Daher das Jauchzen aus allen patriotischen Kehlen im Preußenland, wenn die Parole gegeben wird: Mit Gott für König und Vaterland! und das Echo aus Süddeutschland: Mit Gott für Kaiser und Reich! Ja, der Thron bildet eine mächtige Schutzwehr gegen die tausendfachen auflösenden Mächte, eine Stütze für die staatliche Ordnung, ein Bollwerk für die Wohlfahrt der Menschheit, für Civilisation und Bildung, für den Frieden der Völker!

Aber, aber — so höre ich mir entgegenrufen — hat das patriotische Leben denn nicht gerade auf deutschem Boden einen schweren Stoß erlitten? Will sich nicht ein düsterer Schatten über den Ruhm unseres deutschen Namens und unserer nationalen Ehre legen, wenn wir bedenken, daß auch unter uns eine revolutionäre Partei besteht, welche die gegenwärtige Gesellschaftsordnung umändern will und die im Hohn gegen den von uns gerühmten

Patriotismus im Sinne des Umsturzes, wie die Franzosen, ruft: „Freiheit, Gleichheit, Brüderlichkeit"? Anstatt Thron und Altar zu schirmen, stößt sie wilde Drohungen gegen diese Grundstützen des staatlichen Lebens aus; anstatt daß sie sich des Treueides gegen König und Fürsten erinnern sollte, zeigt sie eine eisige Kälte, wenn andere erglühen von heiligem Feuer für ihren angestammten Landesherrn. Und ist die Sozialdemokratie nicht in einem ungeheueren Wachsen begriffen? Im Jahre 1871 hatte sie 101 927, im Jahre 1877 560000, im Jahre 1890 1 341 587 Stimmen. Wahrlich, diese Stimmen bedeuten nichts Gutes, nicht deutsche Biederkeit, Redlichkeit, Gewissenhaftigkeit, nicht Treue um Treue, nicht Treue bis in den Tod für Kaiser und Reich.

Ja, eine große Klage geht durch unser deutsches Vaterland. Das soziale Leben ist in bedenkliche Wirren geraten; ein innerer Feind, gefährlicher als der äußere, arbeitet an der Zersetzung des Volkslebens. Viel Unzufriedenheit herrscht in Stadt und Land; Legionen von Mißvergnügten wollen neue Verhältnisse. Die soziale Frage will gebieterisch eine Antwort haben, ob eine grundstützende Umänderung unserer sämtlichen Zustände im politischen, volkstümlichen, Verkehrs- und Familienleben sich vollziehen soll. Der Geist der Revolution macht sich allenthalben breit, die Gesellschaft zerreißend und zersetzend, die sittlich zusammenhaltenden Faktoren des Volkslebens unterhöhlend. So ist denn die Sozialdemokratie, die Korpsführerin der Mißvergnügten, eine imponierende Erscheinung, eine selbstbewußte Predigerin einer besseren Zukunft, die sich anbietet, der leidenden Menschheit eine dienstbeflissene Helferin und Retterin zu sein. Sie weist mit Hohn die alte Losung der Treue zurück: „Mit Gott für König und Vaterland!" und setzt dafür: ohne Gott, ohne Kaiser, ohne Vaterland, dagegen hoch die vaterlandslose Internationale!

Obwohl es nun sehr beklagenswert ist, daß Tausende, ja Millionen irre geworden sind am Königtum und Deutschtum, so daß dem patriotischen Manne das Herz oft bluten möchte, so ist dennoch die Gefahr der Revolution und des Aufruhrs bei uns Deutschen nicht so groß wie bei den Nachbarvölkern im Osten und Westen, namentlich bei den Franzosen. Letztere sind am Temperament und Naturell weit unruhiger, hitziger und leidenschaftlicher

angelegt; die alten Gallier waren schon, wie Cäsar berichtet, rerum
novarum studiosi, d. h. zu politischen Neuerungen geneigt. Die
Geschichte zeigt, daß die Franzosen es mit dem Eidbruch nicht genau
nehmen, sie sind sich kaum bewußt, daß sie der Obrigkeit den Eid
halten müssen. Mit Ausnahme weniger Familien, der sogenannten
Legitimisten und Royalisten, besteht die ganze Nation aus Freiheits-
schwärmern, aus Antimonarchisten, das ganze Volk denkt re-
publikanisch, ja revolutionär. Bei uns, selbst bei den entarteten
Söhnen unseres Volkes ist der Untergrund der politischen Gefühle
doch konservativ, ja monarchisch. Dazu kommt, daß nicht das ganze
Volk wider den Thron anstürmt, sondern nur eine Klasse, eine Klasse,
vornehmlich aus Arbeitern bestehend. Auch nicht mit den Russen
sind unsere unruhigen Geister und Köpfe zu vergleichen. Der
Nihilismus ist keine Abart der deutschen Sozialdemokratie. In
Rußland besteht keine soziale Frage wie bei uns. Nicht etwa
Arbeiter, mit der Arbeitsbluse angethan, mit schwieligen Händen,
nicht etwa, wie man leider sagt, „Proletarier" haben dort die Fahne
der Revolution erhoben, habe ich doch auseinandergesetzt, daß die
Bauern in Rußland bis jetzt im Ganzen treu geblieben sind. Nein,
Vertreter der sogenannten gebildeten Klasse sind darauf bedacht, die
bestehende Ordnung mit den Mitteln der Gewalt und der Schrecken
zu verderben. Gerade bei den Vornehmen, bei dem Adel, in den
höchsten Kreisen herrscht der frechste Libertinismus; dazu ist in
Rußland das ganze Volksleben sittlich und religiös verderbt.

Da haben wir in Deutschland bei allen Ausschreitungen doch
noch bessere und gesundere Zustände.

Wenn auch bei der letzten Reichstagswahl weit über eine Million
sozialdemokratischer Stimmen abgegeben worden sind, so können wir doch
diesem traurigen Bruchteil in der Bevölkerung Deutschlands mit
Freuden das ganze übrige deutsche Volk entgegensetzen.*) Mag es in
der Parteipolitik konservativ oder liberal, im religiösen Bekenntnis
evangelisch oder katholisch sein, es wird sich den Geistern der Untreue, der Vaterlandslosigkeit, des Umsturzes, der Revolution als
ein Ganzes, als eine dichte, fest zusammenhängende Macht, als
eine undurchdringliche Phalanx entgegenstemmen.

Wenn nicht alle Zeichen trügen, kommt auch mit der Zeit Ruhe

---
*) Leider will uns das zu optimistisch vorkommen. D. R.

und Überlegung in die aufgeregten Geister der sozialdemokratischen Partei. Viele trennen sich vom großen Strom schon ab; sie merken, daß sie als Bethörte mitgelaufen sind. Die Bauern weisen den Bauernfang mit Knütteln zurück. Die Partei ist schon uneinig mit sich selber geworden. Die Radikalen werfen den Gemäßigten den Fehdehandschuh hin. Sehr bezeichnend war es, daß bei den letzten Unruhen der Arbeitslosen in Berlin das Hauptorgan der Sozialisten „Vorwärts" die Unruhstifter, die doch zum Teil noch zu den Sozialdemokraten gehören, sicherlich aber von ihr ausgegangen sind, mit dem Namen „Lumpenproletarier" belegte; das hätte einmal eine regierungsfreundliche Zeitung wagen sollen! So hat die Sozialdemokratie früher nicht gesprochen. Ja es scheint, — ich sehe in diesem Punkte optimistisch in die Zukunft — daß aus der sozialistischen Partei allmählich eine politische Partei sich entwickeln wird, die freilich auf demokratischer Grundlage, aber doch Gesetz und Ordnung anerkennend von allen maßlosen Zukunftsplänen absehen wird, indem sie darnach strebt, die Interessen der Arbeiterwelt zu vertreten, den Lebensunterhalt der arbeitenden Klassen zu erhöhen, Arbeit und Kapital in ein ihr mehr zusagendes Verhältnis zu setzen, für die leibliche und sittliche Verkümmerung der Niederen im Volk ein menschenwürdiges Dasein zu sichern. Und wer wollte den Arbeitern derartige Pläne verargen, wenn sie in den Schranken der Gesetzlichkeit bleiben?

Freilich für die Gegenwart dürfen wir uns noch nicht mit der Hoffnung auf Ernüchterung, auf Vernünftigwerden der Sozialisten zufrieden geben, geschweige denn einschläfern lassen; wir müssen leider zugeben, daß undeutsches Wesen mit der Revolution in Frankreich und mit dem Nihilismus in Rußland verwandt, in das Hirn und Herz vieler unserer Paterlandsgenossen gefahren ist. Was ist der Grund?

Alle Verwirrungen auf sozialem und politischem Gebiet, die zur Revolution ausschlagen, kommen her aus einer Giftquelle, aus dem Schlamm der Gottlosigkeit, den Mächten des Naturalismus und Materialismus auf religiösem Gebiet. Mögen wir nach Rußland oder Frankreich blicken oder in Deutschland verweilen, zwei geistige Mächte kämpfen mit einander um den Besitz der Herzen. Auf der einen Seite steht das Christentum, aufbauend, beglückend, auf der andern das Antichristentum, zersetzend und auflösend; auf der einen Seite die **christliche Reform**, auf der andern die wilde **Revolution**; auf der einen **Menschenliebe**, auf der andern Lieblosigkeit, ja Haß. Und greifen denn viele von der ewigen Wahrheit abgekommenen Geister, nicht etwa allein Sozialdemokraten, nein, leider Vertreter aller Stände, nach der dritten Grundfeste des Volkslebens ans Gottes Hand, nach der Religion, nach dem Glauben, nach dem Geiste Gottes ans Gottes Wort?

Sobald aber die Religion aus dem Volksleben schwindet, dann tritt eine schwere Erkrankung ein; der Glanz des vaterländischen Lebens verdunkelt sich. Die gute, alte Art des Lebens in Zucht, Sitte und Frömmigkeit flieht. Die Selbstsucht wird das alleinige Rad der großen Volksmaschinerie; ja die Frage nach Geld und Gut, nach irdischem Besitz hält die Stände wider einander in fortwährender Gährung. Das ganze Fundament kommt ins Schwanken, und es schwankt alles mit, was auf demselben aufgebaut wird, die Familie, die Jugenderziehung, die Pietät, das Autoritätsgefühl, die Sittlichkeit, die Vaterlandsliebe, die Treue gegen die irdische Majestät.

Wollen wir in Deutschland aus all den sozialen Wirren heraus, soll die Einigkeit zwischen Kaiser und Reich, Vaterland und Fürst, Volk und Obrigkeit auch für den Bruchteil unserer Nation wieder eintreten, der sich Sozialdemokratie nennt, soll die ganze Gesellschaft fest gegründet und glücklich bleiben, soll darinnen Friede im Genuß der Arbeit wieder einkehren in alle Stände unseres Volkes, dann wird es eine unerläßliche Bedingung sein, daß Religion wieder ins Volk komme; die Wahrheit der sittlich-religiösen Welt, der Glaube an Gott, der Glaube an den Heiland Jesum Christum muß eine alle Herzen und Geister beseelende Volksmacht werden. Es muß der Geist Jesu Christi, seine weltüberwindende Liebe, die Humanität, die Menschenfreundlichkeit Hoch und Nieder im gemeinsamen Verkehr ergreifen. Die dritte Grundfeste muß von uns wieder umfaßt werden: „Gottes Geist aus Gottes Wort"; wir müssen also all unseren Beteuerungen und Losungen für König und Vaterland als herrlichstes, schönstes und wichtigstes das Wort vorsetzen: „**Mit Gott, ja mit Gott!**"

Und wenn das deutsche Volk seine Natur genau ansieht, dann ist es zu der Hoffnung berechtigt, daß es ihm gelingen wird, diesen Geist aus Gott wieder zu erlangen, indem auf Grund der Wiedergeburt der einzelnen Herzen eine Neugestaltung des ganzen Volkes sich vollziehen wird. Denn wir sind ein religiös angelegtes Volk; wir sind das Volk der Reformation; wir sind in der Erkenntnis des privaten und sozialen Heils durch Jesum Christum tiefer gewurzelt, besser unterrichtet, fester überzeugt, als alle Völker der Erde, sicherlich als die Völker der beiden Nachbarreiche, deren Charaktereigenschaften uns beschäftigen.

Der große Ausfall, an welchem der Staatskörper der von Gott so reich begabten französischen Nation krankt, besteht darin, daß er keine evangelische Kirche besitzt, die auf die Volksstände nach oben wie nach unten wirken kann. Rom ist die alleinige Religion der Franzosen, nur der Romanismus beherrscht die Herzen dort überwiegend. König Heinrich IV. erkannte, daß nur ein Glied der römisch-katholischen Kirche Frankreich beherrschen könnte; er hielt das schöne Frankreich „einer Messe wert". Ludwig XIV., der sich den allerchristlichsten König nannte, rottete den Protestantismus aus; er wollte nur eine Religion im Volke dulden; er verfolgte die Staatsidee nach dem römischen Kirchensystem. Obwohl Napoleon I. große Duldsamkeit allen Glaubensbekenntnissen gegenüber zeigte, erklärte er doch die römische Kirche für die des französischen Vaterlandes; daher besuchte er auch oft den katholischen Gottesdienst, obwohl er in seinem persönlichen Glaubensleben ihm ferne stand. Alle Gewalthaber Frankreichs müssen sich auf die Kirche stützen, wollen sie auf längere Zeit ihr Regiment ausdehnen; schließlich sterben sie auch gern als gute Katholiken, mit den Tröstungen der Kirche versehen, wie das Beispiel Gambettas es gezeigt hat.

Wer wollte leugnen, von unserem protestantischen Grundsatz aus, daß auch in der römischen Kirche der einzelne Mensch, freilich auf Umwegen, ja Irrwegen, doch zum persönlichen Heil in Christo gelangen kann? Die Frage aber entsteht, ob der Romanismus als eine ausschließlich die Volksseele beeinflussende Geistesmacht, wenn ihm nicht der Protestantismus zügelnd, überwachend und reinigend entgegentritt, den gesunden Antrieb geben kann, das ganze vaterländische Wesen nach sittlich-religiösen Ideen aufzubauen. Kettet er nicht allzuleicht den einzelnen Menschen durch seine Gesetze und Einrichtungen mehr an die äußeren Organe der Kirche als an Gott? Lenkt er nicht allzu oft in den wichtigsten Lebens- und Streitfragen vom Vaterland ab nach Rom, indem er im Papst den letzten Schiedsrichter sieht? Allzu leicht entfremdet namentlich in Frankreich der römische Kultus den geringen Mann dem inneren Gemütsleben. Er wird zu sehr auf äußere Gebräuche gewiesen, deren Beobachtung allein ihm Religion zu sein dünkt, wenn nur äußerlich alles ehrwürdig, pomphaft und anständig hergeht, selbst wenn das Herz leer ausgeht. Der französische Romanismus hilft mit, den Nationalhochmut anzustacheln und zu befriedigen, und bringt weniger auf eine Erneuerung der Gesinnung und eine Bekehrung vor Gott in Reue und Buße. Im Jahre 1870 hat man in Frankreich kaum eine Strafpredigt von der katholischen Kanzel herab gehört: „Das hat Gott gethan; er hat uns zerschlagen!" Wer dies gesagt hätte, wäre gesteinigt worden. Daher ist die unausbleibliche Folge der Veräußerlichung des religiösen Lebens eine Verseichtung aller Grundsätze, die aus der Religion herzunehmen sind, namentlich der Losung: „Mit Gott!" Fast alle sogenannten Gebildeten in Frankreich schmeicheln sich, „Voltairianer" zu sein. Viele derselben machen wohl die äußeren Zeremonien und Prozessionen der römischen Kirche mit; aber sie sprechen es trotzdem im Familienkreise und in ihren politischen Klubs unumwunden aus, daß sie sich frei von allen kirchlichen Vorurteilen, von allen Pfaffenmärchen fühlen, und daß sie den ruhmreichen Aufklärungsideen von 1789 anhängen. Die weitere Folge aber ist die, daß die niederen Volksklassen mit der Zeit dem Atheismus huldigen. „Nieder mit der Kirche, nieder mit der Religion!" Diesen Unheilsruf vom Jahre 1789 hört man in den wilden Versammlungen der Radikalen. Garibaldi konnte daher in den achtziger Jahren an Rochefort schreiben, er begrüße ihn als den zukünftigen Marat, welcher der strafenden Gerechtigkeit der Revolution die Köpfe der Priester und anderer die Nation täuschender Betrüger bezeichnen werde. „Die Bastille ist nicht zerstört, so lange die Religion nicht zerstört ist", rief Canivet auf einer wilden Hochzeitfeier.

Fehlt es nun dem Franzosenvolk an dem Gesundbrunnen, aus welchem frische Heilswasser für einen kranken Volkskörper fließen, dann aber erst recht dem Russenvolke, das in religiöser Hinsicht auf einer Ödenwüste und in einer Wüstenöde sitzt. Ein wahrhaft verknöchertes Religionssystem bietet die russisch-griechische

Kirche den Unterthanen des großen Zarenreiches dar; sie ist durchaus nicht imstande, ein lebendiges Glaubensleben, eine auf Religion beruhende Sittlichkeit, eine Erneuerung der Volksseele in reuiger Buße und in heiligem Gebetsgeist herbeizuführen. Ein trostloses Einerlei an totem Zeremonienwesen bietet sie den Leuten dar. Der Geistliche der russischen Staatskirche ist wenig gebildet, fast den ganzen Tag unthätig; seine Hauptarbeit besteht darin, daß er genau über die Beobachtung der Kultusformen, des Kreuzschlagens und des Kreuzküssens wacht, daß er Heiligenbilder von einem Bauernhaus ins andere trägt und wieder abholt, daß er Viehställe weiht, Tiere bespricht. Neun Zehntel des Volkes auf dem Lande ist des Lesens unkundig; daher besitzt der Russe kaum ein Gesang- oder ein Gebetbuch. Viele Gemeindemitglieder können im Gottesdienst nur folgende Responsorien aussprechen oder mitsingen: „Herr, erbarme dich unser; Herr, wir bitten dich; gieb uns, Herr!" Nur wenige können das Vaterunser ganz hersagen. Die Leute liegen und verrichten ihre Andacht vor Heiligenbildern, die an sich häßlich sind. Der Bauer zahlt viel, wenn ihm der Pope erlaubt, ein Heiligenbild über Nacht in seinem Hause zu behalten. Gar viele Festtage giebt es, wohl hunderte, an denen der gewöhnliche Mann zunächst den Zeremonien des Gottesdienstes beiwohnt und sich alsdann den Lebensfreuden, namentlich dem Branntweingenusse hingiebt. Die Zahl der ersteren Gotteshäuser ist gering; sie stehen oft zwanzig Kilometer weit von einander. Von einem kirchlichen Gemeinschaftsleben ist wenig zu entdecken. Die ganze Heiligung, welche der Pope mit seinen Beichtkindern anstellt, besteht meistens aus den drei Fragen, ob man das Heiligenbild auch nicht von der durch den Geistlichen angewiesenen Stelle weggenommen, ob man sich im Fasten des Fleisches und der Milch enthalten habe, ob man regelmäßig in die Kirche gehe. Wie gering der Geistliche in den Augen des Volkes geachtet ist, geht daraus hervor, daß er wie seine Frau in den Schwänken häufig als Muster von Unmäßigkeit und Habsucht dargestellt werden.

Und trotz all dieses geistlichen Todes ist die Kirche bis jetzt allgemein in der Geltung, die **alleinige Besitzerin der Wahrheit zu sein**, weshalb jede Propaganda von seiten anderer Sekten streng verboten ist, wenn diese Orthodoxe aus der Staats-

Kirche zu sich ziehen wollen. Und wirklich, es hat auch dieses orthodoxe Kirchenwesen bis jetzt die größte soziale Macht in Rußland gebildet. Die Kirche hat es verstanden, die Massen, die Bauern und Kleinbürger unter der Knute zu halten; sie hat die Leute begeistert für den Ruf: „**Gott und der Kaiser!**" Daher hat die russische Regierung den festen Glauben, daß sie vermittels der Kirche am schnellsten Herrin der Revolution werden könne. Hierüber lasen wir einen sehr wichtigen Leitartikel in einem Hannoverischen Blatte, wo es also heißt: Die Bestrebungen der russischen Orthodoxie werden am besten durch die „alleruntertänigsten" Berichte gekennzeichnet, die der Oberprokurator des hl. Synods, Geheimrat Pobjedonoszeff, über die Lage der russischen orthodoxen Kirche dem Zaren einzureichen pflegt. Der letzte dieser Berichte ist soeben im Regierungsanzeiger veröffentlicht worden und betrifft „die russische orthodoxe Kirche in den Jahren 1888/89". Es handelt sich für Herrn Pobjedonoszeff um nichts mehr und nichts weniger, als Staat und Kirche in Rußland in Eins zu verschmelzen. „Der russische Staat, sagt er, hat sich von alters her nie von der Kirche getrennt, und dieses nationale und religiöse Bedürfnis ist gleichzeitig auch ein hervorragend staatliches Bedürfnis; denn in der Kirche bestätigt sich die volle Solidarität von Volk und Staat."

Volk und Staat sollen also in die eine orthodoxe Kirche aufgehen und durch sie ihren eigentümlichen nationalen Charakter erhalten. Von einer Gleichberechtigung der Bekenntnisse kann darum in Rußland nicht die Rede sein, ja eigentlich nicht einmal von einer **Duldung** anderer Bekenntnisse neben der allein seligmachenden griechisch-orthodoxen. Der Staat darf in kirchlichen Dingen nicht nur nicht gleichgiltig sein, er muß vielmehr alle abweichenden Bestrebungen auf diesem Gebiete entschieden zurückweisen und alle seine Unterthanen der einen orthodoxen Kirche zuzuführen suchen. Deshalb hat Pobjedonoszeff auch die schweizerische **Evangelische Allianz**, als sie im Jahre 1888 um Zulassung fremdkonfessioneller Propaganda in Rußland bat, rundweg abgewiesen. „Mir schien es — sagt er darüber in seinem Berichte — notwendig zu sein, ein für allemal entschlossen Versuche abzuweisen, die sich bereits wiederholt hatten." Als Grund dafür giebt er an, daß diese Propaganda stets mit politischen Zwecken unzertrennlich Hand in Hand gegangen sei, mit

dem Zwecke nämlich, „der ruſſiſchen Nationalität Söhne unſeres
Volkes zu entreißen und ſie in die Kreiſe eines uns fremden und
feindlichen Geiſtes geiſtigen und moraliſchen Empfindens und Be-
wußtſeins hineinzuziehen."

Die orthodoxe Kirche ſoll dem weiten, aus ſo verſchiedenartigen
Ländern und Völkern zuſammengeſetzten Zarenreiche ſeine nationale
Einheit geben und verbürgen. Rußland muß deshalb der orthodoxe
Staat werden.

Die „Mosk. Wjed." machen ſich zum Ausleger der Gedanken
des Oberprokurators Pobjedonoszeff, indem ſie ſchreiben, es ſei
Sophismus, zu behaupten, daß die religiöſen Überzeugungen der
etwa 30 Prozent Mohammedaner, Katholiken, Proteſtanten, Juden
u. ſ. w., die ſich unter den Unterthanen des ruſſiſchen Kaiſers befänden, für den Staat ebenſo heilig ſeien, wie die der rechtgläubigen
Mehrheit. Es komme ja nicht bloß auf das „numeriſche Übergewicht der orthodoxen Chriſten in Rußland an, ſondern darauf,
daß Rußland nur von dieſen orthodoxen Chriſten ganz allein ge-
ſchaffen worden ſei und nur durch ſie ſich erhalte." Man nehme
Rußland alle Fremdgläubigen, es werde nicht nur dasſelbe Rußland bleiben, ſondern moraliſch nur noch erſtarken. Wollte man
dagegen das Umgekehrte thun, ſo würde es kein Rußland mehr
geben. Die dreißig Millionen von Fremdgläubigen würden ſofort
in ein Dutzend Einzelſtaaten zerfallen, deren Kulturweſen und ſo-
zialer Organismus ebenſo verſchiedenartig ſein würde, wie jetzt etwa
Polen und die Bucharei verſchieden ſind.

„Nur das orthodoxe Rußland vereinigt zu einem Ganzen
dieſe Fetzen ehemaliger Staaten und Nationalitäten. Dieſer Umſtand
allein ſchon würde bei uns konfeſſionelle Gleichgültigkeit zu einer
Ungerechtigkeit und einem Fehler machen. Wir ſind gezwungen,
die Konfeſſionen der nicht orthodoxen Teile des Reiches zu dulden,
aber in eine Linie die Religion zu ſtellen, der der Staat ſein Fort-
leben dankt, und diejenigen, die dieſer Exiſtenz nur nicht hinderlich
ſind — das wäre heilloſe Verfinſterung politiſchen Sinnes. Und
daher nun hat der ruſſiſche Staat ein allſeitiges Intereſſe daran,
daß das nationale Heiligtum erhalten bleibe. Alles legt es ihm
nahe, einen quantitativen und qualitativen Triumph der Orthodoxie
zu erſtreben, dahin zu wirken, daß der orthodoxe Glaube immer

stärker sich befestige inmitten der Stammbevölkerung und allmählich immer größere und größere Schichten der Fremdgläubigen ergreife. Gewalt und Intoleranz darf es nicht geben, aber jegliche Unterstützung orthodoxer Propaganda ist durchaus erforderlich. Von diesem Standpunkte aus erscheinen die Fehler der Vergangenheit, wie die Förderung buddhistischer, lamaitischer oder mohammedanischer Organisation, die Unterstützung der Jesuiten oder der Missionare protestantischer Sekten — als unverzeihliche Vergehungen gegen die Pflichten der Orthodoxen und gegen die Regeln vernünftiger Staatspolitik. Toleranz gegenüber dem Sektierertum bis zu dem Grade, daß man sein Pseudopriestertum anerkennen wollte — wäre eine ebensolche Doppelsünde seitens des Staates. Noch fehlerhafter endlich wäre es, dem inneren Ausbau der orthodoxen Kirche selbst Hindernisse in den Weg zu legen aus Furcht vor einem bei uns ganz unmöglichen Klerikalismus."

Die kirchliche „Rechtgläubigkeit" soll demnach der russischen Nationalität erst ihren Inhalt geben, sie gewissermaßen erst schaffen. Es fragt sich nur, ob dies Band stark genug sein würde, um die widerstrebenden Teile des Zarenreiches unauflöslich aneinander zu ketten. Aus dieser Sachlage erklärt sich die Verfolgung der lutherischen Kirche in den Ostseeprovinzen, welche unter allen Umständen russifiziert werden sollen, und die Niederhaltung vieler deutschen Ansiedler im Süden, obwohl gerade aus diesen Ländern die treuesten Beamten herkommen.

Der Rückschlag auf diese übertriebene Bevorzugung der in sich geistlich toten orthodoxen Kirche konnte nicht ausbleiben; sowohl auf dem Lande, wie in den großen Städten, überall macht sich der Abfall von jeder Religion bemerkbar, überall eine gottlose, materialistische, realistische Weltanschauung, der geistige Untergrund für den Nihilismus.

Wir verdanken einem Manne, der lange Zeit mit offenen Augen Rußland bereist hat, viele Mitteilungen über das dortige Volksleben, die wir in folgendes Bild zusammenstellen:

Der ungezügelte, nur auf das eigene Selbst Rücksicht nehmende, Autorität und Pietät verspottende Geist wird dem Russen anerzogen in der Familie; in keinem Lande liegt das Familienleben mit der Erziehung und Heranbildung der Kinder in Religion und guter Sitte so darnieder, wie in Rußland. Es spielt, sagt Herzen, in der Erziehung die Religion nirgends eine so bescheidene Rolle, wie in Rußland. Er setzt hinzu: Das ist selbstverständlich das größte Glück — nämlich für Menschen, die im nihilistischen Sinne reine Bahn mit Aufhebung aller Autorität machen wollen. In vielen Häusern wird der religiöse Sinn völlig vernichtet. Die Kinder zeigen keine Ehrfurcht vor den Eltern; diese sind stolz, ihre Nachkommen der „freien" Gesellschaft zu überliefern; gestraft werden von seiten der Eltern gilt für ein großes Verbrechen schon in den Augen des Kindes, nicht etwa in dem Bewußtsein, daß es wegen seiner Artigkeit der Schläge nicht bedarf, vielmehr im Gefühl der Frechheit; es läßt sich durchaus nicht züchtigen; die Eltern werden von den heranwachsenden Russen meist als Despoten verachtet, daher schnell gemieden und verlassen.

Dieser satanische Geist, welcher die jugendlichen Gemüter von Gott und von der Moral abzuwenden sucht, sagt Nicolai Karlowitsch in seiner Broschüre über die Entwicklung des Nihilismus, hat sich auch vielfach in die Volksschulen gedrängt. Nicht alle Volksschulen sind zwar verderbt, aber es giebt in vielen Gouvernements unter denselben wahre Verbrecheranstalten. So geschah es, daß ein Schulmeister Rechnungsaufgaben vornahm, welche die Teilung des gutsherrlichen Besitzes zum Gegenstand hatte; eine Lehrerkonferenz betrieb raffiniert die Verbreitung aufwieglerischer Schriften. Eine wahre Brutstätte für den Nihilismus sind die Gelehrtenschulen, die Gymnasien und Universitäten; auf ihnen werden die zukünftigen Staatsdiener herangebildet. Der Russe, eingebildeter ob seiner Weisheit als irgend welcher anderer Europäer, ist ein Verächter der klassischen Studien; von ihnen erwartet er nichts Vorteilhaftes für die Entwicklung Rußlands, sie fußt nach seinem Dafürhalten auf anderer Grundlage als die des westlichen Europas. Der junge Russe, viel zu seicht und widerwillig, sich den Studien der Alten hinzugeben und deren Geist zu verstehen, giebt sich bloß den Naturwissenschaften hin, an denen er seine ihm angeborene Genialität, die er stets selbst bewundert, bereichern will. Die krassen Materialisten Büchner, Karl Vogt, Moleschott sind ihm die höchsten Autoritäten. Die Gegner des Klassizismus rufen mit Begeisterung aus, Rußland brauche nicht Leute, die Latein und Griechisch können, Rußland brauche Techniker, Landwirte und andere Praktiker. Aus diesen Praktikern entstehen gar viele Nihilisten, verzweifelte Männer, die endlich in der Zertrümmerung ihres Lebens oder in der Anbahnung der Anarchie ihren höchsten Ruhm suchen. In Rußland kommen gar viele Schülerselbstmorde vor, oft von theatralischen Erklärungen begleitet, daß nur Heldentum zu diesem Schritt verleitet habe.

Ähnlich wie mit der männlichen Jugend steht es mit der weiblichen. Auch die Jungfrauen wollen glänzen durch naturwissenschaftliche Bildung, durch Reden von Freiheit und „Emanzipation". In Petersburg, in Moskau, in Odessa und Kiew bestehen höhere weibliche Kurse. Gerade diese Kursusdamen (Kursfistli) stellen ein hübsches Kontingent zu den Nihilistinnen. Viele Jüdinnen zählen zu denselben. „Wozu dieser Schwarm von Mathematikerinnen, Naturforscherinnen, Historikerinnen, Philologinnen dereinst nutzen soll, auch wenn sie aus keinem frivolen Motiv studiert hätten, wird schwerlich jemand ergründen." Diese Studentinnen der Medizin, junge Mädchen von 17—20 Jahren, werden mit der Zeit aller Sittlichkeit und Schamhaftigkeit bar. Mit ihren „Kameraden" treiben sie am liebsten Anatomie. Hauptsächlich suchen sie die Hochschule Zürich auf; sie sind erkennbar durch ihre frivole Tracht, durch eine Art Uniform; ihre schmutzige Wäsche und ihre schamlose Haltung sind charakteristische Zeichen für diese sauberen Jüngerinnen der modernen, exakten Wissenschaften. Die Frauenemanzipation steht in schönster Blüte in Rußland, Mädchen von 12—14 Jahren entweichen heimlich aus den Häusern ihrer Eltern; man findet sie auf irgend einer Hochschule wieder, unterstützt von irgend welchen humanitären Genossenschaften; ganz junge Mädchen treten ohne Wissen ihrer Familie in die Ehe, sei es in eine legitime oder in eine wilde. Daß gar viele ein Opfer der Prostitution werden, liegt in der Natur der Sache; und als Gefallene werden sie Heldinnen des Nihilismus, die die Bomben werfen, Dolche zücken und in der Handhabung des Dynamits äußerst geschickt sind.

Leider ist es Thatsache, daß vornehmlich die Juden in Rußland sich an der revolutionären Heranbildung der Jugend in hervorragendem Maße beteiligen; von einem wahren Fanatismus gegen alles sogenannte Christliche im Staatsleben erfüllt, unterstützen sie die nihilistischen Bestrebungen im stillen. Ihre Hauptwaffe ist im

eigenen Lande die geheime Presse, die trotz aller Zensur, welche die
Regierung noch ausüben läßt, die aber wegen der Bestechlichkeit der
Beamten ganz wirkungslos ist, eine große Verbreitung findet. Auch
werden die Juden nicht müde, das Volk durch auswärtige Blätter,
die in Paris, Genf und anderswo erscheinen, gegen den deutschen
Westen, als das Mutterland der Despotie und der Sklaverei, auf-
zustacheln. Sollte es zu einem Kriege zwischen Deutschland und
Rußland kommen, dann sind die russischen Juden sicherlich an
demselben zum größten Teil mitschuldig; ihre ganze Lust besteht
darin, die Völker aneinander zu hetzen, damit sie im Trüben fischen
und ihr Geschäftchen machen können.

Eine höchst traurige Korruption des Volkes geht von der
Stätte aus, auf der eigentlich Gerechtigkeit und Wahrung aller
Ordnung thronen sollte, von den Gerichten des Landes. Schon
äußerlich bieten sie kein schönes Bild dar; sie sind voll von thea-
tralischem Beiwerk mit komödienhaften Auftritten auf Seiten der
Angeklagten, der Verteidiger wie der Staatsanwälte; das Publikum
benimmt sich unruhig und ergeht sich in pöbelhaftem Beifallrufen.
Richter wie Geschworene sind der Mehrzahl nach bestechliche Menschen
und schätzen den Goldgewinn, der ihnen aus den Prozessen zufällt,
höher, als die Vertretung des Rechts und der Gesetze. Es ist
wahrhaft lächerlich, welch notorische Verbrecher vor den Geschworenen-
gerichten freigesprochen worden. Am 20. September 1879 — so
berichtet Karlowitsch — haben in Petersburg die Geschworenen einen
Briefträger freigesprochen, welcher einige Hundert Postsachen, anstatt sie den Adressaten zuzustellen, teils weggeworfen, teils verun-
treut hatte. Die Thatsachen waren unwiderleglich bewiesen, der
Briefträger vollkommen geständig. Es fand sich, daß Faulheit,
Sorglosigkeit, Hang zum Herumbummeln und zum Trunke den
Briefträger beherrscht hatten; das erschien den Geschworenen als
hinlänglicher Grund, um den Angeklagten freizusprechen, und der
„Golos" bemühte sich, solches Verdikt zu rechtfertigen. Derartige
Urteilssprüche werden jeden Tag im großen russischen Reiche gefällt.
Auch im Gegensatz zu dieser ungerechtfertigten Duldsamkeit kommen
Fälle empörendster Grausamkeit vor, in denen das Menschenleben
für nichts angesehen und das Glück sonst braver Unterthanen mit
roher Hand zerstört wird. Hier ein Beispiel. Ein alter Mann

war zur Verschickung nach Sibirien verurteilt worden. Der Familienrat, bestehend aus der Gattin, aus vielen Kindern und Verwandten, beschloß, den Greis nicht allein ziehen zu lassen, und bewog die Gattin, sich mit in die Liste der Verschickten zur Pflege des Alten einzeichnen zu lassen. Vor dem Tage der Abreise starb der Greis. Keine Macht in Rußland war im stande, das arme Weib in der Heimat zu belassen. Weil sie nun einmal in der Liste stand, wurde sie als große Verbrecherin trotz der Bitten ihrer Kinder in grausamster Weise in die Verbannung geschleift, und sie hat nie wieder ihre Blutsverwandten gesehen.

Daß für Ausländer kaum Richter zu haben sind, daß sich die meisten Juristen sträuben, gegen Russen die Interessen der Ausländer zu vertreten, ist ja bekannt. Welch eine Wirkung muß nun die Ausführung der russischen Rechtspflege aufs Volk haben? Sie kann nur entsittlichend wirken, die Geschworenengerichtsverhandlungen sind die Hochschulen für den Nihilismus.

Nicht minder wie die Juristen sind die meisten Verwaltungsbeamten bestechlich; es ist haarsträubend, wie die Zollbeamten an der Grenze, wie die Kommunalbeamten in Stadt und Land, wie die Regierungsvorsteher bis in die Ministerien hinein systematisch darauf ausgehen, auf Kosten derer, für die sie ihr Amt versehen sollten, ihren Privatsäckel zu füllen. — Ziehen wir die Summe! Wir sagen wohl gerne: „das gottlose Frankreich", aber mit weit größerem Rechte müssen wir ausrufen: „das gottlose Rußland"; es ist revolutionär, nihilistisch vergiftet.

Im Gegensatz zu diesem traurigen Bilde eines mächtigen und doch, wenn keine innere Erneuerung eintritt, sicherlich dem Ruin entgegeneilenden Nachbarvolkes wollen wir freudig bedenken, was wir haben, was wir bekennen, wenn wir sagen: „Mit Gott für Kaiser und Vaterland", und was es zu bedeuten hat, wenn wir den Hauptton auf das: „Mit Gott, mit Gott" legen.

Unser deutsches Volk ist in der Tiefe seiner Seele ein durchaus religiös angelegtes Volk; die tausendjährige Geschichte beweist es, daß der Genius des germanischen Stammes mit der Religion aufs innigste vertraut; in seinem tiefen Gemütsleben wurzelt die Freude an den unsichtbaren Dingen, und gerade in seinem starken Gewissen liegt die Fähigkeit hoher, sittlicher Kraft. Und eben dies religiös so reich ausgestattete Gemüt, das redliche, deutsche Gewissen konnte die von Rom herrührende Veräußerlichung und Umdunklung des Christentums nicht ertragen, weder den Romanismus der Franzosen, noch das Griechentum der Russen auf kirchlichem Gebiet billigen. Daher hat sich auf germanischem Boden die größte religiöse Bewegung, die Reformation vollzogen; sie ist eine urdeutsche That gewesen. Gerade in der Heldennatur Dr. Martin Luthers verband sich Christentum und Deutschtum, Christentum und deutsche Treue, Glaube und Sittlichkeit; er war ein frommer Christ und ein feuriger deutscher Patriot. Mit Recht setzt Generalsuperintendent Baur auseinander: Seit in Luther die Durchdringung des Deutschtums mit dem Evangelium erschien, hat es in der deutschen Geschichte keine tiefere Bewegung gegeben, ohne daß Luthers Geist in ihr erwachte. In der Zeit der Knechtschaft unter fremden Eroberern, aus der Nacht des Elends erwuchs der kühne protestantische Geist der Freiheitskriege, die religiöse Erneuerung war Luthers Geist. Wenn sich auch die Katholiken gegen Napoleon I. mit erhoben und auf dem Felde der Ehre tapfer mitfochten, römischer Geist war in Deutschlands Erhebung nicht. Die Hauptführer hatten protestantischen Atem. Alle Sänger des heiligen Krieges waren gleich den Leviten, die mit ihren Posaunen zur Schlacht riefen; das „Mit Gott" rauschte durch ihre Harfen in evangelischen Tönen. Und in der schweren Zeit der gewaltigen Kämpfe und Siege von 1870 und 1871 hat auf der breitesten, vom Romanismus nicht gerade gesehenen Grundlage lebendiges Christentum das ganze Volk zur Buße, das Heer zum Kampf begeistert und das ganze Gemeinwesen unter die Herrschaft des christlichen Geistes gestellt. Daher konnte der unvergeßliche König Wilhelm in seiner Thronrede beim Ausbruch des Krieges im Jahre 1870 die Losung seinem aufgeregten Volke geben: „Gott wird mit uns sein, wie er mit unseren Vätern war!" Dieser frohe Gottesglaube, der uns in den Krieg hineinführte, hat uns auch aus demselben geführt. Nach dem Kriege erhoben die Streiter und Sieger Herz und Hände empor im Dank gegen Gott. „Die Ehre des Erfolges — sagte ein preußischer General — gebührt vor allem Gott; ihm haben wir unseren Dank darzubringen. Schon nach Sedan sprach der Dichter Geibel aus aller Deutschen Herzen:

„Und also ist es denn geschehen,
Daß, wie mit einem Wetterschlag,
Eh' man die Hand hat zucken sehen,
Der, den sie traf, am Boden lag;
Und wir bekennen froh und offen:
Es ist der Herr, der ihn getroffen!"

„Gott war mit uns, ihm sei die Ehre!" Diese Losung hat sich in ernster Zeit recht bewährt; mit Gott für König und Vaterland ist gekämpft, geblutet und gesiegt worden; die Grundfeste stand bei uns unerschütterlich, die zu Hiskias Zeiten dem Volke des alten Testamentes gegeben wurde: „**Gottes Geist aus Gottes Wort!**"*)

Und auch in Zukunft werden wir uns an diese Grundfeste anlehnen müssen, wollen wir vorwärts schreiten auf der Bahn des sozialen Friedens und der nationalen Wohlfahrt. Die Mächte, die ein Reich emporgehoben haben, dieselben können es auch allein nur halten. Soll unser Volk und Vaterland im Innern groß dastehen, sollen soziale und politische Wirren es nicht erschüttern, sondern Ruhe und Frieden und Glück der nationalen Güter höchste bleiben, dann muß allein lebendiges Christentum die alleinige Großmacht unseres nationalen und patriotischen Lebens sein und bleiben. Darum bei uns Deutschen weg die Kräfte des Umsturzes und der Sünde! fort die Geister eines falschen Liberalismus und eines Libertinismus! Wir müssen entgegentreten dem alten Geist aus der Tiefe, der sich zu einem ganzen Komplex von Mächten ausgebildet hat, zu einem Reich der Finsternis, das da kämpft gegen das Reich Gottes, des Lichtes und der Wahrheit. Wir müssen streiten gegen den Geist, der es versteht, sich in einen Engel des Lichtes zu verkleiden, um die Menschheit zu umgaukeln mit den modernen Phrasen: „Freiheit, Gleichheit, Brüderlichkeit", der sich in alle Gefühle, alles Denken und Wollen, alles Streben der Menschen mischt, um als Irrlicht von dem Wege des wahren Glückes abzulenken.

Gegenüber dem Romanismus bei den Galliern im Westen und dem Griechentum bei den Slaven im Osten ist bei uns die **evangelische Kirche** die Macht, die uns zusammen halten wird. In ihr herrscht der Geist der Gebundenheit, das Gesetz, und der Geist

---
*) Das hat leider nicht lange vorgehalten. Ein Jahr nach dem großen Siege hatten wir den großen Gründungsschwindel. D. V.

der Freiheit, das Evangelium. Sie giebt der einzelnen Seele den wahren Gotteswert, sie hat für die Gesamtheit die sozialen Heilkräfte der Liebe, des Dienens und der Versöhnung. Sie hat die Kraft, wieder zusammenzubinden, was zerrissen, wieder aufzubauen, was zertrümmert war. Christi Vorbild ist das beste soziale Prinzip, das Evangelium treibt zu rettenden Thaten sowohl im privaten, wie im öffentlichen Leben.

Diese Religion Christi, diese Gottesfurcht aus Christi Geist ist allerdings zunächst Privatsache; ja es kommt alles ausschließlich auf die persönliche Stellung des Menschen zu Gott an; es ist die Sache des einzelnen Gewissens. Der einzelne ist vor Gott haftbar und verantwortlich, der einzelne trägt im Blick auf die Ewigkeit seine eigene Last, der einzelne muß für sich Vergebung seiner Sünden suchen und Christi Geist empfangen. Und es ist eine Hauptforderung unserer Zeit, daß das **persönliche Christentum gestärkt und belebt** werde, sonst kommen wir trotz aller Reformen doch nicht vom Fleck. Eine große Gefahr ist heutzutage allenthalben vorhanden, daß das Christentum zu einer politischen Religion verflacht, ja entwürdigt werde. Der alte Römer Varro unterschied eine mythologische, philosophische und politische Religion. Viele sehen in unseren Tagen das Christentum für einen Kappzaum an, die Proletarier gleichsam einzufangen und an der bisherigen Gesellschaftsordnung festzuhalten. Man huldigt dem Grundsatz, daß Religion wieder ins Volk müsse, doch nur aus dem Gesichtspunkt, daß man es mit Religion besser regieren kann; für viele ist demnach das Christentum eine reine religio politica. Auch hört man allenthalben heutzutage die Redeweise, man müsse dem christlichen Prinzip huldigen im Staat, in der Schule, in den Dingen der Verwaltung. Viele treten jetzt ein für ein praktisches Christentum aus Angst vor den Folgen der materialistischen Weltanschauung, vor den Gefahren des Anarchismus und des Dynamits, weil sie die Nichtigkeit und Giftigkeit ihrer eigenen bisherigen Anschauungen, obwohl sie dieselben theoretisch noch im Herzen tragen, einsehen; man hält also die Fahne Christi hoch aus politischer Schlauheit. Aber eine solche Art Religion für andere zu treiben, wäre französisch oder russisch, das wäre eine wahre Staatsreligion, die das Wesen aller echten Religion verneint.

Was unserer Zeit und unserem Volke not thut, ist dies, daß die lebendigen, vom Geist Gottes erfaßten Christen sich zusammenstellen wie eine militia Christi. Die Bekenner und Vertreter des christlichen Sinnes und Geistes müssen jetzt mit kraftvoller Klarheit und Entschiedenheit hervortreten und das Licht derselben in alle Verhältnisse tragen. **Die Gesundung und Erneuerung der Volksseele muß zunächst bei denen beginnen, welche den Namen Christi zu bekennen keine Scheu tragen.** Wenn alle vollen Ernst machen wollten mit dem christlichen Glauben, der in der Liebe thätig ist, dann würde die Morgenröte des vaterländischen Gesamtlebens aufgehen herrlicher denn nie zuvor.

Aber dann würde die Sozialdemokratie auch erkennen, daß die Religion nicht allein „Privatsache", sondern eine Sache ist, an der die ganze Gesellschaft teil nehmen muß, von der heilsame Wirkungen auf **alle Stände** eines Volkes ausgehen. Geist aus Gott muß alle Verhältnisse, Formen, Organe, Einrichtungen, Stände und Gesellschaftskreise durchdringen. Im Christentum liegt die Antwort auf alle Fragen, auch auf die sozialen. Es ist nicht bloß eine Form der Gottesverehrung, sondern eine Gotteswelt neuer Lebens- und Heilsgedanken für das ganze Leben einer großen Nation! Darum rufen wir aus deutschem Herzen, aus deutscher Brust: „**Mit Gott, nicht ohne Gott für unseren Kaiser!**" Nur aus der Freiheit eines Christenmenschen werden die tapferen Verteidiger eines starken und gerechten Königtums geboren, nicht knechtische Byzantiner, wie vor dem Thron des russischen Kaisers, nicht eidbrüchige Hofleute, die, wie in Frankreich, den Thron des Fürsten zerschlagen helfen, nein Charaktermenschen*); Königstreue ist ihr Rückgrat, Königstreue ihr Atemzug; sie können noch leben für den Monarchen, denn sie dienen:

> „Sammle um den Thron die Treuen,
> Die mit Rat und frommem Fleh'n
> Fest in deiner Streiter Reihen
> Für des Landes Wohlfahrt steh'n.
> Baue um den Königsthron
> Eine Burg, o Gottessohn!
> Sei du ihm auf ewig gnädig!
> Leite, segne unsern König!"

*) Was uns am meisten fehlt, sind, Gott sei es geklagt, „Charaktermenschen". D. L.

Darum mit Gott, nicht ohne Gott auch fürs Vaterland!" Aus dem Glaubensleben wird ja die Treue, die Hingabe, der Opfermut, die Selbstverleugnung, der Eifer für das Gesamtleben im Vaterland geboren. Treulosigkeit ist welsches, aber nicht deutsches Wesen; Egoismus ist des Russen Charakter. Der alte Ernst Moritz Arndt singt vom deutschen Manne:

"Dies ist der Mann, der sterben kann
Für Freiheit, Pflicht und Recht,
Dem frommen Mut däucht alles gut,
Es geht ihm nimmer schlecht. —
Dies ist der Mann, der sterben kann
Für Gott und Vaterland,
Er läßt nicht ab bis an das Grab
Mit Herzen, Mund und Hand."

Mit Gott für König und Vaterland! Das sei auch unsere Parole für den heiligen Freiheitskrieg, den wir zu führen haben im Volksleben gegen alles Schlechte, gegen die Flut aller jener Geistesmächte, welche von Frankreich und Rußland zu uns herüber kommen wollen, gegen alles Fremdländische, welches sich mit unsrer königstreuen und vaterländischen Natur nicht vertragen kann.

Mit Gott für König und Vaterland! Das unsere Parole für die Friedensarbeit, aufzubauen im Vaterland, in der Segensfülle christlicher Weltanschauung. Ist diese Parole eine Geistesmacht bei uns geworden, dann schüchtern wir schon im Frieden den Feind ein. Will er dennoch Krieg, nun dann mag er Krieg haben. Gott wird mit uns sein! Wir sagen alsdann mit dem alten, eisernen Reichskanzler Bismarck: "Wir Deutsche fürchten nur Gott und sonst nichts in der Welt!"

---

www.ingramcontent.com/pod-product-compliance
Lightning Source LLC
Chambersburg PA
CBHW030343230426
43664CB00007BA/511